近代日本の洋風建築

○開化篇○

藤森照信

筑摩書房

近代日本の洋風建築

開化篇

目次

装丁　南　伸坊
編集　松田哲夫
図版編集　本橋　仁

【凡例】

本書に収録されている写真に添えられた情報は初出媒体を参照している。なお、キャプションの、最初に書かれているのは「建物などの建設当初の名称（設計者　竣工年　所在地）」である。

I

明治の都市と建築

はじめに

近代化とは都市化と言い換えていいほど、産業革命以後の時代において都市の重要さは増しつづけている。「神は田園を造り、人は都市を作った」。その人間の都市が神の田園を凌いだのが近代という時代である。

産業革命を機に、農村の人口は都市に流入して、都市の膨張を引き起こし、やがて都市の二次・三次産業に従事する人口が農村の一次産業人口を凌ぎ、さらに、二次・三次の中でも最も都市にふさわしい三次産業が優位を占めるにいたる、といった社会的、経済的、物理的な都市の優位だけでなく、文化や芸術や思想や学問においても、農村的なものは昔懐かしい世界に括り込まれてすでにエネルギーを喪い、今では都市的なものだけが文化を発信する力を保っている。

思想にとっての都市や建物は中味と器という関係にあるが、中味のことを知るためには器のことも無視できなくなったのが近代という時代の特徴なのである。さてではその近代の都市そして都市の最大の構成要素である近代の建築は、日本においてどのように成立してきたのか、その成立を支えた考え方や感じ方はどのようなものであったか、を探ろうというのが本稿の目的である。

しかし、ことはけっしてやさしくない。なぜなら、都市も建築もそれ自体は物体でしかなく、直接的に思想や考え方をさし示す性格のものではないからである。その昔、言葉で語られた思想や文化を、後世が同じ言葉を使ってその本質や考え方をさぐることは方法的に何の困難もないが、自ら語らざる都市や建物に語らせることは基本的困難がともなう。こうした困難と似た問題を抱える領域として絵画や彫刻といった造形表現があるが、しかし、この領域はそもそも人間の表現意欲が成立の根拠であり、表現意欲の背後には思想や精神や心情がギッシリと詰まっており、形の分析を通してそれを明らかにすることは方法さえ工夫すれば根本的には可能になる。それにくらべ、都市と建築は実用性が成立の根拠にあり、実用性には思想も精神も心もない。

しかし、幸い、実用性だけでは成り立たない部分が残されており、そこには〝思想〟とか〝精神〟とかの純度の高い言葉からは落ちこぼれるが、〝考え方〟とか〝心情〟とか〝好み〟とか〝イメージ〟といったものは込められており、それらを探ることは不可能ではない。とりわけ、建築は都市にくらべればはるかに絵や彫刻に近いところがあり、作家の作品として作られることもあるから、その限りにおいてはその作家の考え方や作品に流れる意味を解明することができる。しかし、都市はそうはいかない。誰か一人の作品でもないし、そもそもあまりに巨大で複雑で、全体の姿すら把握できないような困難がある。近代パリのように、オースマンという内務官僚がナポレオン三世という絶対君主のために作った都市であれば、まるで一つの作品のように扱うことも可能だし、あるいはイギリスの田園都市レッチワースのように田園都市の運動の花として誕生した街なら、そこに当然のようにイギリスの社会主義の思想の流れをかぎとることもできるが、日本の近代都市はそうした思想的・精神的なハッキリした輪郭を持っていない。江戸の上に東京がかぶさり、さらにさまざまな要素が重なって、それを洗濯機にぶちこんでかき回したようなのが日本の都市の近代なのである。しかしそうした状況自体について思想や文化や社会の問題として深く考える人があるなら、それなりの思想もそこには生れるが、そうした内省的な思考が日本人の都市計画や建築関係者の間で発生するのは、大正以後を待たなければならない。

明治期の都市が他の芸術領域のようにハッキリと思想を語らないという問題は、都市にくらべて比較的文化性の強い建築の場合も同じで、建築家が自分の作品を思想の表現として自覚するのは大正期に入ってからで、それ以前は、悪くいえば〝ただ作っていた〟と批難されてもしかたがない。ヨーロッパでは、建築が思想的な産物であるという共通理解がルネサンス以後は定着しているが、日本にそれが定着するのは大正から昭和にかけてである。

以上のように、日本の近代のスタート時点において都市を相手としても建築を相手としても、思想を語ることはとても難しい。しかし、都市や建築の全体ではなくてある側面についてなら、近代のスタート時点でも考え方や感じ方を語ることはできる。

まず都市についてなら、都市自体が何をわれわれに語っているのかを明らかにするのは難しいが、しかし、都市をコントロールしたり計画したりした人々が何をテーマとして何を考え、何をねらっていたかは分かる。つまり、都市の都市計画的側面、やさしい言い方をすれば街づくりについてなら思想らしきものもおぼろげながら見えてくるのである。

つぎに建築については、明治十年を境として変化があった。十年以前は建築は大工棟梁や無名の技術者によって言葉のないまま作られており、十年以後はヨーロッパの建築教育が入ったことにより日本にはじめて建築家（アーキテクト）が誕生し、彼らは言葉少ないながら少しずつ語りはじめる。そこで、十年以前については大工の棟梁たちがヨーロッパの建築のデザインをいかに受けとめて独自なものにしたかという受容と変質の問題を扱う。思想は直接のテーマになってこないが、ヨーロッパと日本の建築イメージの衝突とそこから生れ出る特異な建築表現は文化的には興味深いものがある。

十年以後には建築家の書いた論文が少ないながらいくつか存在するので、それらのうち明治半ばまでのものを選び、彼らが何を考えていたかを探る。

一　明治の都市計画の思想

都市の客観認識

明治の都市計画の課題はきわめて明快で、これはそのまま大正・昭和にまで引き継がれるが、〝いかにして、封建都市を近代都市に作りかえるか〟ということだった。

しかし、明治の新政府は、全国の都市をすぐ近代化しようとしたわけではなく、旧江戸を新しい東京に作りかえることを第一の目的とし、それ以外の都市は、大阪も京都も名古屋も手を加える必要はないという立場をとっている。この姿勢は、江戸時代の国土の三都体制、つまり政治の江戸と経済の大坂と象徴の京都という三都分立の枠組を変え、すべてを新東京に集中しようという明治政府の強い中央集権意識の表現といっていい。この意識は今日の日本の国土の〝一極集中体制〟の原点にほかならない。今日では考えづらいことだが、日本の最初の都市や計画法制（後に述べる「市区改正」のこと）は対象を東京に限定しただけでなく、他の都市からの適用の要請に対しても、明治いっぱい、そのような贅沢は地方都市には必要ないという姿勢を貫いている。この姿勢が議会を通じての地方都市の攻勢によって崩され、東京以外の都市も本格的な都市計画をしてよろしいという許可が下りるのは大正になってからである。つまり、明治の前半を問題にするかぎり、都市計画の問題というのは東京を主要な舞台として繰り広げられているので、本稿では東京をもっぱら対象とする。

さて、東京の都市計画を語るに当たりまず取り上げるべきは、具体的都市計画のあれこれではなく、その前提となる都市の科学的認識の件である。実態の把握といってもいい。江戸の都市コントロールの一つの大きな欠点は、自分たちが住みつつ一方でコントロールの対象とする江戸の街についてその正確な姿を認識していなかったことにある。

まず、地形の正しい姿を示す都市地図についてはある時期にきわめて精度の高いものが作成されていたが、しかしそれが都市をコントロールするさまざまな行政部局に供されていたとは考えられないし、また、都市の実際の活動をになう民間が使用する途は閉ざされていた。いわば〝宝物〟的な扱い、もしくは〝秘密情報〟的な扱いをうけていた。都市があらゆる活動の総和であるかぎり、これでは困るのである。実際に人々が利用できた「切絵図」は、街を出歩くのに使うには便利だったが、客観的な都市認識の道具とはならない。

それでも地図は江戸の都市情報の中ではよく整備されていた方で、地図とならんで重要な人口の実態については幕府は調査を行なっていない。町人については断片的になされているが、武士については分からない。江戸の人口は最盛期で一〇〇万とも二〇〇万ともいうが、どちらをとるかで人口が倍増したり半減したりするくらいの計量しかできないのである。都市コントロールの基本情報の人口ですらこうであるから、他のことは推して知るべしであろう。

こうした曖昧模糊とした江戸の街を幕府から手渡された明治の新政府の最初の仕事は、調査と統計によって東京全体の正しい姿を知ることであった。もちろん、正しい姿を知らずに近代都市には道一本通せないから、必要上、調査がなされるわけであるが、こうした作業のバックには、対象を正確に認識したいという科学精神のようなものが働いていたと考えていいと思う。あるいは、自分の輪郭を正確に知りたいという近代的な自己認識の欲求ともいえる。

明治政府の東京認識の努力は、さまざまな部局のさまざまなレベルで行なわれているが、そのうち都市計画や街づくりに直結するのは次のようなものであった。

　まず物理的都市認識の基本になる東京の地図作りについては、陸軍と内務省の二つが別々に行なっている。陸軍の地図は名高い〝五千分の一の参謀本部の地図〟で、明治二十年に刊行されているが、現在の東京図も含めてこれほど街の様子を克明に描き込んだ都市図は日本では刊行されていない。一軒一軒の家の土蔵の位置はもちろん、井戸の位置、池の形、木の種類までが描かれ、まるで飛行船の上から明治十年代半ばの東京を見おろしながら移動しているような興奮を覚える。ここまで克明な市街図を作ったのは、参謀本部が一朝事ある時の東京での市街戦を想定していたからだという。この地図は当然ながら白黒の印刷で刊行されているが、国土地理院の保管する原図を見るとカラーで作られており、その美しさは市街戦という実用上の用途をはるかに超えた意欲すら感じさせる。すべては想像になるが、ちょうど博物画の絵描きが植物や魚を相手に絵筆をとる時と同じような美意識と科学性の入り混じったまなざしを、この時の地図作りの人々は東京に対し注いでいたにちがいない。

　陸軍にやや遅れて内務省の地理局は東京図にとりかかり、明治二十一年に刊行しているが、この図は縮尺も陸軍と同じで、範囲もほぼ重なる。しかし、陸軍のように個々の敷地の中まで測ってはおらず、道と河川と土地利用といった地形的な情報にかぎられている。実はこの図こそ当時、東京の都市改造を考えはじめていた内務省が都市計画の基本図として作成したものである。そのため、個々の敷地については陸軍のように庭の中まで描き込むかわりに、土地の地番と境界線を正確に描いている。都市計画の実施に当たっては土地買収などできわめて重要だからである。内務省とその一部局たる東京府は、この東京地図をテーブルの上に広げて明治いっぱい東京の改造を進めることになる。

　地図が土地の形勢の科学的把握方法だとすれば、その土地の経済的状態の科学的把握の方法は地価の確定である。都市の中の一つの場所は、中心地に近いかどうかとか、道に面しているかどうかとか、広いか細分されているかとか、あるいは人口密度は、土地柄は、とさまざまな評価によってその場所の立地の善し悪しが決められている。しかし、それぞれの評価の物指しがちがっているから、総合評価としてその土地が都市全体の中でどんな位置にあるのかは分からない。そうした中で唯一、総合評価を指し示すと思われるのが地価である。資本主義の社会では、すべての評価は最終的に金銭に行きつくはずであるから、近代の都市における各場所の位置付けは地価に表われる。とすると、都市を認識する上で地価の正確な分布を知ることは、正しい地形図を得ることと同様な重要性がある。地価の分布図は、その都市の経済的な地図といえる。この経済的な都市地図の作成をなしたのが、かの明治十三年にほぼ終結した地租改正の作業であった。

地租改正のことは、土地の私的所有制の確立、また近代税制の確立といった面によって日本近代史上にあまりに名高いが、国土や都市の自己認識といった面でもきわめて大きな働きをしていて、これを機に日本列島のすべての場所は経済的位置が決められている。

東京を例にとるなら、日本橋の魚河岸が一等地とされたのをはじめ、すべての地所が一等から百数十等までにランキングされ、ランキングに応じた地価が決められた。この時の地価の決め方を見ると、巧妙を極め、完全に実勢価格を把んでおり、現在の国土庁の地価の公示価格の調査のようなものではない。そしてこの地価調査で大事なことは、結果が公表されたことで、東京ではそれが一目でわかるように、明治十一年に西川光通によって『大日本改正東京全図』という地図まで刊行されている。この地図は土地の一筆一筆ごとに形状と寸法と地価等級を記入しているが、一私人によりなされたこうした気の遠くなるような地図作りも、自分の住む都市の正しい姿を知りたいという欲求に支えられていたにちがいない。地租改正によってなされた地価の確定とその公表がいかに当時の東京市民に目のさめるような自己認識を与えたかは、その時に作られた〝一等地〟という言葉が今でも生き続けていることからも分かるであろう。

地図と地価、そしてここでは触れないが人口についてももちろん調査がなされ、地図・地価・人口という都市認識の三大情報の把握がなされ、ここまでで十分と思われるが、当時の東京府はもう一歩掘り下げて、市中に建つすべての建物の実態調査を行なっている。これは内務省の地図作りと同様に都市計画上の必要からなされたもので、明治十四年に東京府は東京不燃化の大事業に着手するが、その計画策定の基礎データ作りとして、全市中の一軒一軒の家屋を立入調査し、母屋から蔵、物置、はたまた町内のお稲荷さんまで、その面積と構造を調べあげ、各町の丁目ごとにまとめている。現在の税務署の不動産調査もここまではやらないし、おそらく江戸・東京を通じても最も精度の高い家屋調査といっていい。たとえば、日本橋区十軒店なら、平家の部分の建坪が三七坪、二階建部分の建坪が五八坪、三階建部分の建坪が五坪で、それらの屋根の作りをみると、瓦葺きが三四坪、板葺きが五四坪、蔵造が一二坪、と分かるのである。

以上の実態調査は、都市づくりを直接に目ざしたものとそうでないものがあるし、また調査の時期も完全に重なるわけではないが、しかし大きく見ると、明治十年代を通して東京の正しい姿についての自己認識がなされた、と言ってもいいであろう。

東京の本格的で体系的な都市改造（市区改正条令の発布）が明治二十一年にスタートすることを考えると、明治の十年代は認識の時代に当たり、その上に立って二十年代以後が実行の時代になる。

防火計画とスラムクリアランス

以上の正しい都市認識の上に立ってはじめて近代的な都市計画や街づくりが可能になるのは、医療において正しい診断なしに正しい治療がないのと同じことだし、〝統計なくして行政なし〟とも通ずることであるが、しかし、実際の東京の都市計画は、明治十年代の認識の時期を終えたあと二十年代に入っておもむろに動き出したわけではない。基礎データの収集自体が、たとえば家屋調査は具体的な東京不燃化計画の一環としてなされているように、調査と実行は併行してなされている。ただし明治十年代の実行は今日の目から見ると応急処置的治療の観はいなめない。

明治十年代は、こうした応急処置の一方、明治二十年代にスタートする本格的な計画のための議論の時期にも当たり、明治の都市計画史上もっとも華やかに東京論がたたかわされている。まず、明治十年代の応急処置的都市改造から見よう。

この時期のテーマは、都市の不燃化にあった。何か積極的に新しい施設を作るのではなく、火事による消耗を防ごうというわけである。実際、江戸からそのまま引き継いだ大火の被害にはただならぬものがあった。東京府の明治十四年の火災歴統計によると、明治元年から十四年六月までの間の火事による焼失棟数は七万八八九八五棟、焼失面積九六万三二二九坪にのぼり、年平均にすると六〇七五棟、七万四〇九四坪が焼失したことになる。今日、大火とは一〇〇棟以上焼失を言うから、今の感覚だと年平均五四回、つまり週に一回以上きまってどこかで大火が起きている計算になる。こうした大火はもちろん江戸に源があるわけだが、幕府はどう対応していたのだろうか。当初、幕府はあまり防火に熱心ではなかった。消防組織もなかったし防火用水もないし、だいいち庶民が瓦屋根にするのを贅沢として禁じたこともあったほどだ。それでも、お城まで丸焼けになるような痛い目に遭った後、防火策を立てている。本格的な防火政策が打ち出されたのは八代将軍吉宗の時で、町奉行大岡越前守の立案により、消防組織の創設と防火用水の整備などがなされた。この立案の時、日本の都市史上の面白い論議がなされていて、大岡の防火用水路新設案に対し、時の将軍侍講の儒者、室鳩巣が反対をした。鳩巣の反対は奇妙なもので、防火用水路をひいて〝地中〟に〝水気〟を多くすればバランスをとるため〝空中〟の〝火気〟も増えることになるから、逆効果だというのである。鳩巣は教条的な学者として名高いが、陰陽の思想からしてそうした反対をしたのだった。昔の都市ほど観念性・呪術性が強く、古代であれば中国流の白虎・青竜・玄武・朱雀といった方位の思想、また封建都市なら鬼門などの呪術性を加味して都市の計画がなされているが、こうした観念性・呪術性が日本の都市計画の中でいつまで生き続けたかについて考えると、おそらく、陰陽の思想から防火用水に反対した室鳩巣が最後ということになろう。

さて、大岡越前の防火策の実行によって制度的には江戸の大火は抑えられるはずであったが、実際には後を絶たず、町は燃えつづけ、解決は明治の新政府にゆだねられたのだった。明治十年代の防火の都市計画は、江戸の後始末という性格が強いのである。

東京府の解決策は二つあって、一つは大火の焼け跡を二度と火事が起きないように不燃化再建することで、明治十一年には〈神田黒門町火事跡地計画〉が立てられ、十三年には〈日本橋箔屋町火事跡地計画〉が立てられ、十四年には〈神田橋本町スラムクリアランス計画〉が立てられている。これらの計画のうち、日本橋箔屋町火事跡地計画は実行にいたらず、他の二つは実行されている。

火事の跡地でなされた防火の方法は、防火帯を作ることに主力がおかれ、防火帯位置の家屋を煉瓦造・石造・蔵造の三種のいずれかによって不燃化し、その補助として周囲の木造家屋の屋根を瓦葺きにしている。しかし、こうした火事跡地の不燃化再建は事後対策であって予防はできない。

都市改造の場合、事後対策はそう難しくはなくて、すでに土地は焼け跡となっており、借地人と地主の複雑な権利関係も消えているし、いわば更地《さらち》の上に新築するのであるから、新築に当たっての規制は建てる方も守る。日本の都市計画の大事業は、震災復興にせよ戦後復興にせよ、つねに焼け跡の事後対策として実現してきたという歴史があることからも分かるように、事後対策はやりやすいのである。これに対し予防は難しい。その難事に取り組んだのが、明治十四年の〈東京防火令〉の計画である。この計画の立案に当たり、東京府は〝統計なくして行政なし〟の考えに基づいて、東京市中の全家屋の実態調査をしているが、その調査の徹底性についてはすでに述べた通りである。

統計に基づいて立てられた計画は次のような内容である。大火のはげしい現在の千代田・中央両区の区域の防火を目標とし、主要な道路と運河ぞいの家屋を煉瓦造・石造・蔵造によって不燃化して防火帯とし、それ以外の家屋は屋根を瓦葺きにする。具体的に数字をあげるなら、防火帯に位置する家屋で木造のままのものの総数は一五六八棟にのぼるが、これを煉瓦造・石造・蔵造のどれかに改造させ、さらに、防火帯以外の全家屋のうち屋根が板葺きや草葺きのもの三万一三一八棟のすべての屋根を瓦葺きに葺きかえさせる。当時、現在の千代田・中央両区の区域の家屋の総数は六万七二八六棟であったが、そのうちおよそ半数に改造・改修を命じたのである。

明治十四年にこの〈東京防火令〉が公布され、六年の歳月をかけて二十年に事業は終結し、東京の中心部の町はことごとく不燃化され、以後、関東大震災の時まで大火はなくなる。震災で大火が起きたのは、煉瓦造・石造・蔵造の不燃建築三種のうち、もっとも多く作られた蔵造が、ふつうの火事には強いが、しかし、地震の揺れで土壁が落ちたり割れたりした後はひとたまりもなかったからである。

このようにさしもの江戸以来の大火も〈東京防火令〉によってはじめて抑えきることができたが、ここで注目しておきたいのは、その防火の考え方は、江戸からの伝統的なものだったということである。〈東京防火令〉は、防火帯と一般家屋の瓦葺き化によって大火を抑えたが、この二つの方法は江戸期のやり方を引き継いでおり、瓦葺きによって飛び火を防ぎ、防火帯によって炎の流れを防ぐ。この方法は世界的に見ても日本独自の防火方法で、基本的な考え方として、家屋自体の不燃化を行なうよりも、延焼を防ぐことに力点をおくところに特徴がある。ヨーロッパではロンドン大火の後の防火計画に代表されるように都市の全家屋の煉瓦造化・石造化によって根絶を図るのに対し、日本は、個々の家からの出火は構わないが、その火が素早く隣家に走って大火になることは防ごうというわけである。木造建築ゆえの宿命的方法ともいえるが、この考え方は、その後の日本の一般家屋の防火の基本となり、現在の建築法規でも、都市の木造住宅はモルタル塗りなどで外側だけを耐火被覆し延焼を防ぐことが必要とされている。

以上の明治十年代の防火計画の中で、十四年の〈神田橋本町スラムクリアランス計画〉は異質なところがあり、火事跡地の不燃化再建にはちがいないのだが、その地一帯がたまたまスラムだったことから、スラムをどう扱うかという論議がひき起こされている。この論議はこの時期としてはきわめて珍しいものであり、当時の有力者たちのスラム観がうかがわれる。

まずこの一件のアウトラインを述べると、明治十四年一月二十六日に典型的な冬火事が神田松枝町から起こり、火は東に向い大川（隅田川）で止った。そのちょうどまん中の辺りに神田橋本町があった。当時のスラムは江戸からそのまま引き継がれたものが多く、日本橋・京橋といった中心部の周辺にドーナツ状に広がっていたが、中には中心に喰い込むものもあり、その代表が橋本町のスラムであった。当時の東京では、四谷の元鮫ヶ橋町と芝の新網町とこの橋本町が三大スラムとして鳴り響いていたが、中心への喰い込みということでは橋本町が一番であり、いってみれば当時の東京のスラムの代表である。その実態は、狭い路地に木賃宿《きちんやど》が密集し、日当たり通風はなく、共同井戸のそばに共同便所があってたれ流されているといったふうで、衛生上いちじるしく悪く、コレラの流行した年には市中きっての惨状を呈している。住民は人力車夫をのぞいて定職に就く者は少なく、乞食や〝願人坊主〟でその日その日を暮らすのがほとんどである。このスラムをなんとかしようとして、東京府は一つの計画を固め、それを諮るため、「十五区会」を招集するが、その時の会議の議事録が明治十四年の「東京十五区臨時会議事録」である。なお十五区会とは正式には〝東京十五区共有財産処分会議〟といい市民共有財産の〝十五区共有金〟の使途を決める会議であり、東京府会の議員のうち十五区内の議員が構成員であった。

まず計画の目的は、「第一衛生上ノ点ヨリシ、第二火災予防ノ点ヨリシ、第三都府ノ体面」によると説明されているように、疫病と火事を防ぎそして見栄えをあげることであった。そのための方法としてこの地一帯を十五区共有金で買い上げて、スラムクリアランスする。この計画は、討議を経て原案通り決定され、実行された。そして、江戸からつづいた東京最大のスラムは消滅し、商人と職人のごくふつうの町になった。

スラムクリアランスは見事に成功したが、しかしきわめて表面的な成功といわざるを得ない。スラムの改良は、住宅環境を良くするといった物理的改良と同時に、定職を与え、教育と医療を施すといった生活の改良を進めるのが本当だが、橋本町の場合はそうした生活面は一切考えられていないばかりか、スラムの住人を外に追い散らす策がとられている。この策については論議があって、府会議員の益田克徳の「此町ノ不潔ナルハ、必竟其所ニ住ム者ノ如何ニヨリシナランガ、今之レヲ茲《ここ》ニ置カザレバ又他町ニ移リテ集リ住ムナルベシ。其弊ハ如何シテ防ギ得ベキヤ」という当然の問いに対し、府当局は「聚団セザレバ、左程ノ害モナシ。故ニ散布シテ住マシムルノ目的ナリ」と答えている。これに対し府会議員の条野伝平は「今此輩《このやから》ヲ散居セシムレバ、虱ヲ衣服ノ所々ニ分ツガ如ク、却テ蔓延モ計リ難シ。……別ニ代地ヲ以テ一ツノ団聚所ヲ設ケタシ」と反論している。府当局のように「散布」させるにせよ、条野のように別の「団聚所」を遠くに作るにせよ、いずれも、スラムの住人の生活向上は念頭になく、これではいつまでも問題は解決しない。とすると、いったいこのスラムクリアランスの目的は何だったのかと改めて気になるが、すでに述べたように目的は、第一が疫病防止で、第二が防火、第三が体面である。

この第一目的の疫病防止は、これだけを素直に読めば橋本町住民の疫病防止と取れるが、しかし住民自体の向上をまったく考えていないということを知った上で読むと、どうもここから疫病が外へ蔓延することを恐れてのことらしい。こうした傾向は、目的の第三で「都府ノ体面」を挙げていることでよりはっきりする。もちろん住民の体面ではなく、首都東京の体面である。誰に対してかは述べていないが、外国人に対しての体面と考えていいであろう。

このように、いかにも明治らしいスラム観なのだが、しかし、江戸期とは決定的な差があることも忘れてはならない。江戸期にはスラムは別に体面に関わるものでも改良するものでもなくて、城下への入口の近くに計画的にスラムを置いて威嚇効果をねらう場合もあったし、町の中でも時には必要不可欠な一画として組み込まれていたからである。

明治十年代になされた防火を中心とした都市改造の実績とその考え方について述べてきたが、以上の諸計画の推進者と支持者がどのような勢力であったか、また、その経済基盤をどこに求めていたかについて次に触れたい。そのことはもちろん思想とは直接つながらないが、日本の近代都市の主人公がいったい誰であるのかを知る手がかりになる。

まず、諸計画の推進者について。橋本町のスラムクリアランスの時の議事録を読めば分かるように、府当局の提案に対し府会議員がきわめて積極的に発言しているのが印象に残るが、その他の計画でも、一方に府知事以下の府当局がいて、もう一方に府会議員たちがいて、両者は対等に渡り合い、時に協力し時に反目して都市改造を進めている。とくに〝十五区共有金〟を使う都市改造の場合は、この資金の性格からして府当局よりも府会議員（ただし十五区選出にかぎる）の側に強い権限があり、そのことが府会議員たちの発言を生彩あるものにしているのにちがいないが、しかし、それ以上に議員たちの顔ぶれを見ると、生彩あるのは当たり前なのである。福地源一郎（桜痴）・安田善次郎・益田克徳・田口卯吉・福沢諭吉・益田孝・沼間守一といった面々が中心的に発言しているが、こうした当時の中心的な府会議員は民間の有力企業家と言論人からなっていた。

彼らがきわだって自己主張をしたのは、結局実現しなかったが明治十三年の〈日本橋箔屋町火事跡地計画〉の時で、府当局の計画に対し自分たちの考え方に基づく対案を正面からぶつけている。府当局の計画は、焼け跡に倉庫の連続による防火帯を作ろうというもので、実行方法としては府自らが対象敷地を買い上げ、自らの手で煉瓦造の倉庫を作って貸し出すという完全な府庁の直営方式を考えていた。これに対し、民間企業家のリーダーの一人の安田善次郎は、防火帯の建設には全く同意しつつも、その実行方法については府庁直営に猛反対し、「株式会社　石土蔵建築受負会社」を創立してそこに事業一切をまかせるべきだとした。そして、その資本金は〝十五区共有金〟を充てるか、民間有志で株式を引き受けるかどちらかであると主張する。十五区共有金を充てれば、この会社は〝市民共有会社〟という類のない株式会社となり、一方、民間人が取得すればふつうの私企業となる。

こうした都市の不燃再建のための都市開発会社の計画は、実はこの時にはじめて芽を吹いたのではなく、実は明治五年から十年にかけて実行された〈銀座煉瓦街計画〉の中で、当時は大蔵省の大丞であった渋沢栄一が練り上げながら結局実現を見なかったものである。〝十五区共有金〟を資本金にすることや、都市不燃再建のための融資業務と建設業務の両者を行なう会社であることなど、渋沢の考えていたことはそのまま安田に流れている。安田は討議の中で、もし〝十五区共有金〟が使えない場合には民間から資本金をつのることをいい（安田はこれを本当は考えていた）、その裏付けとして「若シ応ジ人ナケレバ差支フル故ニ某人々ヘモ相談ナシタレバ弐拾五万円迄ハ株主ヲ受合シ人モアリシナリ」と明かしているが、この二五万円を出資するつもりの人というのは、事業の中味と安田との縁からみて渋沢栄一だろうと推測される。

安田は不燃再建のための都市開発会社の資本金として〝十五区共有金〟を充てることを考えているわけだが、これは何を意味するのだろうか。〝十五区共有金〟はその昔、〝七分積金〟と呼ばれ、よく知られているように江戸期に飢饉用として市民が積み立ててそれを町会所が管理していたもので、莫大な額がそっくり新時代に手渡されていた。その性格上、府庁が自分の予算として使うことはできず、明治五年以後は渋沢栄一が会頭をつとめる営繕会議所（のち東京会議所）の管理下に入り、銀座煉瓦街のガス灯計画や商業学校（現、一橋大学）設立などの市民性の強い事業に使われ、さらにその残りが十五区会の管理下に回ってきていた。この共有金は、市民の共有金なのだが、しかし一般市民の共有というよりは、実際には江戸期には町会所に集う有力町人たちが運用していたし、明治以後は渋沢をはじめとする明治の〝有力町人〟、つまり新興企業家がその使途を決めている。ただし、設立当初の目的からして細民を含む幅広い一般市民のために役立つ使途でなければならない。

都市の不燃化をはじめとする都市の整備・再開発は、その意味ではきわめてふさわしい使途ということになる。橋本町のスラムクリアランスが〝十五区共有金〟でなされたのも使途がふさわしかったからにほかならない。こうした共有金の市民的性格と新興企業家たちの決定権、それによる都市改造の実績、さらに都市開発会社の構想、を併せ考えると、渋沢や安田といった面々は、東京の改造を自分たちの資金と自分たちの会社を使って実現しようと欲していることが分かる。

後に述べるようにきわめてすぐれた地方長官であった松田道之知事に率いられる東京府の官僚を東京改造の第一の主役とするなら、第二の主役は渋沢や安田といった新興企業家たちといっていい。明治十年代の応急処置的都市計画としての防火計画の中で、二人の主役が姿を現わしたのである。この二人は、防火計画の中ではさして思想らしきものは述べなかったが、やがてはっきり自分の都市論を語り、都市イメージを描き、そして明治の東京の主人公に成長してゆく。

市区改正計画のアウトライン

明治十年代は防火という江戸の後始末的な都市計画が実行され、二十年代にはいってはじめて本格的な東京の近代化の都市計画が着手されるようになる。この都市計画のことを〈市区改正計画〉といい、近代都市史上にもっとも名高いものである。そして、現行の日本の都市計画もここからスタートしており、今もなおその延長上にあるといってもいい。

この計画は明治二十一年八月に法的裏付けとなる「東京市区改正条例」が発布されて実行への道を歩きはじめるが、当然それに先行して構想と論議の時期があった。明治十年代がその時期に当たる。

明治十年代というのは、日本の近代都市計画を考えるうえで一番興味深い時代で、一方で地図作りをはじめとする都市の姿の正確な認識の努力がなされつつ、同時に江戸の後始末が実行され、さらに併行して本格的改造の構想が練られている。東京府の少壮官僚と民間の新興企業家と言論人は、明治十年代を通して、現在を認識しながら過去の後始末に動き、動きながら未来の都市のことを考えていたのである。ここではその時に考えられたことを取り上げるのだが、その前に、市区改正のアウトラインを述べる。市区改正の足取りは紆余曲折がはげしく、その大筋の足取りを把んだ上でないとその中に登場するさまざまな考えの流れが分からなくなるからである。

この計画の構想がスタートしたのは、明治十二年、松田道之が東京府知事の椅子に就いた時で、彼は翌十三年には〈市区改正松田案〉を公表し広く議論を求める。この案は「中央市区論」と「築港論」よりなり、東京の全体的改造を考えた最初の都市計画案である。

しかし、松田は途中で急逝し、後を継いで府知事の椅子に就いた芳川顕正は、遺志を引き継ぎ、二年間調査研究を重ねた後、明治十七年に〈市区改正芳川案〉をまとめ、これを内務卿山県有朋に上申した。芳川の案は、松田案の築港論を棚上げし、中央市区論を否定し、東京改造の中心テーマを交通計画に置いていた。しかしただ道路を作ろうとしたわけではなく、道路の再編成の中心に皇居を位置づける帝都論が背後にあった。

この芳川案は内務卿の山県有朋の大いに認めるところとなり、山県は太政官にこの計画をさらに審議する委員会の設置を求め、裁可され、内務省内に東京市区改正審査会が設けられる。この審査会では、各界代表がそれぞれの夢と利害をバックに東京のあるべき姿を思う存分にたたかわせており、都市にかかわる思想の歴史の上でも最も興味深いものの一つである。

議論のリーダーシップをとったのは渋沢栄一で、強烈に商都論を打ち出し、この論が大勢を制して審査は結審し、明治十八年、〈市区改正審査会案〉が誕生する。この案を受けた山県有朋は、ただちに太政官に上申し、案の裁可と、案を実行するための新部局として内務省内に東京市区改正局の創設を求めた。

しかし、これに対し、外務省が猛反対に出て、市区改正計画は頓挫する。なぜ外務省が内務省の都市計画案を潰しに出たかというと、時の外務卿井上馨が、明治十二年の外務卿就任以来、独自に東京改造の案を練っていたからにほかならない。これは当初官庁街の整備を目的にしていたことから〈官庁集中計画〉と呼ばれ、〈市区改正計画〉のライバルとなる。井上は、内務省が市区改正計画を太政官に上申した三カ月後、ちょうど太政官が内閣に衣更えした直後の十九年一月、官庁集中計画を上申し、その実行部局として「臨時建築局」を内閣の中に新設することを求めた。その結果、誕生したばかりの内閣は、内務省の市区改正計画と外務省の官庁集中計画のどちらを政府の東京改造の基本とするのかの判断を迫られることになる。

内閣は二派に分かれ、内相山県と蔵相松方正義は市区改正を支持したが、しかし総理大臣の伊藤博文の支持を得た井上が勝って、市区改正計画は棚上げとされ、官庁集中計画が開始される。内閣に新設された臨時建築局の総裁には外務大臣の井上馨が就き、副総裁には警視総監の三島通庸が入る。この二人は、まだ息の根の完全に止ったわけではない市区改正陣営をたたく一方、官庁街の再編成という当初の目的を拡大し、東京全域の改造を企て、その指導者を当時日の出の勢いでヨーロッパを席捲していたビスマルクのプロシャに求め、ビスマルク内閣の建築顧問官のエンデとベックマンを日本に招く。この二人によって東京をパリのように作り変える一大計画が立てられる。このような派手な計画を井上が求めたのは、彼が外務大臣として取り組む不平等条約改正交渉を成功させるには日本の首都を欧米並みに〝文明化〟する必要があると思い込んだからであった。いってみれば鹿鳴館の都市版である。

ところが明治二十年七月、肝心の不平等条約改正交渉は決裂して井上は失脚してしまい、目的と首唱者を失った官庁集中計画は中断され、すでに起工していた裁判所と司法省（現、法務省の赤煉瓦庁舎）の二つがドイツ人の手で工事を進められ、実現して終る。

これを好機とした内務省は、ただちに市区改正計画を棚から下ろして息を吹きかえさせ、明治二十一年八月十六日、「東京市区改正条例」の公布にこぎつけた。この条例こそ、本邦初の都市計画法であり、これが大正八年に「都市計画法」に発展的に解消し、さらに戦後の改編を経て、現行の「都市計画法」になっている。

具体的な計画の方は、東京市区改正委員会を内務省内に設けて、明治十八年の〈市区改正審査会案〉を検討し、二十二年三月、〈市区改正委員会案〉が誕生する。この委員会案に従って工事が始まるが、しかし日清戦争などによる財政難はいかんともしがたく、遅々として進まない。そこで、三十五年二月、委員会案のうち是非これだけはという縮小案をまとめて〈市区改正新設計〉が生れる。しかし日露戦争がはじまって延び延びになり、結局、この新設計が実現したのは大正三年になってからであった。

明治十五年に芽を吹き、二十一年に実行が決まり、大正三年に完成するという、いわば明治の時代とともに生きたのが市区改正計画なのである。

実績としては、丸の内のオフィス街化とか日比谷公園の創設などもあるが、中心になったのは交通計画であり、道路と市街鉄道と運河の整備にほとんどのエネルギーが注がれている。市区改正計画は、〝中央市区論〟〝商都論〟〝帝都論〟といったさまざまな都市像をたたかわせることからスタートし、道路を作ることで終ったのだった。この結末は日本のその後の都市計画に甚大な影響を与え、都市計画とは道を作る仕事、という狭小な通念がこの国に広まることになる。

以上が市区改正計画とそこに横槍を入れた官庁集中計画の大筋の流れであるが、都市にかかわる夢や構想や思想ということになると、明治二十年以前に良いものはほとんど姿を見せている。市区改正計画でいえば〈市区改正審査会案〉で東京論はあらかた出尽すし、官庁集中計画も明治十九年六月の〈官庁集中計画ベックマン案〉と、十二月の〈秘密建議〉で、目を見張るような構想は絶える。

明治十三年から十九年までの七年間を中心に、市区改正計画がらみの六つの史料がある。まず早い方から、市区改正のスタートとなる〈市区改正松田案〉が公表された小冊子『東京中央市区劃定之問題』。ついで、松田案の築港論の基となる考え方を松田に提供した経済思想家田口卯吉の論文「東京論」。そして松田案を基にしながらも大きく変わって登場する〈市区改正芳川案〉の載る上申書「市区改正意見書」。その芳川案を審査して渋沢栄一らの活躍により〈市区改正審査会案〉を誕生させることになる同審査会の議事録「東京市区改正品海築港審査議事筆記」。さらに、市区改正計画潰しをねらう官庁集中計画陣営の井上馨と三島通庸の二人が総理大臣伊藤博文に宛てた「秘密建議書」、東京市区改正条例の立法過程で厳しく抵抗した元老院の議事録「元老院会議筆記」。以上の六つの関係史料により、市区改正計画を舞台として登場するさまざまな東京論や構想そしてそのバックにある思想が明らかになる。そうした論や構想や思想は市区改正松田案から審査会案までの各段階に応じて登場してくるのではあるが、それを段階ごとに時間にそって解説するのは歴史書の仕事であって本稿にはなじまないので、ここでは、市区改正計画とそれにからまる官庁集中計画を、各段階ぐるみ一つのかたまりとみなし、この明治十年代のかたまりの中に観察されるいくつかの都市論の系譜を取り出し、その考え方を述べる。

結論からいうと次の四つの都市論が観察される。

〈中央市区論〉

〈商都論〉

〈帝都論〉

〈機能的都市論〉

以下、順に見てみよう。

中央市区論

この、表題を聞いただけでは何を示しているのか分からない論こそ、東京を全体としてどうするかを論じた最初の論なのである。明治十三年十一月二日、時の東京府知事松田道之は府会の終了後、府会議員に『東京中央市区劃定之問題』と銘うつパンフレットを配布するが、その中に、中央市区論がはっきり語られているから、まずそれを見てみたい。

松田はまず、東京の現状は火事といい不衛生さといい一国の首都としては憂うべき状態にあるとし、その原因は東京十五区があまりに広すぎること、さらに「貧富雑居」と「家屋定度ナキ」ことにあるとする。そしてこれを改めるには広すぎる東京の中心部に中央市区を設定することが大事で、その区域内を重点的に整備するなら、「豪商輻輳ノ所トナリテ、商業隆盛、地価亦随テ騰貴シ……巍乎タル層楼林立」して東京は首都にふさわしくなる、とする。これだけ読むと、東京が広すぎることと、貧富の雑居する中央市区がどう相互に関係するのか分かりづらいが、この論に先立って、明治十二年十月やがて松田の下僚として市区改正の任に当たることになる府吏の河合良二と伊藤徹の二名が大蔵卿の大隈重信に宛てて一通の建言書を出しており、その中にもうすこしはっきりとこの独得の都市論の原型が述べられている。引用してみよう。

> 府下十五区の裡《うち》最も繁華の地位を占め商業の贏利を得る街衢を択んで之を画し、此地に住する者の家屋を新築せしには煉瓦造土蔵造塗屋造の裡にあらずんば決して之を許さざるべし。……抑《そもそ》も東京は本邦の首府にして繁華四方に冠たり。今此繁華の中央を択らび家作の制を立るは、固《もと》より家屋を論じて其人を問《とわ》ず。故に寒酸にして苦情ある者自ら去り、富饒にして苦情なき者自から来る。固《まこと》に其分の宜しきなり。於レ是《ここにおいて》乎《か》、熱鬧の地一箇板屋を見ず、冷澹の境比々茅檐に逢も、亦自から火事稀少なれば、大なる害なかるべし。

……此制の精神は家屋を堅固にして将来火災を勦絶するにあれば、其家を論じて其人を問《と》ず《わ》。故に寒酸なる者は冷澹の地に転じ、富饒なる者は熱鬧の衢に移り、到底府下の中央は豪商鉅工の淵藪となるは専ぱら此制に期嘱する所なり。（河合良二・伊藤徹「家作制限の議」）

この建言書こそやがて中央市区論に成長する芽となるものであるが、まず、立論の動機が建言書の表題「家作制限の議」に表わされているように都市防火にあることが注目される。府下十五区の内から繁華の場を選び、その範囲内の建築はすべて煉瓦造・土蔵造・塗屋造の防火建築に制限しようというのである。

ここまではそう珍しい考え方でもなく、ある範囲にかぎって建築制限を加えるのは今もよく行なわれる一般的手法にほかならない。問題はこの先で、このように制限するなら自ずと「寒酸」の者はこの範囲から去って「冷澹の地」に転じ、一方、「富饒」の者はこの範囲内に形成される「熱鬧の衢」に集り、そこが「豪商鉅工の淵藪」となる、と述べている点である。防火の実現のため、既存の都市の中に線を引いて〈熱鬧の地〉を囲い込み、まわりの〈冷澹の境〉から区分し、その線の中の貧者は追い出し、富者を集めようという目論見。この建言書に表われた「熱鬧の地」の考えが、松田道之の「中央市区」の考えに成長してゆく。

松田は『東京中央市区劃定之問題』の中で、東京のさまざまな都市問題の「原因ヲ究査」して、その原因を「府下十五区ノ制、未ダ其宜キニ適セズシテ、貧富雑居シ、家屋定度ナキニ由」ると断定しているが、この論理は二人の府吏の建言書の論理を拡大したものといっていい。

つまり、松田は、まず東京の都市問題の根本原因として、①市域が広すぎること、②貧富が雑居すること、③建築制限がないこと、の三点を挙げ、この三点を一気に克服するには中央市区を画定するのが良策で、そうすれば貧富も住み分け、建築制限も実現する、と主張した。この中央市区画定の主張、つまり中央市区論が今日の目で見て奇妙なものに映るのは、市域を広すぎるとする件や建築制限の件ではなく、貧富の雑居を歎じその住み分けを提案している点にほかならない。

もちろん、すでに経過を見てきたように貧富の住み分け論はそれ自体が目的で出されたのではなく、当初、府吏二人の建言書の段階では防火計画実現の中で自ずと住み分けが実現するという結果論的なものであったが、しかし、松田の段階では都市問題の原因の主要な一つに貧富雑居が挙げられており、因果が逆転しはじめている。こうなると、中央市区論は即貧富住み分け論と一体化して論じられるのは避けられないが、事実その通りで、松田の主張に触発されて論議がさまざま登場した。

貧富の住み分け策には賛否両論が出されているが、いずれも東京の近代化のためにはどちらが有効かを計量する立場から論が立てられていて、市民を貧富に分けるという発想自体の可否への思考はまったく欠けている。

今日から見れば、都市計画の各種の線引き（地域区分）に当たって貧富を基準に線を引くなどということは全く思いもつかない発想であるが、明治十年代の人々は、行政官もジャーナリストも思想家も、ごく自然なこととして受けとめているのに驚かされる。おそらく、こうした住み分けの発想が広く受け容れられたということは、逆に言うと当時の東京には〝市民〟の考え方が根付いていなかったと言うしかない。今日の都市では、基本的了解事項として、そこに住む者は職業や貧富や出身によって区別されないという一項があるが、どうもこの了解はまだ有識者の間ですらなされていなかったようだ。

背景には、つい十数年前までの日本の都市の現実がある。江戸をはじめ日本の封建都市は、その地域計画の第一項として〝身分地域制〟をとり、都市の住民を身分によって住み分けさせていた。大きな区分では、士農工商のうち都市内に住める者は士工商にかぎり、さらに、士工商を士と工商に分けてそれぞれ武家地と町人地に住まわせ、僧には別に寺社地を区画した。さらに町人地の中でも、遊女と歌舞伎役者は遊廓（江戸では吉原）と歌舞伎専用の町（江戸では猿若町）へと囲い込んでいる。こうした身分による住み分け制は、都市行政上も貫かれ、武家地・町人地・寺社地のそれぞれを所轄する奉行所は別建てになっている。このようにきわめて完成度の高い身分住み分け制がつい十数年前まで続いていたことが、明治十年代の有識者が平気で貧富住み分け論に乗った背景にはある。有識者たちは身分制の撤廃こそ近代の政治と社会の基本であることを知っていたが、しかし政治や社会といったそれまで表立って論じられてきた領分から一歩さがって都市となると、まったく無垢な領分であるだけに、意識の下に隠れている前代の悪性遺伝子が表に出てくる。この遺伝子は、もし、明治十年前後の東京が活力に充ちていたなら、表に現われることなくやがて自然淘汰されたにちがいない。ところが実際の東京は、文明開化の風潮は一部で盛り上がってはいるものの、都市の活動力は旧江戸のレベルにすら回復しておらず旧江戸の市域が広すぎて空屋が埋まらない状態にあり、いわば空気が抜けかけた風船をどうするかが都市計画のテーマとなっていた。松田知事が『東京中央市区劃定之問題』の冒頭で、「現時十五区ノ地……頗《すこぶ》ル市区広闊ニ過タリ」と切り出しているのは、このことなのである。とすれば、空気の抜けかけた風船にふたたび張りを持たせる方法として、風船を小さくしぼって密度の薄くなった空気を濃くしようと考えるのはありうることで、松田はそれを実行したのだった。

以上が中央市区論についてだが、この特異な都市論のその後を述べると、明治十三年十一月に提案された後、この提案を審議するため明治十三年十二月に開かれた〈第一回市区取調委員総会〉の席上、否定されて終る。その辺の事情については「適当ナル地区ヲ撰ンデ中央市区ヲ画定シ、以テ諸般ノ制度ヲ異ニスベキ旨趣タリシガ、衆議之ヲ非トシ」と結論が簡単に記録されているだけである。

商都論

松田道之の『東京中央市区劃定之問題』は、すでに見たように中央市区論という東京の衰弱を前提にしたいわば後向きの発想から生れたものだが、しかし、松田は中央市区論を述べた後、まるでとってつけたようにもう一つ別の主張を続けている。

それは築港論で、東京に国際港を設けて「互市場」つまり貿易機能を持たせよというのである。具体的には横浜にすでに開かれている港を東京に移すこと。そうすれば東京は「商売貿易ノ源ヲ占メ、漸々昌盛ノ域ニ達ス」。東京を国際貿易の都市として再生させようというこの主張をここでは〈国際商業都市論＝商都論〉と名づけるが、この主張の決定的な新しさは、東京の基本的性格についてはじめて論じたことである。防火計画も、そこから芽を吹いた中央市区論も、目の前の東京のマイナスにどう対処するかといった発想から一歩も出ておらず、いわば現実の尻を追いかけて後始末をしている論であり、その現実自体を丸ごと対象化して可否を問い、現実に先回りして未来を考えるような強い思考力と大きな構想力には欠けていた。ところがこの商都論は、目の前の東京の現実を吹きとばすような新しい都市の性格をはじめて描いてみせた。

〝東京が世界に開かれた商業の都になる！〟これまで誰も思いもよらなかった未来の東京のイメージは、『東京中央市区劃定之問題』の発表を通して、東京について考える人々の間に伝わり、ある人々はここに東京の明日を託そうと志し、またある人々は〝府知事の夢物語〟として笑った。

築港による商業都市化の夢は、市区改正計画の全体の流れの中では以上のように〈市区改正松田案〉の中で芽を吹くのであるが、しかし、松田が自ら考えたものではないことは、松田が自説として出した中央市区論と基本的に矛盾することからも明らかで、事実、松田の論に先立ってすでに主張されていた。

商都論を最初に打ち出したのは明治の経済思想家として、また『日本開化小史』の著者として知られる田口卯吉である。そこで本書は田口の「東京論」を取り上げる。この論文は、題名のとおり東京論の最初のものであり、大きな思想の中で都市のあるべき姿を語った論文として持つ意味はきわめて大きく、近代における〝都市思想〟の最初の発露といってもいい。「東京論」は東京という都市のあるべき姿を具体的に提案したものだが、その骨子となる思想はそれに先立って田口の中に形成されている。

田口が経済思想家としてデビューした明治十一年刊の『自由交易日本経済論』の中で、彼は、イギリスの産業革命前後の歴史を踏まえて経済活動の大勢が保護主義から自由主義への変換にあることを説いた。この本は純粋に自由主義経済とその思想を述べたものだが、中で日本の問題について小さく次のように触れた。

〔日本で〕今日に施行すべきの方法を論ずるは此書を記するの主意に非ざるに付き茲《ここ》に論ぜず。唯だ日本の目的とすべきは米洲亜細亜の中心市場たらん事を期するに在り。此目的を達すべきの道路は自由交易に存する事必せり。

つまり、日本は汎太平洋の自由貿易の中心市場を目ざさなければいけないというのである。

この世界経済をにらんだ大きな構想は、一年後により具体化し、「船渠開設ノ議」と題されて明治十二年八月三十日の『東京経済雑誌』に発表される。

美ナルカナ日本ノ亜細亜東方ニ斜在スルヤ、綿亙五百余里、広袤五六十里、其状長鯨ノ悠然トシテ大洋ニ浮ビ、遥カニ赤道ニ向フテ行クガ如シ。気候温和、地味豊饒、黄金貨物ノ富山野ニ充実ス。其内地ノ産以テ三千余万ノ人口ヲ養フニ足レリ。然ルヲ況《いわ》ンヤ西ニハ亜細亜大陸アリテ、朝鮮、支那、安南、暹羅《シャム》、印度ノ諸国皆一旬ヲ出デズシテ飛渡スルヲ得ベク、東ニハ南北亜米利加アリテ、合衆国、墨西哥《メキシコ》等ノ諸国亦数旬ヲ出デズシテ往来スルヲ得ルノ便アルヲヤ。抑《そもそ》モ此二洲ハ天下ノ富国ナリ。其物産ノ多キ、人口ノ密ナル、固《もと》ヨリ五洲無双ト称ス。故ニ亜米利加、亜細亜ノ互ニ相交易スルヤ、静カナル大平洋ノ波モ数《しば》バ鉄艦ノ動カス所トナリ、穏カナル貿易ノ軟風モ数《しば》バ黒烟ノ汚ス所トナル。而シテ往来ノ船舶皆ナ一タビ我海口ニ入リテ滞泊セザルハナシ。我国ノ商業ニ適スル、豈《あ》ニ天授ナリト言ハザル可ケンヤ。

……蓋《けだ》シ一国ノ富強ヲ致スハ中心市場トナルヨリ急ナルハナシ。英国ノ富強ヲ以テ天下ニ誇視スル所以《ゆえん》ノモノハ其国物産アルニアラザルナリ、欧洲大陸ノ貨物ヲ積ンデ之ヲ他ノ大洲ニ販売シ、他ノ大洲ノ貨物ヲ積ンデ之ヲ欧洲ニ販売スルニ此レ由ルノミ。況ンヤ我国ノ如キ、黄金山ニ満チ、物産野ヲ塡ムルノ利アリテ、而シテ天然ノ地形業《すで》ニ已《すで》ニ亜米利加、亜細亜ノ中心市場トナルニ適スル此《かく》ノ如クナルニ於テヲヤ。

議者云ク、「我国通商ノ振ハザル自ラ一箇ノ源由アリ。蓋シ我国ノ地形極メテ商業ノ適セリト雖《いえど》モ、諸開港場一トシテ着船ニ便ナルモノナシ。……決シテ巨大ノ貨物ヲ運搬スル能ハズ。是レ則チ我通商ノ振ハザル所以ナリ」ト。此論ヤ至論ナリ。……

現今世界ノ諸国争フ所ハ商利ニアリ、競フ所ハ商権ニアリ。余輩之ヲ聞ク、上海ハ天下ノ良港ニシテ、巨大ノ商船ト雖モ、揚子江ニ溯リ、直ニ其岸辺ニ接スルヲ得ルト。サレバニヤ現今我国ニテ需要スル欧洲ノ貨物ニシテ往々之ヲ上海ニ仰グモノアリ。若シ此勢ヲシテ止マザラシメバ、亜米利加、亜細亜ノ中心市場ハ終《つい》ニ我横浜ニ帰セズシテ清国上海ニ移ランコト皎トシテ日ヲ見ルガ如シ。果シテ然ラバ日本諸開港場ノ相庭《そうば》ハ皆上海ノ為メニ制セラル、ニ至ランヲ得ズ。願クハ世ノ財主ヨ、早ク船舶ノ着岸ヲ自由ニシ、我開港場ヲシテ中心市場タラシメヨ、余輩敢テ国家ノ為財主自家ノ為ニ之ヲ今日ニ熱望セザルヲ得ズ。

田口は、ここで自由貿易による商業立国が明治の日本の選ぶべき道であることをいい、そのためには上海や香港に負けない国際貿易港を日本に作ることを求めた。もちろん、すでに日本には長崎・横浜・神戸といった開港場があるが、しかしそれらは外国人居留地という治外法権化した半植民地都市に付属しており、また、規模も小さくて外洋船が直接岸壁に着くことができない難があり、こうしたマイナスを克服して日本の開港場を汎太平洋の中心港とすることを主張した。

田口はこの論の中で日本のどこの開港場を汎太平洋中心市場に作り変えるかを語っていないが、神戸、長崎、横浜のうち「我横浜」をそれと想定していたと見てまちがいない。

この田口の築港による国際商業都市の建設という大構想はもちろん日本のどこで実現しても自由主義経済思想家田口卯吉にとっては構わない話であったが、しかし、具体的な都市名として田口が当初想定した横浜ではなくて東京が浮上するようになる事情について、田口自身は次のように記している。

此意見は第一国立銀行頭取渋沢栄一君の大に賛成する所となり、次ぎて時の東京府知事松田道之君の耳に入り、松田道之君は終《つい》に明治十三年東京通常府会の終末に臨み、左の計画〔『東京中央市区劃定之問題』〕を立て議員に諮詢したり。（田口卯吉「東京湾築港論の沿革」『東京経済雑誌』明治三十二年十二月二日）

つまり、田口の論は渋沢栄一を動かし、次に松田道之を動かし、松田は、自前の中央市区論に急遽、築港論を付け加えたのである。

田口は思想家としてジャーナリストとして活動しており、政府筋と連なることをいさぎよしとしない姿勢を生涯貫いているが、その田口と松田の間に橋が架けられたのは渋沢栄一の存在を抜いては考えられない。田口が自分のメディアとして『東京経済雑誌』を刊行できたのは、渋沢のパトロネージによるところが大きかったし、また、同誌の編集室は渋沢栄一の根城である兜町の第一国立銀行の二階に置かれていたくらいで、田口と渋沢は毎日のように意見を交わしていたにちがいない。実業家渋沢は、思想家田口と思想的共感を持った付き合いをする一方、行政家松田とも、当時、農商務省の商業政策に対し共同して反対に回っており、縁は深かった。その意味では、東京の国際商業都市化の考え方は、渋沢がまとめたといってもいいくらいである。

さて、田口は、自分の考えが渋沢経由で府知事に伝わり、府知事がそれを取り込んで東京の商業都市化を打ち出す案を固めたところで、その案の公表に先立って、「東京論」を発表した。

「東京論」は五つの章からなる。まず「第一」では江戸・東京の全体配置と建築について取り上げる。江戸という都市が、中心に城を置き、周囲に力関係を巧みに配慮して大名を置き、さらに旗本を置いて、全体としてきわめて支配しやすいように作られていたことを指摘し、都市計画がいかに国を治める上で重要かを述べる。同時に、そうした配置の中に作られた江戸城や大名屋敷がきわめて立派に作られ、街路も清潔で見事であったことを言う。この辺の記述には妙にナマナマしくて心のこもったところがあり、旧幕臣田口のほのかな懐旧の念をしのばせるところがある。しかし、そうした江戸の巧みな構成も見事な建築もあくまで封建時代にふさわしいものであって、明治の今日、商業都市を目ざすべき東京には不適であるから、その改造が急務である、とする。

具体的な改造方法としては、旧本丸の跡地に木造以外の堅牢な官庁街を作ってそこに東京市中に散在する政府機関を集中し、それ以外は石垣を崩し、濠を埋めて平らにし、民間の商業地に開放する。かくすれば東京の商業の振興の基礎が準備されるであろう。このようにまず「第一」の論として東京の既存部分の改造方法を述べ、次に「第二」の論として、日本の国土全体の中での東京の位置づけを言う。

まず、日本列島のコントロール方法として地方分権と中央集権の二つのうちどちらを取るべきかについて、政治体制については答えを回避したうえで、こと経済については絶対に中央集権が望ましいことを言う。つまり、株式取引所や銀行や会社といった民間の経済組織も、国の経済組織も、どこかに集中する必要がある。そしてその場としては地形からみて東京が一極集中に一番ふさわしいとする。

しかし、すでに大阪に集中しているような旧来の国内経済のセンターを東京に集中するのではなく、今後大いに振興すべき貿易を中心とした国際経済関係のセンターを東京に置くのが望まれ、その具体策としては現在横浜で行なわれている機能を東京に移す必要がある。以上が「第二」の論であり、つづく「第三」は、横浜の機能を移すためのさらなる具体策として築港を言う。

築港の位置としては隅田川の河口周囲と品川沖の二つが考えられるが、河口周囲は土砂埋沈が激しくかつ水深も浅くて外洋船が入りづらいことから品川沖が適地である、とする。

ひきつづく「第四」は、品川沖に築港した時に、これまでの江戸・東京の水運の中心にあった隅田川一帯はどうすべきかを論じたもので、大型の外洋船は入れず、中型以下の船便をもっぱらとすることを言う。そして、その中型以下すらも土砂埋沈であぶないことを指摘し、旧来の隅田川を中心とした江戸・東京の水路ネットワークを浚渫によって再生させるべき、とする。

以上の四つの論を踏まえて最後をしめるのが「第五」の論である。まず、東京の商業の現状について、とても国際商業には似つかわしくない旧来の小売業しかないことを批判し、しかし、人材としては新しい経済を起こすに足る企業家が多く控えているとし、その彼らが力を振るうための東京を作るには、「第一」で述べたように皇居周囲の新たに開放された土地にビルを建て、そこに「第二」で述べたように経済組織を一極集中し、さらに「第三」のごとく横浜の国際経済機能をそこに移し、また港湾機能は「第四」のように品川沖に移す。さすれば東京は国際商業都市として再生する。

最初の東京論にふさわしい見事な「東京論」といっていいであろう。これ以後、市区改正計画の中で築港による商業都市化の夢は大きな流れとなり、さまざまな具体策が現われてくるが、その源はすべて田口の「東京論」にある。

ここで、田口卯吉という人物の経歴と思想について大略を紹介しておく。田口の著作と彼についての研究は戦前の昭和二年から四年にかけて刊行された『鼎軒田口卯吉全集』にまとめられているが、戦後はあまり注目されなくなったせいか『日本開化小史』が岩波文庫で出されているほかは目に触れる機会の少ない人物になってしまっている（なお平成二年に上記全集が復刻された）。そこでこの珍しいタイプの経済思想家について略述する。

田口は、安政二年（一八五五）、幕府の最下級武士（徒士）の子として生れ、維新の年、彰義隊に心情を重ねていたことから、彰義隊の敗北とともに横浜に逃れ、しばらく外人商館で下働きをしながら英語を習った後、徳川慶喜の移住先の静岡に移り、一年ほどいた後、再び上京し、明治五年大蔵省の翻訳局に生徒として入り、七年には十一等出仕に上って紙幣寮銀行課に入った。この銀行課時代に田口卯吉は、後の経済思想家としてジャーナリストとしての基礎を築くことになる。翻訳を主とする下積み的勤務のかたわら、仕事で接するイギリスの経済書を通して自由主義経済思想の研究を始め、同時に『日本開化小史』の刊行を企て、十年から同書を世に出しはじめ、翌十一年には『自由交易日本経済論』を出す。前者は二三歳、後者は二四歳の時の仕事である。

この二つの本により、田口は、文明開化期の啓蒙思想家として、かつ、経済思想家としてデビューし、さらに翌十二年には渋沢栄一のバックアップを得て、日本初の経済ジャーナリズムとして名高い『東京経済雑誌』の刊行をはじめた。田口の東京論はすべてこの雑誌に発表されたものにほかならない。

彼の思想史上の位置は、イギリス流の徹底した自由主義経済を主張したことだが、その透徹した徹底性は、経済活動への政治の指導はむろんいかなる規制も廃すよう求めている。たとえば「商業共和国」(明治二十一年)などという主張を立て、「政府の権力は僅に一国の貢租を集むるに過ぎず、商業の力は広く天下万国を蕩平して其利を集む」と、経済の政治(国家)への優位を述べ、商業には国境が不要であるとした。

こうした主張は、当時の日本の置かれていた立場からすると非現実的きわまりないし、また、製造業よりは流通商業を過剰に重視する見方は経済学上も明らかに誤りであるが、しかし、その徹底性には読む人をうつものがある。田口が百年以上も前に主張した、経済の政治への優位、国境を越える経済といった考え方は、現在の日本ではじめて通用するくらいに早過ぎたのである。

さて、このように純度の高い自由主義経済思想家であった田口卯吉によって明治十二年に主張された築港による商都論のその後を追ってみよう。

この論はすでに述べたように松田道之の明治十三年の〈市区改正松田案〉に取り入れられたが、しかし、その次の十七年の〈市区改正芳川案〉では取り上げられなかった。芳川案は松田の急逝の後を継いで府知事となった芳川顕正とその下僚の土木技師の原口要によって案が練られており、両者ともに商業都市化以外のことに力点を置いて東京改造を考えていたから当然の結果であった。

しかし、さらに次の明治十八年の〈市区改正審査会案〉では、一転して、商都論が中心テーマとなって東京の都市計画図が描かれるようになる。この逆転の過程は、東京市区改正審査会の議事録である「東京市区改正品海築港審査議事筆記」になまなましく記録されている。それを読むと分かるように、築港による国際商業都市化を首唱して会全体の空気をそちらに持って行ったのは渋沢栄一にほかならない。

初日に渋沢は自分の最初の発言として、築港計画を審議の対象に取り上げることを求め、さらに、皇居周辺の用途空白地帯の土地利用計画においては官用地を減らして商業地にすることを言う。この二つとも田口の「東京論」そのままであるが、この会議における渋沢の役割は、田口の「東京論」を具体的に東京の地図の上に落して目に見えるものにすることであったといっていい。こうした渋沢の姿勢をバックアップしたのは渋沢と並んで民間商工業者代表として出席していた益田孝で、二人は築港、土地利用、道路、鉄道、市場、諸施設の全般に亘り商業都市化の観点から主張し議論をリードしてゆくが、時に、そのあまりの商業性重視に他の委員から批判が出たりもする。たとえば、下谷地区（現、台東区）を新しい水路網によって再開発しようという芳川の原案についての審議の中で、渋沢は「……市区改正ノ目的ハ中央ニ繁昌ノ集点ヲ設クルニアリテ……下谷近傍ハ敢テ其繁栄ヲ計画スルニ及バズ……」といい、また益田孝は「都府ノ中、下谷ハ最モ卑湿ニシテ衛生上ニハ不良ノ地ナルモ、旧来ハ人々自ラ歩行スルガ故ニ細民又ハ小吏ノ類ハ此地ニ住居セシモ、追々車馬ノ便開クルニ従ヒ多クハ乾燥ノ地ニ移転スルニヨリ、下谷ハ衰微セルナリ。……新川ヨリハ寧ロ田ヲ造ルガ適当」と主張する、これに対し衛生学者の長与専斎が細民保護の立場より「……商売ノ繁昌地ヲ作レバ、又一方ニ細民ノ集合シテ便トナスノ地ヲモ考ヘザルベカラザルナリ。……全ク下谷ヲ見捨ル如キハ酷論ト云ハザルベカラズ」と反対し、また内務官僚の桜井勉も「……小民ハ何レニアルモ構ハヌトハ豪商ノ口頭ヨリ出ヅベキ言ニアラズ。欧洲諸府ノ例ヲ聞クモ、傭工社会ガ其傭主ニ抵抗シテハ其都府ヲ維持シ難シト云ヘリ」とヨーロッパの労働者問題を引いて渋沢と益田の考え方に反論している。

こうした歯に衣着せぬ論議の後、明治十八年に〈市区改正審査会案〉が誕生するが、それを見ると、田口の「東京論」が東京の地図の上に着実に降りていった様が分かる。簡単に説明すると、まず東京の人と物の動きの拠点として、陸路については丸の内に中央駅（現、東京駅）を置き、海路については隅田川河口に国際港を開き、両者を南北二本の幹線道路でつなぎ、そのちょうど間に位置する兜町周辺をビジネス街とする。そしてビジネス街の中心施設として商法会議所（商工会議所）と共同取引所（株式取引所と米穀取引所）を立地させるが、その姿は、「首府ノ外観ヲ装飾スル一要見タルヲ以テ、之ヲ設置スルハ中央ノ市区中極メテ人ノ注視ヲ惹キ易キ広場ノ一隅ニ於テ其位置ヲトシ、巍然ト築造スルヲ要ス」のであり、東京のシンボルとなる。商都論はここに極まったといっていいであろう。

しかし、後からふり返るとこれが最後でもあった。この〈審査会案〉につづく〈委員会案〉では築港は排除され、さらに兜町周辺に予定されていたビジネスセンターも消えてしまう。築港という商都論の中心点が排除されたのは、横浜の貿易商人たちの必死の反対のためであったが、同時に市区改正計画を所轄する内務省がその気を持たなかったことも原因である。結局、田口の「東京論」にはじまる国際商業都市の夢は破れたのであった。

敗因は個々にはさまざまに指摘できるが、大きくは、市区改正推進の原動力であった内務官僚に代表される〝政治〟と渋沢に代表される〝経済〟の二つの力のうち〝政治〟が〝経済〟に優先した点にある。もちろん、市区改正計画の中でも〝経済〟は一切無視されたわけではなく、兜町のシンボル的ビジネスセンター構想は排されるが、一方丸の内にはごく実用に徹したオフィス街が作られている。つまり、東京の基本的性格を商業都市と化すような思想としての〝経済〟が否定され、ただ実用としての〝経済〟が〝政治〟に認められたのだった。

この敗北は、田口卯吉の生涯にも重なる。〝政治〟に対する〝経済〟の優位を言い、〝政治〟の生命線である国境をも〝経済〟は越えることを言い、そのあまりに徹底した自由主義経済思想ゆえに、当時の日本と世界の現実とも、またその現実をリードする〝政治〟とも相容れず、田口はやがて忘れられてゆくが、国際商業都市の夢も同じ道をたどったのだった。

帝都論

都市の主人公は〝政治〟か〝経済〟であって、〝生活〟といったものが主人公になった例は残念ながらこれまでない。有史以来、都市の中心部をシンボリックに飾ってきたのは、〝政治〟の自己表現としての記念碑的建造物か、〝経済〟の器としてのビルのどちらかだった。たとえばパリと北京とワシントンは政治の、上海とニューヨークは経済の、といったぐあいに、政治の都か経済の都か、そのどちらかなのである。

江戸期の日本はこうした区分が明確で、江戸は〝政治〟、大坂は〝経済〟、そして京都は〝シンボル〟と三都分権を基本にしていたが、明治の新政府はこうした分権を止め、国土の徹底的中央集権化をねらい、京からシンボルを呼んで新東京の中央に住まわせ、大阪の経済を東京に移し、政治、経済、シンボルの三位一体の首都づくりをめざした。そしてそのことに成功するのだが、その過程で、一度だけ〝経済〟が自己主張を強くし、〝政治〟と〝シンボル〟をしのいで東京をわがものとしようと企てたことがあった。それが先に述べた〈商都論〉であるが、しかし、その企ては失敗した。

渋沢ら新興企業家のベニスや往年の堺を夢みるような商業都市化をこばんだのは、府知事をはじめとする内務省などの政府官僚たちであったが、彼らの念頭にあった都市像がいったいどんなものであったかは、実ははっきりしていない。田口卯吉の「東京論」や渋沢栄一の行動のように、一つの都市イメージを明らかにするような輪郭のはっきりした言説も行動も残されていないのである。しかし、まったくイメージがなかったかというとそうではなくて、突発的に夢のようなイメージを、たとえばパリのような東京のイメージだけを描いてみせたりもするのである。

日本の近代史を支配した〝政治〟と〝経済〟と〝シンボル〟の三つのうち、こと都市に関してみると、〝経済〟は独立心が旺盛で機会あらば自分一人の都市を夢みる傾向が強く、一方、〝政治〟と〝シンボル〟の二つは、寄りそう傾向がいちじるしい。〝政治〟の存在目的は国境内の統治にあるのであるから、統治に有用な〝シンボル〟を大事に扱うのは当然なのだろう。その〝政治〟と〝シンボル〟が一緒になって描く都市のイメージを、ここでは、〈帝都〉といい、その主張を〈帝都論〉ということにする。

帝都は国民の統治を旨として作られるから、古来のすべての帝国の都がそうであるように、記念碑的な都市景観を好む。商業都市が、上海やベニスやニューヨークに代表されるように、空間的無駄を省いて林立するビルの街に行きつくのと対比的に、帝都は、広い広場や大通り、美しくととのった街並、そして王宮や官庁の壮麗な建築のように、経済的合理性では計り切れない精神的心理的効果を求めて無駄だらけの都市を作る。こうした帝都的欲望が、過去と近代、また社会体制を問わずに続いていることは、パリ、ワシントン、北京、モスクワといった世界の首都を想いうかべれば納得されるであろう。

日本の近代都市計画において帝都の考えが芽を吹くのは意外に遅く、もちろん明治期ではあるが、防火計画や中央市区論や商都論よりも後になる。一連の市区改正計画の中では明治十三年の〈松田案〉にはなく次の十七年の〈芳川案〉ではじめて芽を吹いている。そして、十八年の〈審査会案〉の中では商都論の脇に並んで影響を与えるが、しかし、市区改正計画の中では強い自己主張はしなかったといっていい。帝都イメージの追求ということなら、市区改正計画と明治の首都の覇権を争った官庁集中計画こそがそれに相当する。順を追って見てみたい。

「市区改正意見書（市区改正芳川案）」を読むと、ほとんどの関心が交通計画に払われていて、帝都の演出の意図はどこにも感じられないが、しかし、一本一本の道路の性格を確かめ、全体の交通ネットワークの結節点のありかを見ると、帝都を意識していたことが分かる。

芳川案は主要な幹線を一等道路と名づけて一〇本を指定しているが、そのうち一本を一等一類として別格に扱い、九本を一等二類としている。別格の一等一類は銀座、京橋、日本橋の商業地区を貫く日本橋大通りであり、その実用性から選ばれているが、二類の九本を見ると、そのうち四本は次のように性格付けられている。

第二　皇城表門ヨリ……上野停車場ニ至ル路線。此路線ハ、商業上ヨリ観察スレバ、第一路線ニ一歩ヲ譲ルベシト雖モ、府下各所へ行幸啓或ハ諸官参朝等、皆此路線……。

第三　皇城表門ヨリ……内藤新宿追分ニ至ルノ路線。此路線ハ、行幸啓及諸官参朝等ノ為メ緊要ナルコト第二路線ニ同ジ。

第四　皇城表門ヨリ……虎ノ門ニ至ルノ路線。行幸啓及諸官参朝ノ為メ、本路線ノ緊要ナルコト……。

第十　芝公園表門ヨリ東へ浜松町ニ至ルノ路線。此路線ハ、芝離宮行幸啓ノ為メ要用ナルモノニシテ……。

このように一〇本の幹線道路のうち四本が天皇・皇后の外出の折りの通行路、および諸官の皇居参内の通行路と性格づけられ、皇居の表門から四方に発せられている。

芳川案は〝シンボル〟の所在する皇居の存在をはじめて意識した計画となっているが、しかし、四本の〝皇の道〟はそのまま一般道路としてもきわめて有効なものであり、帝都性の演出に格段の力を注いでいるとは思われない。帝都演出の必要性が主張されるのは、明治十八年の東京市区改正審査委員会の席上である。同会の議事筆記に明らかなように、内務大書記官の山崎正胤が、冒頭に次のごとく帝都論を論じ立てる。

我《わが》東京ハ全国ノ帝都ニシテ政府ノ座所ナリ。……私モ巴里《パリ》ノ実地ヲ目撃シ、亦欧州ノ史ヲモ閲《けみ》シ……嗚呼《ああ》我東京モ斯《か》クコソアリタケレトノ感想ヲ惹《ひ》キ起《おこ》セリ。然ルニ今日此市区改正ノ挙興《おこ》ルニ逢ヒ、之ヲ巴里ノ事跡ニ徴スルニ、恰《あたか》モ符節ヲ合スガ如シ。

と述べて、市区改正の東京を花の都パリといちいち比較し、一等道路をブールバールにならって作れとか、上野公園をブローニュの森にしろとか、具体的イメージを展開する。そして市区改正の基本的方向として、彼ノ「ナポレオン」政府ガ巴里ノ府政司ト協同シテ遂ニ壮大ナル改正ヲ成就シタルノ例ニ依リ、我ガ政府ニ於テモ、東京ハ輦轂《れんこく》ノ下タリ、政府ノ座所タリ、制度文物開発ノ中心タリ、其市区ノ改正ハ全帝国大小都会ノ模範ニシテ、真ニ開明進捗ノ事業タリ……。

と、ナポレオン三世がなしたパリ改造計画にならった帝都化を主張した。

この主張は、しかし、市区改正審査会の大勢にはならず、結審した審査会案の中では、帝国オペラ座の設立がその成果にすぎなかった。

これに対し、明治十九年にスタートする外務省主導の官庁集中計画は、最初から帝都化を目論んでいた。目的が、東京を丸ごと鹿鳴館化して欧米列強と対等の付き合いを実現しようというもので、中心人物として臨時建築局総裁に井上馨が就き、副総裁として三島通庸が入れば、ことが派手になるのは当然であった。明治の新政府の中で、東京をパリに作りかえるような途方もない造営計画に本気で乗ってくるのはこの二人以外には考えられない。

三島については後に改めて述べるが、井上について簡単に触れるなら、彼の新しいもの珍しいことへの素朴な好奇心には天性のものがあり、幕末の若き毛利藩士の頃、名を井上聞多と称したのはそのあまりの聴き耳の速さと広さに藩主が感心して命名したのだという。明治になって維新の元勲となってからも、そうした新しものずきと、ことを深く考えない楽天的な行動力、また世相風俗への鋭敏なセンスは少しもおとろえず、明治五年に銀座一帯が火事になった時は、大蔵大輔（次官）の椅子にありながら、財政、技術力など前後の見境なく跡地をすべて赤煉瓦で洋風の町にする大計画を企て、下僚の渋沢栄一、また府吏の三島通庸に担当させて明治十年までかけて計画を進める。結局、赤煉瓦の街と大赤字を後世に残している。また、外務卿として不平等条約改正に取り組んだ時は、不平等を平等にするには日本の文明化の度合が欧米と対等であることが必要であるという奇妙な発想に従い、鹿鳴館を建設してダンスパーティに興じたことはよく知られる通りである。ふつう政治家は、文明の度合を対等にしようと思うなら、汽車とか工業とかの基礎力によってそれを示そうとするのに、井上は世相風俗レベルの見栄えでそれをやろうとした。この井上が、鹿鳴館の〝成功〟に気をよくして、次に企てたのが東京中を鹿鳴館化する官庁集中計画だったのである。

井上は、当時日の出の勢いであったプロシャに建築家を求め、ビスマルク内閣の建築顧問官のH・エンデとW・ベックマンのコンビを東京に招き、大改造の計画を依頼した。そして明治十九年六月十二日〈市区改正計画ベックマン案〉の誕生を見る。銀座の位置に「中央ステーション」を置き、隅田川河口に国際港を開き、そこから「天皇大通り」を駅の北をかすめるようにして日比谷に向って走らせ、一方、浜離宮の位置から、ちょうど軸対称になるように今度は「皇后大通り」を駅の南をかすめて日比谷に向けて走らせる。そして、日比谷で出合った「天皇大通り」と「皇后大通り」は合体して「日本大通り」となり、霞が関の丘に向って走り、丘に当たったところで左右に分かれ、右に向えば新宮殿、左に向えば〈国会大通り〉で、議事堂に当たる。そして議事堂から浜離宮に向けて〈ヨーロッパ大通り〉がかけ下る。こうした大通りはいずれもパリにならったアベニュー〈美的大街路〉の作りで、その通りにそってはドイツ式の力強くて派手な西洋館が軒を連ねる。

このパリにも肩を並べるような壮麗な計画案が完成した時、ベックマンは井上によって皇居に招かれているが、その日のことがベックマンの『日本旅行記』(一八六六年刊、ベルリン)に次のように描かれている。

六月二十四日

今月の二十一日、天皇陛下に私の図面をご覧いただくために、陛下の御前に紹介されることになっていた。

十一時に馬車を用意しておいたが、二人の御者が引くこの上なく豪華な貴人用の馬車が、私を迎えにやってきた。宮殿、すなわち五〇モルゲンほどの大きな公園に立っている簡素な広々とした日本式木造建築のなかに、侍従の三宮及び彼と同じ位をもつ他の三人の役人がいた。そのなかの一人はドイツ語を話した。

どの日本の家庭でも普通そうであるように、お茶とたばこが出された。大臣の井上は私のことを彼自ら紹介したかったが、説明役となったのは青木〔周蔵〕であった。私は彼とともに、持ってきた書類カバンのなかから適切な図面を選び出した。すなわち、議事堂と司法省の主要平面図とパース、陛下のためにとくに仕上げておいた首都計画図である。これらの図面は謁見所にもっていかれた。付属的な図面は、青木と相談して返してもらった。

その後、ここに集まった人々は私を前室に案内し、そこでどのように振る舞わなければならないかを教えた。青木は「あなたは私の隣にいて、普通の上品な礼儀正しい人のように振る舞って下さい」と言った。にもかかわらず、侍従たちはとくに宮中の儀式に関して、いくつかの助言と情報を与えた。

そうして我々は、楚々とした多くの部屋と長い廊下を通り、大きな広間へ入った。そこには、黒い制服を着、ズボンに幅の広い白いベルトをつけ、胸に星と小さな勲章をつけた若い士官が立っていた。

何度か天皇の絵を見たことがあったが、それから想像するに、天皇はかなり肥満し、年を召された人で、顔色と髪が異様に黒いように思われた。私は、その士官が我々を陛下に引き合わせてくれる副官かと思っていたが、青木を忠実にまねておじぎをしたその士官が天皇ご自身であられた。天皇の手前に、四歩か五歩のところまで歩み寄り、立ち止まったとき、陛下は少し言葉をかけられた。そのお言葉は、ドイツ語を話す侍従によって次の様に翻訳された。すなわち、陛下はドイツ人建築家が首都を美化するという役目をまっとうしていることを満足げにお聞き入れられ、そのために感謝の意を表明しておられると。

それから陛下と我々の間に、図面を広げた机が置かれた。青木は図面を次々に取り出し、それを詳細に説明していった。青木がその説明をしたということは幸運なことであった。なぜなら、彼はこの計画にずっと携わっていたからであり、私はいくつかの言葉と指の動きで、彼が重要な詳細にまで言及していることがわかった。更に、大事な点に彼を向かわせるためには、私からの一言、あるいはひとつの指示だけで十分であった。
陛下はこの説明にときどきは興味ありげな関心を示された。しばしば彼は、「ああ」という言葉を発せられたが、それは日本においてドイツにおけるのと同じ意味、つまり彼の特別な関心を意味している。
（堀内正昭訳、『建築史学』一九八九年九月）

この日記によると、ベックマンは自分の図面を見せるだけのつもりだったようだが、若き明治天皇はこの案を気に入り、召し上げた。おそらく、それは井上の望んだ展開にちがいなく、ここに、東京をパリと化す計画は天皇に献ぜられる形となった。パリの大改造計画は、パリ市長のオースマンが時の皇帝ナポレオン三世に献じたもので、その時のシーンを描いた絵も知られているが、同じシーンが東京でも繰り返された。官庁集中計画は、井上馨が明治天皇に献じた帝都計画であったということができる。

この計画案とならび、文献としては、明治十九年十二月二十五日付で井上馨と三島通庸が総理大臣伊藤博文に宛てた「秘密建議書」が、官庁集中計画の帝都性を知るうえで興味ぶかい。この建議書は「第一建議」と「第二建議」の二つからなり、「第一」の方は上州赤城山の近くに方三里の新都を築いて遷都すべしという突拍子もないもので、どこまで本気であったのかは疑わしい。本旨は「第二」にあって、きわめて露骨に内務省の市区改正計画を潰すことを求めている。具体的には、官庁集中計画は官庁街中心に限定されているが、市区改正の権限も加え全東京の改造を可能にすること。ついで、〈市区改正審査会案〉を不許可とすること。審査会案への批判として、文中、「故態ニ従ヒ旧道ニ因リタル」と難じているが、審査会案は田口の「東京論」にもとづく大胆な国際商業都市化の夢を打ち出したものであり、けっして故態や旧道に因るものとは思われないが、しかし、井上と三島にとってはその程度では不十分で、東京改造の基本姿勢として「東京市街ヲ視《み》ルコト猶《なお》開拓地ヲ視ルガ如ク」と言う。つまり、旧江戸以来の一切を無視して原野に新都市を作るようにせよというのである。そして具体案として、皇居を中心として四方に記念碑的大街路を走らせる策を提案する。

この「秘密建議書」は三島通庸が作ったことが分かっているが、三島の気宇壮大な帝都構想には語るべき言葉がない。どこまで本気だったのかは疑わしくもあるが、三島が山形県と福島県の〝鬼県令〟〝土木県令〟としてそれまでになしてきた事蹟と、当時、警視総監としてなしつつあった強硬な対自由民権運動対策を見ると、あるいは〝うまくゆけば〟くらいの気持ちは持っていたかもしれない。

しかし、現実には、官庁集中計画は明治二十年の不平等条約改正交渉の決裂によって終り、井上と三島が組んだ帝都建設の夢は消えた。

これを最後にして、明確な帝都論は現われなくなるが、しかし、図面にまとめられ、完成予想図まで描かれ、それらが天皇に献納され、また閣議で回覧に付され、一部の建築図は錦絵にまで刷られた結果、都市計画とはパリのように壮麗に飾ることだというイメージだけが世に広がった。

この都市計画イメージの被害をこうむったのは市区改正計画の側であった。内務省は外務省系の官庁集中計画が自滅した後、再起し、自分たちの準備してきた市区改正計画を実現するための立法作業にとりかかるが、その過程で、〝市区改正のような東京をパリに化す計画は不要不急である〟といった意見が噴出してきた。内務省の準備した法案を検討するため明治二十一年三月と六月に開かれた元老院会議で噴出したもので、その様子は「元老院会議筆記」に詳しい。

たとえば、次のような反対意見が続出する。

津田真道　看ヨ日本全国ノ智識ハ未ダ欧米各国ニ比肩スル能ハズ……。此ノ時ニ方《あた》リ我日本ノ首都タル東京市区ヲ改正シ、之ヲシテ欧米各国ノ都府ト美観ヲ競ハシメントスルハ、抑々《そもそも》何タル謬見ゾヤ。

三浦安　漫《みだり》ニ外国トノ交際上ノミニ着目シ、外国ノ市区ヲ見テ直《ただち》ニ之ニ倣《なら》ワントスルハ甚ダ不可ナリ。

一方、少数派の賛成意見を見ると、

細川潤次郎　東京ノ市区ヲ改正シテ宏壮ノ観ヲ尽クシ、外国人ノ眼ヲ駭《おどろ》カサントスルモ、亦人情ノ免レザル所ナルベシ。

岡内重俊　我日本帝国ガ東洋ノ文明国ト称セラルル以上ハ、多少其首府タル東京市区ヲ改正シテ……所謂《いわゆる》条約改正ノ目的ヲ達シ、彼我同等ノ権利ヲ伸ベントスルニ際シ、万一ニモ市区不整頓ノ一点ガ其障碍ト為ル如キ有リテハ甚《はなは》ダ遺憾ノ次第ナリ。

ここにはっきりしているのは、反対論も賛成論もともに市区改正計画とは東京をパリのように飾る計画だと決めていることで、これは明らかに誤解といわざるをえない。官庁集中計画は確かに「外国との交際上」そして「条約改正の目的」のためにパリ化を目ざしたが、一方市区改正計画はそれと対立していたのであって、計画内容も、〈市区改正芳川案〉の交通整備計画といい〈審査会案〉の商都化構想といい、パリのような帝都化を目ざしてはいない。にもかかわらずこうした誤解が生じたのは、官庁集中計画の打ち上げたパリ花火が、よほど当時の人々に強い印象を与えたからにちがいない。しかし、その後、実際に市区改正計画が再起して動き出してみると、それは帝都化とはほど遠いものであることが誰の目にも明らかとなった。

なお、その後の明治・大正・昭和と続く東京の都市計画の中で、帝都的イメージを実現したのは大正三年の東京駅の近辺と、大正十五年の明治神宮外苑近辺にすぎず、東京全体の中ではきわめて断片的なものであった。

機能的都市論

中央市区論はむろん、商都論も帝都論も結局、東京を制することはできなかった。ではいったい、どんな考え方が生き残ったのだろうか。

生き残った計画案は明治二十二年成立の〈市区改正委員会案〉であり、この案は商都化を高らかにうたった先行する〈審査会案〉を改変したものだが、商都化は消え、また帝国オペラ座のような派手な建築計画も消え、基本的な考え方としては、明治十七年の〈市区改正芳川案〉に先祖返りしたものといっていい。

では、〈芳川案〉がどのような性格の計画であったかを見てみよう。資料としては「市区改正意見書」がある。この意見書は、東京改造の対象として、規模、用途地域、交通、の三つを取り上げている。

まず規模は、現状人口の八八万五〇〇〇人をベースとし、そこから適正な市域の面積を一二七〇万坪と割り出し、旧江戸の市域の一回り内側に新市域を線引きする。つまり、人口およそ一五〇万人、一七四〇万坪の江戸の跡に、八八万五〇〇〇人、一二七〇万坪の新東京を想定する。

ついで、その市域内のどの場所を何の用途に使うかという〝用途地域制〟については、まず土地の種類を「官省地」「町地」「邸宅地」の三つに分ける。そして、場所としては、皇居周辺の丸の内地区などを官用地とし、麴町など山の手方面を邸宅地とし、その他を町地とする。

以上の規模と用途地域を見ると、全くの現状の追認であるというしかない。規模は、江戸より人口の減った分だけ市域を減少するだけであり、中央市区論のようにわざと中心地区を極小化するようなことも、商都論のように将来の発達を展望することもない。また、用途地域は、江戸城周辺の奉行所などのあった一帯を官用地とし、山の手のお屋敷町を邸宅地とし、下町の商業地区を町地とするというのは、旧江戸の用途地域をそのまま引きついでいるだけで、工業用地といった新時代の用途への備えはない。

このように都市の性格と範囲は現状に従うことを基本としているが、しかし一つだけきわめて積極的に改造を目ざしているのが交通計画である。「市区改正意見書」の前言に、

輓近《ばんきん》西洲ノ文明東漸セシヨリ、馬車・人力車・電信及鉄道馬車等盛ニ行《おこなわ》ル、ノ今日ニ至リテハ、従来ノ道路既ニ狭隘ニ堪エズ……又河渠ノ疏通不充分ニシテ貨物ノ運輸ニ不便ヲ訴フルモノ多キニ至レリ。是レ改正ノ今日ニ止《や》ムコト能《あた》ハザル所以ニシテ、卑職ガ日夜憂慮心ニ措《お》クコト能ハザル所ナリ。

と、述べているとおり、〈市区改正芳川案〉の目的は、都市の基本性格をどうするといったところにはなく、

交通網を作り変えることにあった。具体的には、「意見書」に明らかなように、上野と新橋をつなぐ市中縦貫鉄道を通して丸の内に中央ステーションを設け、道路を一等一〇本以下五等まで指定し、拡幅をなす。ふつう鉄道の新設や道路の拡幅は、既存の都市の骨組を変える場合が多いが、そうした変化が起こらないよう、既存の力関係を尊重して整備を行なう。今日の目でみると、ごく当たり前の都市計画で何の主張もないように見えるが、しかし、当時としては一つの意志的な計画であったといっていい。

洋の東西を問わず近代都市計画の主な任務の一つは、前近代の都市の〝閉じた構造〟を開くことであった。前近代の都市は、戦時の防禦と平時の交通量の少なさから、ヨーロッパなら高い城壁を外周にめぐらし、市中の道は細くうねらせ、また日本の場合は、城壁はないかわりに、濠や石垣、曲《かぎ》の手、舛形、木戸といった防禦装置を市中に上手に配備することで、閉じた構造を作っていた。しかし、産業革命によって都市に大量の人と物が流れ込むようになると、交通はたちまち窒息状態におちいる。そこで、この閉じた構造を開いた構造に変換することが近代都市計画の主要な任になる。

花の都パリを作りあげたパリ改造計画は、壮麗な帝都の夢の実現として世界中に強い印象を与えるが、しかし、この美的都市計画も、交通体系の一新という点では、アベニューやブールバールの新設により、手堅く果たしているのである。

芳川案は、帝都の夢や商都の夢が前提としている交通体系の整備を、それだけ取り出して実現しようとしているといってもいい。その意味ではきわめてクールでニヒルなまでに機能性重視の考え方であり、もし名を付けるなら〝機能的都市論〟とでもいうのがふさわしい。

このクールな、まるで都市を機械のように扱う考え方は、もちろん時の府知事の芳川顕正が打ち出したものであるが、実際に立案したのは原口要であることが分かっている。原口は、明治十三年十月に府庁に入り、ただちに市区改正を担当しているところよりみて市区改正計画の実質上の立案者として招かれたと見ていい。そこで、原口がどのような経歴の人物であったかを、簡単に述べておきたい。

原口要は、嘉永四年（一八五一）、島原藩士の子に生れ、藩の秀才として上京し、安井息軒の門に入り、明治維新の後は、藩の貢進生として大学南校に送られ、さらに開成学校に進んだ。明治八年、文部省は優秀な学生の海外留学を開始するが、その第一回派遣生に選ばれ、ニューヨーク州の「ツロイ大学」に入る。十一年卒業後、ブルックリン橋の建設に従事し、その後、同地の「デラウェア橋梁会社」に入り、橋の建設のために働く。この後、ペンシルバニア鉄道会社に移り、「ウェストチェストル支線」の鉄道敷設を手がけてこれを完成させ、十三年六月、アメリカを離れることになるが、この時、地元の新聞は、「昨年来、日本人原口氏当地鉄道建築ノ主任トナリ、今ヤ全ク其工ヲ竣へ、無事ニ汽車ヲ通ズルニ至レリ。其人ヲ見ルニ年令三十未満ニシテ、回顧スレバ、昔日、水師提督ペルリー氏、初テ日本ニ航シ浦賀ノ戸ヲ叩キテ日本人ノ眼ヲ覚シタルハ定メテ此人ノ出生セシ頃ナルベシ。然ルニペルリー氏如何ニ開国ニ望ヲ属セシモ、其時ノ赤児、今日我輩米国人ノ為メニ鉄道ヲ造リ与フベシトハ想像ノ及バザリシ所ナルベク、日本ノ進歩驚クニ堪タリ」という記事を書いて称えたという（花房吉太郎・山本源太編『日本博士全伝』明治二十五年刊）。

原口要は、アメリカで橋梁と鉄道、つまり交通計画の専門家となった。

明治十三年十月、帰国し、東京府に入るが、これは松田道之知事との約束に従ったのだという。府庁においては、東京市区改正計画の立案を筆頭技師として担当し、同時に、高橋、吾妻橋を鉄橋で架け、アメリカで習った橋梁技術を実現してみせた。東京府で市区改正立案を手がけて基礎固めをした後、十五年には政府の鉄道局（名称は変る）に入り、それまでの御雇外国人に代り、日本人として筆頭技師の位置につき、以後、東海道線はじめ国内の主要幹線の多くを手がけている。

このように原口の経歴を見ると、明治の鉄道土木の代表的技術者であったことが分かる。市区改正芳川案のクールでニヒルなまでに機能主義的な都市のとらえ方は、土木技術者の本性から来たものといってよいであろう。

日本の都市計画は、市区改正芳川案とそれを受け継ぐ市区改正委員会案によって打ち出された〝交通計画をもって都市計画となす〟考え方に従って、以後、明治・大正・昭和と動いてゆくことになる。

商都論と帝都論が自滅した後、生き残ったのは機能的都市論だったのである。日本の現行の都市計画の奥底にはニヒリズムが潜んでいるが、その根は深い。

二　文明開化の形

文明開化のカタチ　擬洋風建築の誕生

明治の初期を飾るキーワードに〝文明開化〟の四文字があるが、同時期に並んで登場した〝殖産興業〟や〝富国強兵〟にくらべ、どこか表層的な印象はいなめない。しかし一方、〝殖産興業〟や〝富国強兵〟にくらべて明るく軽快でもある。その理由は、〝文明開化〟が、世相や風俗を主要舞台として展開したという事情がある。文明というからには科学技術とか制度とか思想とか文学とかのもっと底の深い領分での開化を指すのが言葉の正しい使い方だろうが、明治の文明開化は世相や風俗といった文明の表面現象をもっぱらとし、それ故にきわめて楽天的な表われ方をした。

世相風俗ということは今日なら〝ファッション〟という意味であり、ファッション現象の最大の産物は建築ということになる。文明開化の風潮を今日までよく伝えるものとして錦絵とか鹿鳴館衣装とかガス灯とかさまざま残されているが、そうした中で明治初期の建築は、その印象の強さといい、物語る内容の豊富さ雑多さといい、他を圧している。

そこで本稿は、明治初期の建築をテーマとして取り上げるが、しかしこの時期に作られたあらゆる建物を対象にしているわけではない。まず、伝統的なものははずして西欧文明の影響下で誕生したもの、つまり西洋館に限っている。幕末から明治初期にかけての時期、つまり日本にはじめてヨーロッパ建築が上陸した時代、一言に西洋館といっても二つの系統があった。一つは、コロニアル様式と呼ばれるもので、ヨーロッパ本国から日本に直接渡来したのではなく、アフリカ、アジア、アメリカ大陸をじりじりと伝わりながら、ついに日本まで届いている。長崎のグラバー邸とか神戸の山手の外人貿易商の家などがこれにあたるが、この系統は、欧米人が欧米人のために作った（工事は日本の大工であるが）スタイルであり、日本独自のものではなく、アジアの旧外国人居留地に広く分布している。

もう一つは、そうした長崎や横浜や神戸の外国人居留地のコロニアル様式の西洋館の建設に参加した日本の大工棟梁や、居留地見物に出かけた地方の大工が、自分たちの地域に帰ってから作った洋館の系譜で、擬洋風建築と呼ばれるものである。擬洋風は、コロニアルと反対に日本の大工が日本人のためにデザインしており、その結果、洋風建築とはいいながらまことに奇妙な表現を生み落すにいたっている。本章が、近代初頭の一大国民文化運動ともいうべき文明開化の華として取り上げるのは、もちろんこの擬洋風建築である。

しかし、建築は直接的に思想を語るものではないし、また、こうした擬洋風を作り上げた大工棟梁たちが書き残したわずかな文字資料の中には思想らしきものはむろん、気持ちのたかまりを伝える片言隻句も見出せない。大工たちは何も語らずに、ユニークきわまりない擬洋風を生み落したのだった。

それを思想の対象として扱うのは難しいが、しかし、ヨーロッパの文明にある日突然出くわしたふつうの日本人が、文明の内容をどう理解し、どう勝手に自分のものとしてしまったかを知るには、建築は誰の目にも見える単純なものだけに、好都合な材料になる。

そこで、ここでは擬洋風のうち小学校建築を取り上げて、文明の受容と変質のカタチを追ってみたい。具体的には、擬洋風の華として有名な、明治九年に作られた信州松本の開智学校を取り上げ、そのユニークきわまりない形が何を手本とし、何から影響を受けて成り立ったのかを跡づける。もちろん、開智学校のように印象深い建築の表現は、手本や影響だけの集合によって生れるわけもなく、そうした手本や影響を消化し、独自のものに練り上げてはじめて可能になるのは言うまでもないが、ここでは手本、影響の面に注目して跡づけてみたい。

明治九年に開智学校を作る時、棟梁の立石清重が参考にしたことが判明しているものに、まず隣県の山梨県に当時続々と建ちつつあった「藤村式」と呼ばれる一群の擬洋風建築がある。さらに、この藤村式と深い関係で作られ、かつ立石清重も見たと推測されるものに、信州佐久の中込学校がある。また、上京した折に立石が見学した東京の擬洋風として、開成学校、大蔵省、三井組がある。そして、そうした擬洋風に影響を与えたものとしてすでに述べたようにコロニアル建築がある。コロニアル建築には二つの流れがあり、一つは東南アジア、中国海岸を渡って日本に入るもの。もう一つは、アメリカ大陸を植民者とともに西に進んで、やがて太平洋を越えて日本に入るもので、両方とも日本の擬洋風に影響を与えているが、ここでは、アメリカ回りに限って取り上げる。つまり、開智学校の背後を透かしてみると、藤村式、中込学校、東京の擬洋風、アメリカ建築、といったものが近くに遠くに見えている。そこで、本稿では、アメリカ建築にはじまり、中込学校や藤村式を経て、開智学校の誕生にいたるまでの建物の流れを示し、形というものの断続と変容の跡をたどりたい。さらにその開智学校の影響で生れた信州の擬洋風小学校についても触れてみたい。

擬洋風の問題は、こうした独得な洋風の形の誕生の跡づけのほかに、若干の例だが中国風の混入という不思議な現象もあり、また、個々の建物を超えた擬洋風的街づくりというテーマもあるので、それらについても考えてみる。

アメリカの小学校建築

アメリカの建築の中から、小学校建築を取り上げる。もちろん、開智学校や中込学校や藤村式の小学校建築との比較の上でふさわしいからだが、それだけではなくて、アメリカン・コロニアル（明治初期にはアメリカは植民地ではなく独立しているが、コロニアル期に成立した簡便な建築の流れは脈々と生きており、ここではそれをさす）と擬洋風をくらべる時、小学校建築において影響関係が観察しやすいからでもある。

日本が国を開いた十九世紀半ばのアメリカの小学校建築は、一つのきわだつ特徴を持っていた。それは平面計画にあって、正面から見て縦長の平面を持っていることである。ふつう建物は各室への日照の取り入れや見栄えを考えて横長に配置するものだが、その頃のアメリカの小学校には縦長の一群があった。それもたくさんあった。この小学校のスタイルが、日本の擬洋風小学校との関係で注目されるのは、同時代のことであり、時期的に影響関係が成り立ちやすいこと。ついで、規模が小さく、作りも簡便で擬洋風小学校の手本になりやすいこと。さらにあげれば、アメリカのその種の小学校は擬洋風小学校と同様に、地元の住民の教育的熱意により支えられ、建物の設計と施工はそうした熱意に共感する地元の大工（カーペンター）によりなされていること、がある。もちろん、こうした状況の近似だけで関係を語ろうというわけではない。こうした似た状況をバックにして、実際に、そうしたアメリカの小学校の作り方が日本に紹介され、かつ、実際にも明らかに影響を受けた学校の存在が知られている。

まず、作り方を紹介したものとして、明治七年に文部省が刊行した『学校通論』がある。この本は、フィラデルフィアの教育者J・P・ウィカーシャムが書いた『Methods of Instruction』を箕作麟祥《みつくりりんしょう》が訳して文部省が刊行し、義務教育がはじまったばかりの日本の教育界に参考書として広められている。もちろん日本の近代教育史上に知られた本だが、その中の一部が学校建築に充てられていて、平面図が紹介され、外観も木版画で描かれている。一見して分かるように、紹介された平面図は縦長であるし、外観はペディメント（三角破風）を上にいただき、その下に列柱の並ぶ典型的なアメリカのグリーク・リバイバル様式になっている。この本の影響もしくはアメリカからの直接的影響を受けていると考えられる擬洋風小学校として、次の中込学校と山梨県の藤村式の一群の学校がある。

中込学校

日本の小学校建築は基本的には横長を原則としており、明治の擬洋風小学校もほとんどが横長平面をとっている。ところが、例外的にいくつか縦長平面のものが知られ、その代表が明治八年に完成した長野県佐久市の中込学校である。

この校舎は、縦長の平面をとり、正面に列柱を並べており、アメリカの小学校によく似た構成をとっている。これがアメリカの影響であると言うためには、地方の擬洋風を作った棟梁がよく参考にした東京や横浜の洋館にこうした形式のものがなかったことを言う必要があるが、実は横浜の商館にこの形式は少なくなかった。商館の前面にベランダを張り出した形式がそれで、東京では明治五年の第一国立銀行（図I①）が、そのタイプの擬洋風の大作として当時知れ渡っていた。とすると、そうしたベランダタイプのコロニアル様式の影響と考えた方がよくなる。確かに外観はそうだが、しかし、中込学校の平面の構成を見ると、明らかにアメリカの小学校の影響と目される点がある。それは、縦長平面の間取りの中味で、前面の左右に小部屋を置き、その奥にワンルームの教室をとっているが、この特徴的な間取りはアメリカの小学校と全く共通している（図Ⅰ②③）。

なぜアメリカでこうした間取りが成立したかというと、左右の小部屋は生徒のワードローブとして使われ、登校してきた男女生徒は、〝紳士淑女〟のマナーとして左右別々に入り、帽子とコートを脱ぎ、それから教室に入ったからである。日本のように、とりわけ明治の田舎の小学校のように生徒にワードローブなど全く不要な環境ではこの左右の小部屋は無意味であるが、しかし、中込学校では手本を忠実に守っている。なお、結局、左右のワードローブは「小使部屋」などに転じている。

この間取りから、中込学校はアメリカの影響を受けているといっていいが、では、どうして信州の山奥にアメリカのデザインが伝わってきたのだろうか。一つ考えられるのは、すでに述べた『学校通論』の存在で、この本は明治七年四月に刊行されているから、明治八年四月に起工して同年十二月に完成した中込学校の棟梁がこの本を見た可能性がある。しかし、ことこの棟梁にかぎり、そのような必要はなかったと考えた方がいい。なぜなら、棟梁の市川代治郎は、アメリカ〝留学〟の体験者だったからである。

代治郎の、大工としては珍しい経歴を述べる。

市川代治郎は、幕末の文政八年（一八二五）、信州佐久の下中込村石神の地に名主市川八郎右衛門の次男として生れている。名主の子としては珍しく、大工徒弟となり、隣村の中小屋の小林杢之助の門に入り修業を積む。杢之助は田舎には数少ない第一級の経歴と実績を持つ棟梁で、当地方だけでなく甲州まで招かれて神社仏閣を数多く手がけていた。代治郎は草深い地方のいわゆる宮大工としてスタートしたのである。

その彼が江戸に上って新しい時代の風に当たったのは、安政年間、築地の西本願寺の建設を親方の杢之助が引き受けたからで、彼は脇棟梁を務め、工事途中に親方が急逝した後は自分が中心になって完成させている。

この築地の仕事が田舎の宮大工を世界に向わせることになる。当時、築地には外国人居留地が開かれ、外国人用建築が建ちはじめており、何かの縁で彼は外国人「ケルモルトル」なる人物に雇われた。おそらく、住宅

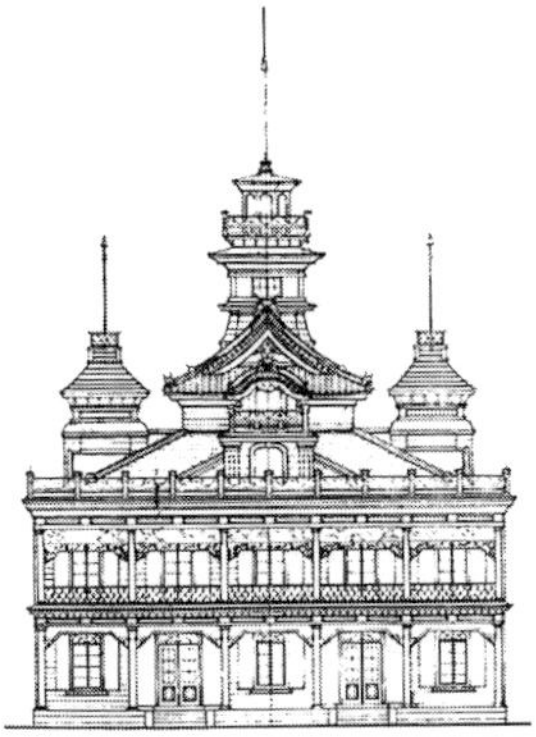

Ⅰ①

図Ⅰ① 第一国立銀行（東京）正面。明治五年。棟梁は清水喜助。横浜の外国商館が手本となりこの擬洋風大作のベランダは生れる。

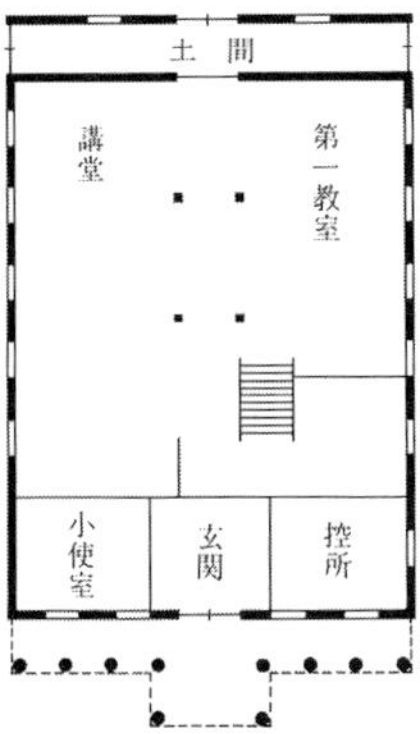

Ⅰ③

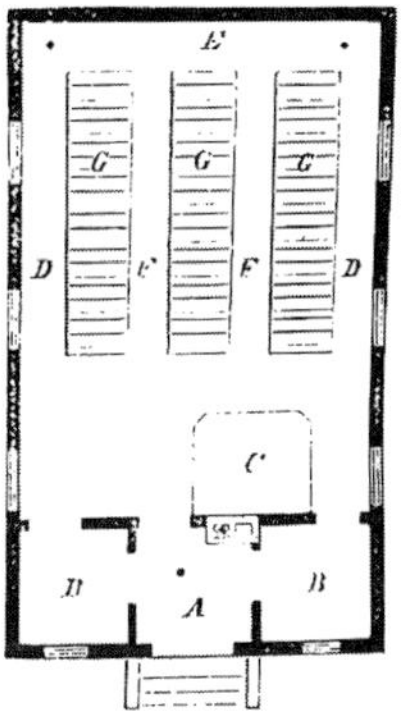

Ⅰ②

図Ⅰ② アメリカの一八七〇年頃の小学校の平面。玄関の左右に欧米の習慣に従い男女別々のワードローブ（B）があり、生徒は帽子や服をここに掛けておいた。

図Ⅰ③ 中込学校の平面。右図とよく似ているが、ワードローブが生徒控所と小使室に化けている点に注目。信州の田舎の子供にワードローブは不要だった。

Ⅰ④

図Ⅰ④ 琢美学校の古写真。明治七年二月完成。棟梁は小宮山弥太郎。これが藤村式の第一号である。手本となったと推測される京都の柳池小学校とくらべると、いくつかの差がある。

Ⅰ⑤

図Ⅰ⑤ 柳池小学校（京都）の古写真。明治二年五月完成。日本最初の小学校。四面にベランダを張り出したベランダ式のコロニアル建築様式を基本としているが、細部を見ると明らかに日本人の手になる擬洋風であることが分かる。藤村紫朗は京都府の役人時代にこの建物をよく知っていたはずである。

か商館か教会施設でも手がけたのだろう。彼が築地居留地で仕事をしているちょうど同じ時期、擬洋風の原型ともいうべき築地ホテル館の建設が清水喜助の手で大々的に進められており、大いに刺激されたにちがいない。

明治二年三月、代治郎はケルモルトルに連れられてアメリカに向う。これが正しいとすると彼は日本の建築家として海外に学んだ最初の人物ということになり、はたして本当かどうかという疑いも持たれたことがあるが、しかし、明治六年の戸田橋架橋計画の時に彼が東京府知事に出した上申書にはアメリカ渡航のことを明記しているし、その上申書の下書きにはもし許されれば自分が滞在した「サックラメント」にもう一度出かけて詳しいことを調べてくる、とまで述べており、間違いないであろう。府知事への上申に虚偽を記すとも思われないし、もし本当に再渡航が命じられたらすぐ化けの皮がはげるからである。

代治郎は、明治二年三月に横浜を発ち、サンフランシスコに上陸し、西海岸の中心都市サクラメント市に入る。サクラメントは、ゴールドラッシュで生れた町で、当時はすでにゴールドラッシュの熱気は収まっていたが、アメリカ大陸開拓の最後の町としての開拓的気分はまだ十分に残していた。代治郎はこの町で四年間を過ごす。何をして過ごしたのか具体的には伝わっていないが、日本の大工としての高度な腕を振い、木造洋館がほとんどのサクラメントの建築工事に従事したと考えられる。彼が帰国後に東京府知事に上申する木造の釣り橋計画も、サクラメントで見聞したか自分も工事に従事した経験によるものであろう。アメリカは開拓時代に河や谷を越えるため簡便な木造の釣り橋を発達させているから、代治郎もそれに接したのだろう。

満四年を経て、明治六年六月、帰国する。帰国後ただちにはじめたのは、中仙道の戸田川（荒川）の戸田橋を洪水に流されないように釣り橋に変えようという大計画である。この計画を六年十二月に東京府知事に上申しているが、結局、実現はしなかった。その後、故郷の中込学校の仕事をはじめることになる。この工事が八年四月にはじまり同年十二月に完成し、擬洋風小学校の傑作の一つが誕生するのだが、手がけた代治郎個人にとっては不幸な結末になった。工事費が約束以上にかかりすぎ、村の人々に負担をかけ、結局村を出ることになる。

その後の代治郎の足取りについては、遺族の間に次のように伝えられている。まず名古屋に出て、そこで石鹼工場を経営し、うまくいっていたが、明治二十四年十月の濃尾地震で全財産を失った。その後、和歌山に移り、有田郡でミカン酒の開発製造と花崗岩の工場経営に手をそめ順調であったが、二十九年四月二十五日、有田郡戸尾城村大字市場の自宅の庭先で倒れて急逝した。享年七十一歳。

大工としては珍しい経歴といっていいであろう。アメリカ渡航、そして帰国後の釣り橋計画、擬洋風小学校の建設、さらに石鹼製造とミカン酒の開発。移動の跡は、信州の佐久にはじまり、築地、サクラメント、佐久、名古屋、そして和歌山。大工というより企業家もしくは山師といった方がいいかもしれない。

擬洋風という不思議な表現は、こうした奇妙な情熱をはらんだ人物たちによって生み出されたところが少なからずある。さて、中込学校はアメリカ建築の影響を受けてはいるが、しかし、アメリカ建築を忠実に学習しているわけでも、写しているわけでもない。手本にしながらも、独自の要素をいたるところに加えている。たとえば、正面のベランダの柱を見ると、上部に装飾がついているのが分かる。この部分の装飾のことを西洋建築では柱頭飾り（キャピタル）といい、もっとも大事な部分として慎重にデザインするのが習いになっている。欧米ではこのデザインに五つの基本型（ドリス式・イオニア式など）が古来知られているが、さて、中込学校のキャピタルを見ると、もちろんどの系統でもない。明らかに自分で勝手に作ったオリジナルなキャピタルで、形からみると江戸期の寺院の柱の礎石まわりの金物の飾り方をヒントに独創したものと思われる。柱の下端の飾りを上端に逆転したのである。

こうした、自分たちが江戸期を通して慣れ親しんだ形だけでなく、東京に続々と誕生していた先駆的な擬洋風に学んだ跡も明らかである。

つまり、市川代治郎は、アメリカの簡便な建築や東京の先駆的擬洋風に学び、さらに日本の伝統的造形を加え、それらを誤解と独創の力でゴチャマゼにして一つの形を生み落している。

藤村式建築

中込学校の建てられた長野県佐久と八ヶ岳高原ごしに隣り合う山梨県には、時を前後して、独自の擬洋風建築が大量に誕生している。中心になったのは小学校の建物であった。どうして山梨県で一気に擬洋風が盛り上がったかというと、明治六年に赴任してきた権令（のち県令）の藤村紫朗が文明開化策を強力に推し進めたからにほかならない。藤村式という名は昭和に入ってから言い出されるが、日本の建築のスタイルの名で個人名が付けられた例はこれ一つであり、いかに藤村県令の影響が大きかったかがうかがわれよう。

そこで藤村の経歴を述べる。

藤村紫朗は、弘化二年（一八四五）三月、熊本藩士の子として生れ、文久二年（一八六二）十月、長岡護美に従って京にのぼって尊王攘夷の活動に加わり、脱藩して長州に走り、翌年の蛤御門の戦いの後は九州に敗走している。こうした勤王活動の中で岩倉具視の屋敷に出入りし、高野山挙兵にも加わっている。維新後は、しばらく軍人としての道を歩むが、明治三年、京都府に少参事として入る。この京都府での体験が地方行政官としての藤村を作りあげることになる。

明治の最初の五年間、まだ東京の新政府が都市づくりや地域振興や教育改革といった政策に乗り出す前、一時期とはいえ京都府庁が日本の近代化政策の先頭を走っていた。

明治二年、中央政府が学制を敷く三年も前に、京都市中に六四校の日本最初の近代的小学校が設立され、翌三年には府権大参事の槙村正直の「建言書」が出され、ここでうたわれた京都近代化政策に基づいて、三年十二月には府立の舎密《せいみ》局（化学研究所）が設立され、翌四年二月には殖産興業の一大センターともいうべき勧業場が開かれ、さらに翌五年には第一回京都博覧会が開催される。こうした政策は、〝文明開化〟と〝殖産興業〟を二本柱としており、後の中央政府のスローガンを内容的に先取りしている。

この京都府庁による京都近代化政策の実質的リーダーは、権大参事の槇村正直（のち二代目府知事）であり、ブレーンをつとめたのは府顧問の盲目の洋学者・山本覚馬と洋医者出身の府吏・明石博高であった。明治二年から五年にかけての京都府は、すぐれた指導者を得て、やがて中央政府が全国スケールで開始する政策の実験室のごとき活況を呈していたのである。とりわけ地方政策、都市政策という面では全国に先行していた。

藤村紫朗が少参事として入ったのはそうした京都府だったのである。彼が入った明治三年は、槇村が「建言書」を出した年に当たり、また明石博高が入った年でもあり、ちょうど新政策が芽を吹いたその瞬間といってもいいであろう。ポストとしては槇村の次に位置するのであるから、槇村の下で芽吹きを支えていたと考えられる。

藤村は京都で明治三、四年を忙しく過ごした後、四年十一月には大阪府参事となり、そこで一年としばらくを送り、六年一月、山梨県に権令（副知事。実質的には知事であった）として移る。

ここに十四年間に及ぶ藤村の山梨県時代が始まるのだが、十四年間を通じて彼がなした政策は三つあった。一つは、殖産興業策で、県営の勧業製糸場を創設して製糸工業の育成に力を傾けている。もう一つは、都市と地域の再開発で、都市については甲府の旧城内の石垣を崩し、濠を埋め、新しい道を通して官庁街を軸とした新市街を作り出し、地域については道路の拡幅整備と新道の開設が図られている。そしてもう一つが、文明開化策で、学校教育を通して新しい人づくりが進められる。

こうした三つの政策は、京都時代の槇村の「建言書」と当時の諸政策をそのまま山梨に移して実行したものであったが、特にここで注意しておきたいのは、都市計画と建築計画の発想がきわめて強いことである。

殖産興業と文明開化策を実行する上で、都市計画と新しい建物づくりはかならずしも急ぐ必要はないにもかかわらず、明治初期の京都の政策においては洋館づくりが積極的に進められているし（小学校や勧業場などは洋館であった）、都市計画（現在の新京極の街区が作られている）もなされている。こうした京都府の都市と建築を重視する形での殖産興業・文明開化策は、明治期の地方政策の一つの型として指摘できると思う。

この型を当時の京都府庁で学んだのは藤村紫朗だけではなく、もう一人、松田道之がいた。松田が明治十二年以後東京府知事として手がける東京改造計画（市区改正計画）は第一章で詳しく述べた通りであるが、その根は明治最初期の京都にある。

さて、ここでは藤村の三つの政策のうち文明開化策だけを取り上げるが、その中心は学校教育の充実であり、洋風新校舎の建設であった。

藤村は、着任してすぐの明治六年四月に断髪と学校建設推進の布達を出して以後、十年五月までに計五回の学校建設関係の布達を発し、洋風の校舎建築の推進につとめている。

実際の新校舎としては、明治七年二月十六日完成の琢美《たくみ》学校（図Ⅰ④）と梁木《やなぎ》学校を皮切りに続々と擬洋風の小学校が作り出されている。それらが藤村式建築と呼ばれるものの中心になるのだが、固有の名を持つだけのことはあって一つの独自の型のようなものを見せてくれる。たとえば、立方体に近いプロポーション、宝形《ほうぎょう》屋根の上にちょこりと載る釣り灯籠のような塔、前面に張り出す二層のベランダと二層の車寄せ。

こうした形はどこから来たのか、何に触発されて誕生したのであろうか。藤村式の原型となる琢美・梁木の両校は隣県長野の擬洋風小学校の名作として知られる中込学校・開智学校の起工より一年以上も早く完成しているから、それらに学んだということはない。明治七年二月といえば全国的にみても学制発布以後の各地の擬洋風小学校の嚆矢に当たるのである。

当然考えられるのは、横浜のベランダ付の洋風商館や東京の第一国立銀行のような先駆的な擬洋風建築を手本にした可能性であるが、それもあったにちがいない。しかしそれ以上に考えられるのは、京都の学校建築である。藤村式の産みの親の藤村紫朗が地方行政官として目を開かされた京都府庁時代こそ彼のあらゆる仕事の源泉とするなら、建築においてもそれは当てはまるにちがいない。事実、京都には明治二年五月、日本最初の小学校として知られる柳池校が擬洋風の姿で建てられているし、やや遅れる京都中学も擬洋風で建てられた。そうした京都の洋風学校は、立方体に近いプロポーションと二層のベランダを見せていたのであるから、藤村式のデザインのルーツとして京都を考えるのは妥当であろう。すぐれた行政官個人の移動とともに建物のデザインが国土の上を伝播してゆくというのはいかにも明治らしい面白い現象である。

こうしてスタートした山梨の藤村式の小学校には、その後、別な影響が加わる。それは明治十年に県が学校建築の指針として「学校建築法」を定めたことで、この建築法は文部省が訳出したアメリカの『学校通論』の影響が大きかった。そのせいで、明治十一年の尾形学校はアメリカ流の間取りになっている。

このように何かに学んで誕生した一つの形は、その後、いろいろな影響を受けながら変容を重ねるのである。

開智学校

以上のように、長野県内に中込学校が建ちつつあり、隣県に藤村式がいくつか完成し、陸続と後を追って工事が始まっている最中に、松本の地に開智学校が建てられることになる。開智学校は、日本全国の数ある擬洋風の中で最も擬洋風らしい擬洋風として知られているが、こうした高い評価はすでに竣工時よりあり、明治十七年にアメリカのニューオリンズで開かれた万国工業博覧会に日本の文部省はこの学校の写真を出品しているほどである。これは当時の文部省が開智学校を日本一の小学校として評価していたことを物語る。また、研究上から見ても、設計に当たり棟梁がどの建物を参照したかが文献的に分かっている数少ない例としてたいへんに重要なものである。

開智学校の棟梁の立石清重は、松本の町民の期待を一身に受けていよいよ工事を開始するに当たり、二度上京して洋館を徹底的に探訪したことが知られている。工事の控帳である「営繕記」の中に、探訪先のスケッチ（図I⑥〜⑩）が残されており、それにより分かるのだが、まず東京では少なくとも大蔵省と三井組と開成学校を訪れている。そして東京以外では、山梨県の藤村式の琢美学校と日川学校と山梨師範学校を訪れている。これ以外にも東京や横浜などでたくさん見ているはずであるが、スケッチほかで確認されるものは以上の六件である。

以上の六件のどこが開智のどの部分に影響したかはスケッチを参照しつつ両者を比較すれば明らかとなる。結論的にいうと、立石清重は、開成学校からは車寄せのバルコニーの手すりのデザインを学び、三井組からは鉄細工を、大蔵省からは門の作り方を参照した。以上の三つの建物は、明治政府や財閥が力を込めて作った大建築であり、規模も目的もかけ離れていたせいか特殊な細部をのぞいて全体構成には影響を与えなかった。

それにくらべ、山梨の藤村式の小学校は、規模も用途も共通しており、立石としては学ぶところが大きかったようである。正面に突き出す二階建ての車寄せ、壁土で盛り上げる擬似的な隅石（コーナーストーン）、釣り灯籠を置いたような屋根の上の塔などを参照している。

以上のように、東京の擬洋風や藤村式といったすでに誕生している先進的な擬洋風を参照しながら立石は開智のデザインを進めたことが分かる。しかし、開智の全体構成の基本になっている、正面に玄関車寄せを突き出し屋根に塔を載せるという構成については、藤村式だけでなく、当時、擬洋風、居留地系のコロニアル様式を問わずこの構成は一般化しており、藤村式を含むそうした大きな流れの中で立石もそれを学んだということになろう。

さて、立石は、全体構成については当時の一般化した洋館の構成から、部分については参観した個別の擬洋

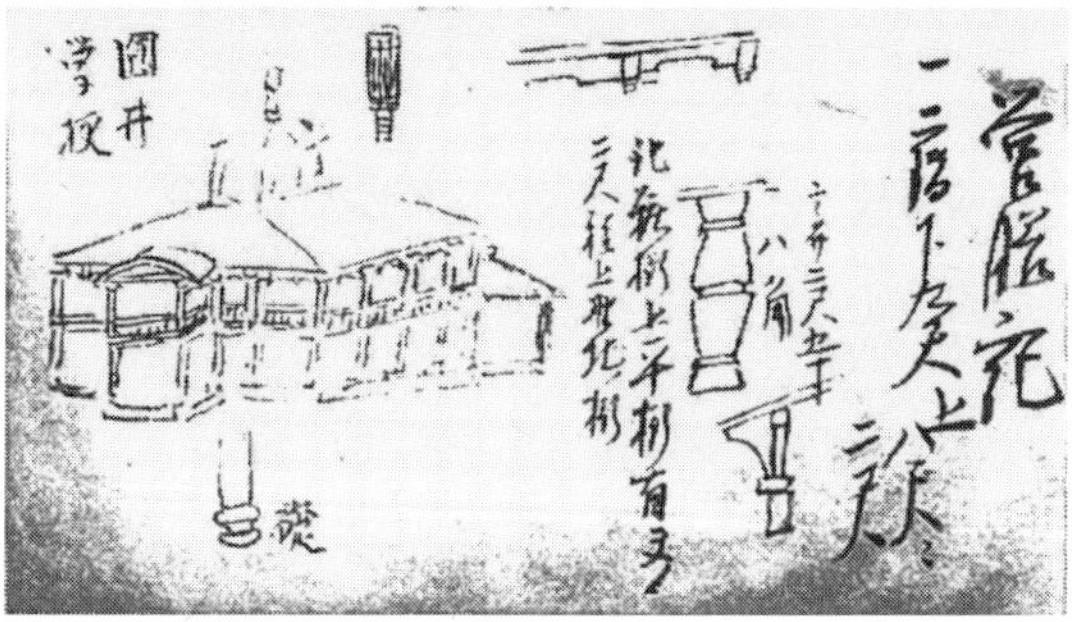

I⑥

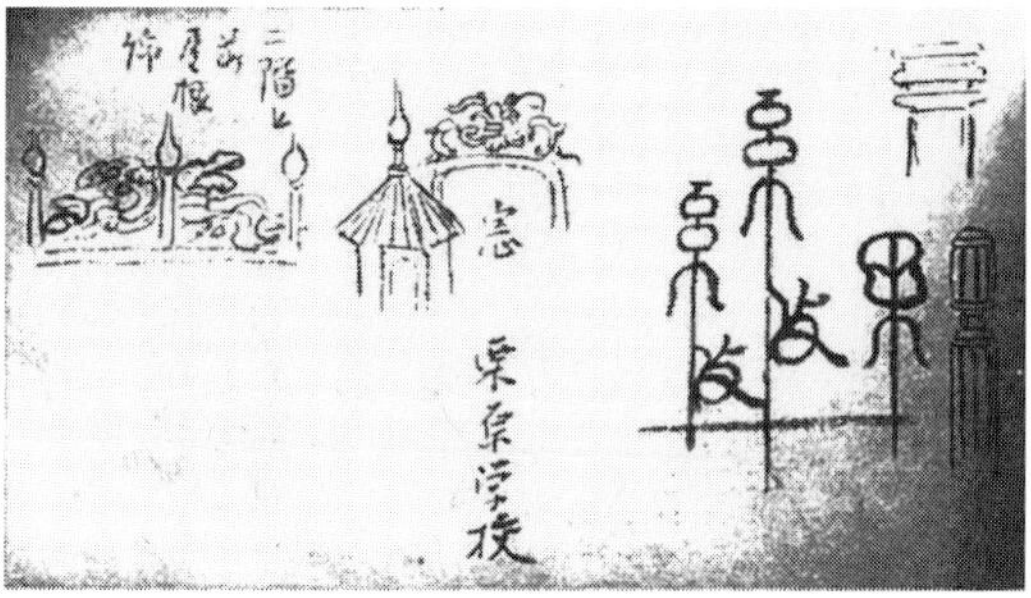

I⑦

I⑧

I⑨

I⑩

図I⑥　立石清重「営繕記」のスケッチ。図中の「圓井学校」は山梨の藤村式の第一号として知られる琢美学校のこと。

図I⑦「営繕記」スケッチ。図中の中央の「栗原学校」は日川学校のこと。左側は記名はないが、そのデザインからしても、また開智学校の設計に当たり開成学校が手本になったことが文献的にも明らかであることからも、開成学校のバルコニーに間違いない。右側の奇妙な図はどこかの擬洋風建築の鉄製門扉であろう。

図I⑧「営繕記」スケッチ。どこの建物か不明。

図I⑨「営繕記」スケッチ。東京駿河町の三井組（明治七年。棟梁は清水喜助）である。

図I⑩「営繕記」スケッチ。大蔵省の門柱と鬼板。

風から学びつつ、開智のデザインを作り上げるわけだが、しかし、そうして学んだ要素をただ組合せただけではないことは、開智の完成した姿を見た時誰でもすぐ分かるとおりである。全体のイメージまた個別のデザインにおいて明らかに独創が加えられており、そのうち個別デザインの独創性を象徴するものとして車寄せ上部の〝キューピッドの額板〟がある。このユニークきわまりないデザインの原型は、当時東京土産として流行《はや》った『東京日日新聞（錦絵）』の題字の飾りと推測される。このキューピッド図像は欧米では科学書などの表紙に真理を射抜く象徴として使われており（真理を射抜く象徴ならば弓矢の名人のキューピッドということになるが、しかしこの場合は弓矢を手にしておらず、子供エンジェルとキューピッドの習合したものかもしれない）、また明治の日本でも同様な意味あいで新聞や教育双六や科学啓蒙関係の刷りものに使われており、立石がこれを開智学校の正面に掲げたのは、『東京日日新聞（錦絵）』が文明開化の時流に乗る新聞であったということだけでなく、やはり本来の教育的意味合いを知ってのことと思われる（図I⑪〜⑬）。

以上のさまざまな文明開化的デザインを自家薬籠中のものとして消化し、そこにさらに唐破風や竜の彫刻といった日本建築の伝統デザインを混ぜ込み、立石清重は、和とも洋とも何ともつかない、奇妙で、こっけいで、そのくせ不思議なエネルギーと楽天性にみちたユニークな造形を完成させたのだった。ここには善かれ悪しかれ日本の文明開化の特質がすべて形になって表わされている。欧米の文明に触発されながらも、それを正確に学習するよりは、何か別のものを思い描いた夢のデザインということになろう。

明治九年、松本に誕生した開智学校のユニークな姿は、ただちに長野県内にいくつかの〝ミニ開智〟を生みだしているが、それらを見ると、一つの形が草深い地方のすみずみに根を下ろしていく時の様子がよく分かる。

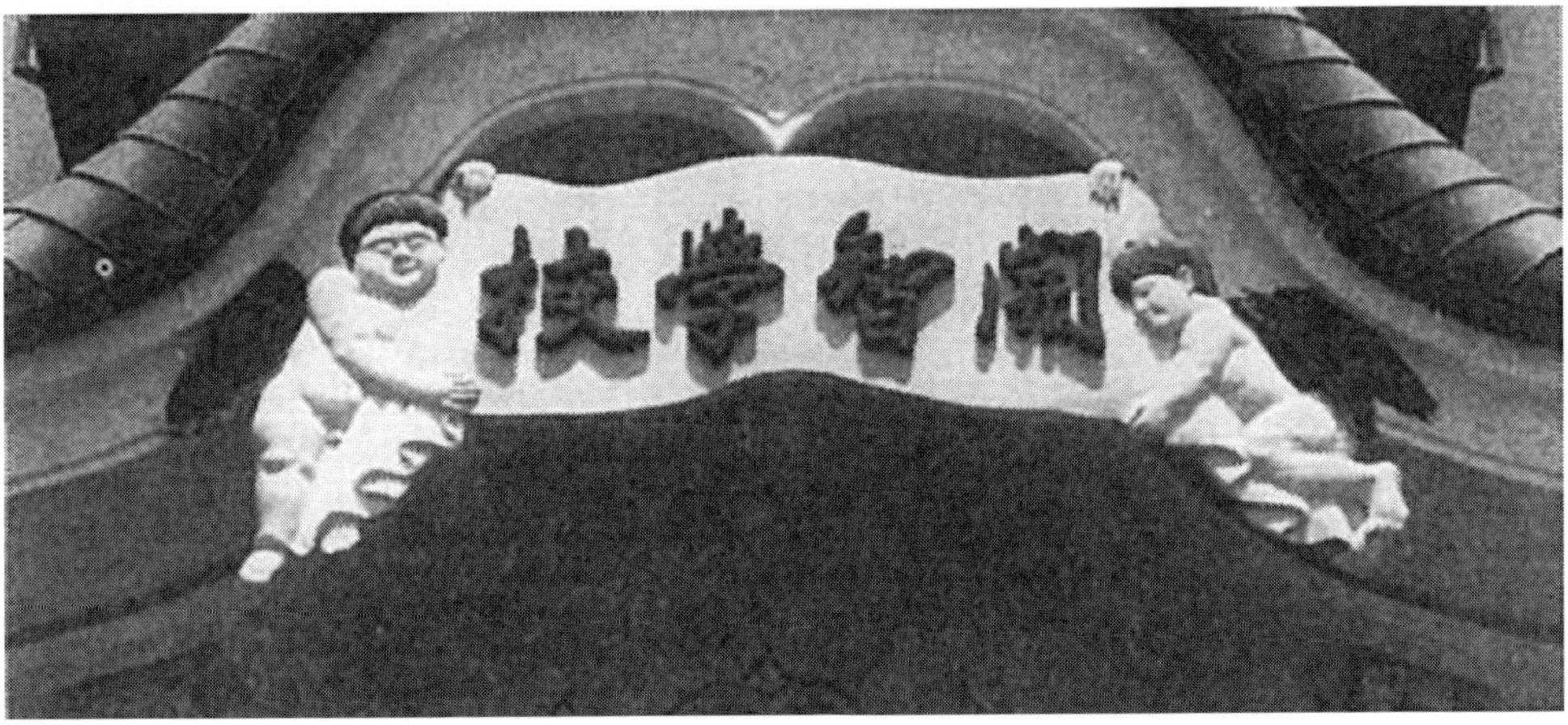

I⑪

図I⑪　開智学校の〝キューピッドの額板〟。建築のデザインとしては異色きわまりないが、そのデザインルーツは「東京日日新聞（錦絵）」と考えられる。

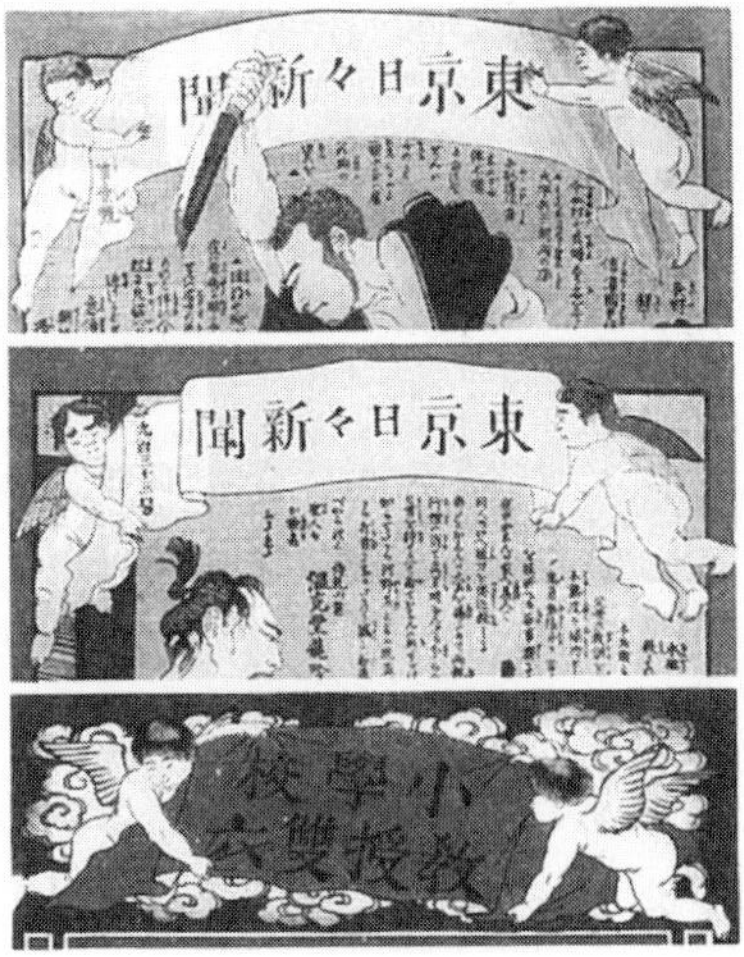

I⑫

図I⑫　「東京日日新聞（錦絵）」と「小学校教授双六」題字。題字にキューピッド（あるいはエンジェル）を飾るデザインはヨーロッパの科学書をはじめとする真理探求の書に広く見られ、その影響で文明開化期の科学書や啓蒙書にも使われ、一つのブームとなっていたが、開智学校のネタ元になったのがどれかというと、デザインの類似性と流布した量からみて「東京日日新聞（錦絵）」と考えられる。「東京日日新聞（錦絵）」にもいくつかのタイプがあるが、真ん中の絵がそっくりである。

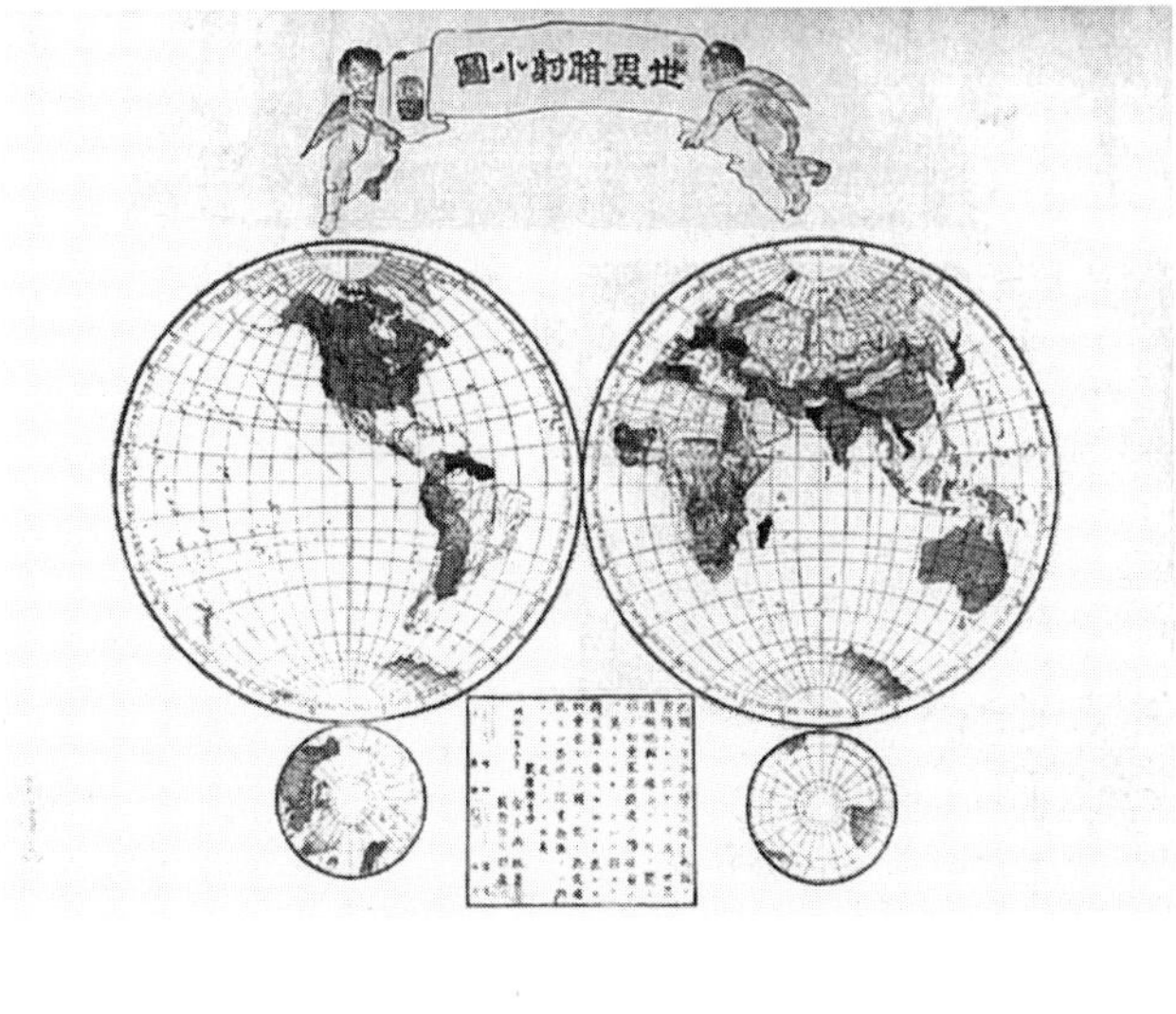

I⑬

図I⑬　「世界暗射小圖」。明治九年に金子尚政が松本で刊行した世界図であるが、題字に注目してほしい。金子は県の一等訓導（学校教育の監察官）として開智学校の竣工式で挨拶を述べている。この地図は図中の説明文に記されているように、小学校教育の参考用に刊行された。

春日小学校

文明開化の小学校としては擬洋風が華となっているが、しかし、もちろんすべてがそうした傾向で作られたわけではなく、伝統の和風建築の延長上の学校も数からいうとむしろ多かった。そうした和風の伝統を継いだ中で、ただ慣習的に従ったのではなく、積極的に力を込めて伝統を作り直した例として、奈良の鈴鹿山系の奥地に作られた春日小学校を取り上げる。この山里の小学校の校舎は、作られたのが明治三十四年で、けっして早い方ではないし、開智学校に象徴されるような明治初期の学校建設ブームが終った後の時期に当たるが、村民がこの学校建設にかけた情熱にはただならないものがある。一般的にいって明治の人々の学校建設への意気込みは高く、村民が物と労力とお金を持ち寄って子供たちのために立派な学校を作ろうとしている様には心打たれるものがあるが、この春日小学校の場合はそうした全村あげての熱意の記録がちゃんと形にまとめて後世に残されている。新築の経過大要と設計図面と竣工写真が屏風仕立（図Ⅰ⑭）になって、現在に伝えられているのである。

出来上がった建物は、擬洋風ではない。まず配置からみると、〝コの字プラン〟として、中庭を通って正面玄関に入るようになっている。こうしたコの字型は明治十年前後より各地に現われるもので、きわめて個性的な配置といっていいが、どこからどういう事情で始まったかは分かっていない。

このコの字型の配置は、中心軸がきわめてはっきり貫かれており、全体として横に広がることを抑え、手前から奥へと縦に奥深く建物が展開してゆくところに特徴がある。こうしたコの字型をベースとして、春日小学校は、中心軸上に正面玄関と講堂を置き、左右に教室を配し、その各建物を堂々とした大屋根と破風を持つ和風建築としている。その結果、誕生した空間は、明治の小学校というよりは、どこか江戸期の藩校をしのばせ

I⑭

図I⑭　春日小学校の屏風。学校の建設経過と成果を記した文章と建築写真と建築配置図からなり、内容よりみて明治四十二年頃に制作されたものと思われる。こうした形で校舎建設の記録が残されるのは珍しいことである。

I⑮

図I⑮　尾山神社神門。明治八年十一月完成。棟梁は津田吉之助。石段を上ると、竜宮城のような門が迫ってくる。一階の赤味がかった地元産の石を積んだアーチの中央上端には、加賀前田家の家紋が刻まれている。

図I⑯　「尾山神社之景」。明治三十八年に出された一枚物の刷りもので、これを見ると、門が擬洋風で本殿は純日本風であることが分かる。

I⑰

図I⑰　尾山神社神門絵図。現在、金沢市立図書館が所蔵する設計図で、津田吉之助の手になる。図中には「拝殿」と記されているが、作りも位置も門であり、なぜだか分からない。この図を基に変更を加えて今の姿になったと思われる。この図を見ると、現在の姿よりさらに異様で、全体としては五輪塔や仏具といった非建築的造形により近いし、三層目などは四隅から延びるアーチによって構成されるという珍しい作りになっている。一層目と二層目は比較的現状に近い。塀の部分は実現していないが、同じデザインで本殿の周囲に垣が作られている。

I⑯

るような威儀正しいものとなった。

こうした結果だけから読みとるなら、山里の村人は、洋風よりは旧江戸期の公的教育機関としての藩校をあこがれのイメージとしたのかもしれない。

尾山神社

文明開化の風潮の中で花開いた擬洋風建築は、洋風をベースとした新しい表現であるが、しかし、奇妙なことに中国風の加わった例が知られている。その代表が金沢の地に明治八年に作られた尾山神社の神門である（図I⑮）。

擬洋風の表現は、学校や官公庁はむろん、時には寺院にまで用いられていたことが知られているが、しかし、神社建築だけは一切受け付けなかった。国粋の素として文明開化の時世にも純血を貫いたわけだが、しかし、全国でただ一つ例外があって、それがこの神門なのである。

これには神社創設の事情がある。加賀藩は、廃藩置県によって消え、藩士たちは職を失って散り散りになっていった。この時に当たり、旧加賀藩の開明的な藩士だった長谷川準也は、有志と語らい、団結と心の拠り所を求めて神社を創建することを思いたち、明治六年、旧藩主の前田侯の許しをえて、藩祖の前田利家を祭神とする尾山神社を創建する。

先に完成した神社の本殿はあくまで伝統の建物であったが、その後に企画され、街に面して立つ神門は擬洋風によって作られる。もし長谷川準也が旧守的な人物であり、新時代への反発心から藩祖を祭ろうとしていたのなら、門はかならず伝統形式になったにちがいない。ところが長谷川は開明派の出であった。加賀藩には、幕末、革新的企業家の銭屋五兵衛が出、また、洋学者の本多利明が腰を据えて言論活動を行なっているが、長谷川の家はそうした藩内改革派につながっており、家の広間には天井から地球儀がぶらさがっていたという。そうした開明的な空気を呼吸して育った長谷川は、明治維新によって藩が潰れると、明治七年旧藩士の授産のためいちはやく近代的製糸工場の経営に乗り出し、見事に軌道に乗せている。

この工場建設に当たり、一番の難題はフランスの最新式の製糸機能のシステムが分からないことであった。そこで長谷川は、出入りの棟梁で日頃より創意工夫の才を見せる津田吉之助を官営富岡製糸場に派遣したが、しかし工場側は機械の調査や図面の提供を拒んだ。それでも見ることは許されたので吉之助は何度も見学し、夜は宿舎で昼間見たことを図面に起こし、ついに官営富岡製糸場の最新鋭の製糸システムを〝盗む〟ことに成功したのだった。しかし、富岡の機械は輸入の鉄製であり、そのままでは金沢での再現は無理であったので、持ち前の工夫を加えて、木製に置き換えたのだという。

こうした開明派の長谷川準也が工夫の才に富んだ棟梁の津田吉之助と組んで作った神門であるから、ふつうの形に納まるわけがない。最初の案の図面が伝わっているが（図Ⅰ⑯⑰）、とても建築とは思えないような奇妙な姿で、五輪塔や仏舎利の容器かなにかそうした宗教上のものを思わせるような上階があり、下階は竜宮城の入口のような中国風と洋風の混ったアーチの通路となっている。

日本にも中国にも、ましてヨーロッパにもない奇妙な建築がどうしてここに描かれたのだろうか。おそらく、長谷川と津田の二人は次のように考えたのではないだろうか。神社であるからには、洋風をベースとするいわゆる擬洋風を採用するわけにはいかない。しかし、旧来の伝統様式では、新時代に再生を果たすべく団結した自分たち革新派の気持ちにそぐわない。何も手本にせずに、どこにもない新しい姿を無から有を生み出すように作るしかない。というふうに考えて、描き出してみたら、どこか中国風の摩訶不思議建築が姿を現わした。

擬洋風建築は、欧米と日本の建築文化の突然の出会いから生れてきたものだが、和風はむろん洋風にも向わずに独自のユートピアを目ざすような傾向がほのかに感じられる。

擬洋風の街づくり

擬洋風の建築は多くの場合、町や村のそこここに忽然と孤立して誕生し、周囲の伝統的な暗い家屋との間に〝亀裂のある風景〟を生み出しているが、しかし、擬洋風建設の勢いがきわめて強烈な場合は擬洋風によって一つのストリートや一画が形成されている。いわば擬洋風による街づくりがなされている。

こうした例は今日、二カ所知られていて、一つは山梨市の官庁街であり、もう一つは山形市の官庁街である。前者はすでに触れた開明的な県令藤村紫朗の文明開化・殖産興業策によってなされているが、この藤村のやり方をもっと徹底的に大規模に実行したのが山形県令三島通庸なのである。

三島は、すでに官庁集中計画の項で見てきたように、首都東京の近代化に深く関わっており、また、地方の近代化にも強い影響を与えており、日本の国土・都市・建築の各レベルの近代化の歴史を考える上で欠かせない重要人物の一人である。個人的な影響力と実行力という点でいえば、渋沢栄一と並んで明治の街づくりに貢献した人と評してよい。

しかし、三島についての一般的な歴史評価は、福島県令時代の自由党弾圧と警視総監時代の自由民権運動抑圧を取り上げ、きわめて否定的に描くのがふつうである。こうした政治史上の否定的評価のせいか、研究者による全体的な三島通庸研究は進んでいない現状にあるが、しかし、明治の都市と建築を考える上で彼の存在はきわめて大きく、ここではそうした建設方面に光を当てるために、彼の行実について述べ、その中で山形における擬洋風の街づくりを位置づける。

三島は、天保六年（一八三五）六月一日、薩摩藩士三島数右衛門の子として鹿児島に生れた。彼が維新の動乱の表舞台に登場するのはかの「寺田屋事件」の時である。有馬新七はじめ薩摩の勤王派が寺田屋において、島津久光の命を受けた藩士に襲撃された時、三島は勤王派の一人として寺田屋の二階にあり、捕縛されている。こうした志士としての活動の中で次第に認められるが、しかし明治維新によって新政府が誕生した後、ただちに中央政府に上ったわけではなく、地元に残り都城《みやこのじょう》の〝地頭〟の職についている。都城は石高六万石の地であるが、その都城の地を治めることは、新政府の中心勢力たる薩摩藩にとっては、一見地道ではあるが足許を固めるために不可欠な仕事であった。三島は、新時代に〝地方を治める者〟としてスタートしたわけである。

都城で三島がなした政策の柱の一つは街づくりで、旧守派の住む街とは別に新しい街区を作り出し、そちらに新しい中心を移し、旧守勢力の力をそいでいる。器を変えることで中味を変えるという三島の得意技は都城からはじまっているのである。

こうした地方統治の実績が認められたのであろうが、三年を都城の地頭として過した後、明治四年十一月七日、上京を命じられ、東京府に入り、権参事となった。当時の府庁は由利公正が知事をつとめており、その下の局長クラスのポストに就いたのであるから、東京府の運営の実権を握る立場である。この立場にあって、三島が手がけたのは、明治五年にスタートして十年に終了する、かの〈銀座煉瓦街計画〉にほかならない。

銀座煉瓦街計画は明治政府が突発的に開始した東京改造の大計画として名高いが、この計画に三島が深く関わったことは知られてこなかった。この計画は、当時の政府内の〝新しものずき屋〟の集りであった「築地梁山泊」のグループから芽を吹き、実際には大蔵省の井上馨と渋沢栄一が準備し、事業としては大蔵省と東京府が車の両輪となって強引に実行したものだが、この大計画の実際の推進者は、大蔵省側が渋沢であり東京府側が三島であった。

渋沢は、上司の井上が発案者だから問題はなかったが、三島は上司の由利がこの計画に賛成しておらず苦労したものと思われる。由利は後に自伝の中で銀座煉瓦街計画を自分の計画として自慢し、これを根拠に銀座の街の近代化の〝父〟として由利を位置づける説もあるが、同時代の資料に当たるかぎりこれは誤りで、由利は計画に反対し、道を広げることには賛成したが煉瓦造の洋風の街にすることには反対している。

この一件につき「稿本三島通庸子伝」は、

政府、防火ノ為メ、罹災者ヲシテ、煉瓦石室ヲ造ラシメント欲シ、特ニ金三百万円ヲ東京府ニ附スル旨、一応諮問セラル。府知事、別ニ意見アリ、決行ニ至ラズシテ止マントス。子〔三島〕、独リ大ニ此議ヲ賛シ、多方之ヲ論破シ、遂ニ自ラ進デ其事務ニ任ジ、職ニ参事ニ在ルノ間、心力ヲ尽シテ以テ施行ス。

と述べているが、銀座煉瓦街計画の府庁側の主導者は三島通庸だったのである。

銀座煉瓦街計画の事業がスタートするのを見きわめた後、明治五年十一月、三島は東京府庁から教部省に転じ教部大丞となり、地方行政から一時離れるが、しかし七年十二月三日、酒田県令としてふたたび〝地方を治める者〟となる。以後、同地方の県の統廃合にしたがい、鶴岡県令、山形県令と名を変えるが、七年十二月から十五年七月までの七年半を山形県令時代として扱う。この七年半という一県の県令としては異例に長い時代こそ、三島がやりたいことをやり通した最も充実した時期である。

彼が山形という地方をどう治めたかについての具体策は、「三島通庸子伝」に詳しいし、土木や建築の実績については同じく収録した『山形新聞』の記事「本県土木事業　建築の部」にリストアップされているが、それらを大きく分ければ、殖産興業策と文明開化策の二つを車の両輪としていたことが分かる。

殖産興業策としては、鮭の養殖、西洋作物の導入、養蚕の指導、さらに製糸業の振興のために県立の「勧業試験所」と「製糸器械場」などを新設し、道具や機械類の啓蒙・改良のため「博物館」を設けているが、こうしたすぐれた地方官なら誰でも考える殖産興業策に加えて、三島ならではのものとして交通体系の再編成がある。

文明開化策としては、学校・病院・役所・警察といった新しい施設の建設に当たり、洋風化を徹底して推進し、その集大成として県庁前に擬洋風建築が並ぶ印象深いストリートを作りあげている。

以上の三島による策のうち、交通体系の再編と擬洋風建築推進の二つを取り上げてやや詳しく述べたい。三島が山形県および次の任地の福島県の県令時代になした交通体系の再編を目的とする一大土木政策は、三島の個人的野望とふつう思われがちだが、しかしそれは誤解であり、大きくは県令三島の上司である内務卿大久保利通の東北再建政策と連動したものであった。大久保は維新の折に賊軍に回り新時代に立ち遅れた東北地方の再建のため〝総合開発計画〟を立案するが、その内容は、一、野蒜《のびる》築港による東北への国際貿易港の設置、二、内陸交通の整備、三、開墾の三本柱よりなっており、そのうち内陸交通の整備を三島に期待したのである。三島は、山形・福島・栃木の県令時代を通してこの期待によく応え、次の五本の道路を新設している。山形・仙台間、山形・会津間、米沢・福島間、会津・新潟間、会津・栃木間。以上の計画のうち、米沢・福島間の栗子トンネルと会津・栃木間の峠越えは明治の土木史上に残る難工事であったが、三島はアメリカの最新土木技術を取り入れ見事に全うした。

こうした道路作りのうち、彼が山形県在任中になした分については、後の福島県時代と異なり、そう大きなトラブルは起こしていない。道路作りの費用は官費だけでは足りず、山形県の地元民の労働奉仕を必要としたが、そのことの不満はあったものの、殖産興業にかける新県令の熱意は誰の目にも明らかであったし、また三島みずからが工事現場に立ってホコリと汗にまみれて指揮をする姿に誠意を疑う者はいなかった。工事中の道路の先の方に櫓が立てられ、太鼓が据えられ、諸肌ぬいだ三島が打ち出す太鼓の合図に従って、荒起し、モッコ運び、整地といった作業がシステマチックに繰り返されたという。

こうした土木工事とならんでなされたのが、学校・病院・役所・警察といった新時代の官公庁施設の洋風建築化である。これについては上司の大久保利通との関連は認められず、三島の個人的な考えによると思われる。同時最初の例は、明治九年、鶴岡城の石垣を崩し濠を埋めた跡地に作られた朝暘学校（図I⑱～⑳）である。同時代に作られた各地の小学校にくらべてはるかに大規模であり、その姿は松本の開智学校とはまた別の印象の強

さがあるが、なぜ三島がこのような学校建築を建てたかについて、明治十二年の碑文「朝暘学校の記」には、

県令三島君の始めて任に莅《のぞ》むや、士民樸陋《ぼくろう》にして旧習に安んずるを観《み》て、以謂《おも》へらく、唯だ学のみ以て之を変通すべしと。而《しか》れども黌舎《こうしゃ》壮大ならずんば則ち亦《また》以て衆に示す無し。

と記されているが、実際このとおりであろう。鶴岡の地に忽然と誕生した擬洋風の朝暘学校は当時の東北地方では類もなく立派であり、錦絵にも刷られているし、また中央の有力者の見学も相ついだことが史料により知られるが、三島のねらいは当たったといえよう。

この学校を皮切りに、山形県一帯の公共建築は擬洋風によって飾られるようになり、西田川郡役所（図Ⅰ㉑）、鶴岡警察署（図Ⅰ㉒）などの力作が数多く作られている。

こうした山形の擬洋風を代表するのが明治十一年の県立病院済生館（図Ⅰ㉓㉔）である。一階をドーナツ形の平面としているのもユニークなら、その正面に載る角塔の姿も類がなく、松本の開智学校と並んで最もよく文明開化のイメージを建築化した作品といっていいであろう。西洋を正確に学習するのでも、日本の伝統を更新するのでもなく、どこにも収束しない夢のようなイメージがこの建築には込められている。

こうした一連の擬洋風推進は、県庁建設の時に及んでついに県庁前に擬洋風のストリートを誕生させることになる。まず、県庁前のストリートからやや離れたところをみると、北西側には「織文社」が置かれ、北東側には「水力織場」と「千歳園」が置かれる。こうした殖産興業施設を県庁の左右両脇に配した上で、県庁前に一本の広い新道を開き、その左右両側に擬洋風の公共建築を並べてゆく。まず県庁を背にして左手から見ると、「南山小学校」「師範学校」「警察署本署」と順に並べ、右手には、「製糸場」「博物館」「郡役所」「活版所」「警察署」と並べる。かくして突き当たり正面に県庁を置き、その左右に八棟の擬洋風建築が並ぶストリートが誕生した。このストリートの強烈な印象は高橋由一の描く「山形市街図」（図Ⅰ㉕）を見れば明らかであろう。

三島は、こうした山形県での事業を終えると、明治十五年七月十三日、引きつづいて隣県の福島県令となる。

Ⅰ⑱

図Ⅰ⑱　朝暘学校の錦絵。団扇仕立ての錦絵であるから、あるいは完成記念に配られたものかもしれない。

Ⅰ⑲

図Ⅰ⑲　「朝暘学校絵図」。三島通庸が推進した下見板系擬洋風建築の第一号・朝暘学校の設計図である。この学校の図面は、表装され巻子仕立てになって、立面図が鶴岡市立図書館に、平面図が山形県立博物館に所蔵されているが、後者は三島家から寄贈されたものである。

Ⅰ⑳

図Ⅰ⑳　朝暘学校の古写真。明治九年八月完成。棟梁を高橋権吉がつとめているが、設計を彼が主導したとは思われない。縦長のロの字形とでもいうべき独得の平面で、中庭がある。長大な側面の壁に鎧戸の窓がどこまでも続くようすは、異様な迫力となっている。

そしてここでも道路建設と擬洋風建築の推進に明け暮れるが、しかし、山形県とはちがい新政府の政策に根本的に対立する福島自由党の勢力が強く、三島の施策に対し真正面から反対し、一方、三島も力をもって臨み、ついに「福島事件」がひき起こされ、福島自由党は壊滅させられる。山形では〝土木県令〟であった三島は、福島では〝鬼県令〟となり、「人の苦労を横目で三島、それで通庸なるものか」とまで俗謡に歌われることになる。

明治十六年十一月八日、栃木県令兼任となるが、栃木時代は任期が短いこともありきわだった仕事はしていないが、しかしこれまでの〝地方を治める者〟として体験してきたさまざまな行政手法や事件がこの期にひととおり再現されている。

まず、地域経営という点からみると、かつて都城で地域内の力点の移動によって旧守勢力の力をそぐと同時に新しい地域構造の創出を目ざしたのと同じように、栃木県においては地元の猛反対をおして県庁所在地を栃木から宇都宮に移している。また、公共建築の擬洋風化という点では、山形県庁前と同様に、新県庁を山形とよく似た姿の擬洋風で建て、その前に新しい大通りを開いて左右に擬洋風の公共建築を並べている。ついで、山形と福島でなした国土計画スケールの道路計画としては、福島時代に手がけた会津・栃木間の新道を引きつづき完成させている。こうした事業ばかりでなく事件もまた再現し、「福島事件」につづいて、三島への報復暗殺未遂の「加波山事件」が起こっている。こうした短いが多彩な栃木県令時代を総仕上げとして、三島は〝地方を治める者〟をやめ、明治十七年十一月二十一日、内務省本省に上り、土木局長となり、さらに、十八年十二月二十三日には警視総監となる。

ふつう県令というのは〝地方を治める者〟として固有の人事の枠内に属し、内務省本省に上る例は多くないが、山形・福島・栃木での仕事振りを認められたものと思われる。では、どこを認められたかというと、内務省本省に上ってから就いたポストが、土木局長そして警視総監の二つであることから明らかなように、〝土木

図Ⅰ㉑ 西田川郡役所。明治十四年完成。棟梁は高橋兼吉。山形県の擬洋風の大作の一つで、現在は国の重要文化財として鶴岡市の致道博物館に保存されている。高橋兼吉は宮大工で、鶴岡地方の擬洋風をたくさん手がけた。朝暘学校の棟梁・高橋権吉とは別人。

Ⅰ㉑

図Ⅰ㉒ 鶴岡警察署。明治十七年完成。棟梁は高橋兼吉。現在は致道博物館に移築保存されている。どこか城郭を感じさせる全体構成に洋風意匠をかぶせたところがいかにも擬洋風らしい。

図Ⅰ㉓㉔ 済生館。明治十一年完成。三島通庸の推進した擬洋風の最高傑作である。当初は県立病院として作られたが、現在は国の重要文化財として山形城内に移築保存されている。全体の構成はドーナツ形の平面の前面に多角形の塔を立てるという類例のないものであり、どこかに手本があったとは思われない。当時の関係者の文明開化的創造力のたまもの。

Ⅰ㉒

Ⅰ㉔

Ⅰ㉓

県令〟振りと〝鬼県令〟振りを認められたのだった。

明治十八年十二月に警視総監となってからの仕事振りについては、政治史上よく知られているように〝鬼県令〟の延長上で自由民権派に立ち向っている。徳富蘇峰がこの時期の三島について〝明治政府の万里の長城〟と評したとおりである。こうした政治史的側面ばかりが知られているが、しかし三島を考えるうえで常に忘れてはならないのは〝土木県令〟的な側面で、これは警視総監時代も変らず、十九年七月二十五日、井上馨の求めに応じて臨時建築局副総裁のポストに就いて、持ち前の強引さで東京改造のリーダーシップを握ろうと画策したことは、〈官庁集中計画〉のところで述べたとおりである。

自由民権派の抑圧と東京改造計画の立案、いかにも三島らしい警視総監時代であるが、それも永くは続かず、明治二十一年七月には病に倒れ、九月二十三日に没した。

以上、三島通庸がいかに深く国土・都市・建築の近代化の歩みに関わってきたかを述べた。政治家としては異例な関わり方といってもよいであろう。経済人の渋沢栄一が異例に深く関わったのに匹敵する。

ではいったい、どうして国土はまだしも都市や建築にまでそう力を注いだのであろうか。私的な理由としては、単純にそうした方面が好きであったということがある。こと建築については三島はよほど関心が深かったらしく、たとえば山形県令時代の擬洋風の第一号、朝暘学校の建設に当たっては、基礎杭の打ち方をはじめ具体的な技術についても直接指示しているし、この時の設計図は巻物仕立てにして三島家に伝えられている。

三島の命によって大量に誕生した山形の独自の擬洋風建築には設計者をめぐる謎があって、郡役所や警察署といった周辺的公共建築については設計者が分かっているのに、朝暘学校・県庁・済生館の三大建築については不明のままなのである。全国の擬洋風建築の代表作はことごとく設計者が明らかなのに、三島通庸が関与したもののみがこれといった設計者の名が伝わっていないのである。三島の下僚で建築を担当したのは原口祐之で、彼は山形時代から警視総監時代まで三島に影のようにつき従って建設方面を手がけているが、三島の性格

図I㉕　高橋由一「山形市街図」。明治十八年、洋画家高橋由一が三島の業績を記録するため描いたもので、写真をもとにしている。人物がみな県庁に向って吸い込まれるように描かれており、高橋由一もこの空間に共感していたのではないかと思われる。

からみて、三島の意向とイメージを原口が建築化するというのが実態で、それ故に格別設計者の名が表に現われなかったのではないだろうか。たとえば、設計のスタートに当たり三島が簡単なスケッチを示したり、進行途中で原口の図面に朱を入れるといったふうに。明治二十年、東京は芝公園内の殉職警官を祀る「弥生社」の建設に当たり、三島は自ら設計を手がけているほどに建築好きだったのである。

こうした都市や建築への事業のバックに三島の個人的志向があったことの証明として、「三島肇耕社」の事業をあげることができる。これまで取り上げた例は都城の再開発から臨時建築局の官庁集中計画まですべて官公庁の事業であり、役目の一環としてなしたともいえるのだが、こうした政治家としての仕事を離れ、純粋に三島が一個人として手がけた地域計画があって、それが明治十三年七月から那須高原で始まる「三島肇耕社」の事業なのである。

三島は、山形県令の椅子にある時、那須高原の火山灰土の不毛の地に疏水を引いて開拓することを決意する。こうした開拓的計画は彼のきわめて好むところであり、また、大久保利通の東北再建の総合計画も安積疏水による大開拓を主要テーマとしており、それに倣ったのかもしれないが、三島は私費を投じてこの事業に着手している。那須疏水による那須開拓は、三島の個人結社である「三島肇耕社」と、そこに地元民の「那須開墾社」が加わり、この二社を拠点として進められ、後には大山巌・山県有朋・松方正義・青木周蔵といった新政府の中心人物たちが加わって一大プランテーションが出来上がるが、「三島肇耕社」が他のグループと決定的に違うのは、きわめて計画的な地域づくりがなされたことであった。碁盤目状の規則正しい道路計画がなされ、その中心をなす大通りに面しては町屋のための狭い敷地が区画され、さらに南の入口周囲には郵便局・学校・病院が計画され、また大通りの突き当たりには三島の別邸と神社が置かれている。この神社は三島が〝地方を治める者〟として最初に取り組んだ都城の土地神の「母智尾神社」を分社したものである。こうした配置をみると、他のグループのようにただの農場作りではなく、町と村の両者の性格を持つ一つの地域社会を計画していたことが分かる。

この計画はほぼこのまま実行に移され、山形をはじめ三島の縁故の地より農民が入植して自作農となり、やがて農業だけではなく商業も生れ、三島の計画したように農村と町の中間的な地域社会が形成されて今日の西那須野町となる。現在、この町を訪れると、昔の三島別邸は町立郷土資料館となり、母智尾神社は三島神社と名を変えて町の恩人の三島通庸を祭神として祀っている。明治政治史上の〝鬼〟はここでは〝神〟なのである。

三島が那須の開拓を手がけたのは、もちろん殖産興業という国策もあるが、しかし見事に完結した西那須野の地域計画から感じられるのは、自分の思うままの村や町をこの手で作ってみたい、という個人的な夢なのである。彼は街づくりや建築づくりが好きでしかたなかった。

しかし、いくら強力無類な三島といえども都城再開発から官庁集中計画までの国土・都市・建築の公共的事業を個人的好みでだけでなしたのではないのは当たり前である。三島と似た傾向の事業をなした県令として山梨の藤村紫朗をあげたが、こうした傾向は程度の差こそあれ、明治初期には広く観察されるのである。

大隈重信はこうした傾向について次のように回想している。

……各地方《かくちはう》では大《おほ》いに土木《どぼく》が流行《りうかう》して、土木県知事等《など》と云《い》ふ者《もの》が出《で》て来《く》るに至《いた》つた。……ヤレ道《みち》をつけ替《か》へる、山《やま》を割《わ》つてトンネルをつける等《など》と云《い》ふことが、明治初年《めいぢしよねん》から十五六年迄《ねんまで》の流行事《りうかうじ》となつた。（松枝保二編『大隈侯昔日譚』大正十一年刊）

ここで大隈が述べているのは、道路や運河といった土木工事の〝流行〟についてだが、この回想には見落しがあって、土木県令と称された面々が三島にせよ藤村にせよ建築の洋風化を大いに推進したことを忘れている。土木事業は殖産興業のための基幹施設（インフラストラクチュア）の整備として考えれば分かりやすいが、ではいったい土木県令たちはなぜ建築の洋風化という実用性とは無縁のいわば表現上のことに力を傾けたのであろうか。この問いは、鹿鳴館を演出し、官庁集中計画によって東京のパリ化を目ざした井上馨にも当てはまる問いである。さらに拡大すれば、文明開化期の擬洋風の建築や奇妙な折衷的風俗全体にも当てはまる。もちろん、それが時代の表現であったといえばそれで済むのであるが、しかし、もう一歩踏み込んで、井上や三島のように洋風化という表現上の運動を推進した側についてははっきりした考え方があってのことと思われるのである。この点について井上も三島も藤村も書き残してはいないが、さいわい三島が力を傾けた朝暘学校の碑文にはすでに引いた次の一文が刻まれている。

……唯だ学のみ以て之〔旧習〕を変通すべしと。而《しか》れども黌舎《こうしや》壮大ならずんば則ち亦《また》以て衆に示す無し。

つまり、教育のみが封建時代の文化や旧習を改める方法であるが、そのためには学校を人目をうばうようなものにしなければ大衆はついてこない、というのである。

三島が洋風表現を採用したのは大衆に対してであるというわけだが、このことは当たっていて、三島自身は洋館に住みたいとか洋館にあこがれるということはまるでなかったらしく、あれだけ洋風建築化を推進した山形県庁前のストリートでも、自分の官邸は昔ながらの伝統家屋であった。

為政者や知識人以外のふつうの人々を動かすには政治や制度の中味の新しさだけではダメで、その器の表現を新しくする必要がある——これが三島の為政者としての建築表現論だったし、井上馨も同じにちがいない。建築というのは目に見えるものの代表で、それ以上大きなスケールは都市、小さなスケールは風俗ということになるが、この都市から風俗までの目に見える領分の演出にきわめて熱心だった井上や三島は明治政府の中では結局少数派にすぎなかったし、また、こうした志向は日本近代史の上でも、鹿鳴館の評価に如実に示されているように、愚かな傾向と見なされるのが常である。政治と経済こそが歴史を動かし、世相や風俗や建築といったデザイン的領分はそれらの反映や付属物でしかない、という考えが一般的である。しかし、それは本当に正しいであろうか。文明開化という世相や風俗や擬洋風建築の風潮はうわついた浪費にすぎなかったのだろうか。

そんなことはないと思う。おそらく時代が全体として変るためには、政治と経済、思想と精神文化だけではダメで、ふつうの人間までが動くためには、どうしても目に見える領分の新しさ、つまり視覚的イメージの新しさが欠かせないのではないか。口紅やズボンや街を昔のままにとどめたまま政治や経済だけを近代化することができるかどうか。

中国などとは異なり、日本の近代化のスタート時には文明開化と呼ばれる熱に浮かされたような奇妙な一時期があって、人々はイメージ上の新しさに夢中になっているが、この時期があったからこそ政治と経済の近代化はスムーズに進行したのではないだろうか。そうした新しい時代のイメージを演出した最大のものが擬洋風の建築であった。建築は時代の表現であるばかりではなく、時代を動かす道具の一つでもある。このことを井上馨や三島通庸は知っていたにちがいない。

三　建築論の誕生

建築論の芽ばえ

江戸期までの日本においては、建築は実際に手を動かして作ればそれで済むものであり、そうした実務からひとまず分離したものとしての建築に関わる思弁や学術は成立していない。伝統的な建築の世界というのはきわめて経験的な世界であった。

幕末になり欧米から洋風建築が入るようになり、すでに前章で詳しく述べたように明治の初期には擬洋風建築が花開き、また同時に本稿では取り上げていないが新政府の殖産興業・富国強兵策に従い洋式工場が建築され、同じく同時に横浜や長崎や神戸の外国人居留地にはコロニアル様式の商館が立ち並ぶのであるが、こうした初期の洋風建築の時代には、江戸期同様に思弁も学術も現われてはいない。理由は明瞭で、擬洋風を手がけた大工棟梁も、洋式工場建設を指揮した御雇外国人も、コロニアル様式を建てた欧米人の植民地技術者も、建築家というよりは建設技術者に近い人々であり、腕一本を誇りこそすれ、思弁や学術の習慣もなければその必要も感じなかったからである。

日本で建築に関わる思弁と学術が誕生するのは、明治十年一月、イギリスの本格派の建築家であるジョサイア・コンドルが来日し、工部大学校造家学科の教壇に立った時からである。コンドルは、自らがロンドンで受けた最新の建築教育を日本の学生たちにほどこし、この教育の中で建築とはどのようなものであるかといった思弁が語られ、建築を成り立たせるための前提としての学術が芽を吹いてゆく。

かくしてコンドルにより教育された辰野金吾、曾禰達蔵、片山東熊《とうくま》といった日本最初の建築家たちが世に出、コンドルに代って日本の建築界のリーダーとなるが、しかし彼ら第一世代の面々は日本の社会にヨーロッパ式の建築を根づかせる実践に忙しく、実践に必要な学術面の育成は手がけたが、思弁的方面についてはコンドル先生ほど熱心ではなかったきらいがある。日本の建築家の中から〝建築とは何か〟とか〝どうあるべきか〟という抽象的テーマについて正面から取り組む者が現われるのは、第二世代が登場してからであり、その代表が伊東忠太であった。

J・コンドル『建築とは何か』

コンドルによって日本の建築教育は開始されるが、彼が工部大学校在任中の明治十年から十四年までの五年間、どのような教育をなし〝建築とは何であるか〟についてどう語ったかについて教えてくれる資料はきわめて少ない。彼は建築論的な文をほとんど書き残していないし、教壇で何を教えたかについても講義録のような直接的な記録はまだ見出されていない。しかし、彼が日本にやってきた最初の本格的建築家としてさまざまなテーマを抱え、そのテーマを探究していたことは彼の設計活動や断片的言説から明らかである。そうした彼の思考や教育内容について推測する手がかりとなる文字資料は現在二つあり、一つは彼が学生に出した試験の問題で、これにより何を教えていたかのアウトラインが明らかになる。もう一つは来日してちょうど一年してから学生に対してなした講演の記録で、これが『建築とは何か』である。ここで語られていることはきわめて多岐にわたり、表現、構造、材料、歴史、風土、経済性といった建築に関わるあらゆるテーマが網羅されている。

その結果、現在の目で読むとコンドルは全体としてどういうことを言いたかったのかつかみかねるが、しかし、この網羅性にこそ当時としては重要な意味があったと思われる。

工部大学校造家学科の日本人の学生は、ことごとく武士階級の出であり、四書五経によって育てられてきた青年たちであり、建築については全く白紙状態にあった。こうした学生にもし日本の伝統建築を教えるなら実物の観察を通しての全体把握という方法もあるし、また、当時日本に建っていた擬洋風や洋式工場を手本としていいならことはやさしかったと思われるが、しかし、コンドルの使命は日本の伝統建築でも明治初期の洋風建築でもなく、まだ日本には誕生していない本格的なヨーロッパ式建築を日本に根付かせることにあった。つまり、無から有を生むような仕事を託されたわけである。

こうした状態に立たされてコンドルのなしたことは、『建築とは何か』から読みとれるように、二つの攻め口からまだ見ぬ本当の建築というものを（この時期まだコンドルの作品は一つも完成していない）言葉で描くことだったと思われる。二つの攻め口というのは、一つは〝建築の本質とは〟という中心点を語ること、もう一つは〝建築の及ぶ範囲はどこまでか〟という輪郭線を描くことで、この二つのうち後者の輪郭線を明らかにして建築というものの大把みの理解をまずしてもらうために、コンドルは表現論から構造、経済にまでおよぶ網羅的説明をしたと考えられる。

一読するとこうした網羅性ばかりが目につくが、しかし再読するとコンドルが〝建築の本質とは〟というもう一つの攻め口を着実に語っていることが明らかになる。それは、建築は芸術である、という主張である。それも、音楽や美術と同じ意味での芸術表現であり、けっして雨風を凌ぐための道具だったり、商業的な投機の対象であってはならない、とする。この芸術性をいかにして獲得するかについてコンドルはあらゆる面から網羅的に語っているわけで、たとえば、すでに建っている日本の西洋館はバラックだから参考にするなとか、参考書としてはアメリカ系のものを使うといい加減になるからイタリアとフランスとイギリスのものに限るとか、施主の言うなりになるとよい作品にはならないとか、きわめてハウツー的なことから、構造、材料といった技術的問題、またプロポーション、色彩、構成といったセンスの問題まで、まんべんなく触れている。こうしたまんべんない語りの内容は、今日の目からみると、大筋としては、当時のヨーロッパの建築家の基本的素養をそのまま披瀝したもので新味にとぼしいと言わざるをえないが、しかしそれはコンドルによって基礎付けられて成立した今日の日本の建築界の目だからこそそう見えるわけで、当時の学生はこうしたまんべんない説明によってはじめて本当の建築というものの輪郭をくっきりと知ったのである。

まんべんない説明とはいえ、コンドルならではの関心も随所に見られ、たとえば、「諸君の先祖の経験は、私が述べている現代の木構造（同時代の日本の木造の洋館をさす）において全く忘れさられている。……現代の屋根は、軒が短い北方ヨーロッパの石造建築の短いひさしを付けて高くそびえており、このため熱や湿気にさらされすぎている」というように日本の風土に適した建築のあり方を求め、また表現上の問題についても、「諸君もまた、種類こそ異なれ、この国固有の記念建造物（日本の伝統建築をさす）を持っているし、私はこれまでそれを評価するように説いてきた。そうした建物がなくなる前に詳細な図面を作り上げ、そこから引き出された教訓を学ぶようにと、重ねて説いておきたい」と、日本の伝統建築の表現に学ぶことを訴えている。

以上のように、『建築とは何か』の中で、コンドルは建築の本質は芸術性にあることを言い、その芸術性を支える諸問題について網羅的に説明し、さらに個人的関心として日本の伝統の重要性を述べているわけだが、ではなぜ建築の芸術性をことさらに主張しようとしたかというと、当時の工部大学校の教育体質への挑戦の意図があったと考えられる。

工部大学校は工部省の付属の工科大学で、基本的な性格としては産業技術者の育成を目的としており、建築部門もその一環として設けられている。〝造家学科〟の名が如実に示すように、実用的なビルディングを作るのが目的で、教育内容も構造・材料学系統を中心としており、建築の芸術性や表現や歴史の問題は一切無視されていた。こうした技術至上の教育路線があらかじめ決められ、明治六年の開校より最初の四年間はこの路線にそって、工部省に雇われている外国人建築家や技術者が兼務で教壇に立って授業をなすという不充分きわまりない状態にあり、これでは大学教育にはならないことから、明治十年に急遽コンドルがロンドンから招かれたのである。だから、辰野金吾をはじめ第一回生たちは、六年制の教育の四年間を技術至上路線に乗ってすでに終えたところではじめてコンドル先生と出会うこととなった。残りはわずか二年間にすぎず、コンドルはそれまでの技術路線を芸術に向けて急カーブで方向転換させなければならず、その気持ちが『建築とは何か』に表われ、建築の芸術性を軸とした主張がなされたと考えられる。

以後、コンドルの弟子たちによって建築は芸術であるという基本的な考え方が受けつがれ、次第に深化し、時には自覚的な反対論によって揺さぶられるが、いずれにせよ建築に関わる思弁は建築は芸術であることを軸として展開し、今日にいたっている。

曾禰達蔵「日本将来の住宅について」

日本の建築家が建築について書いた最初の文は、明治十二年に提出された工部大学校造家学科の四本の卒業論文である。四本ともテーマは同じで「日本将来の住宅について」論じているから、テーマはコンドル教授から設定されたものであったろう。このテーマ設定はおそらく日本人学生の目には奇妙なものに映ったと思われてならない。

コンドル教授は、日本の住まいの未来を問うているのだが、この未来という言葉の言外には、この先、洋風化をすすめる中で日本の住まい方の伝統をいかにするのか、畳はどうする、木造の問題はどうする、デザインはどうする、という問いが込められていたのは明らかで、学生たちもそのことを論じているのだが、しかし学生にとっては設問の重要性が基本的には分からなかったと思われる。コンドルが設定したテーマの内容は、キーワード化すれば〝住宅〟と〝伝統〟の二つだったが、二つとも学生たちにはリアリティが欠けていたし、少なくとも自分たちの立場を考えると重要性は薄いとしか思えなかったにちがいない。理由は簡単で、彼らが工部大学校に官費生として学んでいるのは、明治の新政府が日本の近代化のために必要とする国家的な洋風建築をデザインするためで、住宅とか伝統とかについては国家からどのような期待もかけられていなかった。学生たちは卒業後七年間は国家機関で働き、国の記念碑的な建物を手がけることが入学時に決められていたが、そういう彼らにとって、まず体得しなければならないのはヨーロッパに負けないヨーロッパ建築を作る設計力であり、知っておかなければならない知識は宮殿や劇場や駅舎や官庁建築や高等教育施設についてであった。実際、四人の学生は卒業後、現存する作品でいうなら、辰野金吾は日銀本店と東京駅を、片山東熊は赤坂離宮を、曾禰達蔵は慶應義塾大学図書館を、佐立七次郎は水準原点標庫を手がけている。住宅も伝統も遠い話でしかなかった。

であるのに、コンドル先生がなぜ日本の住まいの将来というテーマを与えたかについては、ひとつの推測として、あまりに洋風と国家的建築に傾斜する学生に対し、全く別の建築の発想と領域があることを教えておきたかった、とも考えられるが、しかしおそらくそうした教育的配慮からではなく、コンドル先生自らの関心からだったと考えられる。

イギリス出身の建築家コンドルがなぜ日本の住まいや伝統の問題に深い関心を持っていたかというと、彼が〝日本趣味者〟だったからにほかならない。当時、イギリスはビクトリア朝の最盛期がやや過ぎた時期にあたり、成熟そして爛熟の相を示すビクトリア朝の建築界には、遠い過去を夢見る歴史趣味と遥かな国にあこがれる異国趣味が根を張っていた。その異国趣味の最先端の対象だったのが開国後日の浅い日本で、W・バージェス、C・ドレッサーといった成熟期のビクトリア朝建築界の有力建築家が日本趣味のリーダー格をつとめていたが、そうした日本趣味豊かな建築家のもとで学んだのがコンドル青年である。彼は、先輩建築家がロンドンの設計事務所の製図板の上の趣味として楽しんでいたものを人生として実行しようとし、工部大学校からの誘いを機に来日したのだった。彼は、学校で洋風建築を教えるかたわら、日本の伝統建築はむろん、日本画、日本庭園、和服、生花といった日常生活に深く根ざした日本の伝統的な美の領分の探究に精を出している。そうした日本の生活密着型の美の世界に深く魅せられているコンドルにとって、その美を盛る器ともいうべき住宅への関心は強く、かつ建築家として当然の関心も基本にあり、その結果、学生に対し、住まいと伝統という問いを投げかけたにちがいない。もし投げかけた時期がもう二十年遅く明治の後期だったなら、第一世代の辰野金吾に育てられた第二世代の建築家たち、たとえば武田五一などがコンドルの問いかけの意味を正面からとらえて奥深い答えを返したにちがいないが、残念ながら明治十年代の第一世代には、住まいも伝統も思考実験以上の切実さはなかった。

とはいえ、辰野・片山・曾禰・佐立の四名の学生は、コンドルの問いかけに対しそれぞれ個性的な興味深い反応を示している。

まず卒業後にコンドルの後を引き継ぐことを約束された辰野の論文からみると、可もなく不可もないいかにも努力家らしい平均的な論文内容で、それに対してコンドルの評言は、次のとおり。

論文の整理はよくできており、曾禰君のものに大変似ております。地震の考察のようなところは、大変注意深く、かつ上手に数学的に扱われています。論者は、将来の装飾あるいは様式という点をよく考えていますが、しかし、これといった結論あるいは提言に至っておりません。提案の中でも、実地上の部分は実に不足なく完璧です。それらの点は申し分ありません。作文はまあまあでしょう。

異色なのは片山東熊で、先生の問いかけを〝それはさておき〟的に脇に置いて、構造方式についてなどの自分の関心のあることだけをつづっている。片山は、長州の奇兵隊の出身で、兄が奇兵隊総監の山県有朋の腹心をつとめ、維新後は陸軍の中枢に上っていたことから、自身も山県閥につながっており、卒業後は山県の力をバックに明治の宮廷建築家としてのし上がり、やがて赤坂離宮を手がけることになるが、そうした典型的に明治の新政府向きの人物だった片山にとって、コンドルの設問は脇に置くしかない性格のものだったのだろう。

この応答に対し先生の評言は、

論文はすばらしい英語で書かれ、整理の仕方は実にみごとです。しかし、論者は他の論者によって注意深く扱われた多くの重要な問題を無視していますし、将来の改良と変革のためのはっきりした提案には至っておりません。建設面や衛生設備問題の一般的な点はよく考えられていますが、論文は予告された固有の課題よりは、むしろ、建築一般のことになってしまっています。

出来が悪かったのは佐立七次郎で、通常の成績もビリであり、私生活上も問題があり、論文の内容は何を言いたいのかハッキリしないレベルにとどまっている。彼は、社会に出た後、他の三人の同級生の大活躍を横目に、「建設者たちの適者生存的な殺伐な気構えとテンポに、息ぎれしてついて歩けない。なにか体質的なものか気質的なものがあると自ら気づいて」（義理の孫に当たる詩人の金子光晴の解釈）、明治という建設の時代から降りてしまう。その佐立の論文に対しコンドル先生は、

この論文は多くのことを語っていますが、しかし主題に直接関係のない、すなわち西洋の建築様式の歴史や、日本のそれの略説や、かつまた建築家の修養についての長たらしい注意、といったことを多分に含んでおります。このため、論者はこの国の将来の建築を大いに左右する外観、建設方法、気候、地震、実地上の点といった重要なことについては、他の論者のようには十分に扱っておりません。論文は、他の論文のいくつかのようには、作文においても、整理においてもよくはありません。

以上の三名にくらべ段違いの論文を書いたのが曾禰達蔵であった。コンドルの評言も論文の末尾に訳出してあるように、「細心の注意と深い考察によって周到に書かれた論文」と最大限の賛辞を送っている。なぜ彼が

すぐれた論文を書けたのかについては、彼の家は唐津藩の江戸詰の家であり、父が大槻磐渓などの江戸の文人たちと友誼をかわす知識人であったという家庭環境にもよるが、それ以上に、彼がその特異な維新体験により明治という新時代に対しきわめて自覚的だったことによると思われる。曾禰は江戸藩邸では小姓の役についており、殿様の小笠原長行が外国奉行だったことから、フランス公使のロッシュなどとの交渉の席に若くして陪席し、時代のうねりを内側から眺める立場にあったし、また維新の戦争の折は、反官軍の立場に立った唐津藩の佐幕派の一員として、彰義隊とともに江戸を敗走して会津に籠り、結局、仲間はほぼ闘死し、自分は小笠原長行の命令によって生き残っている。そうした曾禰にとって、明治という新時代は辰野や片山のようにけっして単純に喜べるものではなく、時代に対し距離をとり意識的であらざるをえなかった。

そうした姿勢は論文にも表われていて、他の三人のようにテーマに直接入るのではなく、まず日本の住まいの歴史を太古から説きはじめ、古代の朝鮮との交流、奈良の都の住まい、室町時代の銀閣寺や金閣寺、さらに千利久の茶室、江戸の町と建物、といったことをひととおり通論した後、はじめて自分たちの時代に論を進めている。こうした記述には、明治の新時代や国家から一定の距離をもって事態を観察する冷静さが感じられる。また、「一国の民族的慣習は、いったんかたちづくられてしまうと、国家が安泰であるかぎり変化することがなくなる」といった明快な発言は同級生の論文には見当たらず、国家が崩壊するのを内側から眺めた者ならではの切実さが感じられる。さらに、つい十数年前から始まった日本とヨーロッパの出会いについての記述も、「西洋建築がわが国に最初に紹介されたのは……厳しい鎖国がとかれ、ひっきりなしに続く諸外国人の到来に覚醒し、外国との親交を開始した時のことである。……日本人は、世界のもっとも文明の進んだ国々に肩を並べようという情熱に燃えて、急速に文明化したが、これと比較できる民族は他にないであろう。この驚くべき状況は、彼らが持っているものでわれわれが必要としたものすべてをまったく自由に導入した結果である」と、明快に説明している。こうした自由な導入の結果、和洋折衷的な擬洋風建築が誕生したことはすでにのべたが、そうした建築についても取り上げ、「新しく粗雑なつくりの風変わりな建築が、日本の住宅建築のなかに現れた。日本の伝統的な建築は、新しく出現したものに比べれば本来優美で住みやすいというのに、これは在来の構造の上に、外国のかたちをかぶせただけのものであった。それはけっして西洋建築の卓越性を理解した上でつくられたのではなく、われわれの度の過ぎた熱情によるものであった」と批判している。

たしかにコンドルの評するように、「細心の注意」によって「周到」に論は開始されているが、さては、日本の将来の住宅のあり方は、という問いについての答えはどう出されているのであろうか。

曾禰は、様式と構造とそしてもう一つ床座《ゆかざ》の問題の三つに分けて論じているが、様式と構造という誰でも考える課題のほかに床座を取り上げたことはさすがといっていいであろう。まず様式については、当時二つの意見が対立していたことを言う。「一方は古典様式が適切であると考え、もう一方はゴシック様式が適当であると確信している」と書いているが、当時こうしたことを論じうる人々は工部大学校のコンドル先生と学生以外にはありえないから、学内で意見がたたかわされていたのであろう。しかし曾禰は古典（クラシック）とゴシックの二大様式のどちらもそれが「外国の様式」であることから不可であるとし、「日本はこれまで述べてきたように、木造建築とそれに付随するさまざまな技術を有する国として知られ、この伝統的な特性を捨て去ることに同意はできない」と、洋風建築の様式をベースとしつつも日本の伝統を加味することを求める。ベースとなるヨーロッパの様式については、イタリアン・ゴシックなどのイタリアのスタイルが気候や風土や趣味のうえからも日本にはいちばん合うとし、その辺をベースに、「伝統様式の利点を保持しつつ、本質的で、優美な、新たな様式を創造したいと考える」。新様式の創造とはいっても基本的には和洋の折衷案が曾禰の様式についての考え方といっていい。

つぎに構造については、木造・石造・煉瓦造の得失を比べ、国産事情も周到におさえたうえで、「木材は腐朽しやすく火災に弱い。石材はほとんどのものが耐火性に欠け、耐火性のものも風化作用を受けやすい。煉瓦は耐火性も耐久性もある材料であり、施工の方法によっては地震による被害も小さくできる。この点から、煉瓦は、わが国将来の住宅建築にもっともふさわしい材料である」と、煉瓦造を良しとする。

つぎに床座の件について、ヨーロッパでは土足で立って家の中で生活し、日本では土足をぬいで床に座して（これを床座という）暮すわけであるが、両者の溝はきわめて大きく、日本の住宅近代化の大問題として知られるが、この難題に対し曾禰は、基本的には畳の上での床座が良いとしながらも、寝室については衛生上からベッドがいいとする。

以上の様式・構造・床座の三点についての結論をまとめて一つの家を作るとすると、まず赤煉瓦を積んで構造とし、外観は和洋折衷で飾り、室内は畳を敷いて和風とし、寝室はベッドの洋風とする、ということになる。もし実際にこのような家が作られたら気味が悪いであろう。さいわい、曾禰の将来予想ははずれ、このような奇妙な和洋折衷住宅は例外的にしか作られていない。

見事に予想ははずれることになるが、曾禰は周到にも論文の末尾で次のように書いている。「厳密にいえば、新しい発見や発明によって、将来の建築にどのような変化が起こるのか、誰にも予測はできず、将来の建築がどれほど崇高、壮大なるものであっても、百年のうちには実用に適さなくなってしまうかもしれない」。

伊東忠太「建築哲学」

その名も「建築哲学」と銘うつ卒業論文が書かれたのは明治二十五年のことであり、コンドル先生が明治十年に来日して本格的な建築教育を開始してから十五年がたっていた。その間、工部省の工部大学校造家学科は工部省の消滅によって明治十九年、文部省の帝国大学工科大学造家学科と改組されているが、コンドル先生の学統は愛弟子の辰野金吾に引き継がれ、断切なく連続し、学術・教育において、基礎は固まっていた。また実作においても、卒業後海外留学して帰国した辰野金吾、片山東熊、河合浩蔵、渡辺譲といった面々をはじめ、日本に留まりながらも実務に精を出した曾禰達蔵などの日本人建築家の進境はいちじるしく、日本の建築界も御雇外国人の時代から日本人の時代へと大きく様変りを見せていた。その日本人建築家のリーダーが辰野金吾であり、その辰野に育てられた最初の学生の一人が伊東忠太にほかならない。

コンドル、辰野金吾と続き、伊東は日本人建築家として第二世代に当たるが、第二世代にしてはじめて〝哲学〟をダイレクトに求めるまでに日本の建築界は深まりを見せたのである。その間わずかに十五年であることを思うと、日ごとに前へ前へと進んできた日本の建築界のスピードの速さには驚かざるをえない。こうしたスピードが可能になったのは、先行する世代に対し後続の世代が、継承よりは否定してさらに前進しようとつとめたことによるが、伊東の卒論もまさにその姿勢を基本とし、師の辰野金吾らの世代への批判から書きはじめられている。

伊東は、師の世代の状況を一つの不幸とみる。何もないところにヨーロッパ建築を移植するという世代的役割からして、どうしても建築の本質を考える一方で細大もらさず図面を引き、同時に釘や瓦の値段を調べ、現場に臨んでこと細かく指示を出すことをせざるをえず、いわばなんでも屋的にことをなさなければならないわけだが、これが不幸だという。そんなことをやらねばならないとしたら「吾人ノ運命モ亦哀レナル哉」。こうした師の世代のなんでも屋的なあり方を批判した上で、伊東は自分の求める道として、「学術海裡深キ所珠玉ノ耀《かがや》クアリ、学術山間深キ所芳草ノ薫ルアリ。吾人ハ寧《むし》ロ……之ヲ取ラント欲スルナリ」。建築学の「珠玉」「芳草」つまり本質に迫りたいというのである。逆にいうと、師の世代は本質に迫っていないという批判になる。

ただここで注意しておきたいのは、本質に迫っていないということを師の世代は自らの欠落として認め、次の世代の仕事として託していたということである。伊東の論文の次の書き出しがこの辺の事情を語っている。

之《これ》ヲ工学博士辰野金吾先生ニ聞ク、曰ク、凡《およ》ソ建築ノ学術ヲ修ムルニ其目的トスベキモノ凡《すべ》テ七アリ〔構造、衛生などを指す〕。而《しこう》シテ其尤《もっと》モ高尚ニシテ且《か》ツ趣味アルモノハ独リ美術建築《アーチスチツク・アーキテクチユル》ヲ推ス。然レドモ本邦今コノ科目ヲ専修スル建築士アルコトヲ聞カズ。コレ吾人深ク遺憾トスル所ナリト。

この辰野の言葉を聞いて、伊東は、「余ノ先生ノ言ヲ得ルヤ恰《あたかも》孤児ノ慈母ニ逢ヘルノ思アリ」。かくして、伊東は、辰野が投げた「美術建築」というボールを受けとり、走り出した。

ここに伊東の立場はきわめて明快で、建築学の諸分野の中で最も本質的なのは建築美学であるとする。この立場の可能性と正統性を証明するために「建築哲学」という長大きわまりない卒業論文がつづられたわけだが、ページをめくって内容を見ると、可能性と正統性の証明にはかならずしも必要ない知識も大量に詰め込まれ、伊東が在学中に学んだヨーロッパの建築美学方面の百科事典的総まとめの性格があり、ややウンザリさせられる。そうした百科事典的記述の集積の中から、彼の建築美学もしくは建築論の大筋をつかみ出してみよう。

まず、美の本質について彼がどう考えていたかから見ると、次の二つの文が注目される。

自然界ノ「アンコンシァス、スピリット」ヲ看破シ、無機性ノ材料ヲ以テ能《よ》ク彼《か》ノ有機性ノ精気ヲ発揮スルニ在リ。

美ノモノタルヤ極メテ幽玄ニシテ測ル可カラズト雖ドモ、美ハ常ニ其形ヲ変ジ、其状ヲ替ヘテ各般ノ物体中ニ潜伏スルモノナリ。是故ニ皮相上ノ観察ハ未ダ一物体ノ中ニ潜伏スルモノヲ発見スルコト能ハズ、ヨシ之ヲ発見スルヲ得ルモ未ダ其性質ヲ審《つまびら》カニスルコトヲ得ザルナリ。蓋シ美ノ者タル之レ唯一ナリ。美ニ決シテ二様アラザルナリ。然レドモ其之ヲ発揮スルノ道ハ即ハチ甚ダ多シ。……コレ各人其意匠ヲ異ニスル所以《ゆえん》ナリ。

美は「自然界」や「各般ノ物体中」に「アンコンシァス」な状態で「潜伏」し、そしてそれは一つしかないが、しかし、表われ方としてはさまざまに表われる、とする。こうした美はもちろん建築の本質となるものだが、しかし、建築は美の器としては、「彼ノ絵画、音楽、詩文ニ於ケルガ如キコト能ハズ」、はなはだ充分ではない。その理由として、建築は「土石ノ一塊」つまり石や土を固めて作ったものにすぎず、そんなものでは「到底彼ノ霊妙ナル精気ヲ発揮スルニ足ラザルナリ」。美の器としての建築のレベルは、実用一本の工芸品と純粋芸術の中間と見なす。

建築の中に潜む美は表われ方としてはさまざまに表われ、それを見る人が印象として感受することになるが、どんな印象があるかについては、「崇高《サブライム》」「優美《ビューチフル》」「奇抜《ピクチュアレスク》」の三つが重要である。こうした三つの「美ノ形状」を建築作品の上に表わすことはきわめて難事であり、可否は「建築家其人ノ固有ノ才能ニナルモノ多シトス」。もし才能があれば、形のプロポーション、バランス、コントラスト、変化と統一といったことに注意し、線と色彩と材料や構造を巧みに扱えば、美は表われる。

伊東は以上のように建築の美の本質や発現の方法について述べて基礎論を固めた後、さらに具体的問題に迫るべく建築のスタイル（様式）の問題に論を進める。当時の建築はクラシックとかロマネスクとかゴシックとかすべてどれかのスタイルに属しており、その結果、実際の建築を論ずるということは即、スタイルを論ずることにほかならなかった。

伊東によると、スタイルは数多くあるが、それぞれのスタイルの中には「国民嗜好《ナショナルテースト》」と「不定原素」と「恒久原素」の三つが観察され、この三つの組合せいかんによってスタイルが国により時代により変化する。国民嗜好とは国ごとの美の好みの伝統であり、不定原素とは気候風土や材料であり、この国民嗜好と不定原素の二つは国や地域や時代によって変る。しかし三つ目の恒久原素は不変で、国を超え時代を超えて存在する「美ノ形状」つまり崇高・優美・奇抜などである。この三つの組合せの観点から各々のスタイルを見ると、古代ペルシャの建築スタイルなどは、国民の好みと気候風土や材料の要素はあるが、しかし崇高・優美・奇抜といった恒久原素がなく、スタイルとしては認めがたい。エジプト建築は、宏大《グランド》、固実《ソリッド》といった恒久原素があってペルシャに優れるが、三大恒久原素である崇高・優美・奇抜を欠くので第一級のスタイルとは呼べない。あれこれ検討すると、一番すぐれたスタイルはクラシックとゴシックの二つに尽きる。

伊東は以上のように建築スタイルについて述べた後、新しいスタイルをどう作るかについて述べる。これまでの伊東の論は、いわば学者的に美とスタイルの問題を外から解説してきたのだが、ここからはいかに作るかというナマナマしい問題に踏み込む。スタイルを成立させる要素として国民嗜好と不定原素と恒久原素の三つがあるが、新しいスタイルは恒久原素の変化によってはじめて可能になる。恒久原素というのは、崇高・優美・奇抜の三つをはじめとする時代と地域を超えた視覚的印象のことだが、新しい印象が生れてこそはじめて新しいスタイルが生れるというわけである。しかし新しい視覚的印象がこれから生れうるかどうかについては、「恒久原素ノ幾種ハ、已ニ早ク千古ヨリ研究練磨シ来リ、今日ニ至リテハ殆ンド吾人ヲシテ発明ノ余地ナカラシム」と、すでに恒久原素は出尽していると考える。つまり、これまで誰も見たことのないようなスタイルは生れないというのである。こうした話はすべてヨーロッパのスタイルを対象にしているわけで、そうであるかぎり生れないが、しかし「只ダ本邦ハ久シク他国ノ干渉ヲ免カレ、一種特有ノ建築派流〔スタイルの意〕ヲ墨守シ来リシ」という事情があり、この日本の伝統スタイルとヨーロッパのスタイルの間では新しいスタイルが生れうる。

伊東はここまで論じてから、はじめて日本の将来の建築スタイルについて筆を進める。まず伝統の建築には、防火性、耐久性、衛生などに大きな欠点があり、そのままではダメでどうしても洋風建築に学ばなければならないが、しかし、完全に洋風になるというのも無理だから（なぜ無理かは語っていないが）、「和洋折衷ヲ以テ本邦建築ノ標準ト為サン」。といっても、和にも洋にもいろいろなスタイルがあるわけで、どれとどれの折衷かという問題が生ずるが、伊東は、洋の方はクラシックではなくゴシックにすべしと主張する。理由は「建築形式ノ完美ハ「ゴシック」派ニ至テ其粋ヲ極ム。其形式、其手法亦タ教理ノ束縛スルモノアラズ、縦横奔放復《ま》タ端倪《たんげい》スベカラザルモノアリ」であるからという。ゴシックスタイルと組むべき日本の伝統スタイルについては伊東は触れていないが、これは当時の日本の建築家は、自国の伝統的な建築についての歴史研究がまだ始まっていないことから、日常体験以上のことを知らなかったからである。以上が、伊東の建築美学もしくは建築論の大筋である。

主張の根本は、建築の生命は実用性にではなく〝美〟にこそある、という一点にかかっていて、このことをあらゆる知識と論理を動員して語っているのだが、この主張はすでにコンドルの『建築とは何か』や曾禰達蔵の「日本将来の住宅について」でも言われていることで、伊東の独創ではない。

建築をただ実用的なものとする考え方は日本の社会に伝統的に根を下ろしているし、また、工部大学校そして工科大学という建築学の置かれた場もヨーロッパとはちがって実用一本の場であった。こうした中でコンドルも辰野金吾も、建築には美という面があることを言い続けたわけだが、しかし彼ら伊東の先行者たちは構造から材料、衛生となんでも手がける中で〝美もある〟という言い方をせざるをえなかった。これに対し伊東は、はじめて〝美が生命である〟と言い切ったのである。

こうした伊東の歯切れのよさは、もちろん先行世代のなんでも屋的努力によって構造や材料の問題にまで責任を持たなくてもよくなったからだが、それ以上に忘れてはならないのは、伊東は、建築の生命は美であるということを言葉だけで説得しようと覚悟している点であろう。コンドルも辰野や曾禰も、いくつかの文は書いているが、基本的には実作者として自分の作品の中でそれを説得し確立しようと志していたのに対し、はじめて伊東が言葉だけの道を選んだ。最初の理論家の誕生である。この〝言葉だけ〟という自らに課した限定が、伊東の記述に深みを与えている。

コンドルも曾禰も、その記述には〝作品を見れば分かるように〟と、美の根拠を実作に頼る姿勢があり、それが言葉の自立を妨げ、美とは何かという論考にまで至らせていないが、伊東はちがって、美そのものの性格について語っている。すでに引用したように、美とは「自然界」や「各般ノ物体中」に「潜伏」するものであり、ただ一つしかないが、表われる時はさまざまな形で表われる、というのである。今日の目で読むと、当たり前な話のように思えるが、当時の日本の伝統的な美のあり方を思うと画期的といっていい。なぜなら、日本の伝統の中には〝美〟などというものはなかったからである。あったのは、山や川や緑に対してなら〝あらと うと〟、神社や仏像に対してなら〝かたじけなさ〟、墨絵なら〝気韻〟、書なら〝生彩〟といったものであり、それは視覚的印象という点では同じだが、内容的には別ものと考えられていた。すくなくとも、神社や仏像といった宗教的対象に対する視覚的印象が、風景画や浮世絵といった観賞用絵画に対する印象や山や川に対する印象と同一のものなどとは誰も思ってもみなかった。建築に限っていえば、お寺や神社はあくまで参拝するものであり、数寄屋建築は暮しを楽しむものであり、城は威圧するものであり、建物の種類ごとに接する姿勢が違っていたのである。

ところが伊東は、〝美〟というものがそれぞれのちがった種類の建物の裏に「潜」んでいて、それは実はただ一つのものであるという。建物の種類どころか、山や川や森といった「自然界」や絵画・建築・工芸・彫刻といった「各般ノ物体」つまり目に見えるものすべての中には〝美〟というただ一つのものが潜んでいて、それが仏像とか絵とか建築とか山や川にさまざまに表われているというのである。こんなことを考えた人は日本にはいなかったし、世界のいろいろな地域でもきわめてまれな発想といえるだろう。

こうした〝美〟という抽象的なコンセプトを考え出したのはもちろん伊東ではない。伊東は、それを学んで感銘し、語った日本の建築界で最初の人である。では誰がそのような哲学的思弁をしたかというと、もちろん古代ギリシャの哲学者たちであり、それがルネサンス以後、ヨーロッパにおいて〝美学〟として一分野を形成し、それが明治になってから、フェノロサを通して日本に上陸し、岡倉天心によって広められたのであった。フェノロサと天心が法隆寺の秘仏を開いた時から、日本の「自然界」も「各般ノ物体」も伝来の宗教性や個別の用途ごとの印象を失い、〝美〟という実際にはどこにもない抽象的コンセプトの下にひざまずくことになる。

こうしたヨーロッパにのみ起源する哲学的な美の存在を、学生時代の伊東は何を通して学んだかというと、一つはヴィオレ・ル・デュクやファーガソンによって書かれたヨーロッパの建築史および建築論の本であり、もう一つは、フェノロサや天心の活動からと思われる。伊東は大学卒業後、東京美術学校の講師となって天心と親しくつき合い、後にはまたフェノロサの墓の設計を手がけたりもしている。

フェノロサと天心が日本の美術界でなしたと同じことを伊東忠太が建築界でなした、といえば、伊東の歴史的な位置がはっきりするであろう。

日本の建築界は、明治維新以後、大工棟梁による、言葉は持たないがデザインが滅法おもしろい擬洋風の時代、そしてコンドルや辰野金吾による、言葉も語るがヨーロッパ建築の移植の実践に夢中な時代を経て、伊東忠太の登場によって言葉を獲得したのだった。明治二十五年の「建築哲学」によって、日本の建築界の思索の先端は、ヨーロッパの建築の固い底にようやく触れたのだった。

II

明治の洋風建築

はじめに

明治という時代は、かのダーウィンが「世界の不思議すべての中でも、あなたが助力してこられた日本国の進歩は最も驚異的なものと私には思われます」とモースに書き送ったような御一新の顔の裏側に伝統的なるものの持続と完成という異貌を持っている。農家や町屋の伝統に沿っての充実はこの期に見られた。本稿が取り扱う明治の洋風建築の背後には、このような〝変わらざる民家の海原〟があったことを忘れてはならない。

明治の洋風建築とは、幕末に始まる日本の近代化の中で、西洋の直接間接の影響により建てられた洋風建築を主とし、橋梁《きようりよう》などの土木構造物も加えた洋風建造物のすべてをさしている。それは幕末に始まり、明治に入って一気に開花し、大正以後、その折衷主義様式は新建築運動の隆盛とともに衰退するが、終端は昭和の初期まで続いている。ここでは、明治の最盛期を中心に、幕末と大正初期を含んで扱う。

多彩な明治の洋風建築も、二つの大きな系譜に識別される。主なる系譜は幕府と雄藩が着手し、明治政権が推進したもので、幕末の洋式工場に始まる。洋式工場移植の過程で、煉瓦・石造、トラス小屋組《こやぐみ》など外来の新技術が日本に定着する。さらに、明治政権は建築と都市の洋風化をめざして外国人建築家を招聘し、彼らにより本格的様式を持つ洋風建築が実現し、その教育により日本人建築家が誕生する。そして、日本人建築家の活躍により西洋の建築が日本に確立し、現代の日本の建築の基礎が築かれた。以上のように、この系譜は常に〝官〟に主導され、それゆえ、ヨーロッパ直輸入の新技術と新様式を特徴としている。そこでこれを〝官の系譜〟と名づける。

もう一つの系譜は、幕末の開国とともに来日したヨーロッパの居留民が、長崎などの居留地に建てた商館などの洋風建築を始点とする。居留地の洋風建築は、官の系譜と異なって、洋風の外観と伝統の技術という二面性を初期の特徴としている。やがて、居留地建設に参加した大工や上京して洋風建築を見聞した地方の大工により、擬洋風建築という独自な洋風建築が生み出され、広く地方に分布する。以上の、居留地の洋風建築に始まり、大工の擬洋風建築に至る日欧の民間人による系譜を、〝民の系譜〟という。

官と民の二つの系譜は、基本的に交流することなく、独自の消長を示している。そこで本稿では、まず、明治洋風建築の正史である官の系譜を通論し、続いて、民の系譜を跡づける。

新しい空間そして時間　明治洋風建築のもたらしたもの

悠久の中を、あたかも自然の一過程のごとく、ゆっくりゆっくり変容を重ね、調和と統一に満ち、自ら円環する全体性に包まれた日本の田園と建築の風景が、異質な洋風建築の投入により惹き起こしたであろう風景の震撼を追体験することが、明治洋風建築理解の始点である。

そのころ、洋風建築を囲む日本の田園と町並みは湿りを含んで一様に暗かった。たとえば、野良に働く人々の茅屋《ぼうおく》の内を吹く風は、土間から昇る地の湿りを帯びて冷たく暗く、暗さの中を走る梁《はり》はくすみ、受ける柱はみがかれて黒かった。あるいは、市井に連なる家々は通り土間の湿りと闇を内にはらみ、深く低い軒の出は闇を包み、その闇は横に連なって帯となり、縁《えん》が同様に光から切り取った帯と並んで、二つの闇の帯が町並みを横に貫き、帯が切り取り残した明るい組格子《くみこうし》も、また、間から屋内の闇の深さをのぞかせていた。

このように、暗く低く湿る日本の家々が蝟集し散在する只中に建った明治の洋風建築は、ことさら乾いて明るかった。洋風建築の壁面は、下見《したみ》板《いた》・張石・煉瓦・石・漆喰《しっくい》によって明度を高め、軒の出は浅くして蛇腹《じゃばら》は軒裏の闇を払った。縁はベランダに変わり、玉石《たまいし》は布基《ぬのき》礎《そ》に変わって、地にはう闇もまた消えた。壁《かべ》面は、地から天まで明るかった。

その明るさは内部においてことさらだった。ガラス窓が室内に導いた光は、ペンキと漆喰の白に乱されて室内に充満した。かくて明治の洋風建築は、外に向かっては明るく輝き、内に対しては光が充満し、その光はあたかも光自体とでもいったふうに透明で乾いていた。それが西洋であった。西洋の空間は光であった。

そして時計があった。夜明けとともに始まり、お寺の鐘とともに終る人々の日常を貫いた自然的時の流れは、役所や学校や工場の輝く塔にはめられた時計により中断され、時計の構成した時の流れが流れていった。

あるいは、煉瓦で造られた工場の均質な壁と連続するトラス小屋組は、人々に、野良や江戸の町で働くのとは異質な新しい仕事を予感させた。

かくて、明治の洋風建築は、日本の空間を支配していた闇を、その遠い奥には精霊の住まうであろう闇を払い、光を投げ込むことにより空間の、また、自然的な時の流れを構成された時間に代えることにより時間の、軸を揺り動かして、近代の幕を開いていった。

こうして、日本の建築における近代は、大正にではなく、明治の洋風建築に始まった。

洋式工場にはじまる　官の系譜の始点

工場および産業施設

日本の近代科学技術のいくつかは、鎖国中の蘭学にその源をもっている。しかし、建築技術の場合、蘭学に直接的に由来するものはなかった。蘭学者により建設された反射炉を中心とする洋式工場においても、その上屋である工場に、洋式技術が導入された例はない。

結局、最初の洋式工場は、オランダ海軍による文久元年（一八六一）竣工の長崎製鉄所（図Ⅱ⑤⑥）である。長崎製鉄所を皮切りに、幕府と雄藩および明治新政権とにより幕末から明治にかけて一群の洋式工場の実現をみるが、それらは、一様に、トラス小屋組という新技術と、煉瓦・石という新材料に特徴づけられる妥協なき洋風建築であった。こうした洋式工場の意義は、建築史的には第一に、最初の洋風建築であること、第二に、産業施設固有の美を示したことである。

産業革命以後、近代的産業施設は、その厳しい機能上の要求から、新しい材料・技術を真っ先に取り入れ、それにより無装飾ではあるが、機能的で力強い産業施設固有の美を生んでいる。こうした、新しい技術と材料およびその美を分類指標とする産業施設を、明治洋風建築系統図の中では一群として扱っている。この一群は、明治に入って、洋風建築の主要対象が、工場から他の種類の建築へと移るにつれ、歴史的役割を減少させるが、〝新技術は産業施設から〟という原則は生きつづけ、最初期のコンクリート造建築としての長浜駅舎（図Ⅱ④）、最初の鉄骨架構としての秀英舎工場などを、その系統中にもっている。この系統中、現存するものとして、集成館機械工場（図Ⅱ⑦）、富岡製糸所（図Ⅱ⑧⑩）、菅島燈台官舎、サッポロビール第二工場という建物のほかに、日本最初の品川燈台（図Ⅱ②）、最古の全鋳鉄橋である神子畑鋳鉄橋（図Ⅱ③）、琵琶湖疏水水道橋などがある。

洋式工場のはじまり

すでに述べたように、幕末において、外国人に頼らず、蘭学者が自力で行なった洋式工業移植の過程の中では、ついに、建築上の洋式技術は見られなかったが、反射炉のための耐火煉瓦焼成、佐賀藩における「木材鋸断装置」の導入が、建築に関連するものとして指摘される。

安政二年（一八五五）、幕府は、海軍創設を目的に、オランダ海軍の指導により、長崎に海軍伝習所を開設した。オランダ海軍は、優秀なる将校よりなる二次に及ぶ軍事顧問団を派遣し、カッテンディーケ（Kattendyke）に率いられる第二次顧問団は、伝習所付設工場として長崎製鉄所を建設した。製鉄所といっても、鉄を造る工場ではなく、造船、修船、工作機械製造を中心とする総合機械工場である。これが、日本最初の洋式工場となった。幕府側奉行の「もし飽ノ浦に煉瓦造りの家が建てられたということが江戸に知れたら、……八丈島に流されるに違いない」（カッテンディーケ『長崎海軍伝習所の日々』）という言葉が示すように、幕府は、スタイルとしての洋風を望んだわけではなく、蘭学が医学に始まったと同様に、技術の効用を求める結果、洋風を取らざるを得なかったのである。

近代における工場は、単に物を造る場所であることをはるかに超えて、産業革命の事象が示すように、近代のあらゆる変化は、いわば工場がたたき出してきたのである。工場のこうした社会的重要性は、長崎製鉄所の発注者である幕府の理解のかなたにあったらしく、幕府側の責任者荒尾石見守は、「さしむき諸廻船相用い候

Ⅱ①

Ⅱ②

Ⅱ③

Ⅱ④

図Ⅱ① 安田倉庫煉瓦（池田栄七 一八七五 北海道）煉瓦は産業施設を引き立てる主役である。特に刻印は美しい。ここに刻まれた「函館製造」「明治七年」の文字は、この建物が開拓使函館常備倉として建てられたことを教えてくれる。（撮影・小川聡）

図Ⅱ② 品川燈台（ヴェルニィ 一八七〇 愛知）開国後、航路の安全を確保する必要に迫られ、各地に、お雇い外国人の手で燈台が建てられていった。品川燈台は横須賀製鉄所首長ヴェルニィの指導で、菅島燈台官舎はイギリス燈台技師ブラントンの手で建造された。ともに、飾りのない清潔な美しさを見せている。

図Ⅱ③ 神子畑鋳鉄橋（一八八三～八五頃 兵庫）日本近代橋梁史上には、ヨーロッパと異なり、鋳鉄橋時代は存在しなかったが、これは唯一の異例。生野鉱山開発の一環として、生野神子畑間に鉱石運搬道が開かれ、種々な形式を持つ五つの鉄橋が架せられた。その一つ。設計者は不明であるが、もう一つ残る同一形式の羽淵鋳鉄橋のデザインよりみて、日本人の手によると推定される。鋳鉄製アーチ橋という日本では類のないこの鉄橋は、鉄が産業革命初期にもっていた〝鉄のロマン〟を伝えて美しい。（撮影・狩野勝重）

図Ⅱ④ 長浜駅（イギリス人土木鉄道関係者 一八八四 滋賀）鉄道関係施設は、新技術の導入に大胆である。この駅舎は最初のコンクリート造建築である。ただし鉄筋は入っていない。

錨または小銃類そのほか農具・匠具等、拵え方致させ候つもり心組み仕り置きたく存じ奉り候。」(勝海舟『海軍歴史』)と、工場を鍛冶屋の延長上でしか考えることができないでいる。すでに産業革命を知るカッテンディーケは、その日記の中に、「しかしここに一つの難問題がある。それは日本人は果して、この一切のものがどうなって行かねばならぬか、よく弁えているかどうかである。」(カッテンディーケ『長崎海軍伝習所の日々』)と、不安を述懐している。もしも、幕府側の責任者が考えたように、長崎製鉄所に、鍛冶屋の延長があるとすれば、平面図(図Ⅱ⑥)の鍛冶場の部分に、それがあると言えるが、それすら、手工業としての鍛冶とははるかに遠く、他の金属加工諸機械の体系の一部としてあるのである。ボイラーという原動機に始まり、開鑽機などの金属加工機、およびそれに連絡する工業用水設備、こういった一連の機械体系を内臓として包む殻を工場というが、それゆえ、工場に求められるのは、できるだけ邪魔物のない大きな空間である。この要求に、長大スパンのむずかしい和小屋組《わごやぐみ》が応ずることはできなかった。長崎製鉄所は邪魔物のない大空間を、スパン約五間の木造トラス小屋組と、断面積の小さい鉄柱一二本とにより造り出している。壁体には煉瓦が使われ、さらに基盤工事用の一〇たるのセメントが輸入されている。長崎製鉄所は、そのトラス小屋組という技術、鉄・煉瓦・セメントという材料より見て、官の系譜の始点にふさわしい内容をもっている。

長崎製鉄所は、オランダ海軍機関将校ハルデス(H. Hardes)によって建設されるが、以後、工場建設は、外国人技術者により行なわれてゆく。それは、外国人技術者の指導なしには、洋式工場建設は困難であったからにほかならないが、そうした指導による洋式工場と、日本人が独習によって自力で建てた洋式工場との落差はどのくらいであったかを薩摩の二つの工場の比較により知ることができる。慶応元年(一八六五)薩摩藩が自力で建設した集成館機械工場と、慶応三年(一八六七)、シルリングフォード(E. Shillingford)以下のイギリス人技師団によって集成館機械工場に隣接して建設された紡績所(図Ⅱ㉛)の両者は、ほぼ同時期に、石という同じ材料を使って、そう変わらない規模で、一方は日本人により、他方は七人のイギリス人技師団により建設

Ⅱ⑤

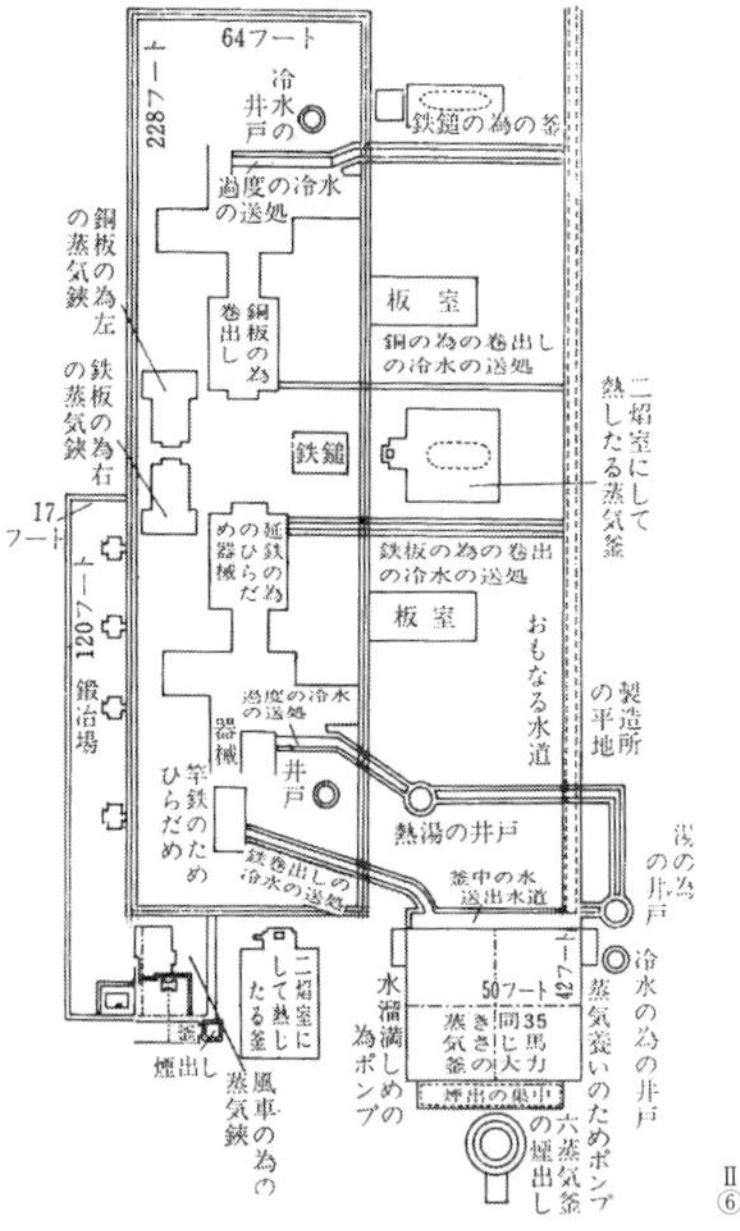

Ⅱ⑥

Ⅱ⑦

図Ⅱ⑤ 長崎製鉄所（ハルデス 一八六一 長崎）

図Ⅱ⑥ 長崎製鉄所 機械配置図

図Ⅱ⑦ 集成館機械工場（一八六五 鹿児島）（撮影・藤森照信）

されているゆえに、両者の比較は、日本人の独習による洋風技術水準がどの程度であったかを明らかにしてくれる。両者は、石造平屋建工場という類似により、一見、似た印象を与えるが、デザイン要素を一つ一つ比較すれば、その差は大きいと思われる。

まず、同じ石を積みながら、紡績所は白い目地《めじ》をとっているのに、集成館はそれをもたず、薩摩伝来の石造アーチ橋と同様の積み方をしている。そして、紡績所の壁面は平板であるのに対し、集成館は、四隅と、一部に、構造的には無意味なバットレス（控え柱）を持っているが、そのバットレスは、四隅においては、城の石垣のなわだるみ曲線に似た内ころびを見せている。さらに、窓を見るならば、紡績所は、少し張り出した窓枠で縁取られ、アーチはキーストン（要石）で飾られて半円を描き、典型的な洋風の窓となっている。一方、集成館は、窓台も窓枠もなく、その上、アーチはひどく扁平になって力学的にはアーチの作用をしていない。土台について言えば、集成館は和風の亀腹《かめばら》状に造られている。工場正面の意匠も、集成館の玄関部分が当初の原形を留めていないので比較しにくいが、紡績所の正面は、長崎製鉄所や造幣寮工場の正面と同じく、ペディメント（三角破風）を意識して、古典的に重々しく構成されており、当時の洋式工場建築によく見られる型となっている。以上のように、意匠において、集成館には和風要素の混入が指摘される。この傾向は、小屋組において著しい。集成館の小屋組は、わが国に現存する最古のトラス小屋組となっているが、その形式は拙劣で、合掌尻《がっしょうじり》の装飾的手法や、各構成部材の寸法比率や配置、特に、巨大な断面を持つ陸梁《ろくばり》は、トラスの場合それが引張力ゆえに小断面で十分であることを知らず、曲げの力を受ける和小屋の梁と同様に巨大化している点よりみて、このトラス小屋組は、トラスの力学的意味をなんら理解せずに、形式だけを真似た和小屋であると言ったほうが力学的にはふさわしい。

つまり、バットレスの曲線、亀腹状の土台、扁平なアーチをした窓などのデザインにおける和風の混用と、小屋組における和小屋的トラスより見て、集成館を建設した日本人は、洋風技術とデザインを和風にゆがめて

II
⑧

図II⑧ 富岡製糸所 倉庫（バスチャン 一八七二 群馬）明治の洋風建築史上、工場は二つの意義を持っている。一つは、煉瓦、トラス小屋組という本格的洋風技術を最初に取り入れたこと、もう一つは、工場の装飾の少ない簡明な表現が近代建築の求めた美を潜在させていたことである。富岡製糸所創設以来変わることなく要求機能を満たし続けたこの工場の壁面は、木と煉瓦の均質で規則正しい構成により、形の持つ具体的意味をそぎ落として、抽象的な美を伝えている。そして、意味を落とした均質な壁の向こうに、同一の木造トラスが無限に続くかのように連続する。（撮影・藤森照信）

II
⑨

図II⑨ 横須賀製鉄所（ヴェルニィ、およびフロラン兄弟他 一八七一 神奈川）

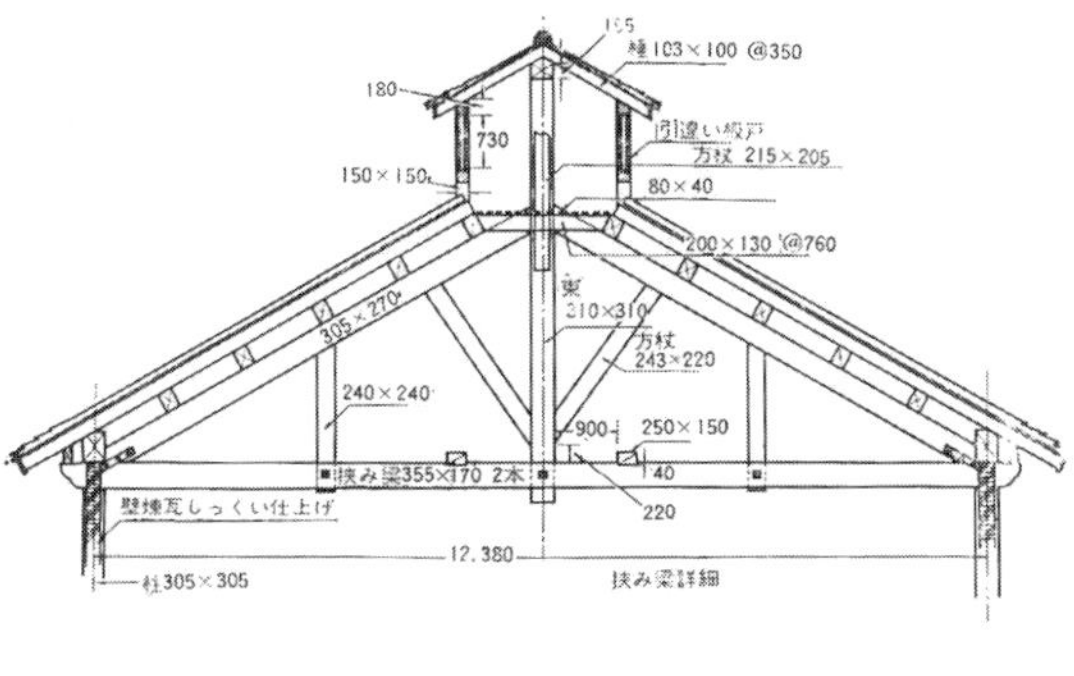

II
⑩

図II⑩ 富岡製糸所 繰糸工場 トラス小屋組木骨煉瓦造の建物は多くはなかった。長崎製鉄所や長崎居留地に散見されるほかは、フランス海軍による横須賀製鉄所およびその系統の富岡製糸所に見られたにすぎない。現存する富岡製糸所は、建設以来百年間、変わることなく製糸所として機能しつづけている。そうした機能上の優秀さとともに、木と煉瓦の構造がそのまま表現となってかもす平明で飾りのない美しさは工場固有の機能的な美を教えてくれる。

理解しており、本格的な洋式工場である紡績所との差は大きいと言える。おそらく、日本人技術者は、すでに完成していた長崎製鉄所の見聞や、図面のコピーにより独習して建てたと思われるが、当時、日本で、洋式技術への最高の理解を誇っていた薩摩にして、なお、この差があったわけである。そして、この差の分だけは、少なくとも、外国人技術者の力が必要となったわけである。

幕末に着手された工場は、すでに見た長崎製鉄所、薩摩の集成館機械工場・紡績所のような、石および煉瓦の組積造《そせきぞう》による系統のほかに、幕府による横須賀製鉄所（慶応元年建設開始）（図Ⅱ⑨）に始まる木骨煉瓦造《もっこつれんがぞう》の系統があった。木骨煉瓦造というのは、木材の柱・桁《けた》の間に、煉瓦を充塡して壁面を構成するフランス式の手法で、組積造の煉瓦が荷重を負う構造材であるのに対し、木骨煉瓦造の煉瓦は、荷重は木材が受けるがゆえに、それ自身は、カーテン・ウォール（帳壁）となっている。この二つの系統は、トラス小屋組、煉瓦使用と、ともに新技術に変わりはないが、その表現には大きな差があった。石・煉瓦の組積造は、長崎製鉄所、薩摩の紡績所に見られるように、正面には、ペディメントを付けて、重々しい古典様式風表現を有しているが、一方、木骨煉瓦造は、木の間に煉瓦を満たすという構造からして、装飾を付けることはむずかしく、木と煉瓦の組合せという構造が、なんの飾りも付けずに、そのまま、表現となっている。この構造と表現の一致は、二十世紀初期に出現する近代建築の美学の原則となったものである。横須賀製鉄所の系統をつぐ木骨煉瓦造唯一の遺構である富岡製糸所（図Ⅱ⑩）は、その近代建築的美をよく伝えている（設計者が意図したのではないが）。木骨煉瓦造の近代性がその表現にあるとするならば、組積造の近代性は、その古典的表現にではなく、長崎製鉄所や薩摩の紡績所がそうであったように、内部の鉄柱という近代的材料の使用にあるといえよう。こうした二系統が生じた理由は、建築自体の特性にあるのではなく、幕末の日本をめぐる国際関係に由来している。長崎がオランダによったのは、鎖国中、唯一の西欧の国交国であったからであり、同じ幕府が横須賀製鉄所においてはフランス式木骨煉瓦造を導入しているのは、イギリスの薩長への肩入れに対抗したフランスの幕府への肩入れによっている。薩摩の紡績所が、イギリスのプラット社によったのは、五代友厚ら、薩摩の密留学生のイギリスでの活動が縁となっている。

こうした工場を建設した外国人技術者についてみよう。長崎製鉄所を建設したオランダ海軍機関将校ハルデスは、祖国からの模型と、建築書とを参照して、煉瓦の焼成、潜函《せんかん》による海中基礎工事、機械据付けなど建設に関するすべてを指導している。横須賀製鉄所は、中国の寧波《ニンポー》で造船所建設に参加していたフランス海軍技師ヴェルニィ（François Leon Verny）を首長に、最大時四五人のフランス人が投入され、その中で建設を担当したのは、パリ燈台局技師フロラン（L. F. Fleaulant）兄弟、イギリスの燈台技師ブラントン（R. H. Brunton）、もとツーロン造船所船工で土木絵図師のバスチャン（E. A. Bastien）らであった。これらの技術者は、横須賀製鉄所のほかに活動を広げ、ブラントンは各燈台および日本最初の鉄橋・吉田橋（一八六八年）を、バスチャンは富岡製糸所を、それぞれ建設している。薩摩の紡績所は、シルリングフォードを主に、サーベイヤー（量地官）のウォートルス（T. J. Waters）のある程度の関与によって建設されている。つまり、工場を建設した外国人は、機関将校・元船工・パリ燈台局技師・サーベイヤーといった建築家ならざる技術者である。

こうした外国人技術者により移入された洋風技術は、二つの層の日本人により引き継がれる。一つは、建設に使われた職人層で、彼らは、瓦屋が煉瓦を焼き、左官屋が煉瓦を積み、大工がトラスを組む、というように、類似職種において使われ、それぞれに、具体的な洋風技法を習得している。特に、煉瓦は輸入に頼らずに苦心の末、日本人職人の手で焼かれた。この経験が、次にくる赤煉瓦の本格的洋風建築時代の材料的基盤となっている。職人の層が具体的技法を引き継いだのに対し、幕府作事《さくじ》方《がた》のような受入れ側の日本人技術者層は、企画・設計・施工監理という技術を引き継いでいる。こうした技術者としては、薩摩の紡績所に参加した蘭学者石河確太郎（正龍）や、横須賀製鉄所に幕府作事方として参加した立川知方・朝倉清一らがいる。石河は維新後、薩摩藩堺紡績所（一八七〇年）をはじめ、官民による紡績所建設を企画より設計・施工監理まで一手に指導し、紡績所建設の最大の功労者として知られている。立川・朝倉らは、維新後も、新政府の技術者として、官庁営繕の中堅をなしている。こうした技術者層により、洋風技術は日本に最初の根を下ろしたのである。

以上のように、官の系譜の始点となった洋式工場は、そののち、長い間、各地に、赤煉瓦工場として建てられ続けるが、それは規模の拡大化にすぎず、材料・技術は、幕末から明治にかけて官の工場で実現された質を超えるものではなかった。こうして赤煉瓦の工場は、技術的先駆性を失う。その上、明治新政権の建築的関心は、工場を離れ始めていた。新政権は、幕府に引き続き、洋式工場の火急の建設によって、近代国家としての産業的基盤を固めたのち、次の課題として、都市・建築をそっくり洋風化することにより、近代国家にふさわしい文化的水準を獲得しようとした。こうして、テーマは工場を離れ、宮殿・邸宅・官衙《かんが》・劇場・博物館のような、ギリシャ以来のヨーロッパの歴史的様式で飾られた建築へと移っていく。この工場から建築への移行の時期を生きたのがウォートルスである。ウォートルスは、工場建設の一技術者として出発しながら、工場をあたかも建築のごとくに古典的様式で飾り得たことにより、一般の建築を設計する機会を与えられたが、結局、工場の外延上でしか建築を造り得ず、ついに技術者として終始する。彼は、工場から建築への移行の時期に、もっとも建築の側まで近づいた技術者である。それゆえ、ウォートルスを語ることは、洋式工場を建設した外国人技術者のもっとも良質な部分を明らかにすることであり、にもかかわらず、やはり建築家にはなれなかった技術者の上限を示すことでもある。

ウォートルスのこと

明治洋風建築史上、ウォートルス（Thomas James Waters）は、作品がその人の名とともに語られる最初の人である。にもかかわらず、いずこより来て、明治維新と交差し、いずこへ去ったのかは、地理上のみならず、技術の系統上も、精神上も、おぼろである。ウォートルスは、ハーンやモラエスといった文人がそうであったように、西欧文明への自己嫌悪から異境日本に逢着したのではなく、後述するコンドル（J. Conder）のように、日本文化へのあこがれとともに来日したのでもなかった。おそらく、ウォートルスのパトロン的存在であった政商グラバーがそうであったように、「若い男でした」（『維新財政談』中、渋沢栄一談）ウォートルスは、新開地での一旗を胸に来日したのであろう。

彼と本国との関係は終始保たれていたもようで、来日中に英国王立地理学協会に入会したり、造幣寮工場の竣工写真を当時世界最大のグラフ誌『イラストレイテッド・ロンドン・ニュース』に売り込んだり、洋紙工場建設の助手として、弟のアルバート・ウォートルスを呼んだりしている。

ウォートルスは、当時の中国・日本に多く見られた、腕一本で極東の新開地を渡ってゆく外国人技術者の一人であったらしく、香港造幣局の工場建設に参加していたとも言われている（沢田章『造幣寮の経営』一九一五年）。事実、彼の仕事の幅は極端に広く、新開地向きの技術的万能性と企画力に満ちている。彼の基調は工場であり、慶応元年起工の薩摩藩精糖工場を皮切りに、明治新政権最初の大工場・大阪の造幣寮工場（一八七一年）、東京最初の煉瓦造・滝之口分析所（一八七一年）、日本最初の洋紙工場・有恒社工場（一八七三年）を建設している。建築においては、竹橋陣営（一八七一年）や英国公使館（一八七二年）があり、建築の群としては、日本最初の近代的都市計画であり、今日の銀座の基となった明治五年（一八七二）着工の銀座煉瓦街建設がある。ウォートルスの仕事は、工場・建築のみならず、橋梁《きょうりょう》・港湾にも及び、日本最初の鉄製吊橋である橋長七〇メートルに及ぶ皇居山里吊橋（一八七〇年）の設計・施工監理を行なっているし、神戸港埠頭工事（一八六八年）にも関与していたことが知られている。こうした仕事は、日本側の要請によるものとともに、ウォートルスが、企画を売り込んだものも多い。彼の企画で実現しなかったものは、井上馨に売り込んだ京阪神間鉄道敷設（一八六九年）や、大隈重信に、「私は、ここに、必要な機械類すべての完全な図面を持っており、かつガス工事については、多大な経験を有している」（『大隈文書』）と売り込んだ、横浜のガス局建設がある。ウォートルスが「ウォートルス時代」と称される一時期を画し得たのは、無から有を生ぜねばならぬ新開地日本がまず必要とした万能的技術と企画力を、彼が持っていたからにほかならない。こうした彼の工場・建築・橋梁・港湾・都市計画に及ぶ技術と企画の万能性は何に由来するものであろうか。彼が建築家でなかったことは、英国王立建築家協会の調査により確認されている。では、自称したように土木技師であったかというと、正規の高等教育を受けた土木技師にしては、非土木的課題が多すぎる。彼の職業は、もう一つの肩書であったサーベイヤー（量地官）といってよいだろう。イギリスのサーベイヤーが測量し、サーベイヤーの職能は広範であり、本来の測量のほかに、測量に基づく建設全体をおおっている。サーベイヤーが測量し、地質を吟味し、その上に工場などの架構をなすことは珍しいことではなかったし、近代橋梁の父テルフォードの職名がサーベイヤーであったように、橋梁建設も可能であった。さらに、地域開発的発想はサーベイヤーに親しいものであった。ウォートルスの万能性はこうしたサーベイヤーの職能に由来していると言えよう。

ウォートルスの多才がなし得たことと、なし得なかったことを最もよく語るのは、造幣寮工場である。同工場は、明治新政権が成立とともに、全力を注いだ大工場であり、規模・技術・様式において、幕末から明治にかけての諸工場の頂点をなしている。諸工場は、横須賀製鉄所系を除く大半が、石造・煉瓦造であり、それらの組積造工場は、長崎製鉄所や薩摩の紡績所に見られるように、正面に古典的な様式性を持つのを常としたが、この傾向は造幣寮工場で極まっている。古典的様式を正面に付けることで、造幣寮工場は、実用的な工場を離れて、美的な建築へと近づいている。ウォートルスは、この成功によって、後に、竹橋陣営などの建築を設計するが、それらの建築よりも、造幣寮工場の方が、古典的様式の完成度が高いといえる。簡明で重量感にみちたペディメントと六本の柱は古典的な重厚さをよく表現しており、ウォートルスはこのことによって、工場から建築への移行の時期に、もっとも建築に近い所まで、つまり、技術者として、時代の推移に対応する上限まで、迫り得たわけである。しかし、造幣寮工場は、ウォートルスの技術者ばなれした建築的実力を示すとともに、結局、建築家になり得ぬ限界をも、また明示している。ペディメントと柱の型はそっくりそのまま竹橋陣営や銀座煉瓦街のデザインモチーフとなっており、そのことは、結局、それがいくつかの様式の中から選ばれたものではなく、彼の知る唯一の様式であったことを証している。当時、本当の建築家とは、ギリシア以来の多くの歴史的建築様式を知り、それを自在に組み合わせうる人々の謂であった。その上、彼の知る唯一の様式も、古典的な重厚さをよく示し得て、重量感に満ちてはいるが、しかし、本当の建築家の教養の内にある古典様式とは、細部の形式、プロポーションにおいて、はるかに違うものであった。本当の建築家は細部の微妙な曲線やプロポーションに全力を注ぎ、微妙が絶妙に至ったとき、何々様式の大家と呼ばれるのであるが、ウォートルスは、そうした意味の微妙さ絶妙さと無縁な、技術者固有の荒々しさで全体を構成している。それは魅力ではあるが、限界でもあった。なぜなら、明治の新政権が工場の次に求め始めたものは、ヨーロッパの宮殿・邸宅・官衙・劇場・博物館のような諸様式で飾られた建築であり、その諸様式を、微妙に絶妙に表現しうる建築家であったから。

　工場から建築へと時代が移ったとき、ウォートルスは、それに応ずる様式の術を持たなかったし、その上、工場も成長した日本人技術者によって担当されるようになり、彼の腕は不要となった。こうして、明治八年、ウォートルスは、工部省製作頭平岡通義と交わし続けた一年単位の雇用契約を更新されることなく解雇され、「奉職中勉励奉巧不少候ニ付」（『太政類典』）紙・硯・紅白縮緬料を賞与せられて終る。ちなみに、平岡通義は、横須賀製鉄所建設の中で外国人技術者により育てられた一人である。

　こうしたウォートルスの道は、例外ではなく、官の系譜の最初の課題、洋式工場建設に参加した外国人技術者の典型であった。御雇外国人技術者の一群は多く明治十年（一八七七）を待たずして、新しい課題に応ずるすべもなく、すでに不要な腕をかかえて、解雇されていく。彼らのその後は、ウォートルス同様、一様に不明である。ただ、明治十六年（一八八三）香港で刊行された外国人名簿に、「T.S. Waters《ママ》　建築及び測量、上海、」(『Hongkong Directory and Hong List for the Far East, 1883』)とあるが、それがウォートルスのその後の姿であるかもしれない。

こうして、大半の御雇外国人の技術者は日本を去るが、中には、日本にとどまった技術者もいた。彼らの仕事は技術者固有の限界である様式の稚拙さ、内部空間の貧困を超えることはない。こうした例として、工部省鉄道寮に属したイギリス人ダイアック(J. Diack)の海軍兵学校生徒館と、生野鉱山の工場建設に参加したフランス人レスカス(J. Lescasse)作と推定される西郷従道邸(図Ⅱ⑪)がある。後者は、フランス風小住宅の秀品である。歴史的様式から自由であったコロニアル(植民地風)様式ゆえに、技術者レスカスにもよく造り得たと思われる。

お雇い外国人建築家の仕事

官の系譜の発展

官の系譜の主題が工場から本格的建築へと移ったことが明らかとなるのは、明治十年(一八七七)前後である。ウォートルスに代表される腕を持った技術者の上限のかなたにいたのは、コンドルらお雇い外国人建築家であった。彼ら建築家の仕事は、次の点により、技術者の工場あるいは工場の外延としての建築とは異なっていた。第一に、建築様式が正規であり、多彩であった。第二に、内部空間が充実していた。第一の正規で多彩な、つまり、高い様式性、細部の充実を最初に見せたのは、カペレッティ(G. V. Cappelleti)の遊就館(図Ⅱ⑬)であった。カペレッティは続いて、ルネサンス様式による参謀本部(図Ⅱ⑫)を設計するが、ともに彼の祖国イタリアの諸様式を自在に組み合わせた名作である。

Ⅱ⑪

図Ⅱ⑪　西郷従道邸（レスカス［推定］一八七七～八七　愛知）隆盛の実弟西郷従道の大邸宅の一部を成していたこの小品は、軽く快いベランダ部分において秀逸である。設計者と伝えられるレスカスは生野鉱山の工場建設に尽力した技術者であったが、様式の拘束のない建物においては、十分力を発揮したようである。（撮影・藤森照信）

Ⅱ⑫

図Ⅱ⑫　参謀本部（カペレッティ　一八八二　東京）工部大学校美術学校のお雇い外国人教師カペレッティは本格的建築様式のもつ美しさをはじめて示した美術家である。カペレッティの作品は参謀本部と遊就館の二つだけであるが、ともに、コンドルに劣らない様式の完成度を見せている。参謀本部は煉瓦造スタッコ仕上げ。遊就館は煉瓦造で、所々に石、大理石を用いて表現効果を高めている。用途は武器陳列所。前者は戦災で、後者は震災で崩壊。

Ⅱ⑬

図Ⅱ⑬　遊就館（カペレッティ　一八八一　東京）

第二の、内部空間の充実。これは、ウォートルスら工場を得意とする技術者には先験的に不可能なことであった。最も内部空間の充実を求められる造幣寮のゲストハウス泉布観（天皇の行在所として使用された）においてすら、ウォートルスは装飾らしい装飾をしていない。内部空間の充実を最初に見せたものの一つはボアンビル（C. de Voinville）の工部大学校講堂（図Ⅱ⑭）である。

ボアンビルも、カペレッティも、立派な建築設計の術を持っていたが、正規の建築家の資格を持っていなかったと言われている。大学で正規の建築教育を受けていないゆえの限界は、設計の術においてではなく、建築の学において、表面化せざるを得なかった。目と手による設計の術により、すぐれた実作をなし得ながら、客観的な建築の学を持たないがゆえに、日本人に建築教育をほどこすことができなかった。日本人建築家育成のために創設された工部大学校造家学科でのボアンビルの教育は、現場の見学や、実作の局部写生の域を出ず、非体系的なものであり、日本人学生の期待を裏切るものであった。そこで、工部省は明治九年コンドルを招請し、翌十年二十五歳の青年が来日する。ここに、コンドルの時代が始まる。コンドルの歴史的役割は、ウォートルスの時代がなし得なかった、正規の様式にもとづく建築を設計することと、その学と術を日本人に引き渡すことである。

コンドルのこと

コンドル（Josiah Conder）は、一八五二年（嘉永五）ロンドンに生まれ、サウスケンシントン美術学校とロンドン大学で建築を学び、英国の代表的建築家バージェス（W. Burges）の事務所の助手として実務にたずさわり、在職中、英国王立建築家協会主催のソーン賞設計競技において、優勝している。こうした、英国建築界の選良たる青年建築家コンドルは、なぜ、約束された祖国での活躍を捨てて来日したのであろうか。それは、東方なる日本へのロマンであったと思われる。当時、世紀末のヨーロッパは異国趣味の流行を見、東方なる邦・日本へのあこがれは強いものがあった。建築においても、コンドルの学んだサウスケンシントン美術学校の近くに、日本人大工山添喜三郎らによって、神社・家屋・土蔵が純和風で建てられ、ロンドンっ子の人気を博していた。

コンドルの日本美術への関心は度はずれたものがあり、来日後も日本画家河鍋暁斎《かわなべきょうさい》の門下となり、暁英（英国にちなんだのであろう）と名のっている。暁斎は、狩野英信の門下であったが、おかかえ絵師狩野家の禁を破り、浮世絵を描いて破門となり、神田明神下の仕舞屋《しもたや》に住む酒癖と奇行の町絵師である。御雇外国人コンドルは暁斎に心酔し「雨の日に行けばビショヌレで下駄のぬぎ場もない」（『史話明治百年』所収、今泉雄作の回顧）仕舞屋に、泊りがけで、筆さばきを習いにかよっている。コンドルの日本美術への愛情は生涯変わることなく、暁斎の画業や、華道、建築についての著作をなしている。

このように、異国の伝統について、いささかの認識を持つコンドルは〝東方の邦・日本にふさわしい様式は何か〟という他の外国人建築家にはない問題意識をもっていた。来日第一作の上野博物館のサラセン様式はその答えである。なぜならサラセンは、地図の上で、東洋と西洋の半ばに位置していた。しかし、こうした試みは、すこしして止める。後には、折衷主義建築家らしく、ゴシック、ルネサンス、チューダーと、諸様式を自在にこなし、組み合わせてゆく。

コンドルは、上野博物館以後、年平均一、二作の割で着実に仕事を進め、弟子たちもイギリス風設計を身につけ、処女作を出し始め、コンドルを祖とする日本の建築界が確立しかけたとき、一つの出来ごとが起こった。それは、ドイツ風建築の突然の隆盛である。官の系譜は、横須賀製鉄所がフランスによった事情もそうであったが、政治の影響を直接に受けざるをえない。

そのころ、憲法の制定をめぐり、日本の近代化をイギリスに習うべしとする大隈重信と、ビスマルクのドイツを範とすべしという伊藤博文の抗争があり、伊藤が勝ち、日本の近代化は、ドイツを範とすることに決められた。その結果、議院（国会議事堂）と官庁を集中してヨーロッパにまけない官庁街を作ろうという新政権の長年の夢は、ドイツの指導により実行に移されることとなった。そして、この任に、ベルリンのエンデ&ベックマン（Ende & Böckmann）建築事務所が当てられ、ベックマンが来日し、明治十九年（一八八六）日本側には、議院・官庁集中計画のための臨時建築局が設けられ、コンドルはその局員に迎えられる。しかし、明治十九年から二十三年までの臨時建築局におけるコンドルの立場は困難であった。彼は、自分なりに集中計画の習作を重ねるが、本当の計画は、ベルリンで練られているわけである。コンドルは多作の人であり、少なくて年一作、多くて年四作を造り続けているが、この臨時建築局時代のみ、彼の作品欄は空白となっている（臨時建築局時代、宮内省庁舎の竣工をみるが、設計はとっくに終り、コンドルの手を離れている。この期に、深川の岩崎邸が完成したとする説もあるが、ここでは『明治工業史』の明治二十六年（一八九三）竣工説をとる）。

しかし、エンデ&ベックマン事務所は、コンドルとその弟子およびその輩下の日本人技術者の力を過小評価し、日本人技術者による土質調査の結果を無視したことにより、結局、墓穴《ぼけつ》を掘ることとなった。コンドルはすでに、明治十五年（一八八二）『造家必携』という基礎工事専門の建築書を起草しており、その中で、土質の科学的調査法と東京各地の土質の実際について詳述している。こうしたコンドルの影響下にある日本人技術者の土質調査は正確であり、計画予定地が軟弱で大建築に向かないことを実証していた。しかし、ベックマンに遅れて来日した建築家エンデは計画を自分の絵のように実行することを望み、日本人の調査を信用せずに、新たに、巨大な試験孔を湧水をおして掘り抜いたのである。大金をかけてのこの調査は日本人の調査の正しさを証明するだけであった。この〝エンデの大穴〟により、エンデ&ベックマン事務所の権威は失墜し、結局、ドイツ好みの大計画は規模を縮小し、司法省（図Ⅱ⑯）などが実現されたにすぎない。

この計画の過程で、ベックマンは日本人建築家と職工の本格的教育を提唱し、妻木《つまき》頼黄《よりなか》・渡辺《わたなべ》譲《ゆずる》・河合《かわい》浩蔵《こうぞう》

図Ⅱ⑭　工部大学校講堂（ボアンビル　一八七七　東京）ボアンビルの歴史的位置は、ウォートルスとコンドルの間、コンドル寄りに置くことができる。技術者ウォートルスに比べれば、様式も多様であったし細部もよくできていた。特に内部は技術者の及ぶものではなかった。ウォートルス解雇のあと工部省には〝ボアンビル時代〟があった。しかし、ボアンビルは日本人学生に建築の学を与えることができず、コンドルに取ってかわられる。ボアンビルの英語はひどかったという。

図Ⅱ⑮　工部大学校　内部

Ⅱ⑭

Ⅱ⑮

図Ⅱ⑯　司法省（エンデ&ベックマン　一八九六　東京）もしも、エンデ&ベックマン事務所の議院・官庁集中計画がビスマルク主義者の夢想どおり実現すれば、こうした建物が、見渡す限り続くはずであった。しかし〝エンデの大穴〟はそれを不可能とした。司法省は、計画中実現した少数例であるが、それも、エンデ&ベックマンの設計図よりは相当に変更を加えられ、バロック的壮大さ、豊かな情感は予算により削りとられている。（撮影・藤森照信）

Ⅱ⑯

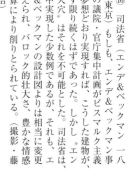

および各種職工をドイツに留学させる。コンドルは、力を尽くして本格的教育をしたはずの自分の弟子二人と中退者妻木の三人を、本格的教育を受けさせるために、ドイツまで連れて行かねばならなかった。

この留学の成果は、職工において特に著しく、彼らの帰国によって、煉瓦やセメントの性能は一気に向上する。

エンデ&ベックマン事務所による官庁集中計画の失敗は、コンドルに学ぶ日本人建築家がすでに立派に育っていることの証となった。第一に、ドイツから送られてきた設計図は和洋折衷の奇図であり、それを笑うだけの様式的眼力を日本人建築家は備えていた。第二に、〝エンデの大穴〟によらずとも、事実を知るだけの技術をすでに習得していた。〝エンデの大穴〟は外国人建築家の時代が終ったことの証であった。

沈黙を強いられた臨時建築局時代はコンドルの転期となった。彼は工部大学校が発展吸収された帝国大学での教師の地位を、弟子の辰野に譲り、民間の建築家となった。明治十年来のお雇い外国人としての任を一応果たし終えたコンドルは、これ以後、ニコライ堂や三菱一号館のような大作を出しはするが、彼の力は、もっぱら岩崎邸や島津邸のような邸宅とクラブとに注がれる。

実は、クラブ、邸宅こそが、コンドルの資質に合うものであった。彼は、正面をぎょうぎょうしく飾ることや権威的に構成することは得意でなく、逆に、室内空間の充実において、最後まで弟子たちの追随を許さぬ質を保っていた。彼の資質が、エンデ・ベックマン事務所とまさに逆で、大官衙よりは、邸宅・クラブ向きであったことは、日本政府や日本人弟子の意向と微妙にずれるものであった。コンドルは明治新政権と弟子の意向を九分通り満たしながらも、彼の資質はもう一分を避けてしまうところがあった。コンドルは、日本の政府と弟子がイギリスの建築をそっくり写したいと意向するとき、東方を加味してサラセンを用いたし、弟子が油絵を習おうとするとき、彼は町絵師に惹かれていた。政府や弟子が重厚で威厳に満ちた正面性を誇示する明治向きの大建築を夢想するとき、コンドルの資質はそれと無縁であった。明治という時代には、むしろ敗退したエンデ、ベックマンの方が資質としては適していた。結局、コンドルは明治という時代の意向を一応は満たしながらも、それと微妙にずれていた。しかし、このずれが、実は、彼が〝コンドル先生〟と生涯慕われ続け、クラブや邸宅を黙々と設計しぬいて、大正九年（一九二〇）、東方の邦・日本の土と化し得た秘密であった。

その他外国人建築家の作品

以上が御雇外国人本来の役割、〝日本人建築家の養成〟に最も功のあった建築家とその作品である。臨時建築局時代を最後に、政府の招請による御雇外国人の時代は終る。しかし、それ以後も、民間に、来日外国人建築家によるすぐれた作品が幾つか残されている。聖ヨハネ教会堂を設計したガーディナー（J. Mcd. Gardiner）は、ハーバード大学で教育をうけた建築家であったが、日本には、伝道者として来日している。

日本人建築家の時代　官の系譜の確立

官の系譜の始点となった工場の時代、すなわちウォートルスの時代がもたらしたのは洋風の新しい技術であった。そして、それに続く外国人による本格的建築の時代、すなわちコンドルの時代が教えてくれたのは、本当の建築様式であった。この二段階を経て、西洋の技術と様式ははじめて日本人のものとなった。

コンドルに育てられた最初の日本人建築家の処女作が出そろう明治十八年（一八八五）ころまで、長崎製鉄所以来、四半世紀を要したのである。この四半世紀が日本人建築家のために準備してくれたものは大きかった。洋風建築の基本的素材である煉瓦と石、それを見えない所で補強する鉄とセメント、そして、トラス小屋組という新しい架構法、さらに、そうした材料と技術によって表現される建築様式、それらすべてを、充分ならずとも最低必要なだけは、この四半世紀が用意してくれた。この用意の上に、日本人建築家の時代は始まり、その作品群は明治洋風建築の主流となり、大正に入っても基本的変質を見せることなく連続してゆく。しかし、大正の中ごろには、明治を率いた主要建築家が相次いで没し、それと期を合わせて、明治洋風建築とは全く異質で、それの否定を掲げる新建築運動が表面にあらわれてくる。ここでは、明治洋風建築の日本人建築家の時代として、明治十二年、最初の四人の建築家が誕生するころから、彼らの活動が停止する大正の初めまでを取り扱う。

コンドルの教育

御雇外国人によって導入された西欧の科学技術を日本人のものとするため、政府は明治十年（一八七七）、工部省付設の高等教育機関として、工学寮が工部大学校と改称され、建築の分野として造家学科を設けた。御雇教師はコンドルである。コンドルの教育は、建築の学は教壇で教え、術は現場で教えるという、すぐれたものであった。学生は、コンドル設計の上野博物館などの現場にそれぞれ配置され、通訳を兼ねながら、現場監理の方法から、詳細図の書き方まで、建築の術を習得していった。このようにしてコンドルが学生に与えたもののうち、コンドル好みのデザインは後に弟子たちの離れるところとなったが、造家学科の私塾的環境の中で、コンドルが体現してみせた近代的建築家像は、あやまたずに引き継がれてゆく。工部大学校は明治十九年（一八八六）東京帝国大学工科大学に改編され、コンドルは教育の第一線を退く。それまでに、明治十二年（一八七九）の第一回生、辰野《たつの》金吾《きんご》・片山東熊《かたやまとうくま》・曾禰《そね》達蔵《たつぞう》・佐立七次郎《さたちしちじろう》の四名をはじめ、渡辺譲・久留《くる》正道《まさみち》・河合浩蔵・中村達太郎《なかむらたつたろう》らが六年の業を修し、妻木頼黄が中途退学している。彼らにより、明治の建築界は領導される。

中でも次の四人が中心となった。

四人の建築家

この期の建築は、その人の名とともに語られるのを常とするが、それは、明治以前の日本には見られなかったことであり、建築が民族や風土の即自的表現である以上に、個人の表現であるという近代的な建築のあり方が定立されたことを意味している。辰野金吾・片山東熊・曾禰達蔵・妻木頼黄の四人が際立っており、彼らは、イギリス式かドイツ式かという受けた教育、アカデミーか宮廷か民間か官庁かという活動の拠点、および各個の資質により、それぞれの作風を異にし、好みの様式を変えている。

辰野は、卒業後、英国に派遣され、師コンドルの受けた教育を追体験し、帰国後、コンドルに代わって造家学科の教育に当たり、建築の学の伝承に努めるとともに、造家学会を創設して、学術の情報交流の場を用意し、日本の建築アカデミーを作り上げた。一方、設計活動においては、明治十八年(一八八五)の処女作・坂本町銀行集会所以後、銀行建築に秀作を残し、中でも日本銀行本店は、第一人者辰野が力を傾注した大作であり、かつ、明治期の折衷主義建築の問題点をよく示すことにより、明治洋風建築の代表作となっている。辰野は、日銀設計に当たり、欧米の銀行建築を歴訪し、図面を集め、ロンドンで第一次案を作成し、帰国後、さらに変更を加えて、明治二十二年(一八八九)に、設計の大略を完了している。彼は、欧米の特定の銀行を直写することを避け、自分なりに消化したものだけを表現した。その結果、様式は、ルネサンスともバロックともつかぬ、ちぐはぐな折衷を見せざるを得なかった。プランおよび壁面の構成はバロックを基調としたから、バロック固有の威厳、記念性は示し得たが、バロックのもう一つの特性、すなわち壁面の彫塑的処理のかもす高邁な情感はあらわれてこない。かわりに、ルネサンス的な理性的で平明な表情がある。辰野が、バロックのルネサンス的表現という、本来起こり得ぬ折衷を平然となし得たのは、両様式の底に流れるルネサンス精神とバロック精神の本来的対立への無理解に由来している。様式の歴史の重みにおしつぶされることのない日本人建築家が、ヨーロッパの歴史的様式を手法としてしかとらえ得なかったのは当然であった。様式を手法としてのみとらえる限り、上手・下手はあっても、全き意味の建築表現の進歩と、それゆえの一貫した収束性はありようもなかった。その様式のちぐはぐさゆえに明治の一つの代表作となった日銀本店の後、辰野は、当然〝上手〟になってゆくが、そこには一貫した収束性は先験的に失われている。辰野は日銀本店以後、さまざまな材料により、さまざまな様式の〝上手〟な作品を造ってゆく。中でも銀行がすぐれ、石による日銀大阪支店・京都支店、煉瓦による日本生命九州支店・岩手銀行がある。

曾禰達蔵は、造家学科の助教授、学会の監事として、辰野を助け、建築アカデミーの形成に役を果たしたが、彼の活動は民間においてすぐれている。コンドルのもとで、丸の内の三菱煉瓦街計画を担当し、三菱一号館を始め本格的オフィス建築を設計してゆく。一号館はコンドル設計、曾禰の補助であったが、二号・三号と、曾禰の方が主力となってゆく。こうして、ウォートルスによる銀座煉瓦街計画とエンデ&ベックマンによる官庁集中計画の、竜頭蛇尾的挫折のあと、ここに始めて、日本の都市風景は「一丁ロンドン」と呼ばれる洋風の町並みを得た。一丁ロンドンのない今、曾禰の作品として、コンドル流の堅実さと抜群の自在なデザイン力を示す慶應大学図書館（図Ⅱ⑲）、三菱銀行大阪支店（図Ⅱ⑰）を収載する。

以上の二人と対照的なのが妻木頼黄である。妻木は、ドイツ留学の経験から、ドイツ風建築を好み、活動の場は政府の官庁営繕機構であった。妻木は大蔵省営繕課長として官庁営繕機構の頂点に立ち、図面を引くことよりも、むしろ、建築行政に腕をふるった。そのため逆に、とくに彼の名を冠せられる建築は多くはない。ここでは、日本赤十字本社（図Ⅱ⑳）と、代表作横浜正金銀行（図Ⅱ⑱）を収載する。

日本人建築家が採用したヨーロッパの様式は多様であり、時代を通して一定の収束性を認めることはできないが、国家的建築についていては、バロックへの傾斜が指摘される。記念性、威厳を高めるバロックの手法は、政

Ⅱ⑱

Ⅱ⑰

Ⅱ⑲

図Ⅱ⑰　三菱銀行大阪支店（曾禰達蔵　一九一〇　大阪）

図Ⅱ⑱　横浜正金銀行（妻木頼黄　一九〇四　神奈川）妻木はドイツ留学の影響を長く保持し、重厚威厳が特徴である。曾禰と最も対照的作風であった。

図Ⅱ⑲　慶應大学図書館（曾禰達蔵　一九一二　東京）曾禰達蔵の作家としての出発は著しく遅れ、明治二十八年処女作ともいうべき三菱二号館を設計している。これとてコンドルとの合作である。しかし、修養期間の長かった彼のデザインは二号館以来、あぶなげなく、自在に扱う線や形や色の美しさ、つまりデザインにおいては、辰野・片山・妻木以上、明治の建築家中最高であると、意外にも言うべきである。この図書館と三菱銀行大阪支店が証である。（撮影・藤森照信）

府の自意識に見合うものがあり、官庁集中計画や日銀本店などにあらわれ、明治四十二年（一九〇九）竣工の赤坂離宮（図Ⅱ㉕㉖）において極まっている。赤坂離宮の設計者片山東熊は、コンドル設計の有栖川宮邸に参加して以来、皇室関係の建築に専念し、宮内省内匠頭《たくみのかみ》という技術者としては絶後の地位についた宮廷建築家である。彼は京都博物館（図Ⅱ㉑）をはじめ、奈良博物館（図Ⅱ㉒）、表慶館（図Ⅱ㉔）といった帝室の博物館建築において、宮廷建築家にのみ許される企画上、財政上の好条件を充分に生かし、他の建築家には不可能な豪華な表現を生んでいる。赤坂離宮はこうした好条件が生んだ最高作である。事実、離宮造営に動員させた建築関係の技術者、職人の質と量は比類がなかった。その上、他の建築には参加の例を見ない画家の黒田清輝・浅井忠・岡田三郎助ら美術関係者が加わった。その頂点にあって片山は設計を進め、ルーブル宮とベルサイユ宮を範としネオバロック様式によって全体を構成している。美術関係者の参加もあって、日本にはじめてバロックの室内空間がもたらされ、主要室内は、純白と金を基調色に、壁から天井にかけて流動する彫塑的装飾により、バロック固有の豪華さ、盛り上がる情感を伝えている。赤坂離宮が、辰野の日銀本店のような、様式的ちぐはぐさを脱し、高い完成度を示し得た理由は、日銀の時代よりもはるかに経験が積まれたことや設計条件の良さとともに、特定の宮殿に範をとり、その直写を基調とし、その上で、条件に応じて変更をなしたことである。離宮の正面の手法は完璧であり、全体から細部までゆるぎなくバロックのものである。立面構成の手法は完璧である。では、赤坂離宮において、日銀本店では果たせなかった〝あたかもヨーロッパのごとくに、歴史的様式を我がものとする事〟に成功したのであろうか。それは、最後の一線で不可能であったように思われる。

赤坂離宮の正面は、バロックのゆるぎなき構成をみせているが、しかし、構成の間をぬって立ちのぼるバロックの豊かな情感を欠いている。その真因は深い。直写的努力による手法の修得により、ゆるぎなき構成は可能となったが、様式の背後にある精神と基本的に無縁な日本人には、手法のかなたにある様式の本質に迫ることはできなかった。いわば、漸近線が上限に近接するごとくに、ヨーロッパの歴史的様式に無限に近づきなが

Ⅱ⑳

図Ⅱ⑳　日本赤十字本社（妻木頼黄　一九一二　東京）妻木のこの作は、彼の学んだエンデ&ベックマン事務所の仕事、たとえば司法省や東京裁判所の影響をとどめている。

Ⅱ㉑

図Ⅱ㉑　京都博物館（片山東熊　一八九五　京都府）片山東熊は皇室関係の仕事のみに専心した宮廷建築家であった。それゆえ、時間的にも財政上も極めて恵まれた条件下で仕事を進め、記念性の高い名作を残した。京都博物館は、辰野の日銀本店同様、様式的未消化を残しているが、大きなペディメントを戴く重厚な正面、そこからゆったりと延びる左右の翼、黄味がかった赤煉瓦と石の配色等、宮廷建築家らしい豪華さを見せている。（撮影・藤森照信）

Ⅱ㉒

図Ⅱ㉒　奈良博物館（片山東熊　一八九四　奈良）片山の処女作は北京日本領事館（一八八六年）であるが、宮廷建築家としての本格的出発はこの作品である。大きすぎる櫛型ペディメントがおおらかさを感じさせ、後の片山の厳正な構成にはない自由さをもっている。こうした自由さ（それは様式的未熟と意識されるが）を切り捨てることにより、やがて、赤坂離宮の様式的完成に至りつくのである。辰野の日銀本店もそうであったが、完成期の作よりは、明治中期の作の方が、作家の顔がよくあらわれてくる。（撮影・藤森照信）

Ⅱ㉓

図Ⅱ㉓　第四高等学校（久留正道・山口半六　一八九一　石川）辰野ら代表的建築家初期十年の作品が現存せぬ今、久留・山口による五高（一八八九年）、四高が日本人建築家による最初期の建築となっている。久留はコンドルの弟子、山口は開成学校卒業後フランスに学んだ建築家である。文部省関係の学校建築は、この両者の手になるものが多い。四高も五高も、禁欲的で清楚な赤煉瓦造である。（撮影・藤森照信）

Ⅱ㉔

図Ⅱ㉔　表慶館（片山東熊　一九〇八　東京）（撮影・藤森照信）

Ⅱ㉕

図Ⅱ㉕　赤坂離宮　旭日の間（片山東熊　一九〇九　東京）（撮影・藤森照信）

Ⅱ㉖

図Ⅱ㉖　赤坂離宮　正面　明治を貫いて尽くされたヨーロッパ建築様式修得の努力は赤坂離宮において上限に達したといえる。豪華、威厳、雄大な情感、を旨とするバロック様式は、外観においては情感をいささか欠いて日本人の限界を暗示するが、内部においては完璧である。旭日の間は特にすぐれ、せっこうの白を基調に金箔を置き、壁から天井にかけて流動する華麗な装飾の只中より、女神が駆けて来る。（撮影・藤森照信）

Ⅱ㉗

図Ⅱ㉗　日本郵船小樽支店（佐立七次郎　一九〇六　北海道）佐立七次郎は、最初の四人の建築家でありながら、辰野・片山・曾禰と異なり、ついに格別の業績を残さなかった人物である。この建物は、そのことを語る。ふつう、建築が表現しうる内容は、威厳、力強さ、簡明さ、温かさ、あるいは、美しさといった人間の好ましい、好ましくなくとも何かしら能動的な面についてである。この建物の異様さは、建築が本来表現し得ぬような消極さ、自閉感、失語といった人間の薄暗さをおずおずと表現している点にある。手が加わっていながら、そうした表現効果が沈んで壁面は平板である。平板であるが、簡明ではない。あいまいな線が壁面を分割し、全体の構成は緊張を失って左右に放散している。しかし、放散しながら積極的な破綻はない。玄関車寄せは、来る人を誘いも拒みもせず、無いがごとくに建っている。佐立は、内向的で自閉的な特異な性格の持ち主であったという。この作品の無気味な消極性はそこに由来するのであろう。類例のない作品である。（撮影・藤森照信）

Ⅱ㉘

図Ⅱ㉘　小寺家厩舎（河合浩蔵　一九〇七～一七　神戸）小寺氏の邸宅内に建てられたもので、これだけが洋風であった。一階を馬小屋および馬車置に用い、二階に御車が居住した。設計者河合は、妻木らとドイツ留学後、司法省の現場を監督し、そののち来阪して関西の裁判所を多く手がけ、後に、神戸に設計事務所を開いている。神戸は、明治と大正において、幾人かの建築家に活動の場を与えるだけの経済力を保っていた。（撮影・藤森照信）

図Ⅱ㉙　大阪府立図書館（野口孫市・日高胖　一九〇四　大阪）この建築は、様式を充分に消化した無理のない作品であり、作者が曾禰達蔵に比肩するデザイン力を持っていたことを教えてくれる。住友家の寄贈になるこの図書館は住友家の建築家野口孫市を主に日高が補佐して造られた。ペディメントと列柱は全体のバランスもよく細部も十全であり、かつ力強い。造幣寮工場と比較すると、本格的様式なるものが了解されよう。

図Ⅱ㉚　丸善本店（佐野利器　一九〇九　東京）日本の耐震構造学を礎した構造学者佐野利器の設計である。内部は純鉄骨造であるが、外観は構造的役割のない折衷主義様式で飾られた壁により包まれている。しかし、開口部は大きく、柱は細く、隠された鉄骨の存在を暗示している。隠された新技術が折衷主義の表皮を破り、新技術にふさわしい美を獲得するとき、明治の洋風建築は終焉する。しかし、その道もまた、西洋に教えられるしかなかったのである。

Ⅱ㉙

Ⅱ㉚

ら、ついに、それと同一化し、あるいは同一化の後に、それを超えることは不可能であった。

折衷主義の世界

コンドルの弟子たちが範とした当時のヨーロッパは、折衷主義の世界であった。それは、ギリシャ以来の偉大な時代が生んだ建築様式の歴史の重さに圧倒されていた時代で、建築家の創造とは、歴史的様式を巧みに模倣すること、あるいは、それらを自在に組み合わすことであった。こうして造られた建築を折衷主義の建築という。

模倣してできた建築様式を、ネオクラシック、ネオゴシック、ネオバロックのように、ネオ（新・亜）を冠して呼ぶが、こうした歴史的様式の模倣、復興を最初に志した人々は、たとえば、「建築様式の歴史は世界の歴史である」（ピュージン『イギリスにおけるキリスト教的建築の現在の復興のための弁明』）というように、様式と世界の等価性を確信していた。彼らにとって、過去の様式とは、単なる模様ではなく、世界の表徴であり、時代精神の表現であった。彼らは、過去の時代精神へのあこがれから、その様式の復興を願ったのである。ところが、次第に、様式と精神の対応が薄れ、建築家は諸様式を自在に組み合わせて、歴史様式のモザイクを造り始めた。ここに至って、ネオ化にはあった過去の時代精神への望郷は消え、単に建築家の恣意と趣味が残された。

コンドルは、こうした趣味と恣意の時代の一流建築家であった。それゆえ、日本にふさわしい様式として、東洋であることを加味し、サラセン様式を採用したのは不思議ではない。日本人建築家はこのコンドルの子である。最初の建築史家伊東忠太《いとうちゅうた》は、明治二十年（一八八七）代、すなわち日本人建築家の活動が本格的になりだしたころのこととして、次のように記している。

或る時日本の建築界の将来はどうなるであらうかといふことに就いて討論会を開いたことがあります。

其の時の議題は斯ふいふのです。「日本将来の建築はゴシツクなるべきかルネーサンスなるべきか」といふのであります。当時は建築といへば此の二つしか知らないのであります。……私も其の討論を聞いて居りました。或る人は将来の日本の建築はゴシツクでなければならぬと言ひ、或る人はルネーサンスがよろしいと互に議論を闘はし、最後に……議長さんは、採決をしますルネーサンスに賛成の人は手を挙げなさいと言つた、所がゴシツクの方よりも挙つた手の数が多かつた。茲に於て日本将来の建築はルネーサンスであるといふことに決議されたのでした。……そんな状態でありました。さうして英国流の建築のスタイルを会得して忠実に其のスタイルを現はし得ればよりよき建築家である。斯ういふのが当時の建築家の一般の姿でありました……（伊東忠太『日本建築界発達の趨勢と其の将来観』）

こうした様式の決定になんら内的必然性を持ち得ぬ状態は、明治を貫いて続く。日本人建築家は、師に習い、諸様式を習得し、その資質と活動の場と建築の用途の関数として、得意の様式を持つに至るが、しかし、ほかならぬその様式を選ぶことについて、彼らはなんら自己の内的必然性をもっていなかった。ヨーロッパでゴシックを復興した建築家は、ゴシックの時代精神を熱望するがゆえに、その様式をまねた。そこには、カテドラルを建てた人々に続く内的必然性があった。コンドルはゴシックにそれほどの内的必然性を持たなかったが、少なくとも、歴史的様式は彼の帰属する文明のものには違いなかった。日本人建築家は、そうしたヨーロッパの誰よりも、歴史的様式の本質から遠い、ほとんど無縁なところにいた。そうである限り、いくら表現手法を練ったところで、全き意味の建築表現の進歩はありようもなかった。どんな収束性ももちえなかった。そのかわり、表現の手法的巧緻化と、その美があった。いわば、〝上手〟に造られた建築の様式的アラベスクがあった。

時代を通じ、表現の巧緻化の陰で、進み、深まったのは、技術と問題意識の二つである。

陰で進む技術

明治期の建築技術の進歩は地震に負うている。鉄やコンクリートの新技術は煉瓦造と石造の耐震的弱点の補完を意識して、ヨーロッパより導入された。

地震という固有の天災は、日本の構造技術の桎梏ともなったが、後には、この桎梏が日本の耐震構造学を世界の冠までおしあげている。

地震は、結局、煉瓦・石という折衷主義建築の材料自体を否定するに至るが、明治期においては、煉瓦・石の枠内で、いかに耐震化を進めるかが課題であった。

煉瓦・石を材料とする組積造の構造的特徴は、圧縮力には強いが、地震によって生起する引張力と剪断力《せんだんりょく》(互いをずらそうとする力)にはきわめて弱いことである。そこで、明治の初期に、コンドルなどによって行なわれた耐震的工夫は、基礎をがんじょうに造り、引張や剪断の原因となる不同沈下をなくすことと、煉瓦の目《め》地《じ》モルタルを強化して、煉瓦どうしが離れないようにすることであった。基礎の強化は、コンクリートによりなされ、目地モルタルの強化は、漆喰《しっくい》モルタル(石灰と砂と水)をセメントモルタル(ポルトランドセメントと砂と水)に換えることで可能となった。日銀本店のように、一間以上の厚さにベタコンクリートを打つ基礎は、それで充分であったが、そうはいかない柱と壁においては、煉瓦とセメントモルタルの本来的な引張・剪断への弱さは補いようもなかった。そこで、引張と剪断に強い鉄材を壁体中に埋め込むことで、構造の一体化を強め、補強がなされた。以後、耐震化は、使用鉄材量の増加と一致する。

日銀本店のころ、つまり明治の中期において、鉄材の役割は、引張と剪断に耐えるだけであったから、小断面の鉄棒と帯金《おびがね》が挿入されていただけであったが、明治の末、赤坂離宮のころには、断面の大きい鉄骨が組み込まれ、石・煉瓦に代わって、圧縮力の一部も引き受けるようになる。さらに、明治四十二年(一九〇九)の丸善本店（図Ⅱ㉚）において、鉄骨が、すべての力を引き受け、石・煉瓦は構造的役割のないカーテンウォールと化す。ここに至って、純粋な鉄骨構造が出現する。しかし、鉄骨は室内に隠されており、外見は、やはりなお、折衷主義の様式に包まれている。折衷主義美学の枠内にある限り、新しい技術が表に出て、固有の表現をうるのは不可能であった。なぜなら、折衷主義美学によれば、鉄とコンクリートは、隠されるのが相応の美的に低い材料であったから。

深まる問題意識

明治の建築家たちは、折衷主義の様式の中に、時代の要請や好みや恣意を見ることはできても、自己の内的必然性を見いだすことは遂にできなかった。西欧では本来起こりようもない種類の自己と様式との乖離は、日本人建築家の意識下に、根なし草の不安をとぐろさせた。この不安は、自己の根を求める努力としての日本建築史学を生み、様式のあり方を求める建築論的考察を派生させた。建築史学と建築論という形而上学は、こうして、建築の学の中に定立する。建築史学は、最初の成果として、歴史学的に法隆寺を発見するが、法隆寺が世界最古の木造建築であることは、何より必要であった。こうして発見された伝統という名の自己の根は、様式のあり方を考えるための貴重な支点を提供した。この支点を得て、建築家は〝日本のあるべき様式〟というおもしいを、「ルネサンスかゴシックか」という恣意的選択のテコによらずに、いかに造るべきかという主体的テコによって、動かし始めた。明治四十三年（一九一〇）、「我国将来の建築様式を如何にすべきや」という討論会が開かれた。討論は、自己の根を求めつづけてきた建築史家の主導のもとに進められた。そこでの提案は、〝和洋の折衷〟〝ますますの欧化〟〝新様式の独創〟など、考えられるあらゆる説を含んでいた。しかし、その中に、歴史の方向を予見し得る理路は遂に見いだされなかった。

問の立て方は答の方向を規定するが、「様式をいかにすべきや」という問の立て方は、様式を技術や生産方式と切り離した上での考察による答しか生み出さなかった。問の立て方ははるかに進歩したが、やはりなお、技術の表現への規制力を無視する折衷主義の枠組を超えることはなかった。

以上のように、明治を通して、様式表現の巧緻化の陰で、技術と問題意識は進み深まりゆくが、やはり、最後まで、技術は様式の陰に隠されたままであり、問題意識は技術をとらえることができなかった。ここが、明治の洋風建築の、超えがたい上限であった。

この上限のかなたにたつ新しい建築は、明治の末からあらわれ始め、大正の半ばに、運動として表面化するが、こうした動きは、すでに明治洋風建築の向こうにあるものである。

以上が、幕末の洋式工場に始まり、技術者ウォートルス、建築家コンドルを経て、四人の建築家の時代に至り、大正の半ばに彼らの死と、新建築運動により、ひとまず終焉する明治洋風建築の官の系譜の歴史である。そしてそれは、明治洋風建築の正史となる。

開国までの素描　明治洋風建築の前史

ヨーロッパの商人・宣教師は、家光の鎖国政策によってその東漸の道を断たれ、広東《カントン》・香港《ホンコン》・上海《シャンハイ》に留った。そして二世紀の後、彼らは、安政の開国とともに北上して、長崎など居留地を形成し、商館・住宅・教会といった洋風建築を建ててゆく。これが、民の系譜の始点となった。

しかし、商館・教会の起源は、それが洋風であったか否かを別とすれば、安政の開国にはるか遡るザビエルの来日に、遠く由来している。日本から西欧に送られた最初の書簡・一五四九年（天文十八）十一月五日付のザビエルの手紙は「堺に、デウス許し給はば、有利なる商館を設置し……二年以内に都に聖母の教会を建て……」(『イエズス会士日本通信』)と記している。

実際に商館が建てられるのは一六一二年(慶長十七)、平戸においてである。商人は煉瓦は台湾から、ガラスは祖国から取り寄せ、「内は金銀珠玉を飾り、蔵は切石をもって畳上げ、ツマリツマリに塀をかけ、二階、三階を揚げて」(村上直次郎『貿易史上の平戸』中訳文)商館を建設する。しかし、商館は、島原の乱鎮圧の帰路、平戸に立ち寄った大目付松平伊豆守の調べに基づき、寛永十七年(一六四〇)、石造倉庫の妻に刻まれたcc1637のマーク(東印度会社、一六三七年造の意味であるが、キリスト紀元であることが問題)をいいがかりに、破壊を命ぜられ、商人たちは、石・木・ガラス・金物など解体材を南方へと運び去って終る。

一方、教会は、当初、寺や民家を転用していたが、やがて、一五七六年(天正四)春、京に、南蛮寺と称される「サンタマリア御上天寺」が建立される。南蛮寺の建築様式がどの程度洋風であったかは不明で、目立つ特異なもの、という以上の確証はない。

南蛮寺のころまで、イエズス会は、教会の様式について、確たる方針をもっていたわけではなかった。そのころ、イエズス会内部には、布教方針をめぐって意見の対立があり、その一つは、布教長カブラルの「日本人をわれわれの習慣に、ポルトガル人を彼達の習慣に、順応させるべきではない……。日本人は黒人であり、まったく野蛮な風習をもっている」(松田毅一『南蛮史料の発見』中訳文)という方針で、それと対立したのは、巡察使ヴァリアーノの「日本人とヨーロッパの修道士および同宿は、それぞれ同列にあるべきである。両グループの融和の最大の妨げとなっているのは、日本人とヨーロッパ人の習慣が全く相違していることである。……だが、われわれは彼等の間にすくんでいるのである。それ故、われらは彼達の習慣に順応せねばならない」(同上訳文)という方針であった。カブラルはヴァリアーノにあくまで反対し、一五八〇年(天正八)八月二十日付で、イエズス会総長に、日本布教長辞任を申請する。そして、ヴァリアーノは、日本順応の方針を

「日本イエズス会礼法指針」として成文化し、以後、それが布教の典範となった。

指針中、第七章は建築に当てられている。

日本において我々の住居及び聖堂を建築するに当っての規則

他の凡ての事柄において我々は日本人の習慣と生活方針とに順応する必要があるように、我々の聖堂や住宅を建築するに当っても同様である。……

そんなわけで只今より後はどんな家を建てる場合でも、まず日本人の棟梁に相談し、彼達に設計して貰わねばならない。……

聖堂を作るに当っては我々ヨーロッパ人の習慣を守り、内部は日本人がその寺院をつくる時に一般にしているように横にではなく、縦に長くする。聖堂を作る為には、彼等のは悪魔の会堂であり、我々のは神の聖堂であるからその型を真似るのは適当でない。しかし聖堂の両側には、日本式の座敷を設け、必要な場合は戸を開ければ全部が一間になり、殿様方が奥方と一緒に来た時、隔離されて自分達だけ静かなところに居るようにしなければならない。(訳文は山口光臣『日本における洋風建築導入過程の研究』より)

このようにヴァリアーノは、建設手順から、機能・しつらい・雰囲気にいたるまで詳述した後「誰か建築に取りかかろうとする時、先ずさきにこの規則は真剣に考慮されねばならない」とし「今後、誰でも先ず日本における長上に知らせ、その設計図を送ってからでなければ、新らしい建築を始めてはならない」とチェックシステムを規定している。この建築規則によると、教会の様式は、平面が仏寺のような悪魔の形式をさけて縦長であれば、他は和風であってもかまわなかった、と推定される。この規則は、その後の実例にみると、守られている。

以上のように、商館と教会は建てられ、そして、秀吉の禁教令により教会が、家光の鎖国《さこく》政策により商館が、それぞれ破壊されて、ザビエルの手紙に始まる洋風建築導入の試みは、百年に満たずして終焉する。

こののち、日欧の接触は長崎の出島において行なわれるが、その商館は、長崎商人が建設し、オランダ側に賃貸する形式をとっていたため、当然ながら、和風であった。しかし、幕末に近づいて、ガラス窓、洋風てすりなど洋風要素が付加されて行く傾向が、出島を訪れた蘭学者の日記や、出入の御用絵師の絵により、知られている（図Ⅱ㉛）。

居留地の洋風建築　民の系譜のはじまり

安政の開国後、欧米の圧力により、幕府は外国人居留地の建設を余儀なくされ、長崎・横浜・神戸を主に、海岸を埋め立てて、居留地を準備する。そして、香港《ホンコン》・上海《シャンハイ》で日本の開国を待ちうけていたヨーロッパの商人・宣教師は北上し、洋風の商館・住宅・教会を建設する。それが民の系譜の始点となった。

居留民は来日当初、港の周辺に商館と住宅を立地させたが、やがて、手狭さと環境の悪化を逃れて、住宅は背後の山手に移されてゆく。こうして、海辺には商館が軒を連ね、山手にはベランダを張り出した軽快な住宅が散在し……という絵のような居留地の風景が作られてゆく。それは、中国・日本・朝鮮の居留地に一様に展開された風景でもあった。

日本の居留地の洋風建築は、当初、本国から直接きたのではなく、インドを巡り、東南アジアを経て、中国に至り、そこから伝わってきたのである。しかし、伝来の過程でアジアの建築から受けた影響は少なく、インド起源の菱組天井《ひしぐみてんじょう》や菱組欄間《ひしぐみらんま》が、わずかに指摘される。居留地の洋風建築は、上陸当初、現地の材料・技術を多く取り込むのを常とするが、やがて、条件の整備とともに、洋風の純化を目ざし、現地性を失ってゆくのである。この傾向は日本においても同様であった。

やがて失うにしても、長崎居留地などの洋風建築が示す現地技術への順応性は、官の系譜の始点である工場建築が、最初から伝統技術の援用を拒み、困難をおして、材料における煉瓦、架構におけるトラス小屋組を求めて行ったのと対照的である。

グラバー邸を例に

居留地の初期洋風建築のうち、最も重要な商館(図Ⅱ㉜)は、すべて失われ、わずかに、当初の住宅が、長崎の南山手に残るにすぎない。その代表・グラバー邸(図Ⅱ㉝㉞)を例にとろう。文久三年(一八六三)竣工のグラバー邸は、部屋を房のように突き出した多葉形の平面をもち、海に向かって軽く明るいベランダを張り出した典型的なバンガロー型式の住宅である。石敷のベランダ、アーチ状の欄間、軽くうねる菱組天井、アーチをいただく開口部、そのガラスと鎧戸《よろいど》、壁で仕切られた部屋、白漆喰《しっくい》の大壁《おおかべ》、唐紙張《からかみばり》の天井など目に映るのはすべて洋風の様式であり、伝統の意匠は見られない。しかし、目に映る洋風の様式を陰で支える技術はすべて伝統の枠内にあった。天井裏の小屋組は和小屋に組まれ、各部材は伝統の仕口で納められている。一部に石を模した盛り上りを持つ壁体も、木舞《こまい》を使った伝統の大壁技術であった。その上、建築各部の寸法は尺を基準に計られている。

このように、洋風の様式と伝統の技術という二面性の生じてくる事情は施主と施工者の関係に由来することを、当時の工事契約書が示している。この契約書は文久元年(一八六一)、グラバー商会役員のグルームと小山清四郎とで交わされたものであり、小山家がグラバー邸以下、大浦天主堂(図Ⅱ㊱㊲)・ウォルト邸(図Ⅱ㉟)などの施工者である点よりみて、当時を代表する契約書といえよう。これは、バンガロー型住宅についての契約書であり、その内容は、間取りと大まかな寸法についてまず概述し、続いて、天井・壁・床の仕上材や

Ⅱ㉛

図Ⅱ㉛　長崎出島蘭人酒宴図（川原慶賀　江戸時代　東京芸術大学）川原慶賀（一七八六〜？）は長崎の町絵師。シーボルトに見いだされ、日本の博物学的研究に写生の助手として参加し、その過程で写実の手法を修得する。その写生画はシーボルトの大著『ニッポン』にも使われている。その縁で出島出入を官許され、出島の風物を絵巻に残している。この絵によると、ガラス窓（ただし引き戸）、洋風手すり、椅子生活が導入されていることが知られる。なお慶賀は、シーボルト事件に連座して入牢し、放免後も、作品が国禁に触れたとして長崎払いにあい、晩年は不明。

Ⅱ㉜

図Ⅱ㉜　長崎居留地の商館（一八六八頃　長崎）木造漆喰塗大壁造の簡単な白い箱に、ベランダをめぐらし、鎧戸付きのガラス窓をはめ、屋根に煙突が突き出す。初期居留地の典型的商館群である。写真左端の寄棟正方形プランの建物が中でも代表的姿をしている。

Ⅱ㉝

図Ⅱ㉝　グラバー邸（一八六三　長崎）明治維新史上最大の政商グラバーの邸宅として建てられたこの住宅は、クローバーのように部屋が張り出す多葉形平面をもっており、居留地の他の住宅の矩形平面に比べて、はるかに変化にとみ、豊かである。設計者は不明であるが、施主が簡単な平面図を描き、仕上を指定して日本人大工にまかせる、という当時一般の方法によったと思われる。洋風の仕上を陰で支える小屋組等の技術はすべて木造の伝統技術によっている。（撮影・藤森照信）

Ⅱ㉞

図Ⅱ㉞　グラバー邸　菱組天井　菱組天井と菱組欄間は居留地建築の特徴である。ゆるくうねる菱組天井におおわれたグラバー邸の軽快なベランダに立つと、コロニアルスタイルと言われる居留地の木造洋風住宅の本質はベランダに部屋が付加することである、と思われてくる。（撮影・増田彰久）

Ⅱ㉟

Ⅱ㊱

図Ⅱ㉟　ウォルト邸（一八六五　長崎）天草石製の古典様式の列柱に支えられた開放的なベランダを前面に張り出し、ペディメント付の車寄せを設けている。ベランダが日本の縁側と異なり、明確に外部に属することが了解されよう。縁側と軒がかもす内部と外部の融合性、縁下と軒下にはらむ闇はベランダにはない。軒の闇は蛇腹に払われ、縁下の闇もまた基壇に消される。ベランダは光に満ちて明るい。こうしたあたかもベランダに部屋が付加したような堂々たるベランダは、以後、減少してゆく。（撮影・藤森照信）

図Ⅱ㊱　大浦天主堂（ヒウレとプチジャン　一八六四　長崎）（撮影・藤森照信）

Ⅱ㊲

図Ⅱ㊲　大浦天主堂　内部　上記二人のフランス人神父により設計監督され、天草の大工小山秀之進により施工されて元治元年竣工した。明治八年頃、バロック様式からゴシック様式に正面意匠を改修され、三身廊から五身廊へと規模拡大されたが、尖塔、内部はよく旧状を留めて美しい。内部は木造、外壁は煉瓦造漆喰塗。小屋組と内部壁下地には、長崎居留地の他の洋風建築同様、日本の伝統技術が生かされている。（撮影・藤森照信）

図Ⅱ㊳　神戸居留地景観（一八六八頃　神戸）

Ⅱ㊳

Ⅱ㊴

図Ⅱ㊴　横浜居留地（一八六八頃　神奈川）横浜居留地の洋風建築の特徴は、明治十年代ごろまで、なまこ壁など和風の様式が採用されたことであるが、そうでない建物も多くあり、長崎や神戸と同様な商館や、石造の建築も並んでいた。急激な発展により明治の中ごろには、小外国の町並みを見せる。

Ⅱ㊵

Ⅱ㊶

図Ⅱ㊵㊶　曲田福音聖堂（一八九二　秋田）幕末の函館に入ったロシアのギリシャ正教は、ついで八戸市に拠点を作り、そこから、曲田・宮古・石巻と南下流布したと推測されている。柳田國男によると、維新前後の遠野にまでキリスト教上陸の話は伝わっていたという。ビザンチン様式のこの教会の中央ドーム（丸天井）は神の支配する宇宙を象徴するが、明治初期のみちのくの人々はそこに何を見たのであろうか。幕末から明治にかけてみちのくを南下する〝神の空間〟は明治洋風建築史上の失われたページとなっている。（撮影・藤森照信）

Ⅱ㊷

図Ⅱ㊷　札幌農学校演舞場（ホイラー他　一八七八　北海道）（撮影・藤森照信）

Ⅱ㊸

図Ⅱ㊸　札幌農学校模範家畜房（撮影・藤森照信）

建具、建具用金物について詳述し、最後に工期と違約金について約定している。特徴は、建物の仕上げ方について微細に約定しながら、仕上げの陰にある見えざる技術については大工にまかせてある点である。たとえば「すべての部屋の廊下などの壁と天井は適当に仕上げた上、エフ・グルームの選んだ模様の紙を張る」というように、グルームの好みの紙さえ張れれば、その下地は適当でかまわなかった。当然、下地には伝統の技術が採用される。こうして生ずる様式と技術の二面性は、大浦天主堂、ウォルト邸をはじめ、長崎居留地には広く見られる傾向である。

居留地の洋風建築が、現地の技術・材料の採用に始まりながらも、洋風の純化を目ざす傾向は、長崎のみならず、横浜・神戸についても、基本的には変わりはないが、地理的・歴史的条件により、そこには程度の差があらわれた。

神戸居留地

居留地の消長は、地理的・歴史的条件に深く左右される。長崎居留地は、歴史的事情により、最初に建設されながら、首都に遠いという地理的くびきから中途で発展を止めている。逆に横浜居留地は、首都に近いという地理的条件により、火急の発展を強いられ、その結果、都市環境の劣悪化をもたらした。そうした中で、神戸の居留地（図Ⅱ㊳）のみは、歴史的・地理的条件に恵まれ、最も安定した発展を遂げている。大阪には近いが首都には遠いという地理は、居留地建設に必要な時間の余裕を与え、かつ、長崎・横浜の都市環境悪化一〇年の経験は、居留地における都市計画の必要性を教えてくれた。その結果、神戸居留地は緑地帯のある道路、歩車の分離、下水の完備など都市計画の充実が当初より見られた。建築においても、充実と安定は神戸の特性となり、伝統技術の援用による洋風様式という二面性を脱した本格的な商館が早い時期から幾つかあらわれてくる。この期の商館としては、居留地十五番館が唯一の遺構であり、全居留地を通じても、最古の商館となっている。

明治十年（一八七七）以後、地方にも独自の洋風建築が立つようになり、日本人建築家も育ってくるに従って、居留地の洋風建築のもつ歴史的先駆性は失われていく。しかし、すぐれた建築は建てられ続け〝神戸の三H〟、ハンセル邸・ハッサム邸・ハンター邸、がその質を伝えている。

横浜居留地

横浜居留地（図Ⅱ㊴）は、長崎とともに最初期の居留地であり、しかし、長崎のようにはヨーロッパ応接の経験もなく、しかも、首都ののどもとゆえに、来住する外国人の量は多く、長崎や神戸のように、時間をかけた居留地建設が許されなかった。まずなしたのは、和風の建築を急造して、激増する外国人を収容することであった。その後、大火もあって、急増する建築需要をいかに満たすかが、最大の課題であった。そのため、伝統技術の援用によって洋風の様式をもつ建築とともに、様式においても日本のものを取り入れる傾向が広く見られた。居留地の洋風建築の屋根は寄棟《よせむね》・切妻《きりつま》を一般とするが、横浜には、仏寺風の入母屋《いりもや》造りの屋根がいくつか見られ、その上、壁面には、耐火性の強いなまこ壁が援用されて、長崎・神戸には例のない和洋の折衷が出現する。しかし、やがて、明治もすすむにつれ、和洋折衷の応急的建築は少なくなり、次第に石造の本格的建築が広まり、明治の末には、石造商館が軒を連ねる小外国と化してゆく。横浜の急激の発展と大震災は、居留地時代の洋風建築の残存する条件を与えず、それゆえ、当時のもので見るべきものは残されていない。

以上のように、居留地の洋風建築は官の系譜と対照的に、伝統の材料・技術、時には様式も援用することに始まり、最後には純洋風に至りつくが、もしそれだけであったなら、中国・朝鮮の場合がそうであるように、結局、居留地という小さな外国の出来事に過ぎなかったかもしれない。しかし、居留地の洋風建築は、擬洋風建築という特異な一群の洋風建築を日本に生む契機となったのである。このことにより、居留地の洋風建築は小外国の壁を越えて、日本につながっている。

植民・開拓地の簡易洋風建築

ヨーロッパの膨張が始まって以来、すでに述べたように貿易商人は世界各地に居留地を形成していった。しかしヨーロッパを出発したのは商人ばかりではなかった。多くの植民者が、北アメリカや東方ロシアの開拓に散って行った。彼らは、そこで、木造の造りやすい洋風建築をおのずと工夫した。こうした木造の簡易洋風建築は、日本の開国とともに、東からはアメリカの木造洋風建築が北海道に移植され、北からは、ロシアの簡単なハリストス教会堂の形式がわずかながら、東北の田舎に伝わってゆく。北から南下したロシアのハリストス教会が、東北の田舎に散ってゆく過程は不明である。東北にわずかに残存する簡易なハリストス教会の形式をよく伝えているものに、曲田福音聖堂（図Ⅱ㊵㊶）がある。この聖堂中の聖画のいくつかはキエフの教会から伝えられたというが、おそらくその建築の形式もまた、ロシアの辺境に建つ木造教会の姿を伝えているはずである。

アメリカの開拓者が工夫した木造洋風建築は、バルーンフレーム（風船構造）の建築といわれている。バルーンフレームとは規格化された少種類の部材を使い、釘や金物の汎用によって木組《きぐみ》のような熟練を要する作業を減らした簡単で早い誰にでもできる木造構法である。

北海道開拓の任に当たる開拓使は、大規模開発の範をアメリカにとり、多くのアメリカ人を招請する。彼らによってバルーンフレームはもたらされ、明治五年（一八七二）ごろより建てられ始め、現存するものでは札幌農学校演武場（図Ⅱ㊷）・同模範家畜房（図Ⅱ㊸）がある。しかし、やがて、日本人技術者の成長とともに、設計は彼らの手に移され、彼らは日本風を加味するようになる。こうしたものでは豊平館（図Ⅱ㊺）がすぐれている。

Ⅱ㊹

Ⅱ㊺

Ⅱ㊻

図Ⅱ㊹　手宮機関庫（農商務省北海道事業管理局　一八八五　北海道）産業革命当初、やがて失われるにしても、工場や倉庫もまた〝ロマン〟をもっていた。手宮機関庫は〝煉瓦のロマン〟を語って北に建つ。それは、あたかも産業建築が大量で均質であり続けることに疲れてもらした吐息のように、美しい。（撮影・藤森照信）

図Ⅱ㊺　豊平館（開拓使工業局営繕課　一八八〇　北海道）札幌農学校の諸建築をアメリカ人が担当した後、日本人技術者が、アメリカ人にとってかわるようになった。正面櫛型破風につく懸魚（げぎょ）が幕府作事方出身者など日本人技術者の好みを、右左切妻の星は、アメリカの開拓時代を、語っている。（撮影・藤森照信）

図Ⅱ㊻　北海道庁舎（平井晴二郎　一八八八　北海道）北海道庁土木課の技師によるものだけに、ウォートルスらの〝工場の外延としての建築〟に似て力強くはあっても様式細部の充実に欠けるが、全体としてみれば、日本人による本格的建築の範囲に属する。同時期にはすでに工部大学校出身の日本人建築家の活動は始まっているが、その期の作が現存せぬ今、この道庁舎が日本人による本格的建築の最古の例となっている。現存する赤煉瓦建築の最も美しいものの一つである。屋根のオブジェのような煙突は、工部大学校出身者の作には見られぬ荒さをもっている。（撮影・本橋仁）

しかし結局、バルーンフレームは開拓使だけのものにとどまり、日本の木造の伝統にはなんの影響も与えずに終る。

開拓使関係の建築は官が主導したものではあるが、その形式が開拓者のものであるがゆえに、ここでは、居留地の洋風建築とならべ、民の系譜に加えている。

擬洋風建築　民の系譜の開化

横浜などの居留地建設に参集した日本人大工は、やがて、独自の想像力により、ヨーロッパの建築にも、まして日本の建築にも例をみない洋風を擬した固有の建築をつくり出してゆく。さらにこうして造られた建築を、上京して見聞した地方の大工は、草深さに比例して深まる独自の想像力により、本来の洋風建築とは遠く離れた建築を、各地に造ってゆく。これを擬洋風建築という。

擬洋風建築は、発生の当初より、日本の伝統的建築を惜しむ側と、本格的洋風建築を追求する側より、和洋の奇妙な折衷ぶりを挟撃されてきた。西欧世界を逃れて来日し、古い日本に殉じた文人モラエスは「互にあい容れない、互に対立している二つの文明の接触から、ひとりでに、むやみやたらと、くだらぬものが出来ては、たまったものではない」（モラエス『徳島の盆踊』）と、西欧と日本の建築を真に知るがゆえに、擬洋風建築を批判する。官の系譜の理論的推進者である建築史家の側からは、伊東忠太の「鵺《ぬえ》的」を始め、「下手物」「珍奇」という裁断が投げられてきた。しかし、擬洋風建築を、近代建築史上の病理の一つとして切り捨てようとする非歴史的な印象批評は適切ではない。

ヨーロッパの膨張が始まって以来、非ヨーロッパ世界の到る所で起こった「互に対立している二つの文明の接触」は、中国でも、朝鮮でも、建築において、〝ヨーロッパという単音〟か、あるいは無音を響かせたにすぎなかった。こうした中で、日本だけが、擬洋風建築という「たまったものではない」不協和音を響かし得たのである。木の建築を空気のように吸って育った日本人の大工が、突如、石に由来する西欧二〇〇〇年の時間が刻まれた異質の建築と接触して鳴らし得たのが不協和音であったからとて、それは当然であって、それが不協和音であることを指弾するよりも、にもかかわらず、民のレベルにおいてすら、二つの文明の接触の音を響かし得る主体性が、日本の側に存在したことを評価すべきなのである。擬洋風建築を響かし得た日本の大工の主体性は、おそらく、「職人の世紀」江戸時代が準備してくれたものである。

清水喜助

述べてきたように、擬洋風建築の源泉は、第一に、横浜を主とする居留地の洋風建築である。横浜居留地建設の初期、本格的洋風建築と並んで、なまこ壁など伝統の技術を採用した洋風建築がいくつか造られている。横浜居留地定式請負人の一人、二代清水《しみず》喜助《きすけ》は、こうした和洋の折衷法を一つの手がかりとして、最初の擬洋風建築・築地ホテル館（図Ⅱ㊾）を創出する。続いて、国立第一銀行・三井組（図Ⅱ㊼）と擬洋風の始点にふさわしい大作を造り出してゆく。

清水喜助のこのような動きの引き金となった居留地の洋風建築を擬洋風建築第一の源泉とするなら、第一の源泉を、喜助ほどではないにしても、同じく受けた工部省日本人技術者の建築を、質よりも、その広範な影響ゆえに、第二の源泉とすることができる。

工部省日本人技術者

工部省技術者の構成は、立川知方《たてかわともかた》・朝倉清一《あさくらせいいち》のように、幕府作事方の下級役人として、横須賀製鉄所などに参加し、維新後もそのまま新政権に引き継がれた旧幕系技術者と、林忠恕《はやしただひろ》のように、鍛冶・木挽《こびき》をへて大工となり、横浜居留地建設に加わって洋風技術を学び、工部省に官雇されるにいたった大工出身者とである。いずれにせよ、その出身が示すように、彼らは、体系的な教育を受けたわけではなく、洋風建築を腕で覚えていった実践的技術者である。それゆえ、彼らの役割は、〝製図の林〟〝積算《せきさん》・仕様《しよう》の朝倉〟〝施工の立川〟と称されたように、ウォートルスに始まり、コンドル・辰野・片山・妻木と続く建築家の技術的補佐をすることであった。それゆえ、彼らは自分たちの建築表現を持つことはむずかしかったが、唯一、明治五年(一八七二)ころより、日本人建築家の誕生までの間、固有の表現を生んでいる。そのころ新政府は公官庁の新築を開始するが、その建設量は、ウォートルス以下御雇外国人の手にあまり、いくつかは日本人技術者の手に回された。ここにおいて、日本人技術者の課題は、洋風の官衙を、いかに早く大量に造るかである。

平面計画においては、玄関は、車寄せを中心に、左右対称の形となし、規模が大きくなれば、左右両端に張出しをつくった。この簡単な対称プランは、日本の左右非対称平面の伝統の中では、いかにも洋風らしく見えるのであった。その単純平面の上に、伝統技術を援用して、木造漆喰塗大壁造の箱を組み上げ、その箱の単調な壁面に、車寄せ・ベランダ・ペディメント・上げ下げ窓・鎧戸《よろいど》・隅石などの洋風要素を加えて、ひとまずの洋風建築を造ってゆく。

このように、伝統技術の枠内で、どこか奇妙な洋風を擬す手法は、すでに述べたように、まず横浜居留地にあらわれたのであるが、その影響は清水喜助らに限られていた。一方、林忠恕らにより横浜より工部省に持ち込まれたこの手法は、開成学校(図Ⅱ㊽)・大蔵省(図Ⅱ㊿)など多くの官衙で実現され、地方の大工の想像力

Ⅱ㊼

Ⅱ㊾

Ⅱ㊽

Ⅱ㊿

Ⅱ51

図Ⅱ㊼　三井組（清水喜助　一八七四　東京）

図Ⅱ㊽　開成学校（工部省営繕課　一八七三　東京）

図Ⅱ㊾　築地ホテル館（清水喜助　一八六八　東京）
擬洋風建築の始点となった築地ホテル館は、なまこ壁、望楼など擬洋風の要素を多く見せている。

図Ⅱ㊿　大蔵省（林忠恕　一八七二　東京）

図Ⅱ51　新潟税関（一八六九　新潟）なまこ壁の使用は、擬洋風建築でも初期の例に多い。この望楼は和風のもので港に出入する船を監視するために設けられた。洋風要素は鎧戸付窓・軒の蛇腹・出入口のアーチであるが、鎧戸は、おそらく写真か雑な見聞によったため、木片が羽重ねに密着し通気が不可能となり単なる板戸となっている。蛇腹は土蔵風にうねり、アーチは奇妙なつばさを張り出している。小屋組などの技術は全く和風である。（撮影・藤森照信）

をかきたててゆく。

一方、工部省技術者は、のちに大工が果たすように、この手法を極限までおし進めることはなく、次第に、正統的洋風技術を修得し、建築家補佐の本来の立場に帰り、層としての固有の表現を失ってゆく。

擬洋風建築論　様式の真空の中で

擬洋風建築の作者たち、たとえば、立石清重《たていしせいじゅう》や高橋兼吉《たかはしかねきち》といった大工棟梁《とうりょう》は、本格的洋風建築へのあとう限りの近似を志しながら、しそこなって、擬洋風建築を造ってしまったのではけっしてない。彼らを衝いたのは、洋風に真に似たいという、官の系譜がしばしば見せる明確な対象への近接の情熱ではなく、むしろ、新しい何かを創出せずにはおかない維新期固有の自己離脱の願望であった。それまでのすべてであった農家や町屋の〝軒は低く、土間は湿り、吹く風は一様に暗い、そして、あたかも自然の一過程のように生滅する日本の建築とその風景〟そうした自然的世界を突き抜く新しい空間を彼らは求めた。そのとき、洋風建築は、その願望に形を与える最大の手がかりとしてあらわれた。そして、それ以上ではなかった。彼らにとって洋風建築は、契機となったが、目的ではなかった。

大工たちは、小学校・郡役所などの新しい課題に取り組むに当たり、上京して、都や居留地の多種多様な洋風建築を見聞するを常としたが、それは語の全き意味における見聞であって、修得とは程遠いものであった。たとえば開智学校を設計した立石清重は、上京中のノート『東京出府記』中に、洋風建築のスケッチを残しているが、それが概観か細部意匠に限られているにしても、正確なコピーではなく、新しい建築の手がかりを洋風に求めた立石清重には、それで充分設計の役に立つのである。

大工たちが直面した、たぐいまれな困難とは、身についた伝統的表現を捨て、かつ、洋風建築を新しい空間への契機としても、範とはせずに、いわば様式の真空の中で、自分たちの文明開化を、建築として実体化する点にあった。もしも、彼らの課題が、伝統の技術を援用して、洋風の外観を近似することであったなら、それはやさしかったろう。大工の器用な手によれば、漆喰を原料とする大理石も可能であったし、塗屋《ぬりや》造でペディメントからパラペットまで一通りの石造外観をもつ銀行もまた存在した。しかし、課題は近似ではなく、創出であった。ここにおいて、彼らのとった方法は、擬似的手法と偶意的手法の二つである。

擬似的手法とはこうである。

洋風建築の表現要素、たとえば、アーチ・柱頭《ちゆうとう》・要石《かなめいし》・隅石《すみいし》・蛇腹《じやばら》は、偶然や恣意で、造形されてきたのではない。一つの要素にも、ギリシャ・ローマに由来する石・煉瓦という材料の特性と、各時代の精神が、時間をかけて、刻まれている。たとえば、アーチという表現要素には、曲げに弱く、圧縮に強い石・煉瓦の材料的特性が刻まれ、かつ、その円弧には、宇宙の意味がときには込められてきた。いわば、一つの要素には一つの材料と精神が対応している。

擬似的手法とは、この対応を無視し、一つの要素を、かけ離れた材料と精神とにより擬似する手法である。具体的には、石・煉瓦固有の要素を、木と漆喰により似せる。それも、自分たちの精神に合せるがゆえに、原型とは奇妙なずれを結果する。たとえばこうである。

漆喰の可塑性は、あらゆる要素の擬似を可能とし、ことに、色漆喰の盛りあげによる石の擬似に汎用されている。隅石・基礎・窓枠が広く擬似されるが、石のバランスが崩れたりして原型とのずれを結果する。アーチの擬似は普通小規模であるが、新潟税関（図Ⅱ51）の場合は大型であり、かつ奇妙なひさしを張り出している。例の少ない擬似では、漆喰製の柱頭や、赤煉瓦がある。こうした漆喰による擬似の傾向は、やがて、大理石の理肌《きめ》の擬似まで生み、盛美園の床や壁は、その結果である。

木による擬似では、柱頭を木で造る例が広く見られる。その典型は、宝山寺獅子閣の尾州檜素木《びしゆうひのきしらき》による、コリント式柱頭の擬似である。工芸的によく刻まれているが、コリント式固有のアカンサスの葉が、菊の葉と化している。

　偶意的手法とはこうである。

　すでに述べたように、歴史の淘汰により形成されて来た表現要素は、各要素の組合せ方、比例関係について、一定の法則性、あるいは、傾向を示している。ある時代における法則性・傾向を、その時代の様式と言ってもよいだろう。時代には時代の、そして、時代を貫いて、ヨーロッパにはヨーロッパのそれがあり、日本には木造ゆえの、木割として客観化される、組合せと比例についての体系がある。この体系の存在が、その体系を生んだ文化の自己同一性を確認し、固有の建築美と統一を生んできた。偶意的手法とは、この組合せと比例の体系を無視することに始まる。

・ことなった体系の要素を、体系から切り離して、互いに組合す事。
・建築と無縁な領域の表現要素を取り込む事。
・同一体系内の要素であっても、統一ある比例関係を捨象して、一部を肥大化する事。

　以上が偶意的手法の要諦である。それによって表現される効果を偶意性と言おう。

　擬洋風建築は、その名が示すように、擬似性において、まず考察され、そこを難ぜられてきた。もし、この建築が、擬似性のみで成り立っているのなら、〝真似そこないの病理〟と裁断すべきであろう。しかし、擬洋風建築は、擬似性と偶意性の上に立っている。偶意性自体は、新しい空間（たとえば茶室）の創出時には、必ず見いだされる傾向である。茶室と異なり、擬洋風建築は、やがて、消滅に至るが、その開花期が示す偶意性の衝撃は、論ずるに足るものである。

　偶意的手法を開智学校の車寄せにみよう。それは、唐破風《からはふ》・竜といった伝統要素と、煉瓦・蛇腹など洋風要素の混在を基調とし、玄関入口のふちには中国風模様も取り込んでいる。和漢洋の自在の組合せをみせる立石清重の偶意的手法は、天使の額板において、極まっている。そのデザインソースは、清重上京時、都で人気の

Ⅱ 52

図Ⅱ52 ジェーンズ邸（一八七一 熊本）熊本洋学校外人教師ジェーンズ（L. L. James）の居宅として長崎の大工により建てられた。長崎の大工によるだけに、居留地の洋風建築に近いものであるが、唐破風（からはふ）状に曲がる菱組欄間、漆喰盛上（もりあげ）による隅石、ベランダ受桁（うけげた）の錫杖彫（しゃくじょうぼり）と奇妙なレリーフなどが擬洋風建築であることを語っている。擬洋風の起源は、居留地のうち、横浜によることが多い中で、これは長崎居留地が生みだした貴重な例である。（撮影・藤森照信）

Ⅱ 53

図Ⅱ53 三重県庁舎（一八七九 愛知）明治新政権の中央集権のプログラムは、まず藩主を東京に強制移住させて旧権力の人的関係の頂点をたたき、同時に城閣を破却して、封建都市のイメージ上の収束点を除き、その空白の中に、薩長土肥出身者を県令として送り込み、洋風の県庁舎を建てて、新たなイメージ上の収束点を作ることであった。県庁舎の建築は、地方人士が寄金して造った小学校などとは違った意味を持つ擬洋風建築である。（撮影・藤森照信）

Ⅱ 54

図Ⅱ54 三田演説館（一八七五 東京）福沢諭吉が演説の場として建造したこの小品は、〝擬洋風的情熱〟のあまり発露していないおとなしい作品である。新潟税関とともになまこ壁による代表例である。（撮影・藤森照信）

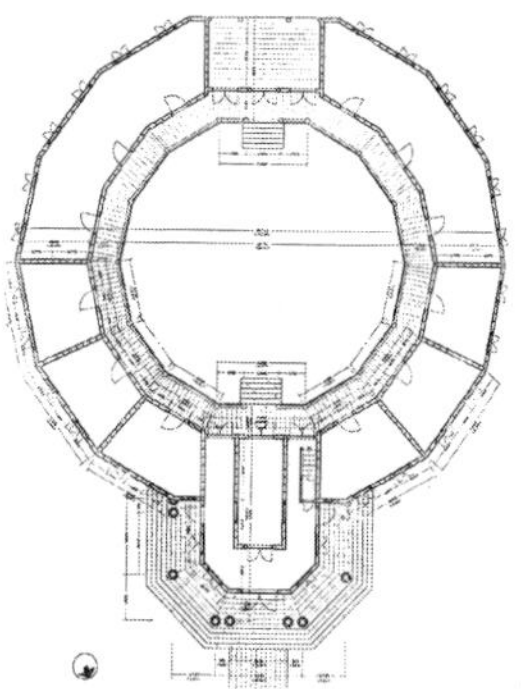

Ⅱ 55

図Ⅱ55 済生館一階平面図（山形）済生館病院の設計に当たり、病院長は、東京医学校・横浜海軍病院などを歴訪し、ドイツ人ミュルレル教授、医学校長三宅秀の助言を得て平面図を作成したという。ミュルレルも三宅も、自分が助言した平面図に、このような建築が建て上げられるとは思わなかったであろう。この独創をなし得た設計者は不明である。現在済生館は移築され美しく保存されているが、明治の洋風建築は、日本の建築と異なり、けっして木陰に立っていたのではなく、整地された只中に置かれていたことを忘れないでほしい。自然との調和を断じて拒み、明るく輝いて建っていたのである。

あった絵入新聞の錦絵化した天使像であろう。

同一体系の要素であっても、比例関係の無視によってあらわれる偶意性は、高橋兼吉の処女作・朝陽学校によくあらわれている。下見板・鎧戸付窓という正統の要素を組合せながら、窓の異様な連続により、洋風本来の統一が崩され、偶意性が顔を出す。さらに、バランスを崩した立面構成とロの字型に閉じる異様な対称形平面とにより、偶意性に満ちた量感がかもされている。高橋兼吉の、比例、立面構成における偶意的手法は、西田川郡役所・鶴岡警察署にもよくあらわれている。

開智学校と並び、擬洋風建築の高峰をなしている済生館（図Ⅱ㊺）の偶意性は、統一を無視したさまざまな立体の積層化により生じている。十四角形のドーナツ型に八角形の玄関を張り出して一階となし、玄関に重ねてドーム風屋根をもつ十六角形の二階を置き、その上に、八角形の三階・四階を積層して基本を構成し、さらに、二階と三階に、四角形の張出しを付加している。こうした偶意的量《マス》の取扱いに加えて、三条実美筆の「日光と相映じ」とたたえられた金泥の扁額、雲型の欄間等々、擬洋風の名作にふさわしいものとなっている。作者にとって、デザインの統一は、無縁なものであり、全館中、八種類ほどの異なった手摺を用いている。

宝山寺獅子閣は、各要素の比例関係は正統であり、宮大工吉村松太郎《よしむらまつたろう》の腕をもって刻まれた素木造《しらきづくり》には、擬似性はあっても、偶意性は見いだしがたい。しかし、意外にも、吉村松太郎は、工芸品のごとく細工された尾州檜の素木の随所に、洋釘（現行の丸釘）ともくねじを打ち込み、わざと釘頭を露出して、偶意性を示している。

その終焉

擬洋風建築は、明治元年、築地ホテル館に始まり、十年代に至って、各地で開花し、開智学校や済生館を生み、そして、はやくも二十年代には衰退をみせる。官の系譜のゆるぎなき欧化の足どりと対照的に、擬洋風建築の激しい生滅の波は、擬洋風建築を支えた民における明治維新の生滅の波と一致している。擬洋風建築が生命を失った二十年代は、またあらゆる分野で、民の明治維新——それは文明開化と呼ばれるにふさわしい——の挫折が露呈する時期である。

こうして滅びる擬洋風建築は、その志であった〝あたかも自然の一過程のように生滅する日本の建築とその風景、そうした自然的世界を突き抜く新しい空間〟を真に作り得たのであろうか。

様式の真空の中で、大工たちが、擬似的手法と偶意的手法とによって創出した擬洋風建築の表現したものは、こと志と異なり、民家の逆像にすぎなかった、とおそらく言えよう。

ウォートルス、煉瓦街、そして銀座

銀座煉瓦街は本当に失敗だったのか

銀座の歴史について、とくに銀座がなぜ生まれたかについての最新のお話をしたいと思います。

明治五年の大火で銀座が燃えて、再建にあたり赤煉瓦の街が作られて、そこから今の銀座が始まったことはよく知られています。その政策を当時の東京府知事の由利公正が考えて、イギリス人のウォートルスという建築家が実際の設計をして実行に移した。そしてできた煉瓦街は失敗だった。よくそういうふうに言われています。

しかし、そのうち正しいのは大火と、煉瓦街と、ウォートルスです。あとの二点、府知事の由利公正が発案したこと、煉瓦街が失敗だったことについては、今から四十年ほど前に研究を始めたときから、疑ってました。

それから本格的に調べた結果、由利公正が発案したというのは間違いであることを確認できました。由利公正については、本人が伝記で自慢話を書いてるのを鵜呑みにしただけで、当時の資料に当たってみると由利公正はむしろ煉瓦街計画に反対だった。煉瓦街計画というのは、道幅を広げること、木造をやめて煉瓦にすることの二つが柱ですが、由利は拡幅には賛成だったけれど煉瓦化には反対だった。

ところが本人はそのことには触れてなくて、全部自分が発案したと書いている。それは間違いで、当時のいろいろな公文書を見ると煉瓦街計画の発案と由利公正は関係ない。発案したのは他の人たちだった。

その頃、築地に住んでいた大隈重信のもとに井上馨とか渋沢栄一とか前島密といった若手の官僚たちが集まっていた。のちの経済界の大物・渋沢もその頃は大蔵官僚で、世間では彼らを築地梁山泊と呼んでいた。銀座煉瓦街を発案したのは彼らだったことが確認できました。

煉瓦街計画を失敗だったというのは主に民衆史の人たちが書くんですが、日本の民衆史は政府のやることを悪く言わないと気がすまない変な体質があって、明治の元勲たちがやった銀座の煉瓦街なんて失敗だと言いたいわけです。そこでどういう事例を採り上げるかというと、湿気があって健康を害したとか、海苔屋の商品がダメになったなんていう話を書く。それは当たり前で、煉瓦造っていうのはできてすぐに住むもんじゃない。水でベチョベチョに濡らして造るから、水が乾いてからでないとダメ。それをすぐに入ってしまって起きた、そういう取るに足らないことを面白おかしく書いて、失敗だったって言う。都市計画、インフラを造るっていう点については間違った評価がされているわけです。

銀座煉瓦街は実は失敗ではなかった。煉瓦街になったおかげで、銀座という三流の街が当時一流の街だった日本橋を抜くわけだから、それを失敗と言ったらおかしなことになってしまう。そういうところを正していくのが僕の仕事になりました。

謎の建築家ウォートルスを追って

実は、銀座の煉瓦街については誰もちゃんとした研究はしていなかった。僕が初めて手を付けます。それで、いくつかのことを調べたのですが、一番の謎はウォートルス、トーマス・ジェームス・ウォートルス（Thomas James Waters 正しくはウォーターズだがウォートルスが通例）という人物のことです（図Ⅱ㊻）。当時、彼についてはイギリス人であることと、銀座煉瓦街をはじめ日本でいろんな仕事をしたことは知られていました。ただ、どこから来たのか、それにその後の消息もわからない。

ウォートルスが日本に上陸したのは幕末のことです。これは先輩たちの研究ですでにわかっていて、洋式工場を造るために薩摩藩に来た。ご存じのように薩摩藩は、幕府と戦い、かつ海外の侵略を防ぐために、島津斉彬が洋式工場を造った。幕府と関係なくやってしまう。ヨーロッパの近代工業を日本に移そう、日本で産業革命を起こそうとしたのですが、それにはまず、ヨーロッパからいろんな機械や技術者を呼ばないといけない。それで頼りにしたのが例のグラバーという商人です。

グラバーは、幕府と反対の側にいた武器商人です。もう相当怪しい人物で、南北戦争が終結して余った武器をかき集め、それをバンバン日本に売ったりした。薩長はそれでついに幕府に勝つことができた。だから、グラバーは死の商人で、冒険商人（merchant adventurer）ですが、薩長にとっては恩人なんです。

グラバーは危ない橋を渡ることで一気に財を成しました。武器を売っただけでなく、産業革命のための機械などもたくさん買ってきて薩摩に納めるんですが、そのバックにはさらにジャーディン＝マセソンが控えていました。当時のイギリス屈指の貿易商社です。有名なアヘン戦争は、大英帝国が香港に乗り込んでアヘンを売り込んだとされていますが、実際に攻め込んだのはジャーディン＝マセソンだった。会社は現在でも続いています。

ジャーディン＝マセソンがいて、その下に現地の商社としてグラバーがいた。それで機械はどんどん薩摩に来るけれど、それを据え付け、動かして工場を建てる技術者がいない。そこで雇われたのがウォートルスです。

ウォートルスはそれまでどうしていたか、そこがわからなかった。わかっていたのは、とにかくそうやって日本に上陸し、薩摩の仕事をして、それが縁で新政府ができてから大阪の造幣寮建設に関わります（図Ⅱ㉜）。大蔵省とつながりができて東京に呼ばれ、金銀分析所を造り、竹橋陣営（図Ⅱ㊴）を造っていました。全部大蔵省系の仕事です。

そこへ火事が起きて、井上馨たちが煉瓦街を造ろうと発案し、ウォートルスにやらせることになった。とこ

図Ⅱ(56) トーマス・ジェームス・ウォートルス

図Ⅱ(57) アルバート・ウォートルス

図Ⅱ(58) アーネスト・ウォートルス

図Ⅱ(59) ウォートルスの故郷バーの街路

図Ⅱ(60) コロラドのウォートルス兄弟の墓

ろが、銀座の煉瓦街ができるとウォートルスはお払い箱になって、どこかに消えてしまうんですね。

日本時代のことは基本的にわかっていました。が、日本に来る以前のことがわからない。それで調べ始めたんですが、ありがたいことに三枝進さんが銀座のことをずっと調べていらした。で、ここから先の話は三枝さんの働きが大きいんですけれど、ウォートルスがイギリスから香港に来るまでの経歴が大筋わかったんです。まず、彼はイギリス人って言われていたけれどそうじゃなくて、アイルランド人です。アイルランドの真ん中あたりのバー（Birr）という中規模の町で生まれています（図Ⅱ59）。

そのバーに、日本人ではたぶん僕が初めてだと思うんですけど行ってみたら、町もウォートルスが生まれた頃のまま、彼の生家もそのまま残っていてびっくりしました。教会に行くとウォートルスのお父さんを顕彰するプレートがはまっていて、大きな仕事をした人であることがわかりました。

ウォートルスのお父さんは、トーマスがまだ小さい頃、地元の領主に頼まれて町の都市計画をやってるんです。その都市計画っていうのが面白くて、領主の家とちょうど反対側に教会を造って、その間にズーッと大きな通りを通している。それが不思議な通りで、真ん中に馬車のための車道があって、その脇が歩道になっている。その車道側に植木が植わっているんですが、普通、植木は車道には植えません。

銀座の謎とされていることの一つに、なぜ最初車道に並木が植えられていたか、があります。ウォートルスのお父さんがやった都市計画では車道に並木を植えている。お父さんの都市計画のあと、ウォートルスの家はその道沿いに建てられていましたから、息子のトーマスもお父さんがやった都市計画をそのまま銀座でやったのかもしれません。

ウォートルス家には三兄弟がいて、長男がトーマス・ジェームス、次がアルバート（図Ⅱ57）で、三番目がアーネスト（図Ⅱ58）です。トーマスはまずイギリスに出て、ロンドンから香港へ来て、その辺からイギリス人ということになってしまったのだと思います。ただ、建築史家の丸山雅子さんが調べたトーマスの訃報など

Ⅱ61

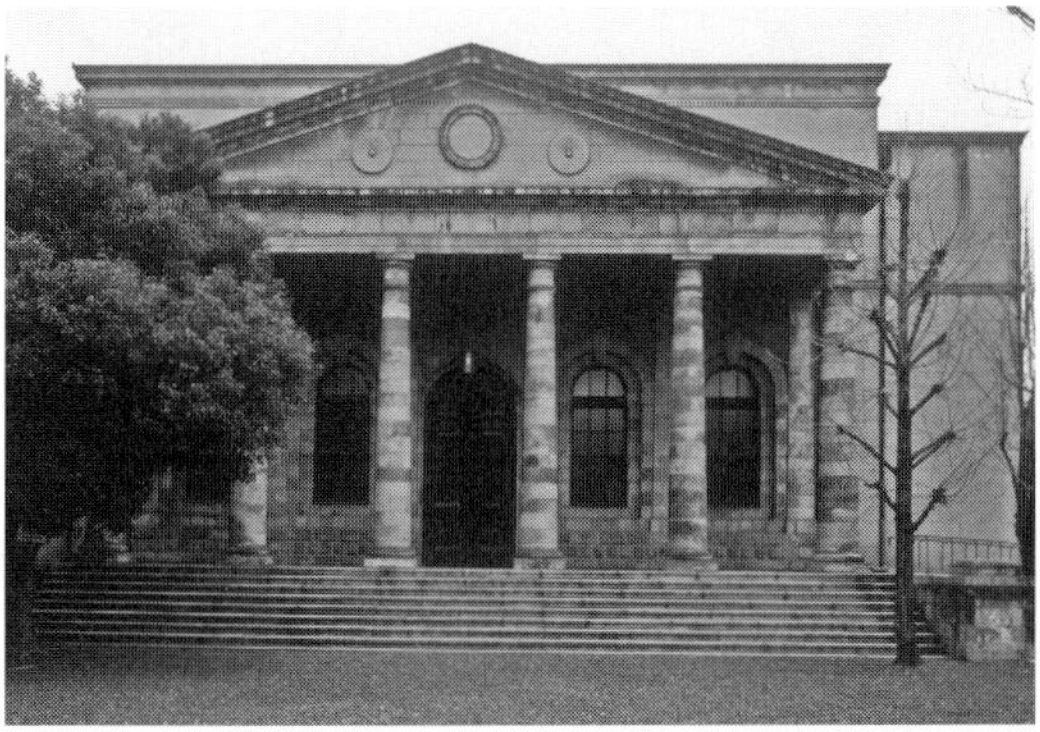

Ⅱ62

Ⅱ63

図Ⅱ61　薩摩藩鹿児島紡績所（ウォートルス　一八六七　鹿児島）

図Ⅱ62　造幣寮工場玄関（ウォートルス　一八七一　大阪）記念性を帯びるとき、工場もまた様式の衣裳をまとう。そうした傾向は明治新政権が全力を注いだ造幣寮工場に極まっている。同玄関は古典的様式で堂々と飾られ、技術者固有の力強さを見せている。設計者ウォートルスはこの成功により技術者から建築家に変わり得たかに見えたが、しかし、同玄関のペディメント（三角破風）の間のびが教えるように、本格的建築様式の教育を受けていないがゆえの限界は遂に万能技術者ウォートルスをしても超え得なかった。（撮影・藤森照信）

図Ⅱ63　泉布観（ウォートルス　一八七〇　大阪）造幣寮の応接所として設けられた。ウォートルスらしい力強さを示すが、内部空間の貧困も技術者固有である。泉布とは貨幣のこと。（撮影・藤森照信）

に「イギリスとドイツで学ぶ」と記されているので、当時最も有名な鉱山学校だったフライブルク鉱山工科大学に行った可能性もあります。末弟のアーネストは大変優秀な鉱山技師で、卒業はしていないけれど確かにフライブルクで学んだ記録があります。しかしトーマスの名は学籍簿にありません。のちの仕事ぶりを考えると、学籍に残らない聴講生のような形で学んだのかもしれない。

ウォートルスの本来の職業は、建築でも都市計画でもなく鉱山技師で、これは確認できます。弟のアーネストが学んだフライブルク鉱山工科大学は、実は日本にとって大変重要な役割を果たしています。明治の初期に日本が外国からいろんな技術者を招びますが、鉱山開発はフランス人が来てやることが多かった。それがある時期からフランス人をみんなクビにして、ドイツ人に代わるんです。その中心にいたのがクルト・アドルフ・ネットーという鉱山開発で大変名高いお雇い外国人で、彼がフライブルクの出身でした。その鉱山のやり方がフランス式から最新のドイツ式に転換するときにウォートルス兄弟がやって来て、クルト・ネットーの体制のなかで働いた。弟のアルバートは群馬県の中小坂鉱山を開発し、末弟のアーネストは高島炭鉱で働いています。

調べ始めた当初、鉱山技師でアルバート・ウォートルスって人がいて、建築にトーマス・ウォートルスって人がいることがわかっていました。ウォートルスは建築家のはずなのに似た名前の奴が鉱山開発にもいるということで、はじめのうちは混乱したんですが、今となってみれば兄弟だった。アルバートは大蔵省に雇われた兄トーマスを頼って、日本で一山当てようとやって来た可能性が大いにあります。だからトーマスは建築・都市計画で有名だけど、三兄弟は日本でちょこちょこ鉱山の仕事もやっていた。一応業績はあって、明治の鉱山史には名前が残っています。

では、なぜ鉱山技師のトーマス・ウォートルスに銀座の煉瓦街を造るようなことができたのか。たとえば煉瓦街を造ったときの記録に、日本の瓦職人には煉瓦がうまく焼けないので、トーマスが当時最新式のホフマン窯を小菅に築いたとあります。トーマスは煉瓦の焼き方まで知っていたし、セメントも自分で焼くんです。渋沢栄一などは「若くてすごい奴」だった、「頼めば何でもできた」って言ってます。

鉱山技師っていうのは特殊な技術者で、まず鉱石を探し、そして鉱山を開く。鉱山はだいたい人里離れた所にしかないから、何にもない。だから、測量も金銀の分析も、煉瓦を焼きセメントを焼く、水路を造り電気を引く、工場を造って機械を据え付け運転する、とにかく全部やらないといけません。鉱山技師というのは産業革命のなかできわめて特殊な性格をもっていて、一つ一つ高度にできるかっていうとどれも高度にはできないけれど、全部そこそこできる大変新開地向きの技術者なんです。ウォートルス三兄弟はそういう人たちだった。

トーマスはいわばその技術の一つを発揮して銀座の煉瓦街を造り、日本では都市計画家兼建築家として名が残ってしまったわけですが、正体は鉱山技師だった。日本での仕事を終えたあとが謎だったんですが、いろいろ調査してわかってきました。僕らが上海で調査してるとウォートルスの名前が結構出てくる。上海はまだガス灯だったので、発電所を造り町じゅう電灯にした。これはトーマスがやった一番大きな仕事です。

中国で文化大革命が終わるくらいの頃に、横浜市と友好都市だった上海市に初めて行くことができました。厳しい制約のなか、昼休みに何とかウォートルスの事務所があった場所に行ってみたんですが、当時のものはもうまったくありません。地元の記録は残ってなくて、わかったのは都市計画で仕事をしていたということくらいでした。

ところが、ウォートルスはそれなりの名士だったから、当時の上海の英字新聞を追っていくと、アメリカへ行って何か仕事してるとか、あるいはニュージーランドへ行ったとか、そんな記事が出てくるんです。ニュージーランドへ行ったのはトーマス、アメリカへ行ったのがアーネストとアルバート。何しに行ったかっていうと、鉱山開発だったことがその後わかりました。丸山さんがニュージーランドへ行って調べてたら、ちゃんとした炭鉱を開いて、トロッコを引っ張るケーブルと着脱するクリップの特許まで取っていました。

そのトーマスも結局、コロラドで銀山を掘っていたアーネストの所に合流していきます。それで丸山さんと二人、実際にウォートルス三兄弟が掘ったコロラドの、ロッキー山脈の中にある銀山を見に行った。テルライドっていう鉱山都市なんですが、もう今はスキーリゾートに変わり、切り立った渓谷の奥の秘境になっている。魅力的な古い鉱山町がそのまま残って一種の観光地みたいになっているんですが、とにかくロッキーの高い峰の彼方で、よほどの覚悟がないと行けません。もう廃墟ですけど、そこで掘り出したものを選鉱精錬する下の方の施設の跡まで残っていました。

そんな所に鉱山町を造るので、鉄道も全部ウォートルス兄弟が引くわけです。テルライドとデュランゴの駅は、アーネストが設計したことになっています。トーマスがやったらもうちょっとマシだったんじゃないかと思わせる、ちょっとセコイ駅でした。

コロラド州の建築に詳しい建築史のトム・ノエル先生にお会いして、その後丸山さんがいろいろ調べてくれたんですが、デンバーはある時期のアメリカを代表する鉱山都市なんです。それは、サンフランシスコのゴールド・ラッシュのあとでシルバー・ラッシュが始まってからのことです。で、ウォートルスも、シルバー・ラッシュに群がった山師たちのなかにいたんだと思っていたらそうじゃなくて、むしろそのシルバー・ラッシュの元を作ったのがウォートルス三兄弟だった。大変な業績がある。

だから、デンバーの駅の真ん前に、ちょうど東京駅前の丸ビルみたいに桁外れにデカイ建物がドーンと建っていて、それがウォートルス兄弟のウォートルス・ブラザースって会社が建てたビルなんです。それで、あろうことかその一階に鉄道馬車の会社が入ってました。銀座にも鉄道馬車があったから、まさかウォートルスが日本の鉄道馬車をやったわけではないと思うけれど、なんかウォートルスと鉄道馬車、コロラドと銀座が変につながってる気がしました。

三兄弟のうち二番目のアルバートはイギリスに戻りますが、トーマスとアーネストはコロラドで生涯を終え、ここに葬られます。お墓を見に行ったら、もう市営墓地の本当に一番いい場所に立派なお墓がドーンとある

（図Ⅱ⑥⓪）。大変大当たりをして裕福だった末弟のアーネストが先に死んで、トーマスがお墓を作ったんですが、それがバカでかい石のお墓で、スタンディング・クロスという代物。これはケルトの伝統のスタンディングストーンの血を引く十字架で、トーマスはアイルランド人の誇りをもって設計したんでしょう。日本を離れてからは弟たちと本来の鉱山技師の仕事をしていて、設計はほとんどしていないはずだから、たぶんこれがトーマス・ウォートルス最後の作品だろうと思います。彼は有名な保養地の贅沢なホテルで最期を迎えますが、シルバー・ラッシュで大当たりしてきっとお金は山ほどあったんでしょう。

煉瓦街はどう造られたか

ウォートルスが造った銀座煉瓦街の実態っていうのはわかっていませんでした。銀座煉瓦街の碑っていうのがあって、そこに煉瓦街の煉瓦が積んであったんだけど、専門家が見ると贋物なんです。ウォートルスが小菅に造ったホフマン窯の煉瓦は特徴があって、まず普通の煉瓦より大きい。普通の煉瓦の規格は日本人の手に合うようになっているけれど、ウォートルスはそれ以前にやっていたから規格より大きくて、それをフランス積みっていう積み方をしています。焼きの温度が甘くて、ちょっと黄みを帯びるんだけど、それに当てはまるのは一個もなかった。

それで、三枝さんに何か出てくることがあったら知らせてくれるようお願いしていたら、あるとき連絡が入って、行ってみると間違いなくウォートルスの煉瓦が積んである。それで発掘したんだけど、面白かったのは土台まわりと暖炉に青石が使ってあったことです。青石というのは伊豆の青石ですけど、それを使ったというのは初めて知りました。それから、僕が掘っていた円柱のところから円を三分割した扇形の煉瓦が出てきた。ウォートルスはセメントを焼いてるんですが、どうも現場が相当いい加減にやったらしくて、セメントが全く使われてなかった。みんな漆喰です。誰かが誤魔化したのか、それともセメントの製造量が足りなかったのか、とにかく漆喰を使ってましたね。でも、上海の町なんか当時泥で積んでますから、それよりは漆喰の方がずっといい。こうしてだいぶ実態がわかってきました。

当時、江戸東京博物館を作ることがわかっていて僕も委員の一人だったから、東京都がトラック一台とは言わないけど軽トラック一台分くらいは発掘したものを運んでくれました。それで、実際に江戸東京博物館ができ始めてそれを探したんですが、都のどこかの施設で保管した二、三年の間にゴミだと思って捨ててしまったらしい。

幸いその後もう一度ちゃんとしたのが出て、今はその煉瓦が展示されているんだけど、残念なことに、扇形の煉瓦がないんです。青石とちゃんとした暖炉もあって、扇形のだけがないんだけど、そういう形の煉瓦で円筒を作っていたことを記録しておかないといけない。小菅のホフマン窯で作ってますが、あれだけのものを焼いたんだから、ホフマン窯の性能は相当よかったんだと思います。あれは輪業っていって、ドイツのホフマンさんが特許を取った最新式のエンドレスで焼ける窯なんですが、それをウォートルスが日本で最初に作ったわけです。

実態はわかってきたんだけど、煉瓦街の復元がちゃんとできていなくて、資料はいろいろあったから僕がやりました。都が持っていた資料で一応全部復元できたけれど、大通りの図面だけが残っていませんでした。周りなんかなくていいから大通りさえ出てくればと思ったんですが、ほとんどの通りに列柱が付いていました。ただ、裏側は江戸時代のままで、裏には風呂とか蔵とか物置とかがある、要するに江戸時代の商家です。それがそのままになっていた。煉瓦造の中は結構畳敷き、板敷きという実態がわかったわけです。

Ⅱ⑭

図Ⅱ⑭　竹橋陣営（ウォートルス　一八七一　東京）左右の和風の建物はウォートルス輩下の日本人技術者による。

Ⅱ⑮

図Ⅱ⑮　銀座街

Ⅱ⑯

図Ⅱ⑯　銀座煉瓦街の煉瓦

銀座はいつ日本橋を抜いたのか

銀座のことではもう一つ、銀座がいつ日本橋を抜くかっていう大問題があります。これはなんとも調べにくいんですが、抜いたってことは当然みんな知っています。抜いた理由は明快で、煉瓦街が目指した不燃化による、つまり火事がなくなったためです。関東大震災で崩れますけど燃えたわけではなく、それはやはり煉瓦のおかげです。江戸このかたの木造の町は火事になるとまた一からやり直すことになって、結局資本の蓄積ができません。燃えては建て直すをくり返して、伸びたり縮んだりするだけで資本主義に成長しないんです。銀座は煉瓦街になることによって、そうした江戸時代の素朴循環経済を脱することができました。商業地区のレベルでの資本主義、初めて商業資本の蓄積ができるようになったわけです。

また、煉瓦街に入った商売がみんな新しい商売だったということもあります。日本橋では芽の出ないような人たちが、近代的な商品を扱う店を銀座に開いた。そういう人たちの意欲が大きな理由なんですが、実は商業地区のどこがどこを抜いたかということを客観的に調べる方法はあまりないんです。唯一可能なのは地価なんです。地価は正直で、人が集まったからって地価が上がるわけではありません。やはり儲かっていてはじめて上がるものです。

東京の場合、一筆ごとの地価は近代以降二度しか調べられていません。ひとつは地租改正をやったときで、明治政府が地価を決めなければならず、明治十一年に日本中の地価を決める。一筆一筆、よくあんなことやったと思うけど、そんなこと政府にはできませんから、実は政府の下で不動産屋がやってる。今でもそうですが、町の不動産屋は相当正確に知っていて、それで明治の政府は不動産屋さんと組んで地価を決めていきました。明治十一年の地価は、江戸時代のままの銀座でなく銀座煉瓦街ができた直後の地価です。それともう一度は関東大震災後、区画整理をしたあと、東京の全土地をやり直しています。

僕は地価の等高線というのを作りました。これは本当に面白いものです。明治十年に煉瓦街造りが終わりますが、銀座がスタートしたときには相変わらず日本橋がすごいんですね。図を見ると面白いのは、水運と道路との交点が高い。水運へのアクセスが一つの基準で、日本橋といえどやはり陸路と水路の交点が高くなっています。この明治十一年には、一番高い一等という地価は魚河岸につけた。一等地っていうのはそういう意味で、魚河岸が当時一番高く、あそこが一番お金を稼いでいた。次が三越の位置です。だから三越、魚河岸からズーッと下がってきて、銀座の大通りはそれほどでないけど横の方はもうひどい状態です。

それが昭和三年になると、まず水との交点が全部下がってしまいます。で、峰になっているところは何かというと、市電と道路の交点です。昭和三年になると、京橋の辺はまだ日本橋と並ぶくらいですが、やはり四丁目が完全に日本橋を抜いています。そういうことがわかりますが、ただそれがいつだったかって本当のところはわからない。いろんな説があって、たとえば「銀ぶら」という言葉が明治の三十年代頃できて、大正の初めにはその「銀ぶら」を楽しむ人がずいぶん増えてきた。そのあたりで日本橋と銀座が入れ替わったとする人もいます。

「銀ぶら」という言葉ができたことでわかるように、煉瓦街が買い物に大変都合のよい街路だったことも、日本橋を抜いた大きな要因に挙げられます。安心して歩ける歩道は日本で初めてで、アーケードがあるから雨の日も濡れないですむ、煉瓦が敷いてあるから足元もぬかるまない、街路樹のおかげで夏も涼しい、ガス燈が点るから夕方になっても買い物を楽しめるなど、現在の商店街がもつ利便性が煉瓦街にはすべて備わっていました。それに加えて、煉瓦造りでガス燈の輝く街並みは、文明開化の先端を行く夢を与える空間にもなっていたのです。

また、店もそれまでと大きく変わりました。それまでのとくに日本橋の呉服や高級品を扱う老舗では、上がり框に腰を下ろしたお得意さんが店の奥から出された商品を選んでいました。つまり座売です。フリのお客さんは商店から見るとあんまり頼りにならないお客さんで、お得意さんを主に相手にしていた。ところがそういうお客さんたちは銀座には来てくれない。それで結局、銀座では新しい商品を新しい売り方、立売形式で売る。上がり框が消えて土間にショーケースが置かれ、店の中が見えないようにしていた屋号の入った長暖簾が消えて……まあ今僕らが知ってるやり方です。店の前面、ショーウィンドーに一番いい商品があって、フラーッと来て、眺めて買う、買わなきゃ他へ行くっていう。で、ぶらつくだけで楽しめる、今の銀座ですね。

舶来のものを売ってる店も多かったし、横文字の看板もずいぶん早くから多くなったようだけど、スペルはどうも間違いだらけだったらしい。でも、読める人はいないんだから全然構わない。外人だけが面白がって間違いを採集してるんです。銀座がスタートした時点ではまだ日本橋よりずっと格が低いわけで、舶来のものを扱うんだけど、まあ言ってみりゃ山師のような人たちも大勢いたと思います。当たる人も当たらない人もいたけれど、新しい商品を商っている人たちが割合当たっていきます。

銀座という街は

こうして今の銀座の老舗というのができ上がっていくわけですが、銀座の老舗で江戸まで遡るところはあまりないんじゃないでしょうか。銀座ができたのは明治十年。日本の産業革命がだいたい二十年までに終わって、経済的にその成果が出始める。そうなるとみんなが洋風のものを欲しがるようになって、どんどん熱気を帯びてきたんじゃないかと思うんです。だから、服部とか木村屋とか資生堂とか、そのあたりからスタートした店は結構老舗化できたんでしょうね。

図Ⅱ⑰　昭和八年の東京地価等高線地図

図Ⅱ⑱　明治十一年の東京地価等高線地図

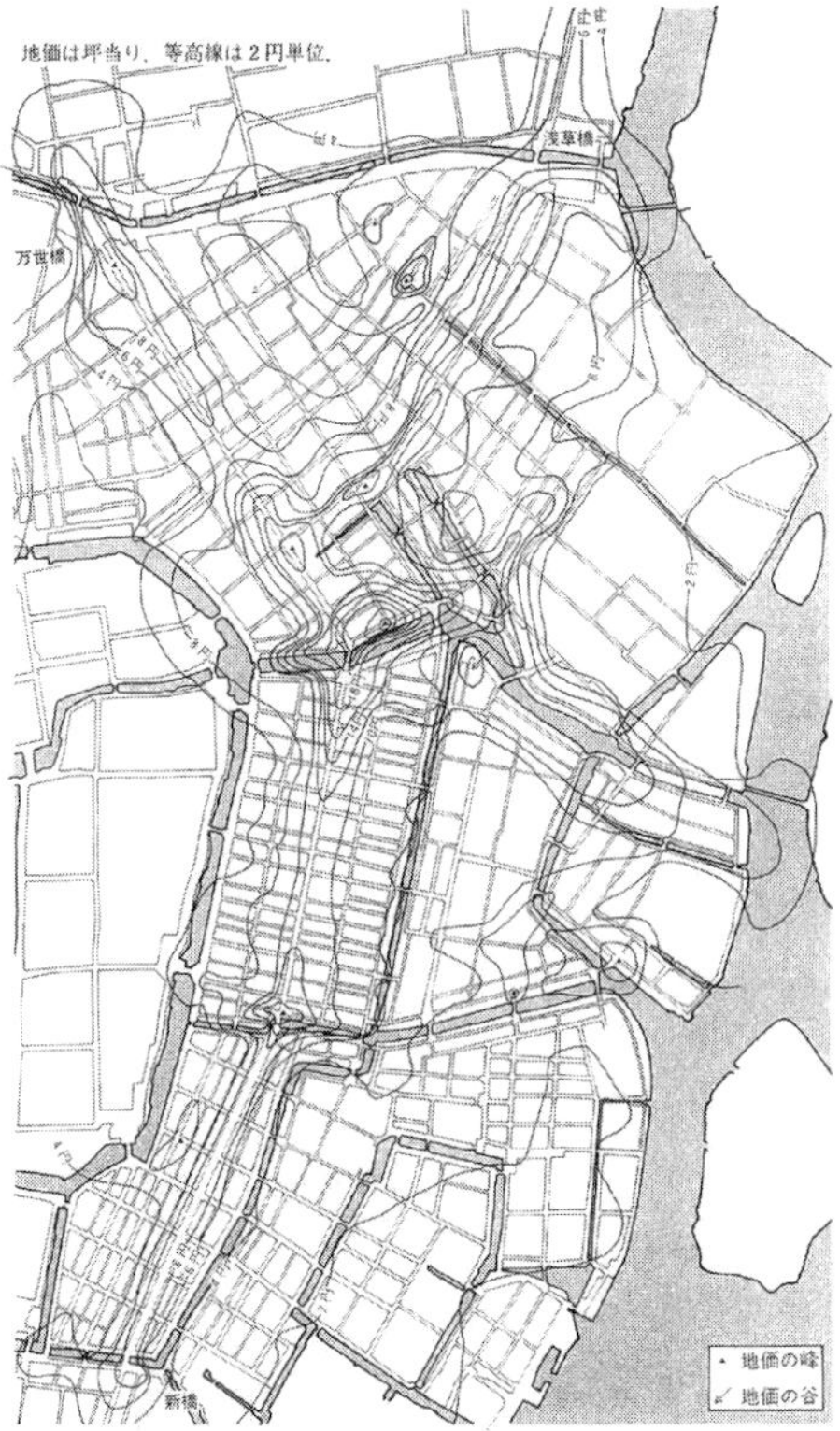

Ⅱ⑱

地価は坪当り，等高線は10円単位，地形図の解読と同じようにして，都市のさまざまの動勢を読みとることができる．

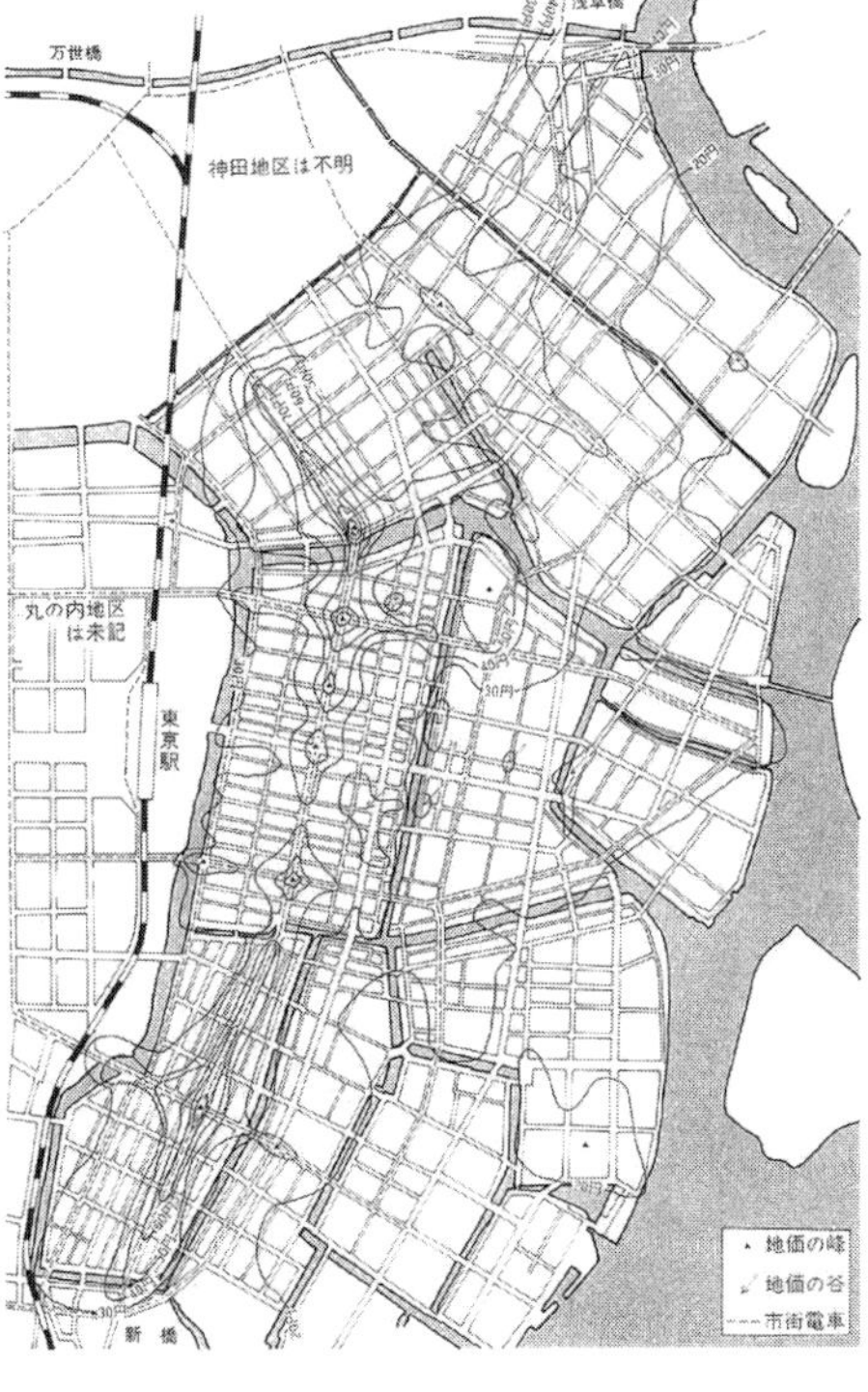

Ⅱ⑰

新橋─横浜間に鉄道が開通していたこともあります。築地の居留地には立教とか慶應とか新しい学校ができてきます、明治学院とかキリスト教系はだいたいあそこです。だから横浜からの文物、産業的な力、商売が流れ込んでくるのと、それからもう一つ、築地からの文化的なものがあの四丁目で合流するんです。明治十一年の段階では四丁目には何にもない。だから銀座煉瓦街ができた頃には、まだ京橋寄りの方が地価は高かった。それが昭和三年には四丁目交差点が一気に東京の地価の峰になって、富士山になってしまう。銀座の四丁目が交点になるんですよ、新橋から、築地から、そして丸の内方面からの。

銀座中央通りの道幅はウォートルスの時代からまったく変わっていません。だから二階建てだった当時はよほど広過ぎて、かなり運動場に近い状態だったでしょう。今がちょうどいいくらいで、変な言い方だけど賑わいが落ち着くんですよね。だからウォートルスはやり過ぎっていうか、百二十年後に合わせてやったというか。ただウォートルスの実家の前の道はもっと広く感じるよ、ただの田舎町なのに。彼の頭の中にはそのイメージがあったのかもしれません。

関東大震災のときも、銀座では崩れはしても結構一階は残ったんです。見ると屋根が落ちてるだけで、でも壁は残って、土台まわりは割としっかりしてた。僕らが発掘したときも、家も一階の壁は大丈夫だった。二階が崩れてて、一階の壁と床と土台は大丈夫だったから、割と早く復興できます。その上に木造を載せるだけなので、震災から二カ月ほどでバラック建築の街並みができ上がった。

煉瓦壁の下の方は傷まずインフラは傷まなかったから、政府は銀座を区画整理の対象にしなかった。そのまま造りなさいって。第二次大戦後の復興でも変わらず全然動いていませんから、今でもおそらく木造のいくつかは壊すと中が煉瓦ですよ。

戦後の銀座は、それまでの歴史主義やアール・デコの建物が消えてややモダニズム一辺倒になった観がありましたが、ここへきていろんな建物ができるようになって、それはいいと思いますよ。ガラスの四角い箱は、工場とかオフィスはいいですけど、商店街に使うのはいかがなものか。オフィスというのは工場です。情報の工場です。

銀座は消費の場所です。消費の場所ってのは生産の場所と反対の性格をもたなくちゃいけない。そのようにしてバランスを取るわけです。生産の場所との違いというのは、まず個別性が強いということです。生産の場所というのは、大規模画一生産が今でも基本ですが、消費の場所は正反対で、個別性が強いことと、変化に富んでることが大事です。最近また建築もいろいろ賑やかになってきて、日本人も含めて世界的な人たちが銀座で仕事するようになってるから、ますます楽しませてもらえるといいなと思ってます。

Ⅲ

コンドル

明治期における国家と一浪漫主義建築家

彼らは国家によりて修養されたる建築家である
ジョサイア・コンドル　明治四十四年

コンドルまで

慶応四年（一八六八）、この秋より明治と改元される年の五月、上野の山を包む五月雨と硝煙をついて、彰義隊と幕府の終末に殉じようとする諸藩の武士とが、奥州会津をさして敗走した。その中に小笠原長行《ながみち》以下の唐津藩佐幕派の一隊があった。長行は、会津において、奥羽越列藩同盟を組織したが功ならず、やがて会津を追われ、唐津藩佐幕派は、函館五稜郭に走って壊滅するのである。しかし、一人の小姓が、長行の命により会津より江戸に帰されていた。その時、小姓曾禰達蔵は十六歳であった。想えば、達蔵の敗走は、二年前の長州征伐の敗北に始まっていた。

慶応二年春、長州を討つべく幕軍は江戸をたち、西に下り、先鋒総督徳川茂承《しげつぐ》は広島から、老中小笠原長行は九州方面総監軍として小倉から長州を攻めた。達蔵の初陣であった。しかし、高杉晋作・山県有朋の率いる長州隊は、小倉城をおとして幕軍を潰走せしめた。それは、槍と火縄銃による達蔵らの幕軍に対する、最新ゲベール銃を連ねた長州銃砲隊の勝利であった。山県はこの隊を率いて、やがて会津まで軍を進めるが、その中に、萩生まれの片山兄弟があった。十三歳の少年銃士片山東熊《とうくま》は、兄とともに出陣し、激戦の中で昏迷していたという。

そして九年の後、明治八年（一八七五）十一月、工部大学校造家学科に、すでに二年の予科を修めた学生が初めて進学した。曾禰達蔵、片山東熊そして辰野金吾、佐立七次郎、宮伝次郎の五名である。宮は在学中に病死し、他の四名が、やがて日本最初の建築家となるのである。辰野と曾禰は唐津藩士の、片山は長州藩士の、佐立は讃岐藩士の子であった。彼らは武士の子として、武士の時代の終幕を、たとえば曾禰は敗走のうちに、片山は進軍のうちに、それぞれくぐり抜けてきたのである。

この事情は誰にも同じであり、金子光晴は、義祖父佐立七次郎の吸って育った「武士の家庭の空気というものは、今日想像するような几帳面で、ノーマルな感じのものではなく、厳格なしつけそのものが、年月に歪んで不条理にみちて、実質のない誇りと、世間から受ける不当なあしらいのために非常識な、危険な性格をつくり出していた」、とすでに終幕をむかえてよどみ、脱出するしかないものとして記している。

また、姫松（辰野）金吾は、唐津藩士の子としてのその頃のことを、

我十歳前後の時分、実母が我に対し繰返しされたる教訓の若干今耳朶に存するもの、

一、小糠三合持たら養子に行くなと言ふ諺あり。御前は二男なれば遂に養子に行くの身分なる。養子と言ふものは辛きものなり。今よりあらゆる艱難辛苦をなめ修業すべし。

賢母に対し吐きし奇言を仄かに記憶する一、二。世間追々にさわがしくなり、黒船が西の浜に寄せ来るとの流言頻々なり此時。

一、我曰く、若し黒船来らば、刀を抜きて防戦するに付、其間逃げ去るべし云々。

辰野家に養子となりし後、母の曰く、江戸の叔父さんは中々やかましいから、お前には迚ても辛抱は出来ますまいと云々。

一、我曰く、必ず辛抱して見せる。私が江戸に行つたら、必ず槍を立て帰つてくる云々。我等の身分で槍一筋とならば当時に於て、非常の栄達なりしなり。

と未完の自伝に記している。

彼らは、すでに時代との対決をそれぞれにへてきた青年であり、その誰もが、生きてむかえた新時代に、自

分が歩むべき道を求めて造家学科に進んできたのである。しかし、そこにあったのは、退屈で断片的な建築教育にすぎなかった。曾禰達蔵は次のように回想している。

建築科以外の学科には、早くから夫々専門の教師が一人宛居つて、新学年早々講義も始められて居つたが、建築科は専任の教師が定つて居らず人選全く不明であつた。

吾々建築科の学生は屢々教師の招聘を学校当局者に請求したが、当局者は適当の専任教師なき為め大に困惑し……建築実地家の外人をして教師の代をなさしめた。其の一人は当時工部省の傭技師であつた仏蘭西の建築士デボアンビルと言ふ人であつた。……漸くして得た此の建築教師は建築の講義をしなかつた。……同氏の建築学教授は全く一時の間に合せであつて、図面を写させたり、クラシックオーダーを書籍より取つて拡大したる図面としたり……建築現場を参観したり、其局部を写生したりして居つた。

斯くの如く吾々は或る可なり永き期間、専門の建築学に就て少しも秩序的な教授を受ける事ができず、心中甚だ不満に堪えず、専任教師の着任を熱望して止まなかつたのである。

想えば、文久元年（一八六一）竣工になる日本最初の洋風建築、長崎製鉄所の幕府側担当奉行荒尾石見守が「もしも飽ノ浦に煉瓦造りの家が建てられたということが江戸に知れたら……きっと八丈島に流されるに違いない」と、異質なものへの恐怖をもらしており、造家学科学生により、お雇い外国人建築家の水準の低さが指摘されるまでに要した時間は、わずか十年余の短かさである。そして、批判されたボアンビルは、文久以来十年余の外国人建築家の活動過程の最後に登場する当時としては最高の建築家に違いはなかった。ここに、コンドル登場の前座として位置づけられるボアンビルに至るまでのお雇い外国人の道程を略述したい。

洋風建築導入の最初の舞台は、幕府、雄藩そして明治新政権による工場を主とする一連の産業施設であり、その回し手は、建築家よりは技術者と称すべき人びとであった。幕府の長崎製鉄所（文久元年）、横須賀製鉄所（維新後明治四年完成）、薩摩藩紡績所（慶応三年）などの幕末期のもの、そして富岡製糸所（明治五年）、大阪造幣局（明治四年）、あるいは港湾、鉄道関係施設といった明治新政権による一連の産業施設を担当した技術者は、次のような人びとであった。

オランダ海軍機関将校ハルデス（H. Hardes）、元ツーロン造船所船工バスチャン（E. A. Bastien）、元パリ燈台局建築技師フロラン（L. F. Fleaulant）、英国鉄道兼燈台技師ブラントン（R. H. Brunton）、仏国土木技師レスカス（J. Lescasse）等々。彼らは幕末から明治初期にかけて、産業施設以外の一般的建築にも活動を拡げ、一つの時代を形成してゆくが、それを可能にしたのは、何を建てるかについて考え、煉瓦の窯を築くところより建築を始めねばならぬ新開地日本が必要とした技術的万能性と企画力を彼らが持っていたからに他ならない。そして、こうした能力を象徴的に遂行したのは英人ウォートルス（T. J. Waters）である。彼の活動は、建築から都市計画、さらには鉄製釣橋にまでおよび、実現にいたらなかった企画を含めれば、建設と名のつく一切が、彼には可能であった、とまで思われる。それ故、この時代は〝ウォートルスの時代〟と言えよう。

しかし彼は、技術的万能と逆に、建築様式について知るところはきわめて少なかった。知っていたのは、簡単なペディメントとトスカナ式の柱の二つだけであり、この二つを、微妙なプロポーションなどと無縁に組合せることが、彼の様式設計であった。しかし、この方法では、もはや新政権の産業施設につづく新しい課題、すなわち、宮殿、官公衙、劇場、大学などの国家的建築を飾ることはできなかった。そして、技術者は祖国へ、あるいはやってきた南方へと去り、あとには、煉瓦を焼くこと、それを積むこと、トラス小屋を組むことといった基本的洋風技術が、ゆたかに残されていた。

技術のつぎに政府が求めたのは、本格的様式であった。ここにボアンビル（C. de Voinville）とカペレッティ（G. V. Cappelleti）が登場する。

カペレッティは、遊就館、陸軍参謀本部において、本格的建築様式のなんであるかを日本人に初めて示した。しかし、彼の仕事ぶりは「外部の装飾のみに意を注ぎ構造の如き他人に任せて顧みざりし」具合であり、ファサードのすばらしさに反し、建築内部は素人じみたものであったと伝えられている。本格的建築家というよりはすぐれた美術家と言えよう。

ボアンビルは、外部においてはカペレッティに劣り、工部大学校講堂（明治十年）や印刷局（明治九年）のバロック趣味、とくに前者の菊の御紋の汎用に顕著なように、デザイン要素を十分に統御しきれない構成力の弱さが感じられるが、一方、内部はそれまでの技術者やカペレッティにはない充実を見せ、空間の誕生をおもわせる。両者は、一部に欠点があり、本格的建築教育を受けたとは言い難く、それ故にまた、体系的、全体的な建築教育を与えることができなかった。

造家学科の学生が、明治十年前に出合ったお雇い外国人建築家の歴史的到達水準とは、ウォートルスの時代が終り、本格的様式の時代に半ば入った、そんな過渡期であった。そして、コンドル先生の来日は、そうした過渡期に終りを告げた。

コンドル来日

ジョサイア・コンドル（Josiah Conder）は、一八五二年九月、ロンドンに生まれた。兄ライマー・コンドル（Reimer Conder）は弁護士、二人の妹の一人（H. L. Conder）は肖像画と風景画が得意な画家であった。弁護士、建築家、画家、そこに芸術味ゆたかな英国の知的家庭を想うことができよう。

ジョサイアは、まず英国中部の小都市ベッドフォードの商業学校に学び、やがて建築に転じてロンドンに帰り、サウスケンジントン美術学校に進み、さらにロンドン大学に学んだ。修了後、ロンドン大学教授ロジャー・スミス（T. Roger Smith）に就いた。スミスはコンドルの従兄であった、と曾禰達蔵は語っている。しかし、しばらくして、バージェス（William Burges）建築事務所に入所した。バージェスは、当時の英国を代表

図Ⅲ① ジョサイア・コンドルの工部大学校時代の肖像

Ⅲ①

図Ⅲ② コンドルとその家族。左くめ（妻）・右はる（娘）で後にHelen Grutと称す

Ⅲ②

する建築家の一人であり、ゴシック主義者として知られていた。コンドルは在職中、英国王立建築家協会主催のソーン賞競技設計に、ゴシック式邸宅で臨み、ゴールド・メダリストとなっているが、彼はバージェスのもとで、単にゴシックの様式を修得しただけではなかった。それ以上に、師の熱心なゴシック主義と、東方への異国趣味ゆたかな環境の中で、コンドルは、自己の基本的な精神の型として、浪漫主義を獲得した。

やがてコンドルは、明治九年、ロンドンにおいて日本政府との間に雇用契約を結ぶが、その経過は不明である。当時、工部大学校の人的構成を担当したのはグラスゴー工科大学のランキン教授であったが、この世界的熱力学者とコンドルをつないだ輪は、今のところ失われている。

翌明治十年一月、コンドル先生が来日した。この時、曾禰二十四歳、片山二十三歳、辰野二十二歳、佐立二十歳、そしてコンドルは二十四歳の青年であった。

この青年建築家が、日本の〝近代〟から要請されたのは、つぎの二つの役割を果たすことである。一つは、教育者として本格的洋風建築の学と術を日本人に引渡すこと、もう一つは、建築家として、明治の国家を飾ることであった。前者の場として工部大学校造家学科が準備され、後者を果たすために、彼は工部省お雇い技師となり、さらに宮内省に出仕する。工部省は国家的建築の担当省庁であり、宮内省は、新宮殿造営計画を推しすすめていた。

コンドル先生の教育

その設計教育は、建築史学と課題設計と実施設計の三つよりなる均衡あるものであった。建築史学は、歴史的様式の選択と折衷をこととした当時の建築設計にとっては必須であり、エジプトに始まる西洋諸様式のほかに、地理的広がりをもって、インドや他の東洋建築も教えられた。なかでも、ゴシック様式に力がおかれたのは勿論である。課題設計は共同で行なわれ、歴史博物館などが指定された。ちなみに、コンドルより競技設計の存在を聞いた第一回生は、山県有朋邸の学内競技設計を行ない、片山東熊が入選し処女作となった。こうした教壇からの教育のほかに、コンドルは自分がすすめる諸建築の実施設計の手伝をさせることにより、設計の実際を教えている。

以上の設計教育のほかに、彼は構造技術への関心がきわめてたかく、地震学者ジョン・ミルンを招いて地震学の講義を行なうなど、耐震構造の研究と教育に力を注いだ。のちに日銀本店設計に当り、辰野金吾は壁の積み方に迷い、最後の耐震的判断をコンドルの経験に仰いでいる。コンドルは、耐震の根本は基礎にありとみなし、彼の建築学講述書『造家必携』(明治十九年刊)は基礎構造に始まり、詳細に論じている。のちにコンドルは「要スルニ今日ノ建築家タルモノハ第一ニ理学者デアリ、第二ニ美術家デアルヨウニスルノガ必要デアリマス」とまで断じているが、こうした構造技術への深い関心の背後に、ゴシック様式が本来秘めている構造性の薫陶を読みとることが許されよう。

そして以上の教育の成果を問うために、卒業設計と論文の提出をコンドルは求めた。設計と構造を教育の双柱とし、最後に卒業設計と論文をというコンドルの教育体系は、その内容を充実、分化させながらも、枠としては変ることなく持続し、今日の日本の、構造を設計と対等な建築家必須の教養とみる独自の教育体系の源となったのである。

東大建築学教室には、工部大学校第一回生よりの卒業論文が遺蔵されているが、英文で提出されたそれらの論文の末尾には、コンドルの講評がしるされている。師の教育と弟子の応答をうかがうことができるため、第一回生の分を訳出する。テーマは「日本将来の住宅について」である。

〔辰野金吾〕

論文の整理はよくできており、曾禰君のそれに大変似ております。地震の考察のようなところは、大変注意深く、かつ上手に数学的に扱われています。論者は、将来の装飾あるいは様式という点をよく考えていますが、しかし、これといった結論あるいは提言に至っておりません。提案の中でも、実地上の部分は実に不足なく完璧です。それらの点は申し分ありません。作文はまあまあでしょう。

〔原田東熊〕（片山は一時原田家に入籍＝筆者註）

論文はすばらしい英語でかかれ、整理の仕方は実にみごとです。しかし、論者は他の論者によって注意深く扱われた多くの重要な問題を無視していますし、将来の改良と変革のためのはっきりした提案には至っておりません。建設面や衛生設備問題の一般的な点はよく考えられていますが、論文は予告された固有の課題よりは、むしろ、建築一般のことになってしまっています。

〔曾禰達蔵〕

論文はこれ以上ない位によく配慮され、熟考されています。日本のための新しい様式の提案を導きだす芸術的考察、およびすべての実地上の面は、実によく考えられております。結論のいくつかは信頼に足るものとなっています。論者はまた、慎重に日本の建築の始源の問題を扱っております。論文はよく整理され、秩序だっております。作文は一部不明瞭です。
〔佐立七次郎〕

この論文は多くのことを語っていますが、しかし主題に直接関係のない、すなわち西洋の建築様式の歴史や、日本のそれの略説や、かつまた建築家の修養についての長たらしい注意、といったことを多分に含んでおります。このため、論者はこの国の将来の建築を大いに左右する外観、建設方法、気候、地震、実地上の点といった重要なことについては、他の論者のようには十分に扱っておりません。論文は、他の論文のいくつかのようには、作文においても、整理においてもよくはありません。

コンドルが弟子たちに求めた「日本将来の住宅について」という問いのたて方の中に、私たちは彼の錯誤をみる。問いの内容は、将来の日本の住宅様式に、和洋の問題はどのように現われるか、というものであった。しかし、この設問には二つの見当違いがある。第一に、和と洋の問題は、当時のコンドルにとってどれほど深刻な課題であろうとも、あとうかぎり純粋な西洋建築の修得を目ざす弟子たちにとっては、足を引かれるに過ぎなかった。第二に「住宅について」が、内的必然性をもって日本人建築家の意識にのぼるのは、大正期以後のことであり、明治の辰野らの任務は、宮殿、議院、官庁、劇場などをつくることであった。弟子たちが、純粋に洋風な宮殿、大廈、官公衙を夢想する時、師は日本のローカルに適した住宅のあり様を問うたのである。この落差は、明治の国家が、辰野らを通じて何を実現しようとしているかについて、コンドルが知らなかったことの証しである。こうした見当違いは、実は、彼のゴシックを軸とした教育全体にもあった。コンドルは、イギリスに深く根をおくゴシック主義、中世主義の環境の中で修業を積み、その様式の精神である浪漫主義精神を己れのものとしていた。そうしたものとして彼はゴシックを教えたのである。しかし、どこまで通じたであろうか。たしかに、工部大学造家学科の弟子の卒業論文は、ゴシックの事象からの引用が多いし、卒業設計は過半がゴシックであった。そして明治の中頃まで、コンドルの影響によるゴシック期とでも称すべき時代があった。たとえば、辰野金吾は初期の名作、日本橋川河畔の渋沢邸（明治二十一年）において、浪漫主義的発想から、渋沢邸を日本橋川河畔の風景としてとらえ、水によく映るベネチアン・ゴシックを採用した。それは日本橋界隈の、土蔵造りの商店の漆黒に塗り込められた江戸のなごりのデカダンとあいまって、不思議なエキゾチズムをかもしたのであったが、辰野がここに見せた場所に対する微妙な浪漫的感性は、長くは続かなかった。のちに辰野は、長野宇平治など弟子に対し、「将来の建築は復興式（ルネサンス様式＝筆者註）たるべき気運に際して居るから」として、ゴシックの勉強を禁じているが、辰野らにとって、ゴシック式とは取り換え可能な衣裳の一つにすぎなかった。彼らが様式と精神の対応を知るには、日が浅く、あまりに歴史を欠いていた。ちなみに、日本人がそれを知るのは、コンドルの孫弟子にあたる長野宇平治が、大正初年、古典主義に目ざめて以後である。

辰野らは、時代との対決を経てきた者として、国家が求めているところを、少なくともゴシック様式の精神を理解する以前に多くの任務があることを、体質で知っていた。弟子たちはコンドル先生から、作風とその背後の精神ではなく、師の伝えた客観的な建築の学と術とを、たしかに受け取ったのである。

明治十二年、コンドルの最初の弟子四名が卒業した。補欠で入学しながら首席で業をおえ、「槍を立て」た辰野金吾は、イギリス留学を命ぜられ、バージェスおよびスミスと、コンドルの修業を追体験するかたちで学び、やがて帰国し、明治十七年、工部大学校の帝国大学への発展的吸収を予定に師の跡をついだ。コンドルの教育の時代は終った。彼はこの期のことを、「工部大学校が帝国大学と合併せし時、大学の方は罷めて仕舞い、……合併後の帝国大学へも一、二年講義に出て居りました。その後、世の中が秩序付いて来まして、建築教育も追々と進歩して立派な建築技師も沢山輩出し……喜ぶべき次第であります」と語っている。

国家の建築家《デコレーター》として

国家、あるいは時代の建築家としてのコンドルの仕事は、すでに述べたように工部省お雇い技師として、政府関係諸建築を造営することと、宮内省に出仕して皇居御造営につとめることである。

まず明治六年五月焼失した皇居の造営は当初その様式をめぐって和洋両説定まることなかったが、そんなもとで、コンドルは「事務局勤務中は熱心に設計等諸般の用務に従事し、設計等に於いて実に用意周到なりき」といつものごとくであった。具体的には、前任者ボアンビルの計画を引継ぎ、ボアンビルのバロック的な華麗さと記念性を減殺する方向で、自分の作風を出している——と小野木重勝著『明治洋風宮廷建築に関する研究』は語る。しかし、この計画は実現をみずコンドルは離任する。

一方、工部省の技師としての活動は、初期コンドルと称すべき浪漫性ゆたかな一連の作品を生んだ。上野博物館(明治十五年)、開拓使物産売捌所(明治十三年)、築地訓盲院(明治十二年、ただし民間委託)、帝大法学部(明治十七年)といった一群は、年若くして来日したコンドルにとって、処女作に当るものであり、それ故、一部に稚拙さを残すが、横溢する浪漫性を十分に読むことができる。のちに弟子の辰野金吾が渋沢邸に同じ発想を求めたように、日本橋辺のゆたかな水環境にベニスを想い、ベネチアン・ゴシックを採用した開拓使物産売捌所、あるいは東洋と西洋の調和を考えて、その中間インド・イスラム式を用いた上野博物館、また古拙な味わいのあるロマネスクの小品、築地訓盲院等々。こうした作品が語る中世主義、ゴシック主義、東方趣味そしてそれらの背後にある精神の傾向としての浪漫性、これが初期コンドルの際だつ傾向である。

しかし来日後十年、彼の浪漫性は、試練をむかえた。明治十九年、コンドルの充実した作家活動に約四年の空白をもたらすこととなる臨時建築局時代が到来する。この期は、大震災で作品の過半を失いながら、関係資

Ⅲ
③

Ⅲ
④

Ⅲ
⑤

図Ⅲ③　開拓使物産売捌所（コンドル　一八八〇　北海道）

図Ⅲ④　上野博物館（コンドル　一八八二　東京）コンドル来日最初の作品。初期の代表作。その設計過程と施工には工部大学校学生を実習として参加させ、現場主任には工部省日本人技術者立川知方が配されている。尖頭アーチや多弁アーチを用いてサラセン風とし、全体にバランスのよい親しみ深い作品となっている。しかし、コンドルが、東方の邦・日本の宝を収蔵する博物館であることを意識して採用したサラセン風（インド・イスラム風）はけっして日本人の望むところではなかった。

図Ⅲ⑤　帝国大学法文科（コンドル　一八八四　東京）

料においてはこの上なく多くを遺留した建築家コンドルの履歴の中で、唯一、実体のとらえにくい時期となっている。関係資料の一括焼失があったとはいえ、残された断片を手に、この四年の空白を読むことなしには、中期以後の作風の転回の真因を知ることはできない。

維新直後より設置され始めた明治新政権の諸官衙は、旗本屋敷を転用し、また新築の場合も、旧幕府の諸屋敷跡地に建設されるなど、旧幕期の都市構造とイメージの中に仮寓してきたが、明治十九年、そうした旧都市の構造とイメージを変え、新政権にふさわしい新しい官庁街をつくり、その中心に、議院を造営しようという、新政権の都市・建築的自意識の発動というべき官庁集中計画が実行に移されることになった。その担当機構として臨時建築局が内閣に設置され、コンドルは入局した。そして「誠心誠意議院及び諸官衙建築の計画に当った」。しかし、同局の日本人筆頭建築家、一代男爵の松崎萬長《つむなが》と、元ドイツ公使外務次官青木周蔵は「二者相和して独逸風を吹かせ、遂に臨時建築局に同国の建築技師を招聘することとなりたり」。こうして、コンドルの他に、ベルリンのエンデ&ベックマン (Ende & Böckmann) 建築事務所が招聘され、両者はそれぞれに、官庁集中の都市計画と建築計画を提案したのである。そしてその結果はコンドル案の敗けであった。その理由は、コンドルの弟子中村達太郎が『明治工業史』において私怨を込めて書いたように、吹き荒れた〝独逸風〟にだけ求められるものではない。むしろ真因は、コンドルの計画の内容自体にあった。

エンデ&ベックマンの提出した計画案は、都市スケールにおいては、日比谷を中心に、霞が関から臨海地帯までを一息に改造するという壮麗なものであった。まず、臨海地よりミカド大通りと皇妃大通りが日比谷に建つモニュメントをさしてY字型に集中し、合して日本大通りとなって西に走り、ふたたび、モニュメントに当って二分され、右へ進めば宮城、左は議院という統一と集中の放射状大パターンであった。そして、それぞれの美的大街路にそって官公衙が軒を連ね、その軒蛇腹の線やベースメント層の線は、街路の線とともに、ヴィスタの果てに建つモニュメントに向って集中した。さらに、美的街路によって囲まれた公園には、維新の功臣

図Ⅲ⑥　ニコライ堂（コンドル　一八九一　東京）ロシアのギリシャ正教の伝道者ニコライは幕末の開港地函館を皮切りに布教に努め、ロシアでの寄金を基にニコライ堂を献堂する。ロシアの美術家シチュルーホフの設計にコンドルが手を加え完成する。しかし震災でやられ、修復により屋根が変わっている。（撮影・藤森照信）

図Ⅲ⑦　三菱一号館（コンドル　一八九四　東京）明治の洋風建築を代表する煉瓦の美は、ロンドンのロンバート街にならって建設されたビジネス街丸の内三菱煉瓦街にきわまっている。その始点となった三菱一号館は、コンドルの諸様式のうち最も正統な師バージェス以来のゴシック様式に飾られ、ゴシックのもつ堅実さがよくあらわれている。特にその屋根はすぐれ、天然スレートと銅の縁取りと鉄の棟飾りの対比が美しい。なお煙突の穴の数は主要室の数と一致している。

Ⅲ⑥

Ⅲ⑦

の群像が予定されていた。これはすべて、秩序、統一、威風、記念、壮大をこととしたバロック都市計画そのものであり、その本性にふさわしく、ミカドと聖代に献じられた記念碑であった。

一方、コンドルの計画は、その図面のサインからみれば、臨時建築局開設以前にすでに立案されており、一つの不可解な謎である。あるいは、コンドルに案を求めた政府が、彼の立案に意を満たさず、建築局開設後、ベルリンへの要請となったのかもしれない。臨時建築局の事象は、断片的に書き残されたものからだけでも、その錯綜ぶりははなはだしく、コンドル案の立案時期もその一つである。

ともあれ彼の案は、エンデ&ベックマンの対極にあった。全体計画は、各省庁の分散配置を原則とし、道路パターンは格子状を基本とするが鉄則ではない。そして、そうした格子の一画にそう大きからぬ公園をおくという、非集中・散在のパターンであった。これには第二案が存在し、前者に欠ける統一性と記念性がいささか増加している。建築の様式は不明であるが、エンデ&ベックマンの主導下でコンドルが担当した海軍省より推せば、ヴィスタの集中性を高める水平線は極力減殺し、垂直性を強調したゴシック風のものであったろう。彼の計画は、エンデ&ベックマンに比すれば、あまりに非国家的で、むしろ学林にでもふさわしい穏やかなものであり、かつて、ボアンビルの皇居造営計画をそのバロック性を減殺する方向で改変したと同様な、バロック的記念性・威風への無関心、あるいは嫌悪がその計画に読みとれよう。ここには、浪漫主義者に固有な巨大なもの、秩序に固められたもの、権威的なものへの反発、そして世界を私人として過ごしてゆこうとする、精神の傾向をみることができる。

伊藤博文以下、東洋のビスマルクを夢想した維新の功臣たちが、エンデ&ベックマンとコンドルの案のどちらを、より国家の意を体したものとしてみたかは言うをまたないだろう。しかし、そのエンデ&ベックマン案も規模を縮小し、一部を実現しただけで終った。

コンドルは〝独逸風〟と比較されたこの四年において、明治の国家が何を求めているかについて知った。自

Ⅲ⑧

Ⅲ⑨

図Ⅲ⑧　岩崎邸（コンドル　一八九六　東京）英国の青年建築家コンドルは、工部大学校造家学科において日本人建築家を育成した後も、日本にとどまって設計活動を続け、邸宅やクラブに秀品を残している。日本人教育の手本となったゆえに歴史的意味の大きい来日初期の大作はすべて失われ、今は、本郷の岩崎邸が最古の作となった（ニコライ堂は時期は早いがコンドルの手が余り入っていない）。コンドル設計の洋館部分は接客等公生活に使用され、日常起臥は洋館に隣接する広大な和風住宅で行なわれた。これが洋館の一般的な使われ方であった。（撮影・藤森照信）

図Ⅲ⑨　岩崎邸　階段室　明治十年来日、大正九年没まで、コンドルは七〇棟近い作品を残したが、彼の内部空間は秀逸で、外観からは予想されない美しさを見せている。写真左上のアーチ状の開口部は、全体の厳正な構成に和らぎを与えている。（撮影・藤森照信）

Ⅲ⑩

Ⅲ⑪

図Ⅲ⑩　岩崎邸　撞球室　岩崎邸のたまつき室。遊びの建築らしく、校倉造りの山小屋風佳作である。すぐれた折衷主義者コンドルのまとめる力の確かさは、妻に開けられた二連の半円窓が語っている。二連の半円窓という遊びを加えながら、全体の調和を崩すことなく、笑いをかもしている。〝コンドルの茶室〟といえよう。（撮影・藤森照信）

図Ⅲ⑪　岩崎邸　イスラム風室内　上野博物館以来のイスラム風モチーフは、外壁からは姿を消したが、室内で生き続けていた。室の角に設けられた〝無用な〟多弁形アーチのしつらいも、空間の充実には不可欠であると思わせるまでに必然的である。（撮影・藤森照信）

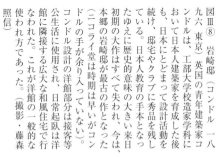

分の浪漫性が通用せぬことを、そして、明治の聖代において、日本の建築家とは何者であるのかについて諒解した。のちに、この臨時建築局で中絶した議院建築問題が再燃した時、建築学会に招かれたコンドルは「自分は此学会には日本の建築家を指導する先覚者があると思う。それは誰かと言うと、国家によりて修養されたる建築家である」と述べている。

明治二十三年、数年前教育者としての役割を果たし終えていたコンドルは、いま臨時建築局の廃止とともに、国家の建築家《デコレーター》としての任を去った。日本の近代は、もはやコンドルに求めるところはなかった。こうして、浪漫的作風に特徴づけられる初期コンドルは終った。

以後、日本の近代にとってのコンドルは消え、彼自身のコンドルに帰ってゆく。そして、自分自身に帰るにしたがって、逆にゆたかな浪漫性は少しずつ彼を去っていった。この分裂に、臨時建築局時代がコンドルの浪漫性に与えた傷の深さを想うことができよう。

この帰還と喪失の道程は、二つの段階をたどった。第一段は、中期あるいは過渡期というべきもので、臨時建築局廃止後から明治三十四年の一時の帰英までの間である。この期においてコンドルは、オフィスビル、商店、クラブ、ホール、教会、医院、ホテルなどの市民的建築を多く手がけた。その作風からは、初期の横溢する浪漫性は消えていたが、ゴシック風、ロマネスク風はまだ残っていた。そして明治三十四年、祖国への比較的長期の帰国ののち、彼の作風は転回した。その様式内容は、「ゴシックやイスラム風モチーフを表面に現わさぬようになり、それに代って近世の様式あるいは穏やかなバロック風の採用が目立つ」と、晩期コンドルの区分概念を提唱する鈴木博之は論じている。浪漫的傾向はすでに消え、かつてあれほど無縁であった秩序、厳正、重厚といった古典主義的形容がより親しい作風となっていた。そして、対象はほとんどが住宅であった。コンドルは、かつてソーン賞受賞作において、浪漫性ゆたかな住宅作家として出発し、今ここに住宅に帰還した。しかし、初期の浪漫性は、古典的なものにかわっていた。ついにコンドルは、浪漫的住宅作家という彼の

図Ⅲ⑫　ユニテリアン・ホール（芝唯一館）（コンドル　一八九五頃　東京）

図Ⅲ⑬　三井倶楽部（コンドル　一九一三　東京）

Ⅲ⑫

Ⅲ⑬

図Ⅲ⑭　島津邸　背面（コンドル　一九一五　東京）（撮影・藤森照信）

Ⅲ⑭

資質にもっともふさわしい世界にもどることはなかった。この過程は、成熟であったのか、挫折であったのか。

コンドルが、日本の〝近代〟より期待された役割を、教育者として国家の建築家《デコレーター》として、いかに果たしあるいは果たし得なかったかについて、いままで述べてきた。しかし、人は時代や状況から求められ、あるいは強いられる役割のみを生きるのではない。役割を果たすことで時代や国家という一つの全体につながることを求めながらも、人はそこに解消しきれぬ己の夢を、からくも持して生きるはずである。ロンドンの一青年コンドルに、日本の近代化につくさねばならぬ内的必然はなかった。では、いかなる夢が彼を運んだのであろうか。コンドルの側からコンドルをみてゆきたい。

コンドル・ジャポネーズ

彼の来日時の想いは、前後してやってきた幾人かの青年教師と同じであったろう。たとえば、コンドルの前年着任し、のちに友人となるドイツの青年医師ベルツは、その日記に「暮の最後の日に、自分の前途一さいをきめてしまうような通知を受取った。日本政府は東京招聘についてのこちらの条件を受諾したのである。……何といってもこれは、今まであれほど、希望にみちた故郷の確実な地盤をすてて、ことさら心もとない運命をえらぶというものだ。それでいて一瞬たりとも心のぐらつくようなことはなかった。こうときまってしまったからにはすっかり落着いた気持——一種の非常な満足をすら感じるのだ。それというのも、何よりあこがれていた希望の実現が近いからである」と記している。

ソーン賞受賞により、イギリス建築界の登龍門をくぐったばかりのコンドルも「希望にみちた故郷の確実な地盤」を捨てることは同じであった。ベルツ青年が、東方の民族学的研究へのあこがれから祖国での活動を捨てたように、コンドル青年もまた「何よりあこがれていた希望」にかられて来日したのである。その希望とは、遥かなる日本の美術の花園に身を沈めることであった。もし彼のこうした関心が、単に個人の趣味にすぎなかったのならば、語る必要はないかも知れない。しかし、こうした異国への趣味は、個人をこえて、まさにさしかかろうとする世紀末ヨーロッパの時代精神の一つの傾向にほかならなかった。

十九世紀後半のヨーロッパには、遠い過去への歴史趣味と、遥かなる東方の国への異国趣味、とりわけ日本趣味《ジャポネーズ》が花開いていた。こうした異国趣味の波にのって印象派の画家たちの待つヨーロッパへ日本から船載されたのは、浮世絵ややきものといった周知の美術工芸品だけではなかった。建築もまたその一つであった。その最初は、明治六年ウィーンの万国博会場に、松尾伊兵衛、山添喜三郎など日本人大工により建てられた神社、神楽殿、店屋であった。それらは万国博終了後、美術商に買いとられ、ロンドンに移築されたが、この斡旋をしたのはサウスケンジントン博物館の館長である。サウスケンジントンの地は、この博物館と美術学校の二つにより、イギリスにおける日本趣味の中心地となっていた。そして、ここに集まる日本趣味者の一人に建築家バージェスがあった。ゴシック主義者バージェスが、その浪漫精神を通じて異国趣味に傾くのはたやすかったろう。こうしたサウスケンジントンが、青年コンドルの芸術的環境であった。バージェスは師であり、美術学校は母校である。そしてこの青年自身も「筆意を見せる日本画を好み、平日、相阿弥の画きし鷺、探幽の筆の雨中の鷺を愛し、其他種々の古画を集め、余暇あれば、是を看るを上なき楽しみと倣し居たり」と、すでに熱心な日本趣味者であった。明治六年末、ウィーンからロンドンにもたらされた本当の日本建築の一群と庭園とが、この地の日本趣味を一つのうねりにまで押しあげたことは想像にかたくない。おそらくその波頭のさきから、コンドル青年は日本へ跳んだのである。いわば、異国趣味という名の浪漫精神の遠心力にとばされて、日本に逢着したのである。そこは、文明が当時とどきうる最遠の地であった。

コンドルが日本に着いたのは明治十年の一月である。そして翌二月、彼は在日アジア協会(Asiatic Society

of Japan）に入会した。おそらく工部大学校への挨拶のつぎに彼がしたのは、この入会であったろう。この会は、明治五年、日本学研究《ジャポノロジィ》のために、在日外国人によって結成された協会で、本拠地を横浜においてすぐれた研究報告を刊行していた。代表はハリー・パークス、事務局長はアーネスト・サトウであり、主力はイギリス人であった。この協会の活動は、ジャポノロジィ研究に一時期を画するものであり、かの『西洋世界と日本』の著者サンソムもここで育った一人である。そしてこの協会の研究方法は、大英帝国の版図学ともいうべき博物学的実証主義であった。具体的には、日本の文物の収集、分析、そして正確な記述である。

コンドルは明治十三年、最初の論文「日本の装束の歴史」を発表する。内容は、天皇より貴族の娘に至る宮廷人の装束の有職故実的解説である。彼自身の衣裳観は、衣裳が時代や民族の心を表わすというデュクの言葉を引用するにとどまり、残念ながらほとんど展開されていない。しかし実証性は高く、装束はカラー印刷を用いて、克明に名称、由来、着装法を記述する。その水準は、使われた文献——装束図式、装束重要抄、織文図会、装束織文、骨董集、女官装束図式、服飾図解、衣紋装束抄、続装束図抄、都風俗□《不明》伝、令義解、職原抄、公事根源輯釈、冠帽図会、礼服之図、官服図式、装束集成——よりみて、決して趣味的なものではなかったことが了解されよう。ここにみられる彼の方法、すなわちゆたかな図版を用い、私的な感想を省いて、事実の収集と正確な解説を行なうという博物学的方法は、質を充実させながら、以後一連の研究に貫かれている。そして翌年、前論文の続編「武装」を発表し、さらに明治二十二年、「日本の華道の理論」を発表した。これはコンドルの日本研究のうち、もっとも高い評価を得ている一連の華道研究の基礎となったものである。こうしたアジア協会を中心とする彼の精力的な日本研究は、明治二十六年以後、つぎつぎと結実し、次のような書下し刊行本を残している。

『日本の花と華道』明治二十四年
『日本の造園法』明治二十六年

『補遺日本の造園法』明治二十六年
『河鍋暁斎の絵と習作』明治四十四年

以上の大部な研究書の中でも、とくに『日本の造園法』は影響が大きく、たとえばラフカディオ・ハーンは「日本の庭石、庭石の名前の、または日本の造園術について、さらにもっと知りたいとおもう方は、コンダー氏の『日本の造園術』に関する卓説……美しい著書……を読まれよ」とたたえている。この著作は、版を明治二十九年、大正六年（一九一七）と重ね、最近では昭和三十九年（一九六四）、アメリカで刊行され、いわば日本庭園研究の古典としての位置を獲得している。おそらく来日した外国人の残したいくたの日本研究書の中で、現在も生きているかず少ない例であろう。

研究書としての評価は、このように『日本の造園法』がもっとも高かった。しかしコンドルが自己の使命とし、日本趣味《ジャポネーズ》を生きた証しとし、さらに師へのはなむけとして刊行したのは、最後の著作『河鍋暁斎の絵と習作』である。ここにお雇い外国人コンドルと江戸生残りの絵師暁斎との、ひとつのできごとともいうべき、その交友を記したい。この交友は、彼の日本文化研究の中心にあったものである。

暁斎と暁英

河鍋暁斎は、天保二年（一八三一）に生まれ、やがて狩野四家の一つ駿河台狩野の門下として九年を修めたが、その粉本主義にあきたらず、江戸の市井に下りて、移りゆく時代を、奇行、酒癖、極貧そしてたぐいまれな技倆、とともに生きた最後の町絵師である。その画風は鬼趣にすぐれ、「画家としての生涯をとおして、暁斎は、常に怪奇や恐怖へのある執着を示していた。……晩年も彼はしばしば刑場におもむき、死や断末の苦悶の場を色々と写していた」と弟子の暁英すなわち、コンドルは記している。こうした暁斎と一人のお雇い外国

図Ⅲ⑮⑯　『暁斎絵日記』から

人との交友の始まりを、暁斎は自伝『暁斎画談』につぎのように述べている。

> 英吉利の人ゼー・コンデール氏は、其本国に於て彼の油画及び図を引ことに困苦なし、大に精妙の術を得たり。然れども筆意を見せる日本画を好み、平日、相阿弥の画がきし鷺、探幽の筆の雨中の鷺を愛し、其他種々の古画を集め余暇あれば是を看るを上なき楽みと倣し居たれり。然るに、去頃、日本に航して官に附たれば、幸ひ此時を以て日本の古画法を学ばんと思ひ、当時有名の人の画きし物を集め、是を熟視し、又熟考なしたる後、山口氏に依りて、暁斎氏の門に遊ばんことを言入ければ、暁斎氏之を辞し、コンデール氏は油画図引に巧みなるを予て聞及べり、此人を教授せんは僕の力の及ぶ所にあらずと再三陳謝したれども、聴かれず遂に師弟の約を結びし……（句読点＝筆者）

こうして明治十四年、暁英が生まれた。暁斎の残した絵日記によれば、暁斎は週一回土曜日、月謝八円で京橋西紺屋町のコンドル邸に出教授に通っている。通訳はチャールズ・ワーグマンの子フレンキングが当った。時には〝メカケ〟と註記された女性がコンドルに身を寄せて同席している。おそらくそれは、コンドルの正妻前波くめであろう。そしてコンドルは、「弟子としての私の役割は単に名目的なものではなかった。私は何年もの間、肉体的困難を含む少なからぬ困難をおして、暁斎の指導のもと、日本画の技法を習ったのである」。その結果、暁斎によれば「筆力忽ち他をして驚か令るに至り」、入門翌年の明治十五年の第二回内国絵画共進会において、暁英の筆になる鯉の墨絵は、狩野芳崖と同ランクで入賞を果たしている。この師と弟子は、さらに鎌倉へ、あるいはかつて暁斎が狩野門下としてその壁画修理に当った日光東照宮へと、写生旅行を楽しん

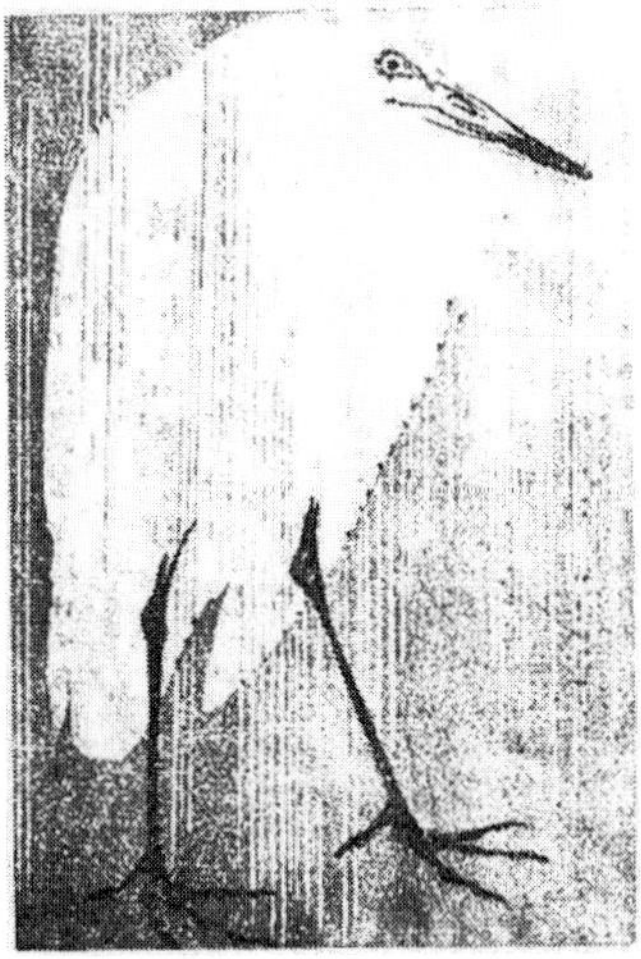

図Ⅲ⑰　コンドル筆「鯉の図」
図Ⅲ⑱　コンドル筆「雨中の鷺の図」

でいる。たとえば「暁斎氏は、門下の英人ゼー・コンデール氏と共なわれ、二荒山に到り、東照宮及び三代将軍家光公の霊廟に在る壁天井に画きたる有名の物を尽々コンデール氏と共に一瞥して後……中禅寺に登り、湖水の風景を写し、……此飛泉飛泉を、氏は、コンデール氏と共に、日を費やし時を移して写生為し来りし」と、自伝の最後は、暁斎の私生活の世話をすでに看はじめていた弟子暁英との楽しい交友にさかれている。そして、暁斎はこの自伝出版の翌二十二年、コンドルにみとられて死んだ。

コンドルに請われて暁斎を往診した御典医ベルツは、その日記に「現在の日本最大の画家である暁斎は、もう今日はもつまい、胃癌にかかっているのだ。かれの絵は漫画に類する。だが構想が大きくて、出来栄えのどっしりとした点では、かれに匹敵するものはない」と記している。

コンドルが、暁斎に、広くは日本画に魅せられたのは、印象派やポスター画家がそうであったのと大差はなく、日本画の中に、ヨーロッパのリアリズムにはない新しい表現法を見出したからであった。それは周知のように、グラフィカルと称される、線とそれに囲まれた面におかれた陰影をもたない明るい色彩との世界である。中でもコンドルは、〝筆意、筆勢〟と称される日本画の〝線の世界〟に深く傾斜しており、『河鍋暁斎の絵と習作』の中で、この〝線の世界〟を、具体的技法に則しつつ、ヨーロッパ絵画のマッスの世界と対比しながら、周到に論じている。たとえば「……日本の画家は、陰影や色彩の助けを借りずとも、もっともあいまいでとらえがたいかたちをすら、線によって表現することができる。たとえ他人の目にはどれほど定めがたく見えようとも、かたちを表わすに必要な線を本能的に把みだすように思われる。日本の画家にとって、線は言葉である。自然の可視的なかたちのみならず、より名状しがたい自然の力をすら表現する言葉である……」

しかし、こうしたグラフィカルな特性は、日本画全体のものであり、暁斎固有のものではなかったはずである。ではなぜ「当時有名の人の画きし物を集め、是を熟視し、又熟考なしたる後」暁斎を師として選んだのであろうか。

開国以後の欧化、近代化の中で、日本画家には肯定的に語られる二つの道があった。狩野派を例にとるなら、一つは高橋由一がそうしたように、伝統を一切すてて油絵に転じ、近代の中で再生する道であった。もう一つは、日本画の骨格を持続したまま近代化を図る狩野芳崖の歩んだ近代日本画の道であった。しかし暁斎は、そのどれをもとらなかった。彼は明治三年、狂斎と号していたころ、新政権を皮肉った絵をかいて投獄された経歴が示すように、狩野派に学んだ画風においても、江戸の浮世絵師の血を引く人間類型においても、文明開化に背をむけて、いわば江戸に殉じようとした絵師であった。コンドルがひかれたのは、そうした暁斎の芸術と人間とにである。そこには、かつてコンドルがロンドンで夢みた遥かなる純粋な日本がまだ生きていた。

建築家としての日本趣味

以上述べてきたように、彼は日本の造形文化を、ヨーロッパのそれと拮抗しうるもう一つの世界であると考えていた。そうであるかぎり、両者には距離があり、質の差があった。この和洋の距離に、建築家としていかに橋を架けるかが、コンドル・ジャポネーズがみずから選んだ課題である。いわば、彼は日本趣味のうねりの先から、日本に向ってみごと跳んだその距離に、建築家として直面したのである。

この課題への対応には、おちいり易い一つの傾向がある。それはエンデ&ベックマンが議院建築設計において、当初用いた和洋折衷の道である。エンデは、死後追悼文にたたえられたように、「外国に於て経営せる場合には、先ず、その地方に於ける固有の芸術を研究し、已れの意匠を巧みに之と融和するの力を有」し、具体的には「日本の政府はその形式の全然欧式ならんことを希望したるも、氏は之に対して日本固有の手法を加味せんことを提議し、終に両説を混和せるが如き結果を見るに到」ったのである。この両説を混和せる設計は「和風七分、洋風三分の奇図なりき」と評されたが、正確にはアンピール様式の構成原理に、和風の様式を被覆した奇図といえよう。こうした折衷方法は、日本の近代建築史において、ロマンチシズムの系譜が国家と結合する時、くり返し現われる定石ともいえるが、コンドルはそうした折衷の道をとるにはあまりに日本の造形文化への理解が深く、洋の東西の本質的差を知りすぎており、外形の切り張りで両者の溝を超えることなどできぬことを周知していた。しかしここに一つ、芝に建てられたユニテリアン・ホール（芝唯一館、明治二十八年頃）の例外がある（図Ⅲ⑫）。これは、彼が和洋の問題をすでに放棄した中期の作であり、この時期に和洋の折衷形態が突出する原因は、ユニテリアン協会の指導者ナップ氏の和洋折衷を積極的に薦める建築観に求めるべきであろう。

コンドルがこのような様式的折衷を拒んで、かわりにとった方法は、ヨーロッパと日本の地理的中間にあるサラセン様式を採用するという一見奇妙なものであった。彼は「建築に東方的性格を与えるかたちを、インド風又はサラセン風建築に求め」、その結果、初期コンドルの代表作上野博物館は、サラセン風となった。和洋の調和を求めて、地理的中間のサラセンをとるというコンドルの論理は、今日の目にいかに奇妙に映ろうとも、彼にとっては〝地理への感覚〟に基づく一貫した建築様式観の一つである。私たちは彼の〝地理への感覚〟

に留意せねばならない。関野克の研究によると、工部大学校におけるコンドルの建築史教育はギリシャ、ローマ、……ゴシック、ルネサンス……といった時間を軸として、歴史的に様式の変遷を追っただけのものではなく、むしろ、印度、支那、日本を含む「世界各国の建築様式が各論されている」地理的広がりを持った独自なものであった。それは、「イギリスの世界進出を背景とした見聞」がもたらした新しい建築観であった。つまり世界への進出につれ、各地の固有な建築様式の存在がわかるにつれ、それらをギリシャからローマへと、一つの時間の軸にそってつなぐことはとうてい不可能であり、むしろ地理的つながりの中でこそ、相互の関係を把握できるものであった。コンドルは、時間を軸に様式をつなぐかわりに、ヨーロッパ、サラセン、インド、中国、日本と地理を軸に様式を考えたのである。もしも、彼が時間の流れの原点を求める古典主義者であったなら、こうした地理の時間への優位を許容しなかったであろう。しかし、彼は浪漫主義者らしく、求心すべき原点をもたぬ、遠心力に身をまかす時間と地理のウォンダラーであった。こうした彼の地理的建築様式観の必然として、和洋の距離をつなぐのにサラセンが登場したのである。

しかし、初期コンドルのこのような浪漫的試行は、当時の日本人の理解のかなたにあった。こうした初期コンドルの持つ意味が発見されるのは、大正期の青年建築家たちによってである。分離派による初期コンドルへの礼賛の中から、堀口捨己のそれを紹介しておきたい。

震災後帰国し、全壊した上野博物館を訪れた堀口は「黄味の勝った美しい煉瓦の破片を手に」記している。「心から尊敬し、崇拝する美しい建築を失って愛惜の情に堪えない……私はあの本館は日本に西洋建築が始って以来の傑作であると信ずる。そして今後もあの程度の建築がそんなに多く出来ようとは思われない。あの全体に表われていた味わいは……日本の土地でないと現われないような種類のものであると思う……」。堀口が言うように、サラセンという様式によってではなく、建築全体の空間によって、日本の土地でないと現われないような味わいが出ていたとするなら、それこそ、コンドル自身気づくことがなかった、真の和洋の架橋にほかならなかったであろう。

こうした上野博物館に象徴される初期コンドルの和洋に架橋を求める浪漫的努力は、臨時建築局の空白の中で終った。以後彼の日本趣味は、建築創造との接点を失い、言葉の全き意味における趣味に化していった。こうしたコンドルの道をするどく象徴したのが「博士の非常なる感興を以て設計せられたるものにして、些細なる部分の製図も……殆んど門弟の手を藉らずして成る」彼の自邸である。

クレイ・ランカスターは言う。「西洋の芸術のかたちを日本に、日本のかたちを西洋にもたらしたコンドルの影響は、その真価を問われている。彼は、総合することなくこの二つの様式につながっている。一九〇三年に建てられた東京の彼の自邸は、このことの証である。彼は前波くめ子と結婚した。そして家の半分は夫人のために伝統的につくり、一方あとの半分は古いイギリス式に作った。」

その通りであろう。ここにみられる和洋の並置は、来日した夢の破れたことのしるしであった。

晩年のある日、自邸の洋館部分の南西隅につくられた作業場をかねた書斎から、製図を終えて、コンドルが夫人の暮す和風部分にゆっくりと歩む時、彼は、そこにうがたれた裂目の深さを、だれよりもよく、痛いまでに知っていたはずである。

絵師暁英と建築家コンドルの間

日本建築界の母

明治の西洋館に関心のある人なら、一度は、コンドルという面白い名の建築家について耳にしたことがあると思う。近年は、かの鹿鳴館の作り手として、明治の社会史、風俗史にもたびたび取りあげられ、日本の建築家の中では広く名の通った一人になっている。もちろん、建築を学ぶ者が、日本近代建築史の教科書を開くと、最初のページに待ち受けているのはコンドルで、たいてい、〈明治十年、コンドル先生の来日により、日本ではじめて本格的な建築教育が始められ、その門からは、辰野金吾、片山東熊、曾禰達蔵などのやがて日本の建築界を牛耳るようになる人々が輩出する。デザイナーとしては住宅にすぐれ、弟子たちには終生及びもつかない高い質の洋館を作りつづけ、大正九年、日本の土にかえった〉、といった讃辞が記されている。日本の建築界のやさしい母というわけである。建築の歴史を志す者から見れば、一度は分け入らなければならない森のような人物、といえよう。

もう十年近く昔になるが、私も、先輩建築史家にならい、コンドルについて調べはじめた。まず、先人たちの評価を一通り当ってみると、コンドルの直弟子も戦後の史家も、一様に、彼がいかにすぐれた教育者であり、またいかに卓絶した腕前の邸宅作家であるか、について筆を傾けている。そこには、時代から与えられた要請をたくみにこなし、祝福の内に余生を送った円満な芸術家の人生があった。しかし、まるで快晴の富士山や中秋の名月のような退屈なまでにオーソドックスな生涯を見せつけられているうちに、心中ひそかに一つの疑問を禁じえなくなった。——花も実もあるロンドンの青年建築家が、なんの故あって、祖国の栄光を捨ててまで、極東の果ての新開地に逢着したのだろう。まさか、日本人から尊敬されるためでもあるまいに——。それまでのどんな記述も、彼が来てくれた結果については正しく指摘していたが、しかし、なぜ来たのかという原因の方は、意外にもほとんど説明されていなかった。コンドルというふところ深い森への自分なりの入口を見出したようだ。東大の稲垣栄三先生の、「ジョサイア・コンドルのスケッチ・ブック」という一文を『学證』誌上で読んだのはそんな折りである。スエーデンの遺族よりスケッチブックが東大に寄贈され、その中に、五十枚もの河鍋暁斎筆の下絵が貼り込まれている、とのこと。それまでコンドルの論文や著作、たとえば『日本の花と華道』『日本の造園法』「日本の装束の歴史」に目を通し、彼が重症の日本美術ファンであることを知っていた私は、暁斎こそコンドル来日の動機を説明する鍵であると思った。

『暁斎画談』のなかのコンドル

暁斎を探らなければならない。それまで、美術のシリーズ本では見たことも聞いたこともない暁斎などという画家を追っかけるのは入口すらわからずまごついたが、『近世画人伝』などの入門書をあさってゆくと、断片的に触れたものは結構あり、たいてい印《はん》で押したように、その赤貧ぶり、酒癖、奇行の数々、そして、白いものさえみればそれがフスマであれ、壁であれ、はたまた道ばたに乾してある張り立ての障子であれ、腕がムズムズしてしまい、許しも得ずに筆を走らせては逃げ返ったというほどの絵夢中ぶり、もちろんマニエリスティックなまでの技倆、そんなことについて触れていた。誰だって、篤実温雅な英国紳士のあい方が奇行の町絵師となれば、史伝の心を刺激されずにはおけまい。暁斎についての基本的な資料、生の資料へと、ずるずる足をとられてゆく。と記せば聞こえはいいが、実は、暁斎の側に物好きな外人のことなどいささかも跡を留めてはいまいとたかをくくっての探索で、二人が確かに師弟であったという証拠さえあげればめっけもの、だと思い、労せずして手に入る資料をつまみ食いしたにすぎない。まず場末の古書展で、『暁斎画談』を見つけ、「お客さん掘り出し物ヨ、神田ならこの十倍」の声と引きかえに金四千円也を払って、受けとる。早々に、生れてはじめてわが物となった帙《ちつ》入の和書を開くと、『外篇・巻之下』の冊に、なんと、「英人ゼー・コンデール氏」なる一章があるではないか。

英人ゼー・コンデール氏

英吉利《イギリス》の人ゼー・コンデール氏は、其本国に於て彼《か》の油画及び図を引《ひく》ことに困苦なし、大に精妙の術を得たり。然《しか》れども筆意を見せる日本画を好み、平日、相阿弥《そうあみ》の画《え》がきし鷺、探幽の筆の雨中の鷺を愛し、其他種々の古画を集め、余暇あれば是《これ》を看《み》るを上なき楽みと做《な》し居れり。然《しか》るに、去頃、日本に航して官に附きたれば、幸ひ此時を以て日本の古画法を学ばんと思ひ、当時有名の人の画《えが》きし物を集め、是を熟視し、又熟考なしたる後、山口氏に依りて、暁斎氏の門に遊ばんことを言入ければ、暁斎氏之《これ》を辞し、コンデール氏は油絵図引に巧みなるを予《かね》て聞及べり、此人を教授せんは僕の力の及ぶ所にあらずと再三陳謝したれども、聴れず遂に師弟の約を結びしに、彼に渡者は之《これ》にも□《と》く筆力忽《たちま》ち他をして驚か令《しむ》るに至りたり。且、コンデール氏の做《な》す所を察るに、篤実温厚にして更に狡猾の所置ある事なく、其後又伊太利《イタリア》の皇族親王家と紅葉館御席画に於て出会なし謁したれども毫《ごう》も高慢の色なきは実に文明の風にやあらんと感嘆少なからざりき。

暁斎の伝記ともいうべき『暁斎画談』の中で、登場する弟子は、「コンデール」一人。その上、明治十五年の絵画共進会で、狩野芳崖などと並んで賞を得たコンドルの絵が二枚も収載されるのをみると、二人の師弟関係に疑う余地はない。しかし、一方は今をときめく明治政府の筆頭御雇建築家、もう一方はしがない町絵師、となれば、あるいはエライ外人さんの金にあかせての道楽三昧にすぎなかったのかもしれない。この疑問は、

「英人ゼー・コンデール氏」につづく次の章を読めば氷解する。

鎌倉新居閻魔《えんま》王の図

相州鎌倉郡鎌倉は古き都の跡とて……名所旧跡神社仏閣殊《こと》に多きを以て、其あたりを写生做《な》さんと、暁斎氏はコンデール氏と共に其地に赴き、鶴ヶ岡の八幡神社を始め建長寺円覚寺の古代の様式の宝物等を写し採り、遂に新居の閻魔堂に到りしに、コンデール氏、頻りに其像の異なる体を珍らしと賞せるを以て、是を写生做《な》したれば、今爰《ここ》に十王の内の四王を出《いで》しなり。抑《そもそも》新居の閻魔堂の七王、御仏工運慶の作にして応永の乱に討死なしたる人の亡霊を弔《とむらわ》んが為に、造営なし物とぞ。

二荒山《ふたあらさん》に瀑布を看《み》る

下野国二荒山は河内郡に在り。……東京よりは三十六里を距りたれども、今は上野山下より下野宇津宮まで二百七十八里を汽車にて走らす□は一日にして二荒山へ達するなり。爰《ここ》に於て暁斎氏は、門下の英人ゼー・コンデール氏と共なわれ、二荒山に到り、東照公及び三代将軍家光公の霊廟に在る壁天井に画きたる有名の物を尽々《ことごと》コンデール氏と共に一覧して後、又、中禅寺に登り、湖水の風景を写し、又、戦場原の広漠たる様、古ケ谷村湯元の躰《てい》などを余さず写し取り、夫より又、湯滝、般若の滝、宝幢の滝、と所有《あらゆる》滝を写し、就中《なかんずく》、七十五丈を直下為《す》ると云華厳の滝、又、寂光の飛泉《たき》は高さ二丈許《ばか》りにして滝の上に不動明王の像立り。最絶景なり裏見の滝は……此飛泉飛泉《たきたき》を、氏は、コンデール氏と共に、日を費やし時を移して写生為《な》し来りし……

青い目の江戸っ子と町絵師の絆

以上の日光旅行の挿画をみると、華厳の滝を前に、和装の暁斎とシルクハットに洋装のコンドルがなかよく並んで絵筆をとっている。なんと楽しそうだろう。奇行と曲折が散りばめられ、名誉回復の意志に貫かれた『暁斎画談』の中で、コンドルとの交流を語る章のみが、冬の陽だまりのように暖かい。これはもう、師弟の仲ではない。二人の気持に則せば、よき知己というべきであろう。

こうした想は、東京芸術大学の図書館で目にした『暁斎絵日記』も、強めこそすれ弱めはしなかった。毎週一日はコンドルが登場する。ある日のページには、人力車にのって銀座のコンドル邸へ出稽古に急ぐ暁斎が、また別の日は、浴衣がけのコンドルがパイプをくわえて暁斎と絵の品定め。時には、一緒に春画を楽しむ。面白いのは、コンドルの肖像を刻んだハンコで、月一度、月謝の払われた日に押されている。いずれにせよ、『暁斎絵日記』の中に住んでいるのは、御雇外国人でもロンドンっ子でもない、みごとに転身した青い目の江戸っ子なのである。

『暁斎画談』にせよ、『暁斎絵日記』にせよ、かくも暁斎側の資料がコンドルの足跡を細かく刻んでいるのは、むろん、彼の月謝が赤貧洗うがごとき異端の町絵師の家計に有難かったこともあろう。また、毛色の変った弟子の面白さもあろう。しかし、こうしたこと以上に、暁斎が、師弟の仲をこえた友情に近いものをコンドルに感じていたのはやはり、――この人は自分の絵を本当に理解していてくれる――という画家としての本能的な喜びからではなかったろうか。実際、暁斎への世の評価は余りに低かった。一時の衰退の後、復興に向う明治の日本画壇は、彼を旧套の内に徘徊する封建町絵師として置き去りにし、また、大衆の間では江戸と変らぬ人気を博しているとはいえ、しかしそれは面白おかしい奇行絵師への興味とないまぜで、どこまで彼の「筆意」を解していたものか。暁斎は、自分の筆先の描き出す絵そのものに心を燃やしてくれる理解者を求めていたにちがいない。コンドルは、そんな町絵師の渇きをいやす数少ない人であった。

師の弟子への想いがかくも熱いとすれば、弟子もまたそれに応えなければなるまい。むろん、「篤実温厚」の人コンドルは、存分に応えている。おそらく事実上のパトロンでもあったと思われるが、晩年の暁斎の心身を支え、死後を顕彰したのは、他ならぬ彼である。たとえば、『ベルツの日記』明治二十二年一月の下りに、「現在の日本最大の画家である暁斎は、もう今日はもつまい、胃癌にかかっているのだ。かれの絵は漫画に類する。だが構想が大きくて、出来栄えのどっしりとした点では、かれに匹敵するものはない」とあるが、今をときめく御典医ベルツが雨もりのする下町の陋屋を応診することなど、ベルツの友人コンドルの尽力なしにはあり得まい。また木版和とじの『暁斎画談』に英訳が入っているのも、コンドルのしわざにちがいない。そして、なんといっても、彼が師匠にしてあげた最大の贈り物は、死後二十二年間を費して編んだ暁斎作品集『Painting and Studies by Kawanabe Kyōsai』(一九一一)の刊行であろう。多数の作品を収載し、また、暁斎伝と暁斎論さらに日本画論を含む見事なもので、師の仕事を後世に伝え、いずれの日にか復活させたいと願う気持がページのすみずみまで行き渡っている。幕末から明治初期に生きた画家の中で、明治四十四年という早い時期に、これほどしっかりした本を出してもらえた者は他にないであろう。

さて、このような二人の絆の深さを知ると、コンドルが暁斎について画いた絵の実物を見たくなるのは当然であろう。英国にちなみ暁英の号を与えられていたというが、はたして暁英の絵はいかほどのものだろう。いったいどこに行けばお目にかかれるのか。洋式のスケッチや水彩画なら大学や学会で拝見したこともあるが、しかし、狩野派をつぐ暁斎一門の純日本画は、見たという人をきかない。大正九年、コンドルの死期が近いのを知った弟子たちは展覧会を開いてその生涯を記念しているが、その時の会場風景の写真をみると、建築図面は隅の方で小さくなっており、会場パネルの大半は掛軸でおおわれている。こうした作品の数々は、いったい、どこに消えたのか。遺品の行方を追ってみると、図面類は、上野の博物館の図は一式博物館へというように関係者の所に返し、残余は京都大学に寄贈されたことがわかる。蔵書は、東大が引き取るべき口約束のところ、事情を知らぬ娘が、嫁ぎ先のスエーデンから帰って来て、勝手に処分してしまった、という。おそらく、絵の類も、同じように暁英などというへんな画家の作として、紙くず同様にその筋に引き取られていったのであろう。となれば、跡をたどる手だてはもうない。また、師匠の絵すら真筆はなかなか出回わらないというのに、まして、素人弟子の作が美術館やコレクターの手に納って今後公開されることもまずあるまい。もう、暁英の絵のことは諦めるしかない。別に建物の研究に絵は欠かせないわけではないのだから、と口実をつけて。

暁英の絵との出会い

その後、私はコンドルの建物のことはポツリポツリと調べながらも、絵の方はすっかり忘れ、関心を建築から都市へと移動してしまった。皮肉なもので、チャンスは忘れたころにやってくる。ある日のこと、都市近郊の住宅地開発の事情を調べるため、田園調布に出向き、町内会の事務局長を長年つとめる山口知明さんに資料を見せていただき、一通りチェックを終えた後、そのまま帰るのもあまりと、お茶をすすりながら、よもやま話をはじめた。すると、山口さんは、戦前の古きよき田園調布の想い出を語る口をふと止め、「ところで、あなたは建築の歴史が御専門ですね。なら、コンデルさんのこと御存知ですか」、とたずねる。「エッ、コンデル」、私は驚いた。建築界の母のことを山口さんが知っていたからではない。コンデルという明治の頃に建築界以外で使われた彼の呼び名を、現在もまだ使う人がいたからである。私は、「もちろん、存じております。調べたこともありますが……」、と答えながら、『暁斎画談』の一節「日本の古画法を学ばんと思ひ、当時有名の人の画きし物を集め、是を熟視し、又熟考なしたる後、山口氏に依りて、暁斎氏の門に遊ばんことを言入ければ……」、を想い起こしていた。あの本も、しきりと、コンデル、コンデール と書いていた。また、コンドルと暁斎をつないだ山口氏は、調べるすべもなく手をあげてしまった謎の人物として記憶の引き出しにしまってあった。目の前の山口さんの口からコンデルの言葉がとび出した。もしや、この山口さんはかの山口氏のゆかりの人では。山口さんの続けてくれた話は、私の予感を寸分も裏切らなかった。

「私の祖父は山口融《とおる》といって、宮内省の主馬寮《しゆめ》につとめていました。明治二十六年に死んだのですが、コンデルさんとは仲がよくて、とりわけ、奥さんと融《とおる》の妻、つまり私の祖母ですが、は大の仲よしで、まるで兄弟のようなつきあいを家ぐるみしていたといいます。コンデルさんの娘のハルさんは、若い頃花柳界か何かで生ませた子で、大きくなってから捜し出して引きとり育てたということですが、その娘さんのやれ結婚式だ、やれ孫が生れたといってはコンデル家から写真が送られてきて、今でもアルバムに、コンデルさん一家の写真がたくさんあります。私も子供の頃、父につれられて、コンデルさんの家にあいさつに行ったことがあります。コンデルさんは、スラッとしたいかにも英国紳士といった白髪の老人で、しかし、少しこわい感じがして、奥さんからアメ玉をもらってホッとしたのを覚えております。そんなこんなで一度専門の人にコンデルさんの話をききたいと思っていたのです」。ききたいのは私の方である。「絵師の河鍋暁斎のこと、何かきいておりませんか」。「祖父は絵が大好きで、画家づきあいもひんぱんで、暁斎とも親しくしておったそうです」。「コンドルを暁斎に引き合せたとかの話しはありませんか」。「さあ、そこまでは。しかし、祖父は暁斎ともコンデルさんとも親しかったのですから……そうそう、家にコンデルさんからいただいた絵があります。日本画です。今度来られる日にお見せしましょう」。そして、その日がきた。小ぶりの掛軸が、広げられると、百舌《もず》のはやにえの絵が現われる。すばらしい筆致だ。画題もいかにも暁斎好み。右下に、力強く、暁英の二字。ここまで描ければ、祖国の栄光をすててまで、異邦の美の花園に身を沈めた甲斐があったというものだろう。

それからもう数年、暁英の絵に出会ったことは二三のコンドルファンに話したっきりで、どうするわけでもなく、日が過ぎ、そして、つい先日、一通の手紙が舞い込み、裏書きに河鍋楠美とある。暁斎の曾孫に当り、コンドルの絵について知らないか、とのこと。さっそく、置き場に困っていた荷を下ろすような気持で、山口さんのことを話した。コンドルと暁斎の仲をとりもった山口氏、その山口氏の孫を百年後、暁斎の曾孫に私が紹介する。かくて因果の小車は一回わり、ということだろうか。

国家のデザイン

一　建築の家長

武士の子として

妻木頼黄

慶応四年、夏のはしり、市中を駆けた彰義隊狩りも梅雨《つゆ》とともに漸く去り、江戸は東京と名を変え、夏の終わり、時代は明治と改まった。この日より、旗本たちは亡朝の遺臣となる。

志操の固い者は、静岡に移封された主家徳川慶喜に扈従して三河に下り、無禄に等しい中で鋤鍬《すきくわ》を執った。これを帰農という。世すぎに長けた者は市井に下りて商人となる。それすらかなわぬ者は新政府の捨て扶持にすがるしかない。窮鼠の歯を削ぐ策である。こうして微禄を得た旗本を朝臣《ちょうしん》といい、帰農した幕士は見下し、人々は憐れんだ。

妻木四家の一つ仲の町妻木十二代目当主頼黄《よりなか》は朝臣となった。妻木の一門は、現在の岐阜県土岐郡妻木町の地頭に始まり、その遠祖を清和源氏源頼光と伝え、子孫は累代「頼」の字を受けた。

頼黄の父、源三郎頼功は能吏として識られ、長崎奉行所にて奉行代理を務め、奉行昇任を間近にした文久二年八月、急病死している。この年、長崎の夏を冒したペスト禍に倒れたともいう。姉の順は他家に嫁いで病没し、幕末を、頼黄は母と子二人の旗本として過ごした。

幕府の倒れた年、当主頼黄はわずか数《かぞ》えで九つ、幼名の久之丞の名がまだふさわしい少年である。頼黄はこの頃の困難を、

幕府政権返上の折柄に傾くを以て世上民心恟々せしなれば実母の辛苦すること尋常ならず兎に角家名を存する事になし更に朝臣を奉願せしなれば現米三十五石を賜ひし（妻木頼黄旧蔵資料『経歴手稿』）

と短く記している。

九歳の当主には朝臣の他に途はありようもない。その朝臣の中味は、累代の家禄千石が三十五石に化けることではあったが。

屋敷は、赤坂仲の町の角地に、長手三十間短手二十間ほどを占めて構えていた。この地は築地とも呼ばれ、明暦の振袖火事のあと、それまでの湿田に地を築いて中小旗本を移した谷地の一つである。

東南に向かって開いた長屋門をくぐると、踏み石が右に曲がり気味に六間ほど伸びて玄関に当たる。そこを右に折れて進めば、井戸を中において、湯殿や納屋や用人部屋がとり囲むくらしの場が見られよう。左に折れて塀重門《へいじもん》を潜れば、庭である。書院に筆尻《しり》を向けた丁字型の池泉《いけ》が掘られ、その向こうには隣家に接して築山が盛られている。ありふれた旗本の屋敷構えであった。

頼黄が朝臣に落ちて守れたのは、この屋敷構えだけであったかもしれない。数年して貧苦の底で母は死に、その頃には、仲の町の直臣達もみな屋敷を捨てていずこかへ去っていた。築山の向こうの態勢も、北隣の日向の家も、打ち捨てられ、取り毀されて、湿田に還っている。妻木の家と地続きの街区《まち》には十三軒の屋敷があっ

たが、この頃にはもはや四軒ほどが、旧に戻った湿田の広がりの中に、抜け残りの廃杭のように建っているばかりであった。稲穂の中では往時の池泉が天を映して沼となり、田の草掻きの百姓が腰を休める土盛りは、築山の名残りであろうか。

谷地の屋敷は田に還り、丘の屋敷は畑にもどってゆく。仲の町北の方、松平安芸の屋敷をみれば、職人の世紀江戸が代を重ねて仕立て上げた大名庭園は、築山は刈り込む者もなく藪と化し、平地は、古木の根を起こし、銘石を移したものであろうか、桑の海である。ところどころに茶の葉ののぞくのをみれば、新任の東京府知事大木喬任《たかとう》の発令になる桑茶政策の成果なのであろう。皮肉なことではあるが、江戸に入城した新政権の最初の都市政策は、城外に荒涼と広がる武家屋敷に、桑と茶を植えて田園と化すことであった。

この崩れゆく仲の町が、妻木頼黄の近代における最初の光景となる。しかし、心象に結ぶこの光景を、彼は、冷たさすらも含んだ限りない複雑さを秘めて、立ち尽くすようにして遠くながめていたに違いない。

妻木一門は、幕府に殉じようとしてはいない。むしろ、幕府の政権を新政府に無血で引き渡すことに動いた勝海舟を軸とする幕府開明派に属していた。

幕府はその最期において、開明的で進取の気宇に富む下級幕臣を登用して時勢に応じようとするが、妻木の一門もそのようにして上昇した。一門からは頼黄の父頼功と頼矩がでた。頼功は長崎奉行所にて急逝するが、頼矩は海舟の腹心として最後の大目付となり、幕府の死に水とりに奔走している。官軍に大坂城を引き渡したのは彼である。

こうした時期に、頼黄は少年に過ぎなかったが、勝海舟を芯とする幕府開明派につき従ってこの大きな変革期を渡っていったことは、例えば、次の文によりうかがうことができる。

海舟先生の逝去は実に明治三十二年一月十九日の午後なり、余は子女と共に百人一首の骨牌をとり、「もはや八時に近し、子女は寝るべし」と云い、中の間より書斎に行かんとなす時、電信と一叫して来るあり。忙ぎ手緘を開けば、「トノサマシヌスグコイ」の数字なり。まだその意を解せずといえども、恐らく海舟先生の事ならむと、車を馳せて氷川に赴むけり。邸に至れば既に客あり。松本荘一郎、目賀田種太郎、富田鉄之助、妻木頼黄、滝村小太郎の諸氏なりき。傍に頭巾を戴ける老媼あり、即ち先生の令妹にして、佐久間象山先生に嫁したる人なり。「何んにも申しませんがコレデオシマイと申しました」と談れり。

葬式の当日二十五日は雪降り出し、海陸儀仗兵の帽子も白く、指揮する士官の髭髯に雪片の氷れるなど、中々悲壮なりき。撃折三声の後に先生の親友、吾先輩の木村芥舟翁も柩に手をかけられ、霊柩は挙げられぬ。余の記憶にては喪主勝精君の傍には目賀田種太郎と、久貝某氏従い、霊柩の左右には富田鉄之助、外山正一の二君、親族の馬車、徳川公爵の馬車の後に二行に並びて徒歩せしは、松本荘一郎、神鞭知常、妻木頼黄と余の父子なりし。（戸川残花「氷川の二日三日」『旧幕府』）

明治という新しい時代を、旧幕開明派の人々は、経済あるいは理工学のテクノクラートとして、技術の客観的効用に身を託し、薩長の政治の渦の中を渡ってゆくが、妻木頼黄もそうであった。彼は建築を選び、工部大学校に入る。しかし、お雇い教師コンドル（Josiah Conder）、あるいは、辰野金吾、片山東熊、曾禰達蔵といった先輩たちとなじめぬ心を秘めていたのであろうか、中途にて退学し、アメリカに渡った。旧幕開明派の人々は、多く、薩長の専らの留学先であるヨーロッパを避けるかのようにアメリカに航するが、妻木もそうしたのであろう。後に、建築家としての彼を引き上げてゆく富田鉄之助（東京府知事、日銀総裁）、相馬永胤（横浜正金銀行総裁）という旧幕開明派の人々は、アメリカにあって、若き頼黄を大いに訓育したという。

このようにして時代の裂け目をからくも超えていった旧旗本妻木頼黄が、崩れゆく江戸の光景を、必然として心象に映すだけであったとしても不思議はない。恐らく生涯、彼は江戸という時代と都市の名に対し、限りなく複雑ではあったであろう。しかし、次に述べる曾禰達蔵のように、江戸を美しい記憶として想い浮かべることはなかった。

曾禰達蔵

昭和十二年、時代に死に遅れるようにして長逝した曾禰達蔵は、語部《かたりべ》のようにして、明治の時代と人とについて多くの文を遺している。しかし、それらは隠居暮らしの閑想の域を出てはいない。そうした中で、大正五年、「まだ事足らぬ心地がするから」として書き継いだ、一連の江戸の話は、幕末の丸の内、大名小路の情景を微細に描きだし、積年のつきものが落ちてゆくような鮮やかさである。明治の建築と建築家について多くを語りながら、ついに語ることのなかった彼自身の肖像が、大名小路の白壁に影を落として通り過ぎてゆく。

さらば其諸邸の建物はどんな風であったかと申しますと、或は板塀或は築地塀、或は白壁土蔵にて、境をなせるものなきにあらざれども、概ね長屋造りでありまして、先づ総ての邸が長屋で囲まれて居ったとしてよかろうと思ひます、さうして多くは二階建てであって、窓は武者窓であります詳はしく申さば与力窓と称する窓もありませう、外壁は稀には海鼠壁もありますが、多くは頑丈なる簓子下見の黒渋塗りで、上部小壁を白壁にし、屋根は瓦葺であります。斯の如く全体が至って単調でありました、勿論其家々の貧富と、身分の資格に依りまして、長屋に自ら上等普請並普請等の差別がございましたろうが、それにしても固より単調であります。若し何ものか此単調を破るものがあるとすれば、それは門であります、各屋敷の門には表門裏門非常門あり、又不浄門と云ふ門もある、此中で、表門は各屋敷で最も心を籠めて立派にしたものである、勿論立派といっても、派手と云ふ意味ではなく、宏荘雄大の類であります、併し是も矢張り家の貧富、資格に依って、其程度が違って居ったのであります、さらば其門の種類は如何、之に対しては冠木門と長屋門の二つと答へんが、冠木門は至て僅少で、其大多数は長屋門であったと思ひます。上等の門になりますと、其木口を太くし、金物を大にし若しくは木材を特に撰択して扉に欅の一枚板とか、樟の一枚板を使って誇って居りました。其他丸の内で特徴と申しますのは曩《さき》に申しました馬場先の火消屋敷の火の見櫓でありました、是は地面から孤立して居った火の見櫓でありますが、大名屋敷の上屋敷には必ずあったと思ひまする、其火の見櫓は藩主の館の屋根から上に突出て居りまして、最上階は四隅の柱を遺こして、四面皆窓が開通することになっております、江戸錦絵にも沢山見えて居りますから能く分りますが、恰も伊太利都市のカンパニレー、即ち鐘楼の如く、江戸で著しい高い建造物で、大江戸名物の一つであったのであります。若し今時の新語を以て之を言へば、是が当時のスカイスクレーパー、摩天閣であったのであります。それから其屋敷の主人は前申す通り多くは大名でありますから、参勤交代して前年江戸に在勤すれば今年国に帰って休息するといふのでありますが、大名の夫人即ち奥方は之に随伴することと叶はずして、数多の奥女中と共に其邸内に居ったものであります、又定府家臣の家族も此邸内に住居したのであります、されば窮屈なる土地、厳めしき屋敷とは言ひながら、当時の丸の内は其一面今日に比すればなかなか優美な所であったのであります。

出窓に就ては更に少しく述て見たい。蓋し出窓は長屋造の表面の単調を破る殆ど唯一の斗出物《としゆつぶつ》で、殊に表門脇の出番所の出窓は其最たるものであるが、尚ほ此外に出窓には特色がある。それは長さ数間、稀には十数間連続した出窓、而も一階二階共に之を有する長屋の往々あったことである。此を物見《ものみ》所《しょ》と称し、屋敷の主公直属の場所であった。平素は全く閉鎖され、祭礼の御輿、花車、其他常になき珍しき行列の窓外を通行する時、其室を開き、夫人を始めとして、奥向の人々が来集し、窓に御簾《みす》を垂れて、内より窃に外を望見したのである。所謂深窓の夫人の慰楽の一で又間接に活社会を窺うを得るの一法であった。想へば実に優雅な事である。（曾禰達蔵「丸之内の今昔」『建築世界』、「演説」『建築雑誌』）

つづけて、大名小路に軒を連ねた外国奉行の役宅を語り、「幕吏が彼の蛇蝎《だかつ》の如く忌み嫌ひ且恐れて居った英国公使パークス、若しくは親切なる後援者の如く頼りとして居った仏帝那破崙《ナポレオン》三世の使節ロセス」が、生麦事件の談判等にこの役宅を訪れたことを語る時、老いたる達蔵は、外国奉行小笠原長行《ながみち》の美貌の小姓として大名小路を駆けた若き日々のことを、鈔三郎と呼ばれた頃の鮮やかな自分の姿を、酔うように想い浮かべていたに違いない。江戸は「優美な所」「想へば実に優雅な事」として、美しくよみがえってくる。

曾禰家は、唐津藩江戸藩邸詰めの定府の士として、小笠原家に仕え、代々、文で知られた。達蔵の祖父定左衛門政醇は寸斎と号し、松崎慊堂《こうどう》、安積艮斎《ごんさい》と友宜を交した文人である。大槻磐渓は「曾君翔卿は学を好み、詩を嗜み兼て鉄筆を善くする」と、江戸に聞こえた寸斎の篆刻を讃えている。家禄は二十四石とそう高くはなかったが、父政乂《まさはる》は、祐筆及び留守居役を務め、小笠原家の世継ぎ長生（のち子爵、海軍中将）を里子として預かるような、信の厚い家柄であった。もし、維新の戦争がなければ、「真面目が人間になったような人」と長行に評された達蔵も、文の人として終わったであろう。

小笠原長行が、小姓達蔵を歴史の渦に巻き込んでゆく。長行が歴史に登場するのは、井伊直弼なきあと、討幕勢力に真正面から対決した徳川幕府最後の老中としてである。慶応二年の長州征伐は長行の発意になり、彼の軍配の下、幕軍は長州に進攻し、そして、敗れたのであった。以後、長行は敗走を重ねてゆく。慶応四年春、江戸に入城した官軍は上野の山に彰義隊を破った。長行は、彰義隊とともに、奥州をさして敗走する。従うのは、小笠原胖之助、曾禰達蔵他の唐津藩佐幕派の十数名であった。しかし、会津まで逃れた長行は、一転、達蔵を唐津の国許へと差し向けている。生かすためであろう。そして、長行は、会津の落城をあとに、惨戦で滅じた藩士を率いて北上し、石巻より幕府軍艦に乗じて、函館に向かった。そして、五稜郭の戦いにおいて、唐津藩佐幕派は滅びる。

この最後の戦闘において、唐津藩士の中心にあって刀をふるったのは、剛直で知られた快漢小笠原胖之助である。彼は、長行より「弟、おとうと」と呼ばれ、かつ、幕軍総裁榎本武揚の義弟でもあった。胖之助はわずか年少の達蔵を舎弟のごとく可愛がり、達蔵もよく兄師していたという。その胖之助は、五稜郭落城の前日、十月二十四日、早朝、官軍と交戦中、長行の「そんなに進んではいけない」という命に構わず、敵陣深く一人斬り込んで闘死した。死地を求めたのであろう。死体は七カ所に傷を持ち、腹部の銃創が致命傷であった。現在、唐津近松寺の一隅に、小笠原胖之助の墓があり、そのかたわらに、寄りそうように小さな献燈があって、「曾禰達蔵、明治二十年八月」と刻まれている。

達蔵は明治という出会うはずのない時代に生き残ってしまった。死に遅れたのである。

達蔵は歴史家になることを痛切に願ったという。蓑虫《みのむし》のように、明治という時代を、死んだふりをして生きてゆきたかったのであろう。

「歴史家になりたかった。建築家にはなりたくなかった。」

この言葉は、彼が、子息の武や益、あるいは詩友の田辺松坡に、老いとともに、繰りごとのように語った愚痴である。しかし、家禄を返上した武家の家計はそれを許さず、実学を求めて、工部大学校に進んだ。

明治の建築家としての曾禰達蔵の作風は異色である。明治という国家の時代に、彼は、国家の大礼服であるネオ・バロック様式の影響を全く受けるところがなかった。明治の四人の建築家即ち、辰野金吾、片山東熊《とうくま》、妻木頼黄、曾禰達蔵の中で、彼だけは、国家を建築で飾っていない。曾禰は、活動の場を民間に定め、曾禰中條建築事務所という戦前における最良の設計組織を育て上げてゆく。そして、大仰・華美・生硬・威圧を激しく嫌い、気品と堅実を所員に求めたという。これは、明治という時代から最も遠い質である。大正期の質といってよいかもしれない。時代への深い違和感がそうさせたのであろう。曾禰達蔵は、心の底で、江戸の大名小路を駆け続けていたのかもしれない。

片山東熊

曾禰達蔵は奥州へと敗走を重ねてゆく。長州奇兵隊が追撃する。片山東熊は、最年少の銃士として、ゲベール銃を肩に、奇兵隊の隊伍の中にあった。

年齢に似あわぬ大振りな体軀と押しの強い面相を持ったこの少年銃士は、対長州征伐戦と奥州追撃戦に出撃し、次の逸話を残している。

一日実兄陸軍中佐某と共に軍に臨み、接戦頗る力む。漸くにして疲労甚しく魔神頻りに襲ふ。即石頭に枕す。時に戦既に近つき、弾丸頭上を乱飛すと雖も、殆と之れを知らさるなり。人此状を看、君死せりとなして、之れを兄に告く。兄倉皇馳せ来り、其名を呼ぶ。即恍惚として醒めて曰く、適々一睡を貪るのみと。意気怛如たり。人皆其大胆に驚かさるなかりしと。(花房吉太郎・山本源太『日本博士全伝』)

小笠原長行の軍が、長州奇兵隊と初めて会戦したのは、奥州追撃戦の前々年慶応二年六月の長州征伐戦においてであった。長行は、幕府軍の主戦隊として江戸を進発し、海路九州に渡って、小倉城に陣を布く。しかし、馬関の波をけって反攻に出た高杉晋作、山県有朋の率いる長州奇兵隊は、新鋭銃を連ねて、幕軍の旧套な戦陣を突き崩し、幕軍は長崎へと逃れ、江戸へ敗走する。

この日より、片山東熊は勝者として、時代を大股に歩いてゆく。一時、陸軍に籍を置いたが、やがて工部大学校に進んだ。在学中、もと奇兵隊監軍山県有朋の私邸の設計をなし、これが日本人建築家最初の作品となった。以後、山県の厚い庇護を得て、宮内省に進み、天皇家の建築家として国家を飾ってゆく。彼の能くした様式は、ネオ・バロック様式であり、統一・記念・集中を表現するにふさわしいものであった。

「要するに博士は、普通の建築家ではなく、栄誉ある宮廷建築家であった。華やかな一生を終った人であった。」

これは、見下されていると感じて片山を嫌った辰野金吾の言である。

さて、そのようにして時代を進軍してゆく片山東熊の心象の中で、都はどのような像を結んだのであろうか。妻木頼黄が立ちつくし、曾禰達蔵が大名小路を美しく想い浮かべる、こうしたしがらみは、長州萩の城下、下級武士の子に生まれた東熊にはありようもない。彼は、時代と都市の名である江戸を破り、銃口《つつさき》から新時代をうち出した勝者である。勝者の心象は常に簡明でなければならない。

「都を見ること猶開拓地を見るが如し」

この言葉は、明治新政権の都市改造者三島通庸が、東京都市計画の基本精神として揚言したものである。新政権の目には、江戸の都市的伝統は、一掃すべき枯木や古株の類として映っていたといえようか。片山東熊もこのような勝者の空気を共有していたといってよいであろう。

辰野金吾

やがて明治建築界の法主となるべき人物の呱々の声を聴いたのは、嘉永七年夏の盛り、肥前の国唐津の城下である。辰野金吾という名はまだない。唐津藩士姫松倉右衛門の次男としてである。

姫松の祖父が、小笠原家に仕官をみたのは、すでに述べた老中小笠原長行の父長堯の代《よ》、奥州棚倉《たなぐら》においてである。姫松に家柄という程のものがあるとすれば、前封地棚倉以来の家臣である、ということの他はなかった。唐津では、それがわずか金吾の生まれる六十年ほど前のことであったとしても、城下の人々は、棚倉組と呼び、譜代といったほどの意味をこめていた。

このひそやかな家柄の他は、微禄十六石があるばかりであった。唐津藩は、家臣の俸禄を十二の階級に分けていたがこれは、十一番目に当たっている。最下級の士族であったといってよいであろう。金吾の母おまつが、養子と決められていたこの次男に、

「小糠三合持ったら養子に行くなと云う諺あり御前は二男なれば遂に養子に行くの身分なり養子と云うものは辛きものなり」

と幾度となく語ったというが、小糠《こぬか》三合の譬《たとえ》は文字通りのものであろう。

姫松は貧しいだけではない。江戸の末に編まれた『藩士略譜』は、「姫松倉右衛門　食禄三両帯刀　戦務膳

焚」としている、食禄三両とし、他の藩士のように石高で示してはいない。また、本来の武士に帯刀は蛇足ではあるまいか。恐らく、唐津藩家臣団四百五十三家が軍《いくさ》において戦陣《じん》を組む時、姫松は刀を差して膳焚《まかない》をするということであろう。しかし、足軽といった卒族の類ではなく、あくまで門を構えた士族ではある。せめて、他の下士のように、先手組《さきてぐみ》として槍を突いての先陣を許されるなら、と金吾は想っていたかどうか。

「我等の身分では鎗一筋とならば当時に於て非常の栄達なりし」

のちの回想の言葉である。そのような武士の子として金吾は海辺の城下に生まれた。

唐津は、東を指して海に突き出た陸繋島満頭山《まんとうさん》の小高い隆起を本丸とし、そこに向かって雁の首のようにくびれてのびる陸繋砂洲を城下とする海城の構えをとっている。内濠が本丸を陸から離し、その外に家臣団の屋敷が広がる。さらに、その外周を外濠が巡り、石垣を積み、城塀を回し、隅櫓が置かれた。ここまでが郭内《しろ》である。姫松の家はこの内にはない。

郭内の内外を分ける高い石垣から、西のほうを見おろした位置に、濠に並んで一本の小路が走り、低い家並がわだかまっている。坊主町という。名の通り、往時は茶坊主の町であったが、この頃には、棚倉組の下級士族の屋敷地となっていた。さらに一本遠く、二間幅ほどの隘路が、坊主の通りに並んで、曲がり気味に走っている。そこには、十三、四坪の小さな家が、草葺きの屋根を伏せ、軒を連ねていた。狭い裏庭には家用の蔬菜が植えられ、生け垣越しに枝を広げるのは蜜柑や梅であろう。郷士身分の家並に見まごうこの裏坊主町が、金吾の生地である。事実、手の間に畑仕事も行われ、潮風をかぶる瀬戸畑で、姫松の次男は、草取り、肥汲みに励んだ日々を持つ。

姫松の向かいには岡田の家があり、やがて、近くには、維新により江戸藩邸を捨てて、「江戸の叔父さん」辰野宗安が引き揚げてくるであろう。皆、棚倉からのなじみである。岡田の悪童富之助（のち時太郎）が、助けを求めて「姫松のおばさん」の所に裸で駆け込み、やや遅れて、母も同様に飛び込んでくる、そのような、武家というよりは下町の町人に近い人情と、郷村に近い光景が、この町の日々であった。

のちに「辰野堅固」などと言われ、私的な面白味などつゆ見せることのなかった彼が、時に見せた素面は、この裏坊主につながるものが多かった。例えば、辰野金吾の最初の建築助手となり、「初期辰野」や日銀本店に参画した岡田時太郎（もと富之助）との関係がそうである。岡田は、辰野に兄のような気易さをもって接したほとんど唯一の建築家といってよいかもしれない。そもそも岡田が助手となったのも、帝国大学理科大学の建設現場で、山口半六の輩下として働いていた岡田が、隣の敷地で工科大学の縄張りをしていた辰野の所へ久方ぶりに出向き、その下手さ加減を大いに茶化したのが、始まりである。

「貴様は何をしている」

「僕は理科大学の化学実験室の建築の仕事をして居る」

なら、時太郎お前がやってみろ、ということになり、上司の山口半六も「同藩だから行け」と許した。以来、古武士の典型と称された辰野も、岡田と二人の時は、トランプで昼飯を賭けることも多々あったという。

帝国大学工科大学長であった頃の辰野金吾は、赤坂新坂町十四の自邸（旧副島種臣邸）に、裏坊主時代の親類縁者十一名を寄宿させ、文字通りの家長となっているが、このような底の抜けた生活感覚は、裏坊主の日々がつちかったものであろう。

辰野の晩年は大正にずれ込んでしまい、山の手育ちの青年建築家たちが、辰野の造形に自我の発露がないとして大いに難ずることとなるが、裏坊主育ちの辰野を想う時、やや無惨な批判のようにも思われる。

このような裏坊主にも、新時代の予感は流れていた。

> 賢母に対し吐きし奇言を仄に記憶する……世間追々にさわがしくなり黒船が西の浜に寄せ来るとの流言頻になり此時我曰く若し黒船来らば刀を抜て防戦するに付其間逃げ去るべし云々。（白鳥省吾『工学博士辰野金吾伝』）

しかし、黒船が生じた新時代の波紋が、はるか唐津に届くのは、まだ先である。

幕末の金吾は野辺英輔の門にある。野辺は部屋住《へやずみ》の出ではあったが、小笠原長行に見出され藩政に参画した後、病を得て城下大手小路に私塾を構えていた。その教育は、他の漢学先生と大いに異なり、「書物読《よみ》になる勿れ」「藩の財政を如何に改正する乎」といった、時代の危機を底に見た開明的なものであった。

金吾が十五の年、維新である。しかし、西海の辺地の城下に塾頭をつとめる勝気で向上的な姫松金吾にとって、維新とは、わずかに辰野宗安が江戸より帰国し、それゆえ、江戸に上ることなく、辰野家の家督を継いだ、ということの他ない。時代も都もまだ彼をおいて動いている。

新時代の波が、余波に近いものではあったが、西辺の城下に届いたのは、ようやく明治三年である。唐津藩は、藩政の実権を執っていた小笠原長行が佐幕派として動き、義弟の藩主長国は国許で日和見を決めたために、新時代に大きく立ち遅れ、遅れを復すべく、明治三年、英語学校を開設し、東京より英語教師を招聘した。辰野金吾、そして、会津脱出の後、長崎にあってロシア語を学んでいた曾禰達蔵が入学する。

唐津に新時代をもたらした洋学先生は、小さな躰に童顔をのせ、酒をにおわせてリードルを続ける、遊び人風な怪訝な人物であった。東《あづま》太郎という名もうさんくさい名ではある。事実、この十七歳という辰野と同い歳の洋学先生は、東京の花街で遊蕩の限りを尽くした果ての都落ちに当たり、なじみの芸者東屋枡吉の源氏名の一字を拝借したのである。とはいえ、新時代の波に変わりはない。辰野は懸命に乗ってゆく。

しかし、年余にして藩政の御都合により閉校となり、東太郎は帰京し、辰野、曾禰等の門人は、引いてゆく波を追うように東京へ向かった。明治五年の晩秋である。しかし、勿論、この時、洋学先生の本名が高橋是清とは知っていない。

翌明治六年、工部省に工部大学校（当時、工学寮と称す）が開設され、唐津洋学校の上京組より、辰野金吾（造家）、曾禰達蔵（同上）、麻生政包（鉱山）の三名が第一回生として入学し、一年遅れて吉原政道（鉱山）が二回生となる。三十余名の定員中、小藩唐津出身者の数はきわだっている。工部大の入学試験は、公表の努力がなされず、縁あって存在を知った者のみが受験するという性質のものであったという。恐らく、官界に顔の広い高橋是清を通じて入学試験を知った曾禰達蔵（当時、曾禰は高橋の翻訳手伝いをしながら、高橋と共に、文部省お雇い外国人フルベッキの邸宅に止宿していた）が、唐津上京組を誘ったものか、あるいは、本来なら「東太郎」に代わって唐津洋学校に就くはずであった林董《ただす》（高橋と林は、幕末、横浜のヘボンに英語を習った同門である）が、工学助《すけ》として工部大学校の創設事務長の任を務めていたことから、唐津上京組が、入学試験を知ったのかもしれない。いずれにせよ、高橋の存在が機縁になっていることは間違いない。

このようにして辰野は新時代の端部につながってゆくが、その前に、それまでの辰野をもう一度見据えておかなければならない。

すでに記したように、辰野とともに明治建築界の将星となる妻木、曾禰、片山の三名は、維新の時点において、時代という時間の全体に対し、その内側の切れるような地膚を、手ざわりで味《し》ってきたし、都市という空間の全体に対し、身を投じて、心象風景を結《ゆ》いあげてきている。すでにして、明治という時代、東京という都市に対し、のっぴきならぬ何ものかなのであった。それゆえにまた、建築家としての生は、のっぴきならぬその道を前へと進むほかはない。いわば、彼らは、初動を与えられて登場したのである。

辰野は、一人、取り残されていた。例え手をのばしたところで、黒船という名の新時代は、姫松の次男が瀬戸畑の肥汲みにはげむ唐津の浜をかすめすらしなかったし、江戸という名の都市は、

「私が江戸に行ったら必ず鍏を立てて帰ってくる」

その間もなく、東京へと変わってゆくのであった。

辰野は、時代と都の中心より、遠く隔てられ、その存在は何ものでもない。

しかし、槍を立てる日を望み、藩政の改革を学び、そして、わずかな余波を追って上京し、工部大に入学し

たこの克己心に勝れた青年は、そのような自分の存在を甘受しはしない。昨日までの封建社会における膳棼の子にとって、明治とは可能性の名に他ならない。中心より隔てられた存在は何ものかでありたいと渴望する。辰野金吾という存在は、より大きな全体を求めて飢えていたといえようか。彼の近代は、こうした深い飢渴感から始まったといってよいであろう。

辰野金吾の六十年余の生の意味は、明治と東京と名付けられる人間をつつむ時間と空間の二つの全体に対し、より深くつながること、であった。

そして、恐らく、妻木、曾禰、片山の三者に比して、より中心より隔てられている分だけ、飢渴の深みの長《たけ》だけ、辰野は、明治と東京をより自分のものとするであろう。

このような辰野の生を想う時、その陰画のようにして生きた佐立七次郎のことに触れないわけにはゆかない。「明治十二年、辰野金吾、片山東熊、曾禰達蔵等が、工部大学校を卒業し、日本人最初の建築家となった」、などと記される等の建築家佐立七次郎のことを、今日わずかながら知ることができるのは、忘れられたものへの切烈な愛惜を持っていた曾禰達蔵が、佐立の死に当たり、誰もがその存在を忘れていることを怒り、記録した事績によっている。曾禰によると、その作風は「君の心情其儘とも見るべき」ものであったというが、現存するものより窺えば、自閉、失語、消極といった本来建築にはありえぬような暗さを湛えたものであり、明治の建築の覇気や力感はどこにも見られない。

金子光晴は、この義祖父につき、『絶望の精神史』の中で次のように記している。

日当りのよい大通りの人生を闊歩する運命を持って生れた人のようであった。

堂々とした六尺豊かな偉丈夫で、旅順港外で舟台といっしょに沈んだロシアのマカロフ将軍のような立派なあごひげをもっていた。その彼が、なぜか働き盛りの人生に、「私はもう一生世のなかへは顔を出しません」と宣言して、その言葉どおり、人との交渉を絶って、邸にとじこもり、ひねくれ者として後何十

図Ⅲ⑲　辰野家伝　辰野家に現在伝えられている文書は金吾の父宗安の時代よりさかのぼるものはなく、この家譜も明治二十二年、宗安が編んだものである。武家の系図は大抵作られたものであるが、これに作為は少ない。

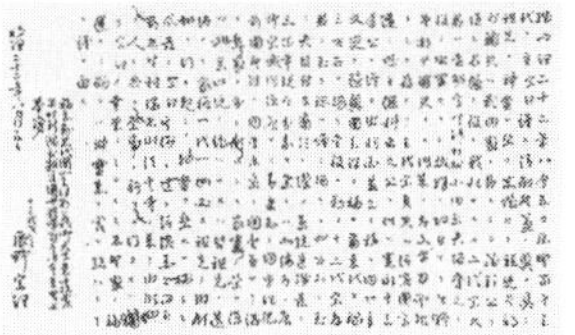

Ⅲ⑲

図Ⅲ⑳　辰野金吾生家（佐賀）　金吾が姫松家の次男として生まれた唐津藩城下通称「裏坊主」の家。やがて養子に入る辰野の家も鄙の度合は何ら変わらない。

Ⅲ⑳

図Ⅲ㉑　工学寮通学申付書　工部大学校は当初工学寮と称し全寮制をとっていた。工学寮第一回入試に応募するが果たさず、聴講生としての通学を許される。

辰野金吾
通學申付候事
明治六年八月廿日
工學寮

Ⅲ㉑

図Ⅲ㉒　工学寮入学申付書　補欠募集に応募し、からくも、通学生より入寮生へと転ずる。

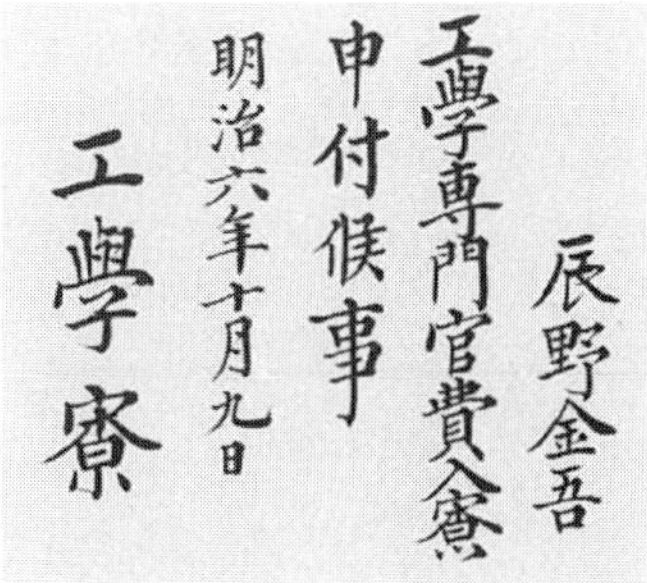

辰野金吾
工學專門官費入寮
申付候事
明治六年十月九日
工學寮

Ⅲ㉒

図Ⅲ㉓　肖像　工部大学校時代のものであり、米国の海軍兵学校に真似た本邦初の学校制服を着す。都の子女は、やがての日本の学生服の定型となるこの詰め襟姿の凛々しさにあこがれ、「女なかせの工部大生」とうたわれたというが、辰野はただ蛍窓の人であった。彼が艶聞をもつのは、明治三十八年、大阪に事務所を構え、出張が度重なるようになってからという。

Ⅲ㉓

図Ⅲ㉔　開拓使物産売捌所図　コンドル先生の設計を実習で手伝い、辰野がドラフトしたもの。

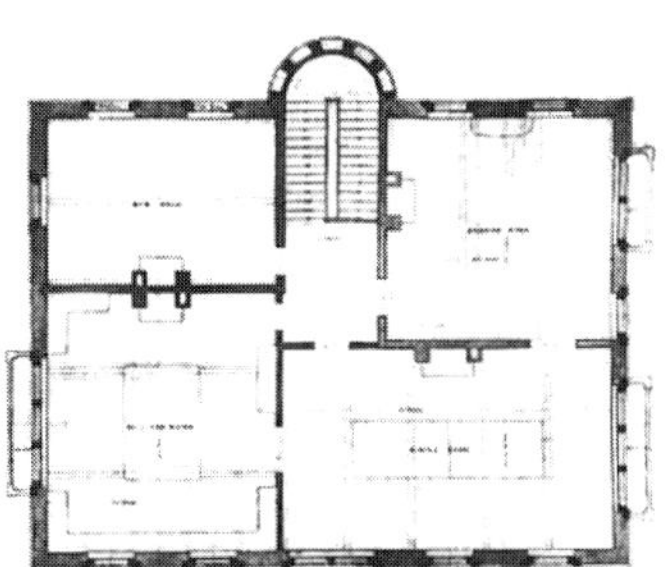

Ⅲ㉔

図Ⅲ㉕　佐立七次郎借金証文　明治十一年四月、即ち、工部大卒業の前年、同級生佐立の借金の連帯保証人となる。なお佐立は、後年、同級生の栄達をよそに、子孫の金子光晴によれば「永井荷風のような人」となり、市井に沈湎する。

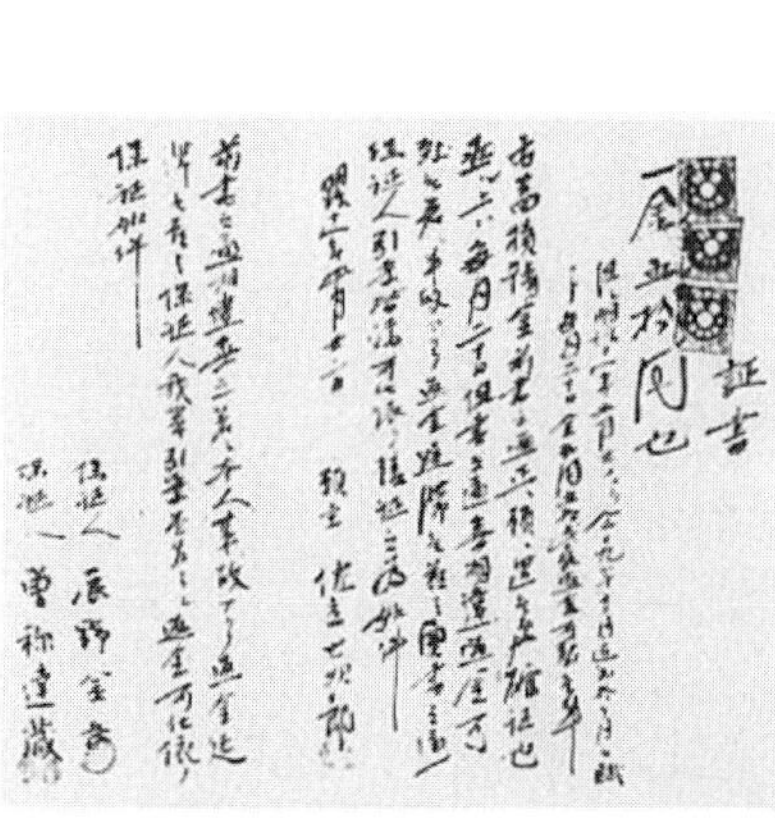

Ⅲ㉕

年の閑散無為な生涯を終った。

その発心の動機、本人自身も語らぬ、はたから見てもそれほどにせねばならぬ事情は一つも考えあたらぬ。

武家の躾がまだ生きていたころで、妻子親族も、主人のなすことは是非を問はず、黙々と従うより他はなかった。

大男のわりには小心な彼が、がつがつした実世間でせり合ってついてゆけそうもない自分を、はっきり見きわめる何かのきっかけがあって、上手な放棄の手をうったものではないかと思う。彼が人と接するときのひどくへり下った態度の中に、僕はいつもかえって傲慢なものを感じた。

片意地なまでの態勢のなかに閉じこもってしまった。日本人の風土的な気まぐれだけとは思えない。建設者たちの適者生存的な殺伐な気構えとテンポに、息ぎれしてついて歩けない。なにか体質的なものか気質的なものがあると自ら気づいて、やむをえず手をうったものとおもはれるふしがある。

佐立は早く生まれすぎたのかもしれない。同級生と立ち並ぶ写真をみる時、その山羊のようなまなざしは、哀しみを吸い込んでなお穏やかである。このような吸光型のまなざしを受け入れる時代があったとすれば、次に来る大正期であろうか。しかし、大正が訪れた時、彼はすでに、市井のひねくれものとして世に処していた。

佐立は、唐津同様、日和見藩讃岐の藩士の子として生まれ、新時代を、何ものでもない存在として歩き始めた。辰野と同様である。しかし、明治という建設者の時代の気構えとテンポに背を向けて自沈してゆく。

これは、辰野が気構えを少しでも崩した時、現れるはずの道である。何ものでもない辰野が、この道を逃れる唯一の手だては、身を刻む向上の努力だけであった。それも、誰にでも均等に与えられた機会の中での努力だけが、妻木、曾禰、片山というすでに初動を与えられた存在を凌ぎうるかもしれない唯一の可能性なのである。

「俺は頭が良くない。だから、人が一する時は二倍、二する時は四倍必ず努力してきた」

辰野が子息の隆に、隆が明に、そうするようにと繰り返し語った家訓のごとき言葉である。

「曾禰が散歩にいって帰ってくると、父が寄宿舎で勉強しているので、また辰野が勉強しているといって曾禰がいやな顔をしていた」

これは、隆が、父の級友小花冬吉（鉱山）から聞かされた回想である。

「俺は頭がよくない」、必ずしも誇張ではない。工部大学校の入学試験において、造家科の学生五名の成績は、宮伝次郎五番（在学中病没）、曾禰達蔵七番、片山東熊八番、佐立七次郎十五番、辰野金吾三十一番である。入学者数は三十一名であった。しかし、

学業の成績は去年よりも今年という風に年々その進歩の著しいのには朋友の意外とするほどであった。

（前出『工学博士辰野金吾伝』）

もちろん、この意外は、努力によっている。六年後、遂に、造家科を首席で卒業する。

では、辰野は、努力を唯一の杖とする等身大の人間として、どのように、明治という時代につながり、東京という都市を自分のものとしてゆくのであろうか。

アーキテクトの家

時代を

ここで、辰野の作りあげた近代日本の建築界というものに触れなければならないであろう。

明治十年代の建築界につき、彼は次のように記している。

つらつら往時を顧みまするに明治十六年欧州より帰朝してより職を工部省准奏任御用掛に奉じたる日時は建築界は実に幼稚極まるものでありました。建築界の前途は建築家の将来とともに尚遼遠でありまして、創業期に於ける無秩序と不安に充ち充ちておりました。而して当時、白面の書生に過ぎない我々は、只闇中模索をなすの外はなかったのであります。（辰野金吾「還暦祝賀会挨拶」『建築雑誌』）

その通りであった。当時、建築家という職は社会にはなく、わずかに、工部省において、コンドルの弟子たちが、お雇い外国人の建築家の手からこぼれた木造洋風建築を、こねまわしていたにすぎない。

辰野金吾という白面の書生の凄さは、このような渾沌の中で、英国建築界を決して範にはとらず、足下の闇中を掻い探って、遂に、独自の建築界を双手で引き挙げたことに尽きている。

辰野は、工部大での二年間のコンドルの教育、そして四年間の英国留学と、都合六年間を英国建築界の空気の中に浸りながら、その成り立ちを日本に移植しようとはしなかった。英国における建築の小宇宙は、ＲＩＢＡ（英国王立建築家協会）を中心に回っている。即ち、自営建築家の職能集団が宇宙の芯にある。辰野は、こうした成り立ちに関心を示すことが薄かった。自営建築家の頭数が、宇宙の芯に足るにはあまりに少なすぎたからではない。後に、彼自ら官を辞し、民間に下りて、自営建築家の職能確立に没頭することとなるが、しかし、その時すら、集団を成して宇宙における重心を増やそうという動きはとるところではなかった。曾禰達蔵、中條精一郎、長野宇平治という友人や愛弟子が、英国王立建築家協会を範に、日本建築士会を結成して、建設業者の設計行為を否定し、自営建築家主導の宇宙改変を企てた時も、辰野は、不可解な面持ちでながめている風であった。

結局、辰野が築きあげた日本の建築界は、自営建築家と建設業者とアカデミーの三位一体からなる小宇宙である。日本建築学会と称された小宇宙のこの構造は、当時のヨーロッパにも、現在の日本にもない、明治の日本にのみあった特異なものである。大正以後、学会の中から、建設業者と自営建築家が拮抗しつつ分化独立し

Ⅲ㉖

図Ⅲ㉖　卒業設計　テーマは自然史博物館。コンドルの上野博物館の全体構成に、同じく開拓使物産売捌所の開口部意匠を取り付けたもの。同級生に比べ特別優れているわけではない。

図Ⅲ㉗　卒業論文　テーマは、"Thesis on the future Domestic Architecture of Japan" というコンドルの出題。同級生曾禰の歴史感覚に秀でた素晴らしい論考、あるいは、片山の出題を無視した構造論、そして、佐立の支離滅裂な拙論、こうした中で、辰野のみは、可もなく不可もなく、コンドルによれば「曾禰君に似て良し」であった。

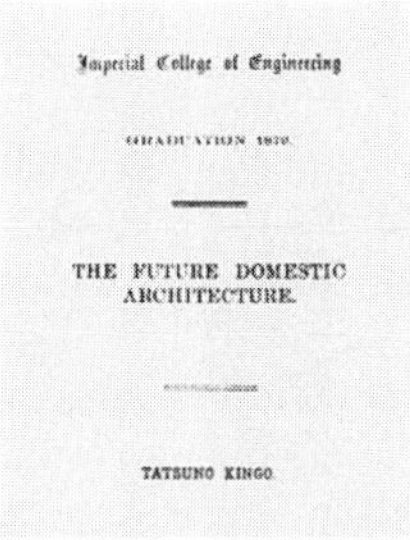

Imperial College of Engineering

GRADUATION 1879.

THE FUTURE DOMESTIC ARCHITECTURE.

TATSUNO KINGO.

Ⅲ㉗

図Ⅲ㉘　工部大学校卒業証書

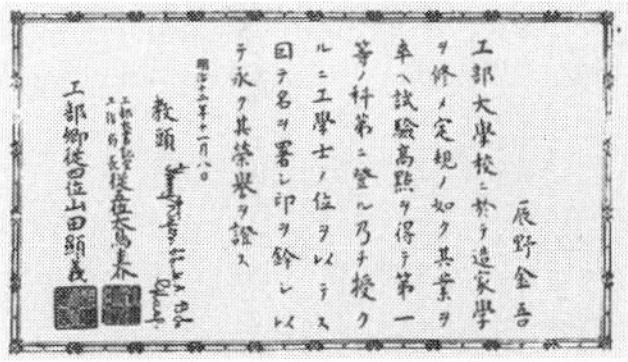

辰野金吾

工部大學校ニ於テ造家學ヲ修メ定規ノ如ク其業ヲ卒ヘ試驗高點ヲ得テ第一等ノ科第ニ登ル乃チ授クルニ工學士ノ位ヲ以テス因テ名ヲ署シ印ヲ鈐シ以テ永ク其榮譽ヲ證ス

教頭

工部卿従四位山田顕義

Ⅲ㉘

図Ⅲ㉙　工部大学校第一回卒業生（一九一五）前列右より、森省吉（化学）・石橋絢彦（土木）・片山東熊（造家）・佐立七次郎（造家）。後列右より、今田清之進（機械）・小花冬吉（冶金）・曾禰達蔵（造家）・辰野金吾（造家）・杉山輯吉（土木）・岸真次郎（化学）。

Ⅲ㉙

図Ⅲ㉚　肖像　工部大学校卒業直後のものといわれる。恐らく、英国留学仕度であろう。二十六歳。

Ⅲ㉚

図Ⅲ㉛　留学申付書

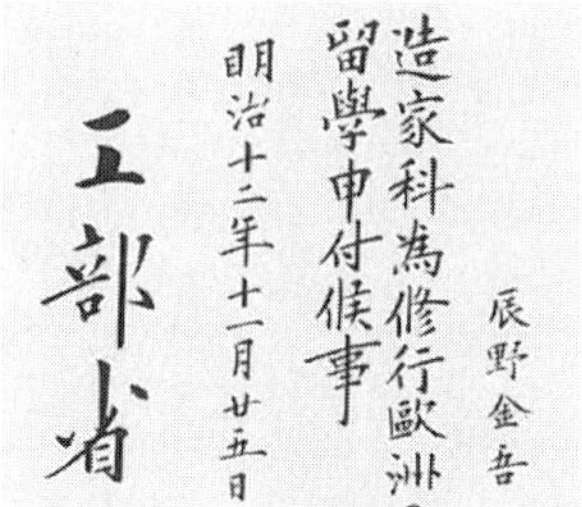

辰野金吾

造家科為修行歐洲へ留學申付候事

明治十二年十一月廿五日

工部省

Ⅲ㉛

図Ⅲ㉜　パスポート

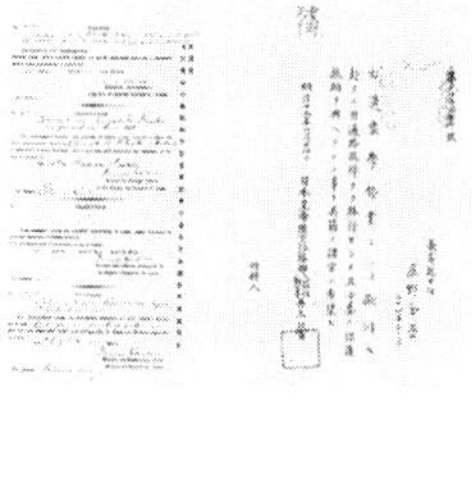

Ⅲ㉜

図Ⅲ㉝　肖像　留学時代のもの。

Ⅲ㉝

図Ⅲ㉞　英国倫敦府実況第一回　渡英四カ月後、下宿にて綴ったロンドン記。留学中の肉声を伝える唯一の資料。

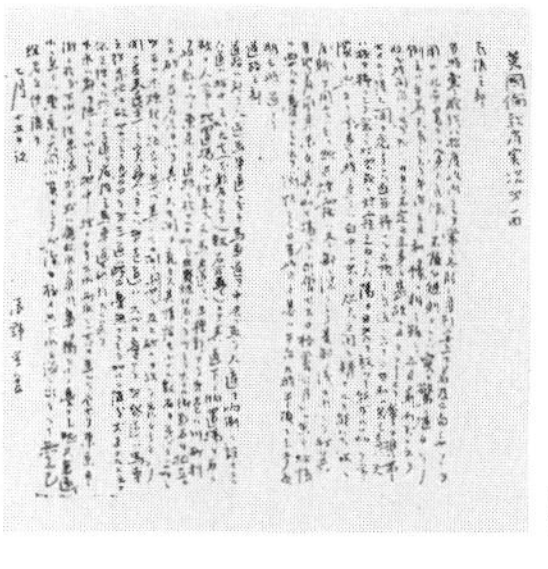

Ⅲ㉞

図Ⅲ㉟　ロンドン大学卒業証書

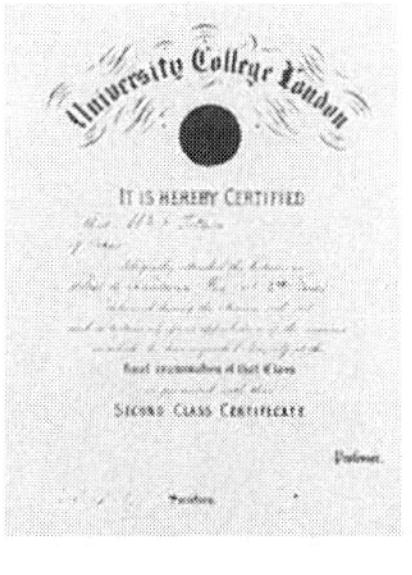

Ⅲ㉟

てゆき、学会は、アカデミー中心の場と変わって現在に至る。

明治の建築学会とは、建築界そのものであった。アカデミー、建設業者、自営建築家の三位一体の上に、永年会長としての辰野がいる。

日本の建築界の帝笏を執りうる人物は、辰野の他に、片山と妻木がいたといえよう。曾禰はそのような身振りで時代に接していない。草創期の建築学会において、将星の一つとしてあった辰野が年とともに巨星と化してゆくのは、アカデミーの長《おさ》であったからに他ならない。

アカデミーの機能は研究と教育といえるが、明治期にあって研究はさほど大きな引力を宇宙に有してはいない。研究が著しく重心を増すのは、大正期に入って佐野利器《としかた》が耐震構造学を創出し、研究室にあって設計や施工の場に力を及ぼすようになってからである。明治期のアカデミーの原動機は教育にあった。

元来、西欧諸国では、自営建築家と教育機関の続柄は、前者が母、後者が子の関係にある。というのは、長い間、教育は建築家のアトリエの中で徒弟奉公を通して伝授されるものであったが、こうした制を崩し、町のアトリエが教育機能を分化独立させたのはそう古いことではなかったからである。こうした成立の事情から、建築界の家父長権は、あくまで、自営建築家の側にある。

日本はそうではない。工部大学校の教育が建築家を作り出し、すべてはそこから始まった。西欧の教育機関は最後に生まれた継っ子のごときものに過ぎぬが、日本では、地母神の位置にある。工部大学校そして工科大学において、辰野は、長い間ただ一人の教授としてこの位置に立ち、建築家という人間を作ってゆく。「ただ一人」は誇張ではない。明治十七年、コンドルから教育を手渡されてよりのち、長い間、学生は毎年数人にすぎなかったが、こうした学生を前に、辰野は主要各教科ごとに手に持つノートを取りかえて繰り返し登壇する。午前、午後、毎週、毎月、それが三年間続くのであった。謹厳で知られた後の建築学者の関野貞《ただし》ですら、遅刻は勿論、やや退屈な講義に目をそらすことも居眠りもできず閉口したという。

のち、「建築界の黒羊」を自称する異端の建築家下田菊太郎は、破門に近いかたちで工科大学を退学するが、自伝は、

同氏（横河民輔　筆者注）は余と共に専門二年生たりし時病気にて余一人辰野博士の講義を聴きたることあり。その為めか余の行為は故辰野博士に事毎に判然として分り且つ嫌われしものなるが、若しも横河氏と二年生時代も同席したりしならんには、幾分か故博士の感情を緩和し得たりしならんと常に思わるるところなり。（下田菊太郎『思想ト建築』）

と、破門の理由を対面教育に求めている。

明治三十一年、辰野が、それまで政治家の名誉職としてあった建築学会長の席に初めてつき、以後永年会長となってゆくが、この期が辰野の教育により世に出た弟子たちが活動を開始する時期と重なるのは偶然ではない。アカデミーは辰野の力の源泉であった。

さて、明治建築界の三位一体の中で、建設業は成立の事情が他の二者とは大いに異なり、江戸期から引き続く旧套な世界として新時代に登場する。請け負いをみたら泥棒と思え、というのが明治期の社会通念であり、事実、おおかたはその通りであった。

妻木頼黄は、官庁営繕機構の長として、建設業者の一式請け負いを終生許さなかったが、その理由は、泥棒に財布を預けるようなまねはできるものではない、という固い信念からであった。

固陋なる経営体質と新技術への消極性が、明治初期のおおかたの請け負いの姿であった。こうした中で、山師的存在から近代建設業へと先駆けていったのが清水方（のち清水組、清水建設）である。清水方は、旧套な経営体質については、渋沢栄一の後継者人事にまで及ぶ強い指導により改善を果たし、一方、新技術への対応は次の方法によった。まず、技術部門を経営陣から相対的に独立させた上で、頂点に多大な権限を持つ技師長を据え、技師長の指導により設計の水準向上と施工技術の改新を図る、というものである。この技師長体制の

成果は著しく、設計にあっては本格的様式建築も可能となり、技術においてもシカゴの鉄骨構造を最先導入するといったアカデミーを凌ぐ先駆性を持つに至っている。こうした近代化の要の位置に立つ技師長は、初代坂本復経《またつね》をはじめ、中村達太郎（技師長相当顧問）、渡辺譲と続くが、その人選はすべて辰野金吾直接の推挙によるものであった。

次に、辰野と自営建築家との関係は、建設業のように人間を通じてではなく、辰野自らが切り開いた道であった。

日本における民間設計事務所の歴史は、明治の人々が一般に考えていたように、明治三十六年、東京の辰野葛西事務所に始まったわけではないが、しかし、設計事務所を社会的存在としたという点では、やはり、辰野の事務所が嚆矢となる。

大阪を例にとりたい。この地は、営繕機構を持つ官庁や大学がなかったことから、設計事務所の蕃殖《はんしょく》活動を見るための純粋培養基のごとき地といってよいであろう。

大阪における最初の建築家職能確立の動きは、明治二十年代、滝大吉、小原益知、鳥居菊助、田中豊輔の「大阪アーキテクト四傑」により試みられた。「我れ劣らじと競い居たる様」ではあったが、その内実は、滝の事務所をみると、

事務所を大阪で開いて、それから一年の間にどれ程仕事をしたかと云うとさっぱり仕事がない、倉の庇をつけ替えて呉れと言って其報酬がたった二円五十銭……。（「明治建築座談会」『建築雑誌』）

たとえ仕事があっても、設計料というそれまでの出入り棟梁にはなかった支出の説得は困難を極めたという。「四傑」は長からずして去る。

「四傑」敗退のあと、恒常的設計事務所を初めて構えたのは山口半六であった。山口はフランスにおいて本格的様式建築というよりは行政土木、自治体建築の教育を受け、そのゆえ、学校制度等にも知るところが多かっ

図Ⅲ㊱　イタリアでのスケッチ

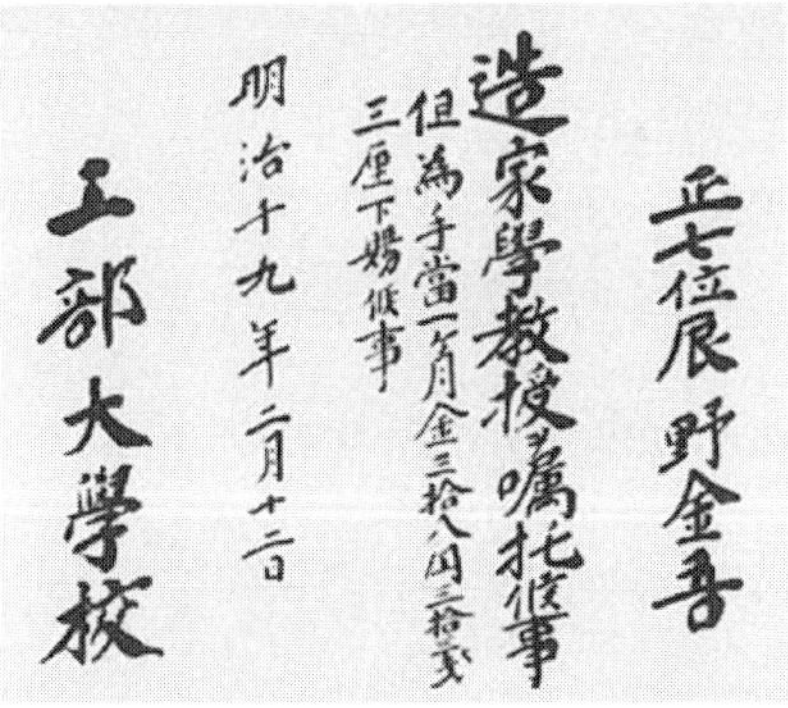
正七位辰野金吾
造家學教授囑托候事
但爲手當一ヶ月金三拾八円三拾三銭三厘下賜候事
明治十九年二月十二日
工部大學校

図Ⅲ㊲　工部大学校教授辞令　コンドルの跡を襲い日本人最初の建築学教授となる。

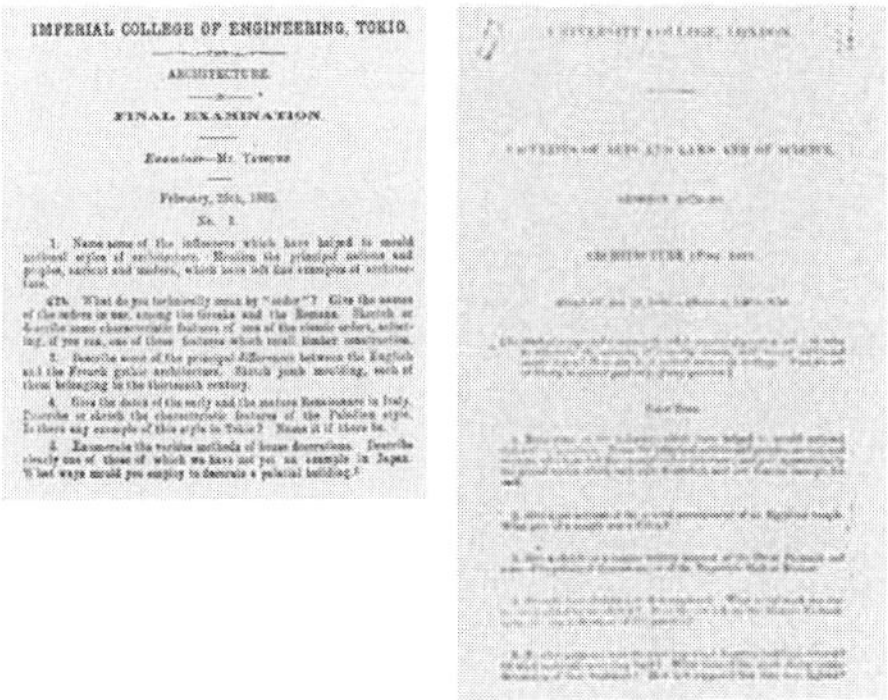
IMPERIAL COLLEGE OF ENGINEERING, TOKIO.
ARCHITECTURE.
FINAL EXAMINATION.
Examiner—Mr. Tatsuno
February, 25th, 1885.
No. 1.

図Ⅲ㊳　試験出題　右がロンドン大学時代辰野が受けた問題。左が工部大学校での辰野の出題。両者は良く似ている。

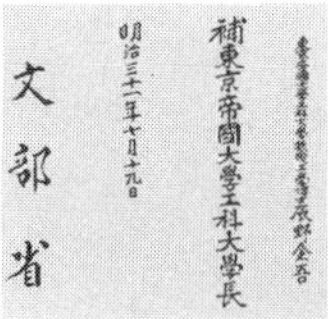
補東京帝國大學工科大學長
明治三十一年七月十九日
文部省

図Ⅲ㊴　工科大学長辞令　政界に転じた古市公威の後を襲い、工科大学長となり、工学者としての階梯を昇り尽くす。

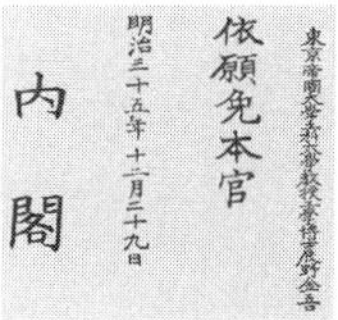
依願免本官
明治三十五年十二月二十九日
内閣

図Ⅲ㊵　工科大学免官辞令　明治三十五年、工科大学長及び教授を突如辞官し事務所を開業する。

図Ⅲ㊶　肖像　明治二十二年、英国にて。三十六歳。日銀本店設計のため渡欧の折。

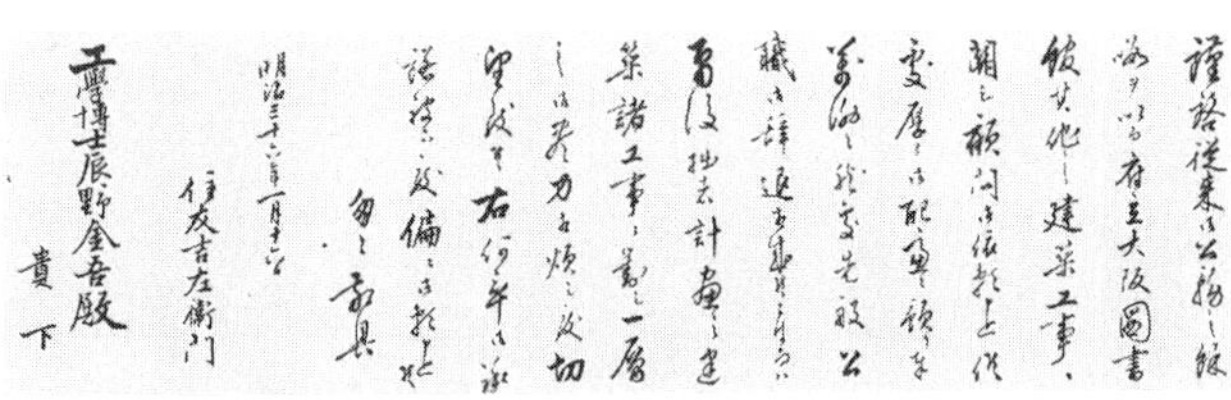
明治三十六年一月十六日
住友吉左衛門
工學博士辰野金吾殿
貴下

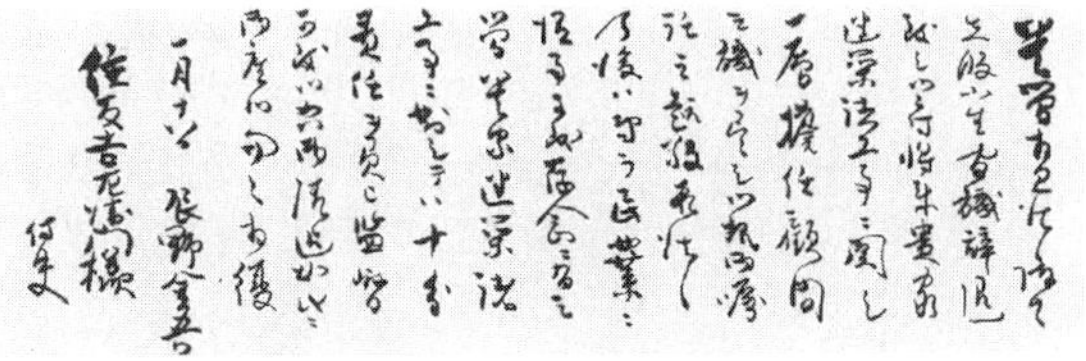

図Ⅲ㊷　住友吉左衛門より書翰　辞官した辰野に対し、今後とも建築顧問として尽力していただきたいという書。

図Ⅲ㊸　住友吉左衛門宛書翰　右記書簡に対する返書。

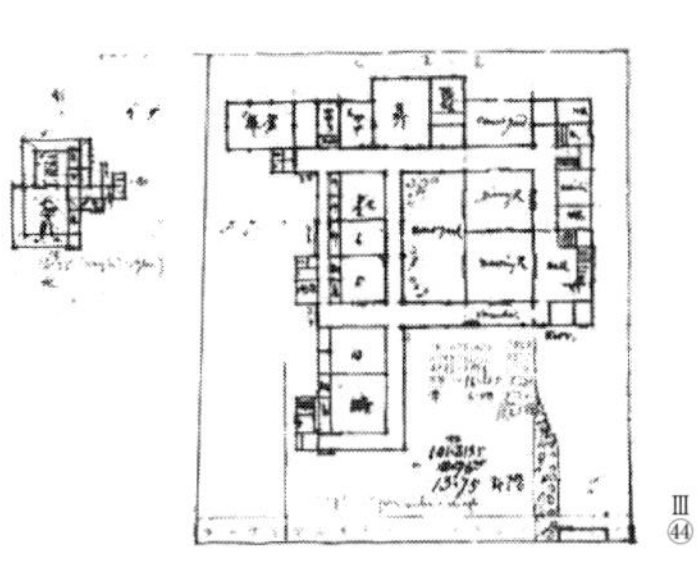

図Ⅲ㊹　エスキース帖

たのであろう、文部省で認められ、「森有礼の三羽烏」とまでいわれた行政家的な技術者であったが、胸を病んで大阪に下り、「最後の華」として事務所を開設したのであった。しかし、職能確立にはあまりに短くして病没し、大阪は辰野を待つこととなる。

辰野と大阪との出会いが、日銀大阪支店（明治三十一年起工）と日本生命本社（明治二十九年起工）のいずれに始まるのかはにわかに判明しないが、しかし、両建築をめぐる人間関係の交叉が、大阪の辰野を作ったことは確かであろう。

明治二十八年頃、日本生命の設計依頼を受けて、辰野は創立者片岡直温と知りあう。片岡は、のち大蔵大臣、商工大臣を歴任するほどの大阪新興財界勢力のリーダーである。続いて、明治三十四年、すでに愛弟子野口孫市を技師として送っている住友家に聘され、建築顧問として同家の建築規則を作成し、諸建築の設計指導を務める。こうして、関西財界の新旧両勢力と結んでゆく。

そして、明治三十一年、恐らく、片岡直温から辰野に対し養子口の依頼があったものであろう、その頃日銀大阪支店建設に辰野の下で働いていた愛弟子の細野安《やすし》が、片岡家に家督相続者として入籍した。この時、辰野は、果たして七年後のことを考えていたかどうか。

東京そして大阪において辰野のパートナーとなる葛西万司、片岡安が、ともに地方財閥の家督相続者であることは偶然ではないであろう。

明治三十八年、日露戦争終結の年、大阪中之島に辰野片岡事務所が開設された。これは周辺には不可解な行動に映ったという。なぜなら、戦争の影響で仕事らしいものはなく、戦争後、疲弊した経済が果たして立ち直り得るかも誰にも予想はできなかった。当の片岡安が、何故この時期に進出したのか理解できずに、仕事もなく一年ほどは事務所でブラブラしていたという。

同じ頃、片岡直温が人々を怪訝がらせている生命保険は戦没者支払いによって不況の底にあったが、そうした中で、片岡は、無謀にも（と社員は思ったという）朝鮮に支店を開設する等の事業拡張に邁進した。両者の動きは日露戦後の経済政策を見事に見越したものであった。事実、戦後経済復興は一大インフレ政策によって果たされ、企業熱は維新以来の熱頂に達し、新会社が創立され、工場は増築を重ね、町には新社屋が軒を連ねてゆく。

辰野が、このような機をとらえるそのような視力を持っていたとは思われない。恐らく、片岡直温のすすめか、あるいは、戦後財政の中枢に立つ旧師高橋是清の教唆によるものと思われる。

片岡は開業当時の様子を、次のように記している。

　従来質素と因循を以て方針となし泰西文明を吸収する事の比較的に遅かった京阪の人士から、続々と依頼を受け……。又当事務所が最初最も苦心したのは報酬問題で、建築士の職業に不案内なる到底東京方面の比にあらざる関西地方の人士をして進んで規定の報酬を支払はしむる迄には想像外の苦心であった。

（片岡安「大阪辰野片岡事務所の事業概要」『建築雑誌』）

辰野の周到で機を見た進出により、大阪で初めて、建築家という職能が社会的存在となった、といってよいであろう。そして、このことは日本に対しても言い当たっている。

以上のようにして、かつての白面の書生は、未明の闇をまさぐって、アカデミーと建築設計事務所をひねり出し、建設業の旧套を脱がせ、三者の一体化によって日本の建築界を素手で築き上げていった。辰野は、はじめて、何者かになり得たのである。

辰野が、自分を唐津の城下に遠く置いて流れていた明治という時代につながることができたのは、こうした建築界の創出という回路を通じてであった。それは、片山東熊が天皇家の建築家として、直接、国家を飾り立ててゆくのとは対比的な道である。少なくとも、昭和における国家主義的建築家との差は明らかにしておかなければならない。彼らは、すでに価値の尺度として確立した国家に建築を通じて身をすり寄せたにすぎぬが、辰野は、そのような国家の創草期にあって、その部分の創出に、小さいながら地母神として鍬をふるった存在であった。

辰野の手になる国家的建築は、日銀も東京駅も、記念、統一、威厳の表現としてはいささか破綻しており、片山東熊の作品に数段劣っているとみてよいであろう。しかり、建築によってではなく、建築界の創出という回路によって、彼は国家と時代につながったのであるから。

都を

「建築家として生まれたからには、東京に建物を三つ建てたい」

辰野はよほどこの言葉を語ったとみえて、幾人かの関係者が語り残している。三つとは、日本銀行、東京駅そして議院（国会議事堂）である。

江戸が、辰野の上京をまたず、東京へと変わっていったことはすでに述べた。妻木、片山、曾禰にとって、江戸そして東京は、維新の時点において、すでに、のっぴきならぬ心象風景として定着していた、このことも述べた。辰野一人、都市像を空にして出発する。

辰野が東京と出会ったのは、明治五年秋、洋学先生東太郎の帰京を追って上京し、そして、旧唐津藩士山口文次郎が空き家となった大名屋敷に開いた私塾の門番として、麴町五丁目旧尾張藩中屋敷に住みついた時である。身をひそめた最初の風景は、妻木家の谷地から北のほうを見あげたあたりに広がる紀尾井坂周辺の、それだけに激しく荒廃する大大名の屋敷町であった。しかし、都市と時代の名である旧江戸にどのような愛惜も持たない彼にとって、それは見えないに等しかったであろう。恐らく、東海道を歩いて横浜に達した時みた居留地の明るく輝く町並みや、横浜ステーションの石造建築こそが辰野のものであった。

建築家の想像が飛翔しうる絶頂は、都を、自作で埋めつくすことであろうが、辰野もまたこのような欲望を秘めていたことは、「東京に建物を三つ」の言葉で充分であろう。あるいは、還暦の祝いに辰野の全作品が町を埋めつくす想像画が制作されたが（図Ⅲ㊼㊽）これが彼の風景への欲望であった、と考えてよいであろう。

「東京に建物を三つ」、なぜ三つなのか。

明治の東京は、都市景観の中枢ともいうべき地を三つ持っていた。旧江戸以来の経済中心としての日本橋、そして、新しい経済中心としての丸の内、さらに、政治の中枢永田町霞ヶ関、の三つである。この地のみが、都市の景観を支配する大建築を持ちうる地であった。辰野は着実に埋めてゆく。

まず、江戸の栄華を塗り込めた漆黒の土蔵造りの町並みが暗く低く軒を連ねる日本橋のただ中に発光するように打ち込まれたのが辰野の代表作日銀本店であった。この輝く石造建築を先陣に、日本橋は江戸を捨て、明治の白い町並みへと塗りかわってゆく。

明治三十年代より、経済中心は丸の内へと移ってゆくが、辰野は丸の内三菱オフィスビル街建設に参画はしなかった。コンドル・曾禰達蔵の師弟の手でイギリス風町並みが作られてゆく。しかし、オフィス街ゆえ、丸の内はシンボルとしてそびえる建築を永らく持たなかった。が、日露戦争の勝利は、それまで小規模に計画されていた東京駅を世界最大にすることを求め、こうして丸の内の表玄関とし、皇居に正面から向きあう天皇家の駅として、東京駅は辰野の手にゆだねられ、大正三年竣工する。

日銀、そして東京駅の後、ただ一つ残されたのは永田町の丘に建つ議院であった。議院建築は辰野と妻木との間に百年戦争をひき起こしてゆく。

明治三十年、内務省は議院建築の調査を開始したが特別の結論は出さなかった。引き続いて明治三十二年、議院建築調査会が内務省に設けられ、同会は、辰野金吾、妻木頼黄、吉井茂則の三名に案を求めた。むろん、ねらいは、建築学会長として民間建築界を代表する辰野金吾と、大蔵省臨時建築部を率いて政府側を代表する妻木頼黄の両雄にあり、吉井茂則は、既存仮議院の設計者という前歴だけの、いわば両雄の緩衝装置にすぎない。この時、緒戦が開かれたといってよいであろう。やはり、結論は持ちこされた。

そして明治四十年の末、気鋭のデザイナー武田五一を臨時建築部に招き入れた妻木頼黄は、うれいなく、自分が議院を建設する決意を固めた。手順は、第一年目武田他技師の欧米派遣、二年目設計、三年目起工、というものである。

ここに至って、辰野は、地を割るようにして反撃を噴き上げてゆく。主要新聞紙上に、『議院建築の方法に就て』と題する次の声明を発表した。

……聞く所に拠れば大蔵省は……事務官と技術官とを欧米に派遣して彼地に於ける議院建築を調査せしむべしと云う……内国に在って専心調査すべき事項甚だ多し、而して今此の実際問題を捨て、倉皇として出て海外に遊ばんとする果して何の心ぞや。

惟うに議事堂の如き国家至大の建築計画を挙て一家の私見に委任するが如き時代は既に経過し了りたり、今日の政治は宰相一人の専断を許さずして博く国民をして之に参与せしむるに非ずや、其国政を議する所の議事堂亦豈一家の考案に委するを許すべけんや、我が済々たる建築家は均しくこの名誉ある工事に対して、其考察を提供すべき権利と義務とを併有せり、当局者若し此の権利と義務とを蹂躪するが如き事あらば、これ実に昭代の不祥なり。

懸賞図案募集の方法に関しては吾人素より成算のあるあり、他日此の問題の進行するに従て之を陳述せん事を期す、玆に議院建築設計の宜しく一個人に委任すべからざる所以を明にし、懸賞募集の最適切なることを述べて江湖諸君の賛成を乞はんと欲す。

一方、設計競技を主張する辰野の動きが見えぬかのように、妻木は予定を進め、明治四十一年六月、武田五一、矢橋賢吉を欧米視察に送り出し、そして、翌四十二年三月帰国した武田らの成果をもとに、設計を開始した。妻木は辰野の力を見誤っていたのかもしれない。

辰野は、大蔵省独断専横の非をならし、建築学会に諮るべしと、学会名によって世間に主張してゆく。この時建築学会を法主のごとくして押さえ切る辰野が総身を震わせるようにして吼えた、といってよいであろう。号咆は、大蔵省を浮き足立たせ、妻木を孤立させた。辰野への妥協として、大蔵省は、妻木の計画を打ち切り、そして、議院建築準備委員会を開設した。辰野は、伊東忠太、塚本靖、中村達太郎を率いて委員会に入る。この時、妻木を射程にとらえたと思ったであろう。建築学会は、大会を開いて競技設計を決議し、公開討論会を構えてニュースを作り新聞を通じて世に知らせ、大臣や朝野の有力者を訪れて説得し、あたかも学会機関がすべて口舌と化したかのように、競技設計説を流布してゆく。

こうしたあぶるような運動を背に、明治四十三年十月十四日、第五回議院建築準備委員会の席上、伊東忠太が口火を切った。

議案全般に関係して居る事でございますが其動議と申すのは……之を懸賞競技に附したいと云うのが希望なんです其理由を簡単に述べますが申すまでもなく議院建築の意匠設計と云うものは非常な重大なることでありまして出来得べきならば尽せるだけのことを尽して出来るだけ良いものを得たいと云う志望でございますが、それにはどう云う方法が宜いかと云えば是は懸賞競技に依るのが一番宜いと思います（大蔵省臨時建築部『議院建築準備委員会議事要録』）

これに対し、大蔵省側は、次官若槻礼次郎を立てて応戦する。

懸賞と云うことは必しも今回政府が考を付けて此準備委員会を設け更に進んでちゃんと専門の大家の人の意見を尋ねて建築をしようと云うことに決議したよりも尚一層好い結果を齎らすべきものであろうかどうであろうと云うことは余程疑はしいように考えます……懸賞に致せば先づ第一番に第一流の建築家には審査のことを御願ひせなければなるまい……そうすると云うと懸賞を致すと云うことからして得る所のものは第一流よりも寧ろ其次の以下の方が懸賞に応じて来ると云う虞れが有りはしまいかと云うことが一番

私共の懸念する所で……（前出『議院建築準備委員会議事要録』）

若槻の論理に対し、伊東は、一流の眼と一流の腕は別であり、老大家の一流の眼をもって、少壮一流の腕を選択すればよいのである、と競技設計の成立原理を語って反論する。そして、ここを先途の応酬の後、決に回され、十五対六で辰野側は完敗した。辰野側賛成者は、辰野、伊東、中村、片山東熊の建築家の他は、恐らく工部大学校以来の友人浅野応輔と工科大学の同僚阪田貞一の二名であったと推察される。

この結果は、委員構成を大蔵省側がなしたのである限り当然であった。

伊東はこうした妻木の老獪さを終生憎み、

夫《それ》（妻木の力）は官界に扶植した勢力で、彼自らも極端なる官僚式を発揮して居た。性格は巧言令色、名利を重んじ、社交に努めて居た。（伊東忠太「覚え書」『建築史研究』）

とまで評している。

それに加えて、辰野の「平静に似ぬ奇矯な言辞」（曾禰の言）が災いしたことも疑いえない。若槻の前出の批判に対し、辰野は、

一流の者を委員若しくは審査委員に駆挙げたとして夫等の委員に各々一案づつ提出させても差支ないことである（前出『議院建築準備委員会議事要録』）

と答えてしまった。もし競技設計に決まれば、それを主張しつづけた辰野が審査権を握るのは自明であり、その人物が、審査委員も応募権を持つと主張したのである。それまで、彼は、公もしくは義の立場に立って、競技設計の方法的優位を語ってきたが、ここに至って、私情《わたくし》が露呈した。曾禰はこのことにつき、「是れ博士が時機あらば自ら帝国議院建築の設計を試みんとの宿望を端無くも発露された」としている。

辰野にとって、競技設計とは弟子に素案を求めるがごときものであった。たとえば、大正元年の大阪公会堂の場合も、伊東忠太、片岡安、長野宇平治、中條精一郎、武田五一、大江新太郎、岡田信一郎、宗兵蔵、矢橋

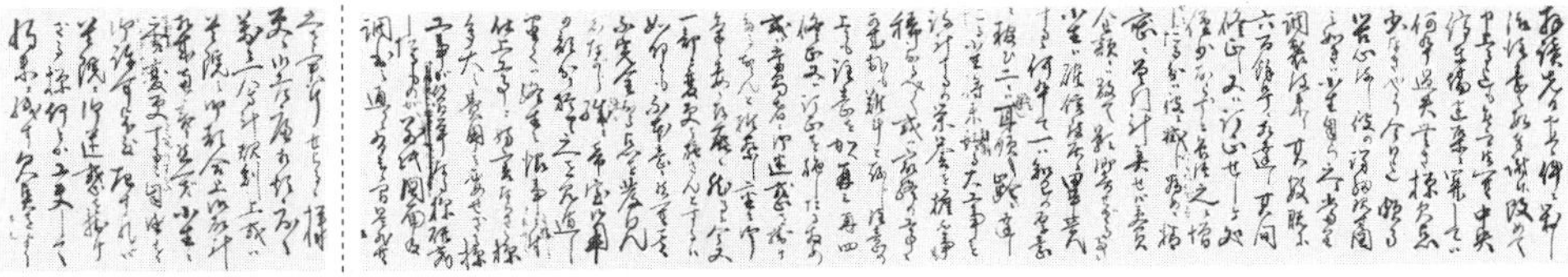
Ⅲ㊺

図Ⅲ㊺　鉄道院総裁平井晴次郎宛書翰　書簡の下書きである。東京駅の中央部天皇専用玄関をより充実させるための設計変更とその費用支出を求め、旧知の平井に切々綿々と訴えている。

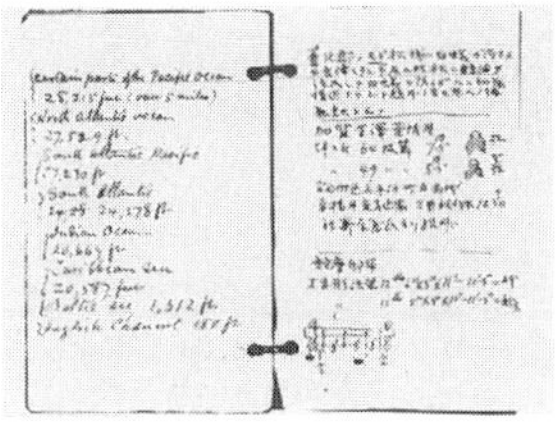
Ⅲ㊻

図Ⅲ㊻　メモ帖

Ⅲ㊼

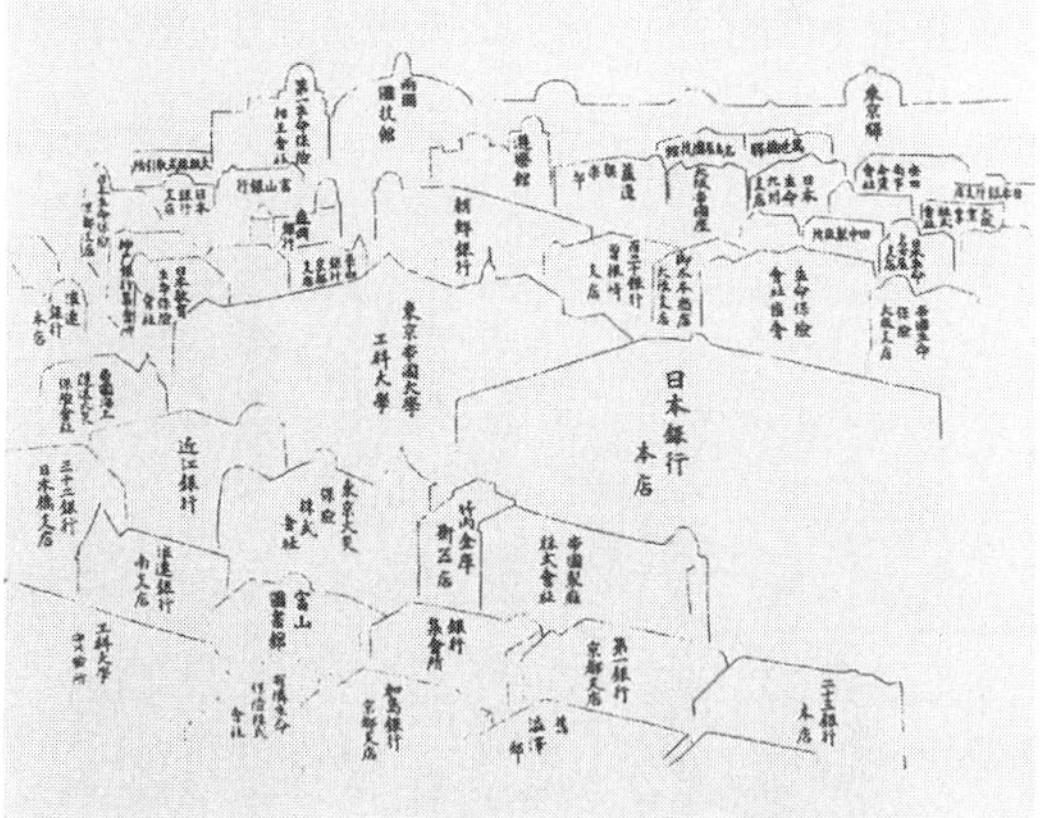

Ⅲ㊽

図Ⅲ㊼㊽　作品集成絵図　還暦の祝いに弟子の後藤慶二が描く。

Ⅲ㊾

図Ⅲ㊾　瑞宝章状

Ⅲ㊿

図Ⅲ㊿　肖像　工部美術学校出身の洋画家松岡寿が、辰野の死後、弟子達の依頼により写真にもとづき描いたもの。松岡をはじめ工部美術学校出身者は、同校廃校後、明治美術会を結成し洋画の地位確立に努めるが、辰野も評議員として協力している。

Ⅲ(51)

図Ⅲ(51)　肖像　「笑める辰野博士」と称される珍しい写真である。

賢吉、塚本靖、大沢三之助、古宇田実、田辺淳吉と、あたかもかつての教え子に課題設計を課すかのように、暁星のごとき弟子を指名して参加させ、結局、岡田信一郎の案が参加者の互選により選ばれたが、それは偶然とはいえ辰野が数年前に建設した堺市の公会堂（図Ⅲ⑯）に良く似た構成をとっていた。その上、辰野は、課題を修すごとくに大きく手を入れて、実施してゆく。競技設計とは、極言すれば、自分が設計することであった。この競技観が、議院において、端なくも発露したのである。

妻木は勝った。しかし、計画は財政上延期され、しばらくして、彼は没した。

そして、大正六年、再び議院建設が日程に上った時、妻木なき大蔵省臨時建築部は辰野の意向に従ってゆく。大正七年、競技設計が行われ翌大正八年二月、辰野は事実上の決定者として応募案を優劣大別した。こうして一段落をみた後、病を治すため房州へ休養に向かった。そして三月二十五日、最終選考のため病をおして上京し、そのまま自宅に臥して没した。

遂に三建築の一つを作ることはなかった。しかし、死のまぎわ、落ちてゆく意識の中で、「たてから見ても良し、よこからみても良し」とつぶやいて、ほほえんだという。恐らく、最後の心象の中に、議院は立っていたのであろう。辰野は、都を自分のものとした。

辰野の生の意味は、時代につながり、都を自分のものとすることであった。建築界の家長として、三建築の建設者として、それを果たしたといってよいであろう。

終焉の記

大正八年三月二十五日夜十一時、父率に逝く。此日午後三時病遽に革る。大谷博士来診。危機迫れるを察してカンフル注射を試む。博士去って丹羽国手来る。再びカンフルを用ふ。効験少し。父半醒半睡の態を持して日の暮るるに迫ぶ。七時村内国手来診。三度カンフルを施す。奏功せず、大谷博士の再び見ゆるを待って遂に最後の手段たる食塩水注射を行ふ。亦甲斐なし。九時、博士去るに臨んで竊かに余と弟とを魔いで耳語して曰く、明朝を竢たじと。

既にして父半睡より醒め、牀上に座せんとして首を扛く。母憂ひて制すれども聴かず、家に在る者を悉く集めて告別の辞を為さんと欲す。停むるを止めよと。此に於て母後より父を支へ、父安如として母に凭り、静かに言ふやう。夫に事へて四十年、子女を愛育く、専心家事を治めて間然するところなし。実に汝は善き妻なりき。善き母なりき、と。母声を挙げて泣く。病牀を繞る親族知己亦悉く泣く。余が眼幾度か曇りて屡々父の顔を失す。敢て凝視するに彼泰然として交々児孫の顔を眺め且つ朋友故旧医師看護婦奴婢に至る迄一々識別して今生の好誼を謝し了って双手を翳して万歳を連呼す。声色衰へたりと雖も意気旧に依って旺なり。余父の手を把って誠に凜々しき最期ぞと呼べば愛弟涙を呑んで勇まし々と呼ぶ。父も亦微かに頷きて好しと言ふ。一座粛として時に涕泣歔欷の声を聞くのみ。母泣く々父を仰臥せしめてひたすら臨終の安らけきを祈念す。父仰臥しつつ傍なる曾禰博士の名を呼んで、託するに議院建築の後事を以てす。復た一言私事に渉らず。言尽くれば即ち昏々として眠る。眠ること愈々深くして脈搏愈て微かに、脈搏愈々微かにして呼吸愈々罕なり。而して最後の一呼吸に致っては恰も縛めの解くるが如く、天の霽るるに以て一種晴朗の気枕頭を低佪して死相眠れるが如し。慟哭の声家に充つれども這裡恰々として生死の調和あるを覚ゆ。父が常に其人格を敬慕して惜かざりし村内国手余等兄弟を顧みて曰く稀に見る大往生なりと。

亡父曾て謂へる事あり。我が終焉の日来たらば、妻子眷属に囲まれ自若として大往生を遂ぐ可しと彼今や死を以て生前の覚悟を語れり。

実《げ》に彼は男なりき、善き父なりき。

大正八年四月十日　　　　辰野隆　記之

（辰野隆「終焉の記」）

二 二律の形

生涯の事績、といったことについて以上に記してきた。以下、建築に触れてゆく。

辰野というデザイナーの不思議さは、代表的大作ほど不出来に仕上がっていることであろう。たとえば東京駅がある。

これは、日露戦争の勝利の証しとして、世界最大の天皇家の駅として皇城に向きあって構えられた国家の表玄関ともいえようが、しかし、中央玄関はわずかに取ってつけたようであり、全体の不可欠必然の芯になってはいない。このような無力な芯を持つ故に、長大な翼部が勝手に左右に延びて、一つの建築というよりは、町並みのごとき集合体と化してゆく。巨大な全体を統御するのが大作の唯一のテーマともいえるが、失敗している。細部もまた不可思議な造形にまとわれている。たとえば、開口部のアーチを縁取るアール・ヌーヴォー風の崩しは、町の建築の作法であって、絶対主義国家の大礼服の仕立てとは思われない。恐らく、赤坂離宮の作者なら、そのようなヘマはしなかったであろう。辰野は、建築界の家長でありながら、なぜ、明治国家の家長の玄関を飾ることに劣ったのであろうか。東京駅は、なぜ、あのような姿で立っているのか。これを探るのが以下の目的かもしれない。

このように下手な辰野を、なおも、明治の代表的建築家とするのは、建築界の創出という地母神的大業を果たしたからに他ならない。

師の作品の評価について、愛弟子の長野宇平治は、日本銀行の建築と云うものは辰野先生の華である。或は辰野先生が生涯になされた建築の総ての物を纏めて一方に置き、それから日本銀行を他の一方に置いて、バランスにかけたらどうか、或は日本銀行一つだけでも他の総ての物に匹敵するかも知れぬと私は思うのであります。（長野宇平治「日本銀行の最初のデザイン」『建築雑誌』）

と語るが、長野のバランス秤をまるごと一方の皿に乗せ、片方に建築界の創出という業績を掛けた時、やはり、歴史の天秤は業績のほうへ傾くであろう。そういう建築家のデザインについて以下論考してゆく。

明治という創世の期は、ヨーロッパでは世紀末に当たり、ギリシャ、ローマ、ゴシック、ルネッサンス等といった一時代一様式の時代が終わり、そうした過去様式が再興し折衷しあう亜種と変種の時代である。いわば、建築の様式箱をひっくり返したような——これが辰野の出会ったヨーロッパであった。

そのような時代の多様性を辰野は、明治十八年の処女作銀行集会所（図Ⅲ㊷）より明治二十四年の明治生命（図Ⅲ㊺）におよぶ七年の間、十二の作品において、わがものとして繰り広げてゆく。初期辰野、といおう。

こうした習作の期を過ぎると、彼は、思いのほか揺れの少ない一筋の軌跡を描いてゆく。以後、たった二つの様式を、前後して用いたのみである。

一つは、明治二十四年の国立第一銀行大阪支店（図Ⅲ㊲）から三十六年の日銀大阪支店（図Ⅲ㊱）に至る一連の銀行作品で、日銀本店の古典系様式に代表されよう。

もう一つは、明治三十五年の辞官独立から、大正十年、第一相互館（図Ⅲ㊽）が遺作として竣工するまでの最終様式で、他との峻別性を個性というなら、最も個性的な辰野式の時代である。イギリスのフリー・クラシックと呼ばれる新様式を手本としながら、あまりに辰野臭が濃く、人々は辰野式とか辰野風とか呼びならわしていた。東京駅をはじめ百数十棟を数えることができる。

日銀本店の頃を中期というなら、辰野式の時代は後期といえようか。偶然ではあるが、辰野式の十六年間は、初期、中期を合わせた年数と一致し、両十六年というのが、作品歴上の辰野の生涯である。

明治の建築家は、生来、様式というものに対し場当たり的で、対象に応じて諸様式を使いわけていた、と考えがちであるが、そうした見方は陥りやすい陥穽といってよいであろう。確かに時代の全体は多様性に染めあげられてはいるが、そして、そのような肩から先の器用さは、のちにくる弟子の世代の特性の一つとはなろうが、明治の人々は、妻木、曾禰、片山と、一様に時代から何か重いものでも飲まされたかのように一貫してゆく。辰野が最後にゆきついた辰野式も、裏坊主時代からの生の軌跡がにじんでいるかのようである。

◉渋沢商業街を飾った初期辰野四作

例えば、進取の気宇に富む企業家が自分の商品を国外に輸出しようとするとき、彼は、日本橋よりやや海に近い兜、南茅場、坂本の三町に形成されていた「渋沢商業街」におもむけばよい。先ず、商業会議所を訪れて来意を告げて相談し、そして教えられたように三井物産に足を運んで輸出手続きと売捌方を依頼する。後は荷を三菱会社の蒸汽船に託すこととし、もし心配ならば、海上保険会社にでむいて保険金を積めば安心であろう。こうして商談を済ました後、金融面で心配があるなら銀行集会所に立寄って銀行家を紹介してもらうもよいいし、或は、第一銀行に直接出向いた方が早いかもしれない。最新の経済動向を知りたくば、三菱の息のかかった東海経済新聞でも、自由主義経済の理想を掲げる東京経済雑誌でも、本社の窓口で受けとればよい。時間が許せば、いつか渋沢邸のサロンに腰を下ろす日を夢見つつ、株式取引所に足を運んで持株の動きを楽しむのも退屈ではあるまい。明治二十年前後、こうしたすべてが、歩いて数分の内に広がる「渋沢商業街」にあったのである。

・銀行集会所
・明治生命保険会社

本邦初のスレート葺屋根面を最も効果的に見せるために、軒の作りを異様なまでに小さくしている。辰野がイギリスより持ち帰ったスレート切り出し機により初めて本格的に切り出された宮城県産スレートを見せることをテーマとした珍しい作品。

・海上保険会社

・渋沢栄一邸

一つの様式に込められる想いは一つではない。例えばここに用いられたベネチアン・ゴシックは日本において三つの意味を持つ。一つは、コンドルが期待したもので、ベニスの東方貿易にかけて、東西の架橋の意味、次に、ベニスのごとき商都をという想い、そして、水映りのよさ、の三つである。渋沢邸は後二者の想を託す。

「応接室には切子硝子の尾をくらげみたいに下げたシャンデリアが、文明開化の瓦斯燈を輝かす。また外へ張り出したベイ・ウインドウはアーチ型の上部に赤、黄、綜、紫の色ガラスが嵌めこまれていた。まだスラインド・グラスがなかったのだろう。ベイ・ウインドウの内部には、三つ巴型三人掛けの椅子が置いてあった。私はよくその椅子に二つ年上の姉と、斜め横に向きあいながら腰かけた。すると窓から射しこむ日光が手の甲や腕を、赤や緑に截然と染め分ける。それが少し気味の悪い美しさだったことを思いだす」（渋沢秀雄の回想）。渋沢の一門がやがて澁澤龍彦を生むのは偶然ではないであろう。

初期辰野

渋沢商業街

明治十六年五月、四年のヨーロッパ留学を終えて帰朝した辰野金吾は、十月、銀行集会所の設計を依頼される。ほぼ二カ月で設計を了え、翌十七年四月、工を起こし、十八年七月、竣工した。辰野の処女作であるばかりでなく、日本人建築家による最初期の煉瓦造建築となった（図Ⅲ㊷〜㊹）。開場式には、山県有朋、松方正

図Ⅲ㊽㊾㊿ 銀行集会所（辰野金吾 一八八五 東京）

図Ⅲ55 明治生命保険会社（辰野建築事務所 一八九一 東京）

図Ⅲ56 東京海上火災保険会社（辰野建築事務所 一八八七 東京）

Ⅲ52

Ⅲ53

Ⅲ54

Ⅲ56

Ⅲ55

Ⅲ 57

Ⅲ 59

Ⅲ 58

図Ⅲ 57 58 59　渋沢栄一邸（辰野建築事務所　一八八八　東京）

Ⅲ 60

図Ⅲ 60　渋沢栄一邸室内

義、西郷従道、大木喬任の諸参議を初め、勅奏任官五百余名が席に臨み、庭では横綱梅ヶ谷の土俵入りが花をそえて、辰野は、晴れやかに時代に乗り出してゆく。松方大蔵卿の祝辞、渋沢栄一銀行集会所総代の謝辞を受けて、設計者が立った。

終りに臨み一言以て此結構を述んに先づ外構は彼伊国造家学士パラテヨ氏の新式を模範とす、氏は紀元一千五百十八年より一千五百六十年迄、乃ち四十二年間其英名を轟せり、今尚ほ仰て近代造家学士の泰斗とす、又装飾に至りては主として伊国千五百年代チンクェチェント風と称する一種の模様を擬す、孰れも取捨折衷して以て之に適用したるものなり。（銀行集会所蔵『銀行通信録』）

居並ぶ参議がこの煉瓦造について理解するところがあったとすれば、正面ペディメントにはめられた鳳凰像と、階段手摺りの七福神の透彫くらいであったであろう。〝パラテヨ〟も〝チンクェチェント〟もやや場違いな設計者の意気ごみであった。

東京日日新聞は、どう間違えたのか、「其の建築は総て伊、太、利、国、の、紙、会、社、の建築に倣ひて之を折衷改良し」と報じている。

パラテヨ、即ち、アンドレア・パラディィオ（Andrea Palladio）、かつてイタリア・ルネサンスの大成者として理解され、現在、マニエリスムの覇者として知られるこの名は、初期の辰野がわずかに遺した言辞の中に、しばしば見出される名である。

例えば、明治十九年の『劇場建築論』の中に、あるいは、明治十八年、コンドルに代わって工部大教授となったその年の卒業試験にも、

一、イタリア・ルネッサンスの初期及び完成は何時であるか。パラディアン様式の特徴を解説もしくは図示せよ。この様式は東京にありや否や。ありとせば、例を挙げよ。（辰野金吾旧蔵資料「出題帖」）

とある。他の設問は、ロンドン大学の恩師ロジャー・スミス（Roger Smith）の試験問題の引き写しにすぎ

ないが、これは自作である。

曾禰達蔵が、江戸橋郵便局について語った次の回想も加えてよいであろう。

（明治二十年、一時辞官の時）辰野さんも今正に退官して進退考慮中であった……さうして第一に設計したのが江戸橋の郵便局で外面は一階の上層より窓間にピラスターを附した設計で辰野さんはパラヂャン式と唱へて居りました……然るにこれは実行にならず……。（「明治建築座談会」『建築雑誌』）

では、このように濃く意識されていたパラディオは、処女作に、どのように表れているのであろうか。

①全体構成について

建物正面に、ペディメントを頂く上下階一体の浅い張り出しを設け、左右に翼を伸ばす対称型全体構成はパラディオ式にかなったものといえよう。本来なら、下階部を階段のアプローチとし、張り出しに列柱がつくべきであろうが、規模による省略は止むを得まい。特に、縦横のプロポーションは注目に価する。辰野が初めてパラディオ式に接したのは、留学先のイギリスで百年前に活躍したパラディオ主義者の遺作であったと思われるが、それらイギリス派のプロポーションは横長に過ぎて鼻祖のたての上昇感をいささか損なっていたが、しかし、銀行集会所は本来のパラディオの引締った比例を一応感得している。

プロポーションと相まって、小品には珍しい力強い軒の張りが、全体の引締った印象を生んでいるが、こうした軒の造りもパラディオ式の作法といってよいであろう。

②階構成について

階構成の特徴は、下階の階高を上階に比べて低くして土台のように位置づけ（ベースメント層）、上階は、主要窓層（ピアノノビレ層）の上方にもう一層の小窓（アティック層）を設けて、小規模な二階建てを外観上三層に見せていることである。パラディオ好みの三層構成を、無理して真似た結果といえよう。以上のような銀行集会所を、設計者の言うようにパラディオ式と称するのは妥当であろう。

しかし、一方、ディテールはパラディオ式をはずしてゆく。アーチの窓は長方形のパネルの内に納められ、壁面にはめ殺されているが、こうしたパネル式の窓回りは、ルネッサンスのものとはほど遠く、ベニスの建物の作法である。上部に、丸窓を開けるのも同地の手法の一つといってよい。下階の東方趣味のまだらアーチもベニス風と称せよう。こうしたベニス風の開口部は、明治十七年、中途より渡辺譲を手伝った逓信省電信本局の煉瓦壁にもそのまうがたれている。

このように、全体においてパラディオを範としながら、部分にあっては、和風ペディメントやベニス風開口部を織り込んだ多様な造形となっている。

すでに、処女作において典範を忠実になぞることを放棄して始まった初期辰野は、全作品を通して多様性を本願とし、十二の作品と十二の様式を織りなしてゆく。

十二作中、写真の見出されない三作（鉄道局、鉄道局長官々舎、益田孝邸）を除くと、九件の実態が判明し、さらに、二件の工場、東京製綱会社（図Ⅲ㊻）、東京人造肥料会社（図Ⅲ㊹）を論外に置くなら、ここに、七件の作品が残される。この七件をゴシック系と古典系（クラシック系）に両分して論考する。

ゴシック系

・東京海上火災保険会社（図Ⅲ㊺）

ゴシックの特徴は開口部にあり、一般に尖頭アーチとフォイル（花弁繰り）を典型とするが、この作品の場合、上階は扁平な尖頭アーチとでもいうべき形容矛盾した奇妙な造形に枠どられ、下階もまた奇妙さに変わりなく、古典系の正アーチに開きすぎの三つのフォイルを刻んでいる。やや異様と難ずるにせよ、大胆不敵と嘆ずるにせよ、常にない風を持つ作品である。

・工科大学（図Ⅲ62）

納まりの難しい城郭風円塔を配しての全体構成の抑揚をはじめ、スカイラインの変化、壁面を埋める一連二連三連窓のリズム、煉瓦と石の配色に至るまで、破綻なきイギリス式ゴシック作品と評してよいであろう。四フォイルによる長方形窓は、尖頭アーチのゴシック窓がいわば近代化した姿である。

・渋沢栄一邸（図Ⅲ57〜60）

ベランダが建物中央を吹き放ち、一対のバルコン窓が左右端部にうがたれる。すべては、運河を眺め、そして、眺め返される装置といえようか。パネル窓の逆転アーチも、ベランダの柱列も、細部の隅に至るまでベネチアン・ゴシック様式で埋められてゆく。水面に映る影の真ん中に、浪漫性と幻想性が揺れている。

古典系

・銀行集会所（図Ⅲ52〜54）

・英吉利法律学校（図Ⅲ63）

横長の平坦な壁面に、大型ペディメントを思い切りよく左右に配しただけの、粗放大胆な構成に尽きている。

・横浜裁判所（図Ⅲ65）

中央部二階ベランダの双柱型式、上部アティック層の双柱付柱、そして王冠のようにのるマンサード屋根と軒に立つ飾瓶、いずれも日本人最初の例となろう。バロック風正装といえようか。ただし、屋根におされて落ちそうな飾瓶からも知られるように、細部はことごとく粗放である。その上、中央部と左右翼部には何の造形的統一もみられない。おおらかに破綻した作品である。

・明治生命保険会社（図Ⅲ55）

古典系の中では最良といえよう。ただし、古典主義の探究といった純粋性は感じられない。玄関口のペディメントと柱は、古典系としてはあまりに軽快に過ぎるし、丸塔上部を飾る小アーチ帯はロンバルジア帯と称されるロマネスクの語法である。

この作品のテーマが、そうしたところにはなく、屋根にあったことは、軒から下を覆ってみればたちどころに了解されよう。豊かな屋根である。この日まで、日本の様式建築は、日本瓦を屋根に葺くのが常であった。例えば、工科大学にみるように、煉瓦と石の純洋式の壁面の見事さに比べ、屋根の粗末さはどうであろう。屋根は隠されねばならぬ恥部であったといってもいい過ぎではない。しかし、石巻地方に産するスレート材が辰野によって見出され、本格的洋式屋根のマニフェストとなったのがこの作品である。

初期辰野の作品群は、このように、ゴシック系と古典系の二つに掛かりつつ、しかし、どちらを目ざした形跡もない。その上、両系それぞれにあっても、自在な造形が尽くされている。能《あと》う限り多様に、というべきであろう。

こうした様式のゴブラン織りに一本の赤い糸があるとするなら、破綻を恐れぬ奔放と形態の新鮮、の他はない。

すべてが寛《ゆる》される習作の期にあって、辰野は手にありたけの様式を、巧拙計ることなく、描き切ったといえようか。それは、言葉を覚えたばかりの幼な児がとめどもなく語るのに似て、たとえ文脈を乱そうとも、口をつく言葉はほほえましく、鮮やかに鳴る。

明治二十年前後という早い時期に、覚えたばかりの造形言語を、思いのたけ発することのできたのは、辰野の他にはない。それはあたかも、明治という若い時代が、辰野金吾を掻い抱きあげて、初夏の空にかざしているかのようであった。

初期辰野はこのように多様である。しかし、その仕事の依頼主を手繰《たぐ》る時、一人の人物にゆきつく。辰野が

Ⅲ 61

Ⅲ 62

Ⅲ 63

Ⅲ 64

図Ⅲ61　工科大学附属工学実験場（辰野金吾　一八八八　東京）

図Ⅲ62　工科大学

図Ⅲ63　英吉利法律学校（辰野建築事務所　一八八八　東京）建物右半分を占める英吉利法律学校の竣工を間近にして辰野は渡欧し、左半分の東京英語学校は辰野不在中に建設されている。

図Ⅲ64　東京人造肥料会社（辰野建築事務所　一八八八　東京）高峰譲吉に肥料を作らせるために渋沢が益田孝と語らって作った化学肥料会社であった。高峰は深川のこの工場の片隅の実験室で世界的発明をなしとげてゆく。なお、高峰は工部大学校での辰野の同級生であり、工部大学校のイギリス産業革命的空気が生んだ最も純粋な人間像でもある。

図Ⅲ65　横浜裁判所（辰野金吾　一八九〇　神奈川）同時期の他の作品に比べ、細部の詰めが甘すぎるが、これは、施工期間が辰野の日銀調査の渡欧と重なったためであろう。

図Ⅲ66　東京製綱会社（辰野建築事務所　一八八八　東京）

Ⅲ 66

Ⅲ 65

Ⅲ 67

図Ⅲ67　逓信省（渡辺譲　設計協力辰野金吾　一八八四　東京）新帰朝の辰野が後輩の設計を助けたもの。銀行集会所と同じ窓が用いられている。なお起工が明治十七年二月といわれ、竣工と近すぎる所より、どちらかに誤りがあると思われる。

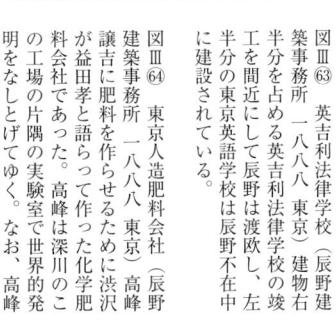

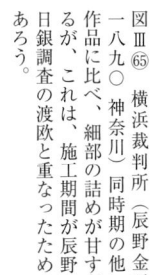

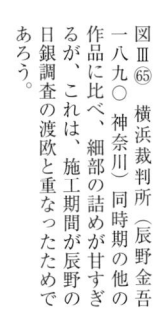

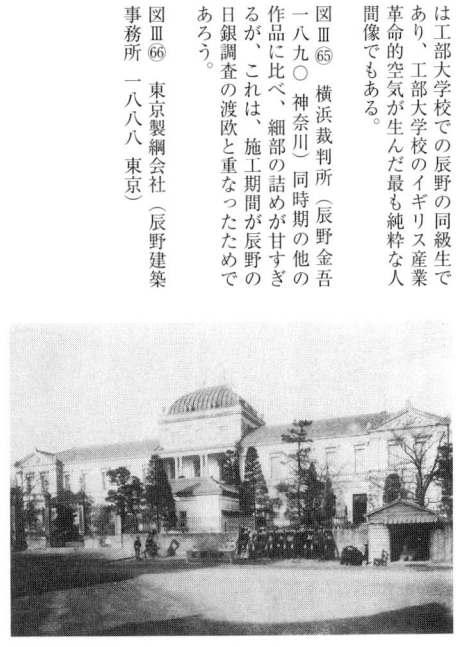

参画した民間の八件の建築の創立者、代表者は次のようである。

・銀行集会所……………総代渋沢栄一
・東京海上火災保険会社……創設総代理人渋沢栄一
・渋沢栄一邸……………建主渋沢栄一
・東京製綱会社…………創立委員渋沢栄一、益田孝、渡部温
・東京人造肥料会社………創立委員長渋沢栄一、委員渋沢喜作、馬越恭平
・益田孝邸……………建主益田孝
・明治生命保険会社………発起人阿部泰蔵ほか九名
・英吉利法律学校…………穂積陳重ほか十七名

益田孝が渋沢に兄師していた事情を思えば、渋沢栄一関係が八件中六件を占めているといってよいであろう。

この人物を念頭に置き、作品を明治の東京の上におとしてゆく。二つの工場は郊外の麻布、深川に、英吉利法律学校は神田に置かれ、益田邸は判らない。そして、残りの四件は、兜町、南茅場町、坂本町の極めて限られた地帯に集中していたことが判明する。この地は、現在、とり残されたように立つ株式証券取引所の他は、場末に近い市街と化しているが、明治前半にあっては、新興商工業者の淵叢であり、日本の資本主義の揺籃の地となっていた。

しかし、旧代からそのような地であったわけではない。江戸期にあっては、中小大名屋敷と与力組屋敷、そして町屋が混じり合い、俳人其角や儒者徂徠が想を潜《ひそ》めた閑静な住宅地であった。この地が明治以降、日本の経済中枢へと豹変したのは、渋沢栄一の力によるところが大きい。やや迂遠ではあるが、渋沢に触れてゆく。この迂回路により、明治十九年突如辞官独立という履歴上の謎をはらむ初期辰野の真顔に近づくことができればと思う。

兜、南茅場、坂本の三町が商業中枢と化したのは、渋沢の東京国際商業都市構想の一環としてである。東京を国際商業都市となすという構想は、明治十一年、経済思想家田口卯吉の発想に始まっている。この大構想を、ほぼ十年を費やして、政治との妥協を図りつつまとめあげ、数歩にせよ実現に踏み出したのが、実業家渋沢栄一であった。

渋沢は銀行集会所によって二人の青年を世に送ったといえるかもしれない。銀行集会所の経済報の編集により経済思想家・ジャーナリストとなった田口と、建物の設計により建築家となった辰野である。

渋沢・田口の商業都市構想は、技術至上の都市工学的思惟の子ではなく、むしろ、政治・経済・人間論にわたる日本近代化構想の一環としてあった。

近代日本を「商業共和国」(田口の言葉)として作りあげよう、というのが両者のパースである。その動力となるのが封建制の旧套を脱いだ商工業者の自由な競争である限り、政治と経済の関係にあっては、経済の優位を打ち立て、国権が政策と称して経済に介入するのを防止せねばならない。国権が特定企業に与える保護と干渉は全体の活力を損うにすぎず、すべては「見えざる手」にまかされよう。保護と干渉を欠くとき、企業は小規模に出発するにしても、そのような自立した商工業者の才覚と努力の総和として経済は進まねばならない。大きな資力が求められる時は、多数の出資による「合本制」(株式制)によって果たされよう。それ故に、経済世界の中心にたつのは、政治世界の代表者「政府」ではなく、もちろん、それと結ぶ政商・専商の類でもない。自立商工業者の同業組合の連合からなる商業会議所が、「商業共和国」の政府となる。

これは、民業の自由な活動が時代の推力となったイギリス産業革命期の自由主義経済思想そのものといってよいであろう。田口が「日本のアダム・スミス」と称されるゆえんである。

このような国内経済を発展させるのは、諸外国との交易の他はない。なぜなら、政治が集めうる富はたかだか一国の貢租の域を出ないが、経済は世界の富を集めうるからである。そのためには、第一に東京湾上に国際貿易港を築造し、第二に政治都市旧江戸を商業都市に改造せねばならない。

これを称して、渋沢・田口の東京築港・市区改正論という。

このような政治・経済論が明治初期の人々を動かし得たのは、次の人間論を不可分に有していたからに他ならない。

「商業共和国」の住人は、出身門地に頼って自ら立つことに薄く、「お上」に平身する封建商人ではない。胸に進取の気、頭に創意工夫の才、背骨に独立の概を持って努力を尽くす、そういう市民が、求められる人間類型となる。

こうした政治・経済・人間論を背にしておし出された東京築港・市区改正論は政府を動かし、内務省は渋沢・田口を加えて計画立案をすすめ、明治十八年、成案を得た。絶対主義者内務大臣山県有朋、同次官芳川顕正により、商業都市東京の主張は、商業及び政治都市東京といささかの修正を受けたが、内容は、渋沢・田口の構想を裏切るものではなかったといい得よう。

まず、国際港は隅田川の口に河口港として築かれる。港から一本の運河と二本の陸路が、物流の動脈として、旧市街を横切って皇居周辺へと走ってゆく。この三本の脈流が港から入って市中に散ってゆく要の位置に、兜、南茅場、坂本の三町が、あたかも心臓のように配されている。三町は、国際商業都市東京の中心街として計画されていた、と読み取ってよいであろう。もちろん、経済世界の心肺機構というべき商業会議所と株式取引所もこの地に予定され、この結構は「其位置中央最も便宜の地にして極めて人の注視を惹き易き所に於て宏壮の建築をなし以て一は商業の旺盛を計り一は首府の装飾と倣すべきにあり」と定められた。

この構想が、明治十八年、政府によって裁定されるまでの長い間、渋沢は手をこまねいていたわけではない。三町を、中心商業街として作りつづけていた。

この地に最初に進出したのは、明治五年、渋沢の第一銀行（当時、第一国立銀行）であった。以降、民間商工業の育成者として知られる渋沢は、関係会社をこの地に創設し、自宅ぐるみ乗り込んでゆく。銀行集会所、株式取引所、商業会議所といった影響下にある諸機能もやがて集中される。当然のように、いくつかの会社がならってゆく。その結果、明治二十年前後には、第一銀行、東京海上火災、三井物産、明治生命、三菱会社、銀行集会所、株式取引所、商業会議所そして渋沢邸と、やがて日本経済の軸となる新興企業と経済機関が、広からぬ三町にせめぎあっていた。このようにして成立したこの一帯を「渋沢商業街」と称してもよいであろう。

そして、この地に、初期辰野は集中している。渋沢邸をベネチアン・ゴシックで飾り、銀行集会所にベニス風窓を開いたのも、この地が、ベニスのようになることを設計者が願ったからであろう。初期の辰野は、「渋沢商業街」を飾る建築家であった。

一つの大きな理想を持った人間がおり、その人物の先導により性格際だつ一つの街が作られた。そして、一人の建築家が、その人物のパトロネージを受けて街造りに参画した時、大きな理想と建築家とを無縁とみなすことができるであろうか。

渋沢栄一は、人を見出し人を作ることで知られた人物である。その渋沢が、初期にはじまり、中期、後期と、終生のパトロンとして辰野を助け続けたのは（還暦の席、辰野はこう述べて感謝している）辰野の中に、渋沢が想う人間類型があったからではないだろうか。

「渋沢商業街」は、自立・才覚・努力を旨とする新興の民間商工業者の街として構想されてきた。産業革命期イギリスを範とする下からの近代化を目ざす街、ともいえるであろう。辰野金吾は、こうした街のこうした理想に、自ら想い入れるところがあったに違いない。

明治十九年一月二十八日、辰野は、突如、辞官した。二月、京橋区山下町に、岡田時太郎と「辰野建築事務所」を開設する。もと唐津藩邸出入りの経師屋松下勝五郎の二階に開かれたこのたった二人の建築事務所が、日本最初の民間設計事務所となる。しかし、時節はあまりに尚早であった。四月十日、辰野は、二カ月なかばにして大学に戻っている。しかし、岡田を表に立てて事務所は続けられ、少なくとも初期辰野中、渋沢関係の六件は、経師屋の二階で図が引かれたはずである。

洋々たる官途にあった勅任官辰野金吾の突然の辞官独立は、謎として眺められたが、曾禰達蔵はこの事情を次のように回想している。

辰野さんは廃省前に（工部大の属する工部省の　筆者注）予て自分が思ったことを実行したいと思いまして、工部省の官を辞した。是は辰野さん自ら書いたものにあるのですが、殆んど世間の人が知らないようですから申上げますが、辰野さんは民間に出て大いに働こうとして……。（前出「明治建築座談会」）

辞官独立は、イギリス型の民業の中からの近代化の理想にふさわしい行動であったとみてよいであろう。たとえなお早すぎはしても。

そして十六年の後、明治三十五年、辰野は工科大学長を突如辞し、その翌年、辰野葛西事務所を開設し、再び官途に戻ることはなかった。彼は、やがて、大正期の青年建築家により、国権的として大いに難ぜられるが、その初期は、「国家」とは逆の「民業」「民間商工業」といった意味の「民」によって染められている。

こう考える時、初期辰野の多様な作風が、再び、鮮やかに見えはじめる。ゴシック系、古典系を問わず、作品は、威厳、統一、記念といった「重み」に薄く、自在、変化、遊びという「軽み」に近かった。

元来、古典系様式は、秩序、統一、求心をよく示しうるところから、国家にふさわしい粧いとなっているが、初期辰野の場合、どの古典系作品も趣を異にしている。例えば銀行集会所の場合、ベニス風開口部やペディメントの鳳凰は浪漫的な東方趣味すら感じさせ、あるいは、横浜裁判所にあっても、大仕掛けの脇からおかしみすらがにじみ出る。明治生命も、軽快でにぎやかな造形により、街角のさんざめきに応えているかのようである。

このように、初期辰野の造形は「非国家」あるいは「民」により近い。

初期辰野の生と作品を、以上のように染めあげてゆくイギリス型近代化の理想は、どのようにして、辰野の内に下りたのであろうか。

自立・才覚・努力という人間類型、民業からの近代化、経済における自由主義、こうした産業革命期のイギリス思想は、封建社会を超える杖として、明治初年より、明六社系の人々や、田口卯吉によって語り続けられ、明治前半の時代精神とすらなったものである。辰野もまたこうした時代の空気を吸った一人といえようが、それ以上直截に、明治六年から十二年にかけ、二十歳より二十六歳の青春期を存分にひたした工部大学校の環境が、こうした思想をつちかったと思われるのである。

以下、辰野が出あった最初のヨーロッパともいうべき工部大学校に及んでゆく。

工部大学校

日本の工学は、文部省の大学南校理学部（のち開成学校、東京大学と改称）と工部省の工部大学校の二つの根に発している。両者は明治十九年合体し帝国大学工科大学となってゆくが、両者を覆っていた学の精神は遠くかけ離れたものであった。

大学南校は、工学を士大夫の学としてとらえている。それゆえに、技術の現場を工人輩の業としてひどく嫌った。例えば、にわかに信じがたいほどであるが、土木の測量術は「陸地測量を教うるに当今専ら理論を以てす」と、机上で教えられるのみであった。あるいは、明治七年、制作教場という現場の付設をみた時も、「浅近実用のものを併置するは専門学校としての体面を得たるものにあらざるべし」との議が喧しく、年ならずして廃止されている。

これに比べ、工部大学校は「浅近実用」そのものといってよいであろう。大学の土木教授ワッソン（James

R. Wasson）が机上の測量を講じている時、工部大の土木教師ジョン・ペリー（John Perry）は、学生を率いて利根川河畔を跋渉し、場所ごとに課題を見出し、学生に対策を求めている。

例えば、土木科一回生石橋絢彦の回想によれば、

（神崎に至った時　筆者注）其処に住んで居る安達某と云う医者が旅館に訪ね来ての話に、川の洲に粘板岩の硬いものがずっと利根川の底に川向う迄渉って居る。それがある為に水底に堰を築いたようになっていて水の流れが悪いから其の堰を取って欲しいと云うことを言った。そこで吾々は先生（ペリー　筆者注）に向って其の話をした。先生は其の医者を大に褒めて、それはあることで決して不思議ではない。全く堰を築いたのと同様である、それを取れば宜い、帰校の後に勘定して見ろと云われた。それから銚子まで行くと翌日地形に委しい案内者を伴い川口を見分し略図を造らせ生徒に命じ甲乙二種の築港案を造らしめ、どうすれば宜しいかと云う質問を出し、そうして自分の考を以て甲乙案を批評して教える。そんな塩梅で実用問題をドンドン出すのです。（石橋絢彦「回顧録」『旧工部大学校史料附録』）

こうした現場を見据えた二年の専門教育ののち、さらに二年、実習教程が課せられる。今日の工学教育中に、わずかに、夏期実習という工学大学校の名残りが見出されるが、それとは大いに異なり、例えば、電信科の岩田武夫は、実習教程の最初の一年を工部省電信局技手につき従って秋田地方の電信線架設に働き、翌年からは、自分が主任技師として実習教程の一年生である下級生を率いて盛岡から釜石までの架線工事を完遂している。こうした二年の現場を終えて、十二月、報告書を携えて帰校し、その内容が翌一月からの卒業試験の成績に加えられる。

ただし造家科（建築学科の旧称）に限り、コンドル先生の来日が遅かったことから、純然たる実地教育は果たされず、教壇と現場の混成教育がとられた。辰野は元老院建設現場に出向き、林忠恕《ただひろ》の下で設計・監理を務めている。ただし、下働きではなく、林の設計がトスカナ式の柱に溝を刻んでいるのを見咎めて変更させたり

したのもこの時である。

このような現場主義はイギリス工学の在り方から出ていた。工部大の方向を決めたのは、お雇い教師として来日したグラスゴー大学の工学者たちであったが、彼らは工部大を実験校として構想し、イギリス工学には宿命的に欠落する体系的教育を果たそうとしたという。しかし、結局、体系的の内容は、グラスゴー大の年二交代四年で八交代の教壇教育と現場実習を、前後各二年と整理したくらいにすぎなかった。教育の基本は、あくまで、石橋絢彦の回想するように、「学問はあまりやらないで実地のけい古をしたもの」だった。

しかし、学問を無視していたわけではない。ただ、グラスゴー育ちの青年工学者は、その本質につき、工学は研究室からではなく現場の金敷きの上からたたき出される、というまだ冷えやらぬ産業革命期の体験的信念を牢固として守っていただけである。

イギリス産業革命期の技術は、官庁や大学や貴族の輩下によってではなく、市井の工人の仕事場から、例えば、町の鍛冶屋ダービーが世界最初の鉄骨構造を組み上げ、鉱山火夫の息子スチーブンソンが蒸気機関車を走らせるといった具合に、一様に、油煙と火花に祝福されて生まれてきた。

グラスゴーはそういう産業革命の聖地であり、そこで育った工学者のカバンの中に現場主義が詰まっていたとしても不思議はない。

産業革命という時代は、工学に現場主義を与えただけではない。技術者という人間像に一つの際だった魂を吹き込んでいった。

町角に店を張る自営の工人は、勤倹と努力の上にやがて小さな町工場を構え、金敷きの上からたたきだした新式機械を据えつけて、国家や貴族に頼ることなく、遂には世界の鉄鋼王、造船王、織物王と呼ばれるようになっていったが、産業革命が、こうした可能性の名である限り、自立・才覚・努力の心を技術者の魂として鼓吹したのは当然であろう。

こうした技術者魂が、工部大の学生たちにどのように手渡されていったのかを文献的に例証するのは難しい。わずかに、教官頭ダイエル（Henry Dyer）の、

君等が東亜にありて特に崇拝し来りたる所の英雄豪傑、古きは秦の始皇帝、ヂンギスカン、豊臣秀吉、徳川家康、若しくはナポレオンの如き皆此の世の成功者とするに足らざるべきか……予は彼輩を世の成功者と見ざるなり。人生の目的は人類の位置を向上せしむるにありて、彼のアルクライト氏の綿糸紡績機作用原理の発明の如きグーデンベルグ氏の活字印刷応用の如き、爾来世の永久に亘りて地球上人類の殆ど総てが其の恩澤に浴せざるものなき結果を来し居るにあらずや（藤田重道「外人教師に関する懐旧談」前出『旧工部大学校史料附録』）

との言葉が遺されている。時代の推力が、政治にではなく技術者の手中にあることを言いたかったのであろう。

グラスゴー出の青年教師のこうした訓育とともに、日本人関係者の活動も忘れることはできない。例えば、林董《ただす》がいる。林は、明治六年、ロンドンにて、グラスゴー大学系の工学者の雇入に働いてより以後、工学助《すけ》（工部大学校副校長、あるいは、事務局長に当たる）として、工部大の創設、運営の中心にあったが、彼は、最も早くイギリス産業革命期の時代精神、即ち、自由主義思想に触れた一人として知られ、慶応三年、幕府ロンドン留学生の時J・S・ミル等の自由主義者の著作に接し、そして、工部大学校在職中、明治八年にミルの『弥児《ミル》経済論』を、十年にベンサムの『刑法論綱』を、そして、十三年、アメリカの自由主義者リーバーの『自治論』を翻訳刊行している。工部大の学生たちが、こうした林の影響を受けたと考えるのは、そう不自然ではない。

次に、学生たちの軌跡そのものの上に、「工部大学校魂」といったものをたどってみたい。

例えば、高峰譲吉を中心とする第一回生有志が在学中執筆刊行した工学雑誌『中外工業新報』(刊行代表は、工学頭《かみ》大鳥圭介の書生、金子精一)がある。中外、即ち、世界という気宇を持つこの日本最初の工学雑誌は、明治十年六月より十六年三月まで、月二回、計一五〇号が世に送られている。内容は、民間の新興工業家のための技術紹介で、例えば、「水行車の説」「硝子鏡を製する法」「鮭の卵を孵えす法」「石灰製造法」「紅茶の製法」「道路修築の説」「釣魚の新工夫」「製図に用うる写し紙の製法」「新発明蜻蛉の玩具」「諸金属調合法」等々、つきることなく、イギリスの町工場から生まれた有用無用の発明工夫の数々が紹介されてゆく。町の工業家の質問に答える欄もある。時には、「漑田器械の説」といった蒸気機関による水田揚水の自前のアイディアも掲載されてゆく。

こうした内容が果たして日本の工業を前進させたか否かは疑問であろう。しかし、産業革命期のイギリスを覆った発明工夫の熱い空気が、日本にも届いていた事実を忘れるわけにはゆかない。グラスゴーの町工場を吹き抜けた時代の風が、あざやかに、『中外工業新報』のページの間を渡ってゆくようである。

勿論、雑誌がそう売れる訳はなく、経済的困難は、高峰を中心に化学科の学生が実験室で考案製造するセッケン、白粉《おしろい》、歯磨き粉を竹川町に開いた売店で販売することにより、超えてゆく。自立・才覚・努力を存分に信ずることのできた日本工学の天高い青春であった。

このような工部大の出身者が、大学南校出のように明治の官庁機構の中を技術官僚として上昇してゆくことに、なじめなかったのは当然であろう。南校出の技術者は、士大夫の学にふさわしく、一一一名の内より逓信次官一名、満鉄総裁二名、鉄道庁長官一名、帝国議員四名と、技術官僚を昇り詰め、行政官、政治家に転じた者を多く数えるが、ひるがえって、一方、工部大出身者一六四名の官歴の上限は、わずかに辰野金吾の工科大学長に過ぎない。

「工部大学校魂」の行方は、例えば、造家科第五回生滝大吉にみるように、滝の性格として官に在りて上官に屈するに忍びず。これ明治十七年工部大学造家学科を卒業せし以来僅に六年後蹶然官を辞して、民間に入りし所以なるべし。当時尚お官尊民卑の風盛にして、人々の向う所概ね官界に在りしなり。此趨勢を顧みず、奮然民間に入りしは、是滝の滝たる所以を発揮したりという。

（工学会『明治工業史・建築篇』）

滝の滝たるというよりは工部大の工部大たる所以というべきであろう。明治二十年代に、即ち、卒業後七年間の官雇義務年限の終了後、辞官して独立した工部大出身者は、判明している者だけでも次のようである。

高井工業事務所	高井助太郎	明治二十一年機械卒	工場設計、機械の発明改良、機械的工業一切相談	東京
明治工業会社	滝　大吉	明治十七年造家卒	建築設計施工	神戸
太田六郎工業事務所	太田六郎	明治十三年土木卒	土木建設	東京
佐藤事務所	佐藤成教	明治十四年土木卒	土木建設	群馬
若山分析所	若山由五郎	明治二十一年応用化学卒	鉱山部・鉱物分析・鉱山見分・精錬計画・化学製造部・化学的製造法改良・研究・工業品分析	東京
飯塚工事事務所	飯塚騂太郎	明治十三年土木卒	土木建設	東京
工業相談所	所長　西山省吾 若山由五郎 林　静介	明治二十三年採鉱冶金卒 前出 明治十九年電気卒	土木、器械、電気、化学、鉱山、建設	東京
桑原政工業事務所	鉱山部長　桑原　政	明治十三年鉱山卒	鉱山、機械、化学、電気、建築、	大阪

横河建築事務所

器械部長　岡　実康　明治十三年機械卒　土木

化学部長　藤井恒久　明治十六年化学卒

電気部長　長谷川　廷　明治十六年電信卒

建築部長　山口半六　大学南校出身

横河民輔　明治二十三年造家卒　建築設計、建設　東京

（なお在学中工部大学校廃校による工科大学卒業者を含む。学科名は卒業時による。）

このようなわが足で「民」へと下りてゆく傾斜は、南校には見られぬ工部大固有の運動となっていた。辰野の辞官独立もその一つである。

以上のように、辰野金吾は、青春期、産業革命の風を存分に受け、壮年の端緒、「渋沢商業街」を建築で飾っている。では、そのようなイギリス思想が辰野の心中深く錘鉛を下ろし得た契機は何であったのであろうか。思想が人を衝くのは自己解放の光明としてであろう。産業革命期イギリス思想の人間論とは、すでに累述したように、出自門地を問わず、力を尽くす個人は才に託して自立しやがて国や時代につながってゆく、という明るいものであった。工部大学校でこの風を受けた時、裏坊主育ちの膳棼の子は天の開く想いがしたであろう。身を刻む努力の意味を初めて思想として了解したに違いない。

維新以降、進むべき道を求めて蛇行を重ねた近代日本は、明治二十年を端境に、上からの強大な指導を楫《かじ》とするビスマルク・ドイツの航跡を追って、大きく旋回してゆく。後発資本主義必然の道であった。もはや、あらゆる道が可能性として信じられた明るい開化の時節は去り、明治はドイツ型の絶対主義へと入ってゆく。

時を前後しつつ、辰野の周りでも、イギリス的なものが一つ一つ崩れ始めてゆく。

「渋沢商業街」が兜、南茅場、坂本という都市周縁部に立地したのは、やがて築かれるであろう国際港の引力によっていた。しかし、渋沢に象徴される民間商工業者は、内務省の市区改正計画を助けることはできたが、

もう一つの目標東京築港を実現するだけの政治的・財政的膂力をまだ有してはいなかった。一方、三菱会社は、政府より丸の内の広大な官有地を疑獄の流説とともに払い下げを受け、明治二十九年より貸ビル形式による商業街形成に乗り出してゆく。「渋沢商業街」の形成法が、各社それぞれに居を構え社屋を建てて、やがて軒を連ねる商業街になり変わってゆくという「合本制」の理想に則ったものというなら、三菱の丸の内は、政治と結ぶ専商の独占的街造りであった。渋沢の最も嫌ったところである。しかし、すでに築港の引力を失った「渋沢商業街」は、旧日本橋あるいは新丸の内へと散り去ってゆく。やがて、渋沢の第一銀行そして銀行集会所も、丸の内に隣接する大手町へと去ってゆくであろう。こうして、初期辰野の街は亡びた。

繁栄の去った後、ここをとりまく一帯は、江戸来の漆黒の土蔵造りの家並みの中に、渋沢邸を初めとする白い洋館が過ぎ去った栄華の影を運河におとして、闇と光の入り混じる不思議なデカダンの町になったという。やがて、この地は、文学においては没落米問屋の子谷崎潤一郎を生み、建築においては薬種問屋の子吉田五十八を育《はぐ》くんでゆく。ともに、新と旧をデカダンの中に溶かし込んだ爛熟の表現者である。

工部大学校の廃止はさらに早く、明治十八年十二月であった。工部廃省に伴った処置である。日本の工業政策は内務省の大久保利通や農商務省の前田正名により建策され、工部省は求められても立案すらかなわなかったという。伊藤博文によると、これが廃省の原因であった。この責は、工部省を創設し育てあげた山尾庸三と筆頭部局工部大学校に集うブレーンとしてのお雇い教師団に求められるべきであろう。

山尾庸三は、幕末に長州藩密留学生として伊藤博文、井上馨等とともに渡英し、グラスゴー大学に学び、後の工部大学校教師頭ダイエルと席を並べたという。実地をネーピア造船所で板金から鍛えあげた、維新の政治家としては異数の本格的技術者上がりであった。こうした山尾やダイエルが、工業政策という概念を果たして正確にとらえることができたかどうか。もし両者が建策をなしたとしても、「見えざる手に導かれて」という無政策が良策である、という他なかったであろう。民業の自由な活動を推力とするイギリスを範としたゆえの、工部省の宿命であった。
明治十九年、工部大学校は大学南校（この頃東京大学と称す）と合体し、帝国大学工科大学となってゆく。正しくは併合というべきであろう。工部大教授の内、工科大教授への移籍を許されたのは、造家―建築、電信、造船という大学南校にない学科の場合だけであった。「工部大学校魂」は、この日をもって官制から去り、以後、日本の工学は大学南校出の土木学者古市公威を中心に士大夫の学として再編されてゆく。

　こうしたイギリス的なものの退潮を建築において象徴したのが、官庁集中計画であった。

　明治新政権は、維新以降も、旧江戸の都市構造の中に仮寓してきたが、明治十九年、議院を初め諸官庁を集中建設する決意を固め、そして、コンドルに計画を託したが、その立案の中世主義的非国家性にあきたらず、結局、ビスマルク・ドイツの建築家エンデ（Hermann Ende）及びベックマン（Wilhelm Böckmann）を招聘する。内閣には臨時建築局が開設され、その建築家構成は、コンドルの上にエンデ＆ベックマンが立ち、工部大出身者三名の技手層（滝大吉、渡辺譲、河合浩蔵）の上に非工部大系の松崎萬長《つむなが》（シャルロッテン工科大学＝現ベルリン工科大学卒）、妻木頼黄（コーネル大学卒）が技師として乗るという、一つの意志を感じさせるものであった。ドイツ派の下風に立たされた工部大系のこの屈辱は終生の記憶となり、のちに、辰野の弟子層の編纂になる工部大系の正史『明治工業史・建築篇』は、ドイツ派の功績をやや冷静を欠く私怨ぶくみの筆致で揶揄批判している。

　明治十九年、エンデ＆ベックマンにより議院計画及び壮麗な東京都市計画が発表され、辰野金吾の議院計画無期延期という遠吠えのような反対論を踏みくだいて、現実に下されてゆく。

　辰野が「渋沢商業街」をベネチアン・ゴシックで飾る同じ日に、東京の中枢では、ビスマルク仕込みのアンピール様式を手にしたエンデ＆ベックマンが、議院や官衙に墨を入れている。辰野は明治という時代の真顔を正面から見た想いがしたであろう。才覚に託す自立の努力は、より大きなものへはつながっていかない。イギリス的理想がこの国では遂に通じないことを、辰野は想い知らされた。

辰野は、岐路に立っている。一つの道は、初期辰野を染めあげる「民」であり続けること。国家だけが存在意義の証明者であった明治という時代に、曾禰達蔵がこの稀有な道を生き得たのは、江戸への死に遅れの意識と新時代への違和感によっていたが、しかし、辰野の生の意味は、新時代の中でより大きなものにつながることにあった。

そうである限り、歩むのはもう一つの道である。日本銀行本店の設計を機に、辰野金吾は「民」より「国家」へと大きく振れてゆく。初期辰野はこうして終わった。

◉日本銀行とベルギー銀行

日本の近代建築は深く欧米の同時代の建築の影響を受けているが、しかし、モデルとなった作品をはっきりこれと決定できる場合は多くない。日本銀行とベルギー銀行の関係は、そうしたことが文献的に確認できる数少ない例である。このように並べて較べてみれば、辰野金吾がベルギー銀行から何を学び何を学ばなかったかが、一目で了解されよう。両者の平面計画に一致はない。そして細部装飾意匠にも共通性はうかがえない。しかし、横長の壁面の左右両端にペディメントと列柱を配して、端部を重くし、中央部を平坦に軽くするというやや異色なファサード構成が、ベルギー銀行に由来するものであることはただちに理解されよう。この構成は、同時期の辰野の銀行建築すべてを貫く特徴ともなっている。しかし、さて、こうした構成を何故学んだのかという辰野の側の内的必然性を問う問の答を、ベルギー銀行の中に読みとることは無論できない。答は辰野という日本の建築家の中にしかない。こうして様式比較論は、日本近代建築史にもう一度たち帰る。

日銀時代

もしも、臨時建築局の官庁集中計画があのままの風を受けて進めば、日銀本店もまたドイツ派により線を引かれていたであろう。幸いに、『明治工業史・建築篇』は次のように書くことができた。

昇天の勢を以て日本国の建築界を風靡せし独逸建築師も図らざる失脚に因り、我が官民の信用地に堕ち、遂に久しからずして我が国を退却するの止むを得ざるに至れり。

彼らの退却をみたのは、執筆者中村達太郎が考案したように、信用が「地に堕ち」たからではなく、官庁集中計画を必要とした政治の状勢が急転したからに他ならない。この計画の根は新政権の都市的自己意識に発してはいたが、明治十九年という日付は、難航が見こまれる不平等条約改正交渉も建築における鹿鳴館のように都市において西洋並みの官庁街を持つことができるならきっと、というやや的はずれな対外的思惑から導かれていた。しかし、明治二十一年、条約改正は談判破裂し、全権井上馨は外務大臣兼任の臨時建築局総裁を辞任する。以後、政府は計画の早期実現を放棄し、規模縮小、ドイツ派切り捨てへと策を転じてゆく。井上に代わって総裁に就いた旧工部卿山尾庸三は、下風に立たされていた工部大系の復活を図り、設計権をエンデ&ベックマンよりコンドルへと渡し、「独逸風」を吹かせた工事部長(筆頭技師)松崎萬長を解任し、工科大教授辰野金吾に後を兼ねさせた。からくも間にあった、というべきであろう。なぜなら明治二十一年四月、辰野が筆頭技師の任に就き、そして七月、日本銀行は設計者推薦の依頼を臨時建築局に寄せたからである。山尾の推を受けて、辰野は、国家の記念碑を初めて手にしてゆく。中期の開幕となる。

九件の作品がこの期に残されている。日銀本店（図Ⅲ⑦⓪⑦⑧⑦⑨）、付属南館（図Ⅲ⑧①）、東館、西部支店（図Ⅲ⑦④⑧⓪）、大阪支店（図Ⅲ⑦①）、そして、土地譲渡のいきさつから日銀が建設し内務省に引き渡した大阪衛生試験所（図Ⅲ⑧②）で日銀関係が六件を数え、残る三件は、第一銀行本店（図Ⅲ⑥⑧⑥⑨）、大阪支店（図Ⅲ⑦②）、及び銀行倶楽部（図Ⅲ⑧③）と渋沢栄一を介した仕事である。日銀本店を頂点とする一連の銀行群といってよいであろう。様式は、一様に古典系で貫かれてゆく。

古典系という言葉に触れておきたい。ゴシック系（中世系）との対立概念であり、その容量は、ギリシャ、ローマ、ルネサンス、バロック、そしてそれらの復興型までをも含むほどに宏量である。分類学風にいえば、ペディメント（三角破風）とオーダー（柱式）を持つすべての作品といえよう。

この系統は、日本にあって、国家的建築の礼装となってゆくが、それは、細部にまで及ぶ造形の規範性と厳格な幾何学的比例意識とが生む秩序、統一、重厚、永遠という印象が、国家の属性に近似していたからに他ならない。

九件の作品の内、軸となるのは、日銀と第一銀行それぞれの本店及び大阪支店の四件である。デザインに触れてゆく。

①プロポーション

縦横の比例感は、規模の大小を問わず、縦の引き締まった上昇感はみせず、やや腰の割れ過ぎる横長で一致する。

②全体構成

四件とも、横長のファサード両端に、ペディメント＋列柱を壁体に貼り付けるように配することで基本が構成されている。この両端要素は、規模に応じて変化し、第一銀行大阪支店と日銀西部支店（図Ⅲ⑦④⑧⓪）の場合が最小で一本柱となり、次いで、第一銀行本店と日銀大阪支店にあっては双柱形式をとり、柱下部のベース部分が厚くなる。この傾向は日銀本店で完成し、ベース部分が一階分を占めてベースメント層となり、さらに、アティック層（上部小窓層）をとり込む。このように、日銀本店の場合を典型とし、他は規模に応じた省略型と見なされよう。

以上の端部処理に対し、中央部は、小規模にあっては何もつかず、大きさにしたがい車寄せを設けてゆくが、格別の強調がみられないのが特徴である。日銀本店の場合は正面玄関が障壁に隠されて比較が難しいとはいえ、側面をみれば、中央部の非強調が理解されよう。

③階構成

四件の階構成は規模に準じて変化し、最小例の第一銀行大阪支店は一層であり、次の日銀西部支店と第一銀行本店は第一銀行大阪支店の角窓上部に丸窓のアティック層を載せて二層構成となる。さらに、日銀大阪支店はアティック層を角窓に大規模化し、より充実した二層構成をみせる。そして、日銀大阪の二層構成をベースメント層に重ねると、日銀本店の三層構成が成立する。このように、四件の階構成は日銀本店の三層構成のバリエーションとして考えられる。

④ディテール

細部の造形は、日銀本店の意匠を基本とし、時には、日銀大阪支店のように、やや装飾を多くしている。とりわけ、角窓と丸窓の組み合わせ要素が注目される。丸窓は中期以後も汎用されるところから、処女作銀行集会所以来の設計者終生の趣味と考えてよいであろう。

以上のように、中期の作品は、日銀本店を完成体とする一つの様式に貫かれている。すべてがここに込められているといえよう。それゆえ、以下日銀本店（以下日銀と記す）を語ってゆく。

その歴史的価値には、①日本人建築家による最初の国家的建築、②新しい建設体制、③石造による最初の本格的様式建築、の三つが数えられよう。累述する。

①日本人建築家による最初の国家的建築

明治二十九年という竣工年を思う時、信じがたくすらあろうが、この日まで国家を飾る造営はことごとくお雇い外国人にゆだねられていた。そうした傾向を昇りつめたのが官庁集中計画に他ならないが、その頓挫により、初めて、日銀を舞台に日本人建築家の時代が始まった。

それゆえに、壮年の緒についたばかりの設計者の意気は熾《さか》んであり、二年を設計に、六年半を施工に傾注した。もう一つの代表作東京駅の設計施工期間八年間に併行建設した七十五件（工場を除く）の量を想えば、日銀に注がれた歳月の厚みが知られよう。結果は、幕開けにふさわしいものとなった。この作品により、日本の近代は、はじめて、叩くに足る存分に硬い起棋石を得た、といえよう。

②新しい建設体制

辰野が建築界の法主につき得た機微の一つは、造形感覚の錬磨以上に建築界の在り方に意を注いだ点にある。最初の成果が日銀の建設体制であった。日銀は官庁の一部局として既往の営繕機構の手で建設されるのが本来であったが、設計者は拒絶した。何故か。

明治の官庁営繕機構の源は、幕府作事方《さくじがた》に発している。作事方は、幕末に、横須賀製鉄所等の建設に参加し洋式技術を得たことにより、新政府に引き継がれ、工部大学校が卒業者を送る明治十二年までの間、彼らが官公衙の設計（大作はお雇い外国人）施工の担当者であった。辰野等が一線に就いてからも、こうした事情に変わりなく、新学士の手の及ぶのは基本設計までで、それから先の設計作業（詳細図、見積り、仕様）と施工監理は旧幕府作事方の人脈にまかされていた。木造の詳細図や、煉瓦造の仕様、見積りなどは、新学士の手に余るのが実情であった。製図の林（忠恕）、施工の立川（知方）、積算・仕様の朝倉（清一）という讃辞《ほめことば》は、この頃のものである。

しかし、彼らは、そうした建設技術の裏側に、旧幕府作事方の慣行的悪弊をも引き継いできていた。材料購入や施工における目こぼしと業者からの反対給付は、職責の一部であるかのようであったという。新学士の意欲作も、中間技師層による手抜き目こぼしの蚕食を経ずには実現に至らなかった。

辰野の臨時建築局工事部長辞任（明治二十一年八月、在任四ヵ月で辞任）のあと、日本の官庁営繕機構の統帥者となる妻木頼黄は、こうした旧幕府に由来する悪弊に対し、恐らく自己の出自の機微によるのであろう、人脈を切り捨てることなく、上層より範を垂らして改めていった。辰野はライバルの妻木の死に当たり、このことを最大の功績とたたえている。

一方、辰野は、旧幕系の人脈を断ち切る方向をとる。異例なことであったが、日銀の施工体制の中に官庁営繕機構からの手錬の中間技術者は一人も加えられなかった。全技師層は、詳細図の葛西万司、積算・仕様の井上工一、施工監理の岡田時太郎、とすべてを経験は浅くとも子飼いの人脈に託している。その上、幸いなことに、建設業務の一端をになう事務系の長として、まだ芽の出ぬ旧師高橋是清がついてくれた。このあと日銀支配役へと抜擢される高橋是清の辣腕の前に、業者の帳簿上のからくりはひとたまりもなかったという。

当時にあっては冒険と称してよい新しい建設体制を日銀で試行する一方、辰野は、建築界の中間技師層を江戸来の官庁機構や大工組織と一切無縁に養成することを決意し、他の工学分野と語らって、明治二十一年、工手学校（現工学院大学）を開設した。この日を境に前代からの人脈は建築界の前線より後退してゆく。辰野が消したといってもよいであろう。そして、同時に、江戸来の和風建築の鬱然たる伝統が、建築家の視野の外へと去っていったこともまた事実である。

③石造による最初の本格的様式建築

石造の洋風建築は幕末よりあったが、土木技師による工場の類にすぎず、本格的な建築家の作品は、明治前半を通じて常に煉瓦に依っていた。中でもコンドル先生は煉瓦を能くとらえ、第一作上野の博物館の黄味がかった色調は、堀口捨己によると、立ち尽くすほどのものであったという。中世主義者コンドルが、陰翳《かげり》と柔和な材感を生む煉瓦に想をひそめたのは当然であろう。

しかし、古典系様式にとって、煉瓦は不本意な材であった。

煉瓦は積むことで、石は刻むことで形を現す。煉瓦の寸法と重量は、人の手を尺度としている。往来をゆく市井の人間が基本にあるといえよう。柔らかいモルタルを鏝《こて》で延ばし、手にした煉瓦を重ねてゆく時、そこには、人と素材の素朴な共感がある。

一方、石は人力で容易にゆるがぬ量塊を単位とする。人は、鑿をふるって石を攻撃することにより、はじめて身を超える量塊に自分を刻むことが可能となる。意志的人間と超越的量塊の拮抗である。

煉瓦が、柔和、色彩、軽便、陰翳、変化、情感、生活、といった暖色の語感で飾られるとするなら、石は、巧緻、無色、重厚、光輝、永遠、意志、超克、求心、という寒色の言葉を属性とする。いずれの国にあっても、古典系様式が石を究極材とするのは、こうした石の宿命的属性が、古典系デザインの要求と重なり合うからに他ならない。

しかし、明治前半にあっては、日本の古典系作品は、列柱、軒、土台等の表現上の枠組みにのみ石を用い、他は煉瓦ですますのが常であった。こうした便法の頂点となるのが、エンデ&ベックマンの司法省と裁判所である。

辰野がお雇い外国人の時代を終わらせたように、日銀は、煉瓦時代に幕を引き、石の時代の始点となった。

以降、古典系様式はことごとく石を表現材としてゆく。

日銀において辰野が用いたのは花崗岩であった。当時異例の選択といってよい。明治初期より、東京にあっては、江戸城の石垣や沢庵石《たくあんいし》としてなじみ深い在来の安山岩が、建築石材として用いられていたが、しかし、この石は、手近で加工しやすいばかりが取り柄な汚れやすい野面《のづら》の石であった。来日したコンドルは、こうした安山岩の代わりに砂岩を求め、紀州に見出して、海軍省以下の諸作に用いている。砂岩は粒度が微細でよく整い、加工性能も優れ、とりわけ、人膚のような柔和な材感は何にも勝る美質であった。コンドルは、日銀以後の花崗岩の時代にあっても、花崗岩を嫌い、遂に砂岩、安山岩を用い続けている。砂岩、安山岩は、吸光性で陰翳《かげり》に富み、中世趣味にふさわしい材感を持っていたからであろう。

逆に言えば、辰野の課題は、砂岩や安山岩という鳥獣紋様や葡萄の葉を刻むにふさわしい中世的材感を超える新しい石を見出すことであった。

古典系様式の求める石は、硬質にして透明感を持ち、光の下で輝いて永遠と超越を示さねばならない。花崗岩の他はないであろう。しかし、この王者の石は、その頃まで、あまりの硬さゆえに土台や床として隠すようにして用いられるにすぎなかった。こうした花崗岩を辰野は表現材として登用する。

問題は加工にあった。沢庵石になれた坂東の石工の鑿ははじかれるにすぎなかったが、幸い、上方の石工は、御影石と称してこの石には慣れていた。しかし、彼らとて、土木用材を切り出したり、気ままに燈籠を刻んできたというにすぎず、辰野が原寸で引くギリシャ式のフリーハンド曲線を、正確に立体に移すことは至難であった。妥協を許さぬ現場監督を、石工たちが鑿をふるって襲撃するという事件が起きたほどである。しかし、困難をおして、明治二十九年、二一、一〇五個の石塊はあやまたず積み上げられた。

壁面が発光するように輝いて、日銀の竣工は鮮烈であった。大理石の期待されぬこの国にあって、古典系の精神を託しうる素材が初めて発見されたといってよいであろう。日本の様式建築の原標石となった。

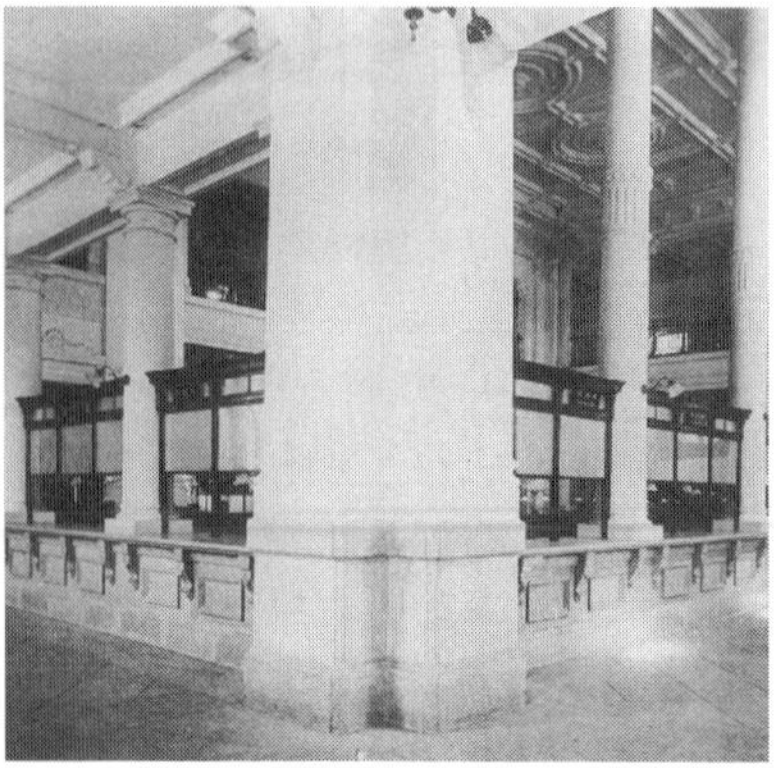

Ⅲ
⑲

Ⅲ
⑱

Ⅲ
⑳

Ⅲ
㉑

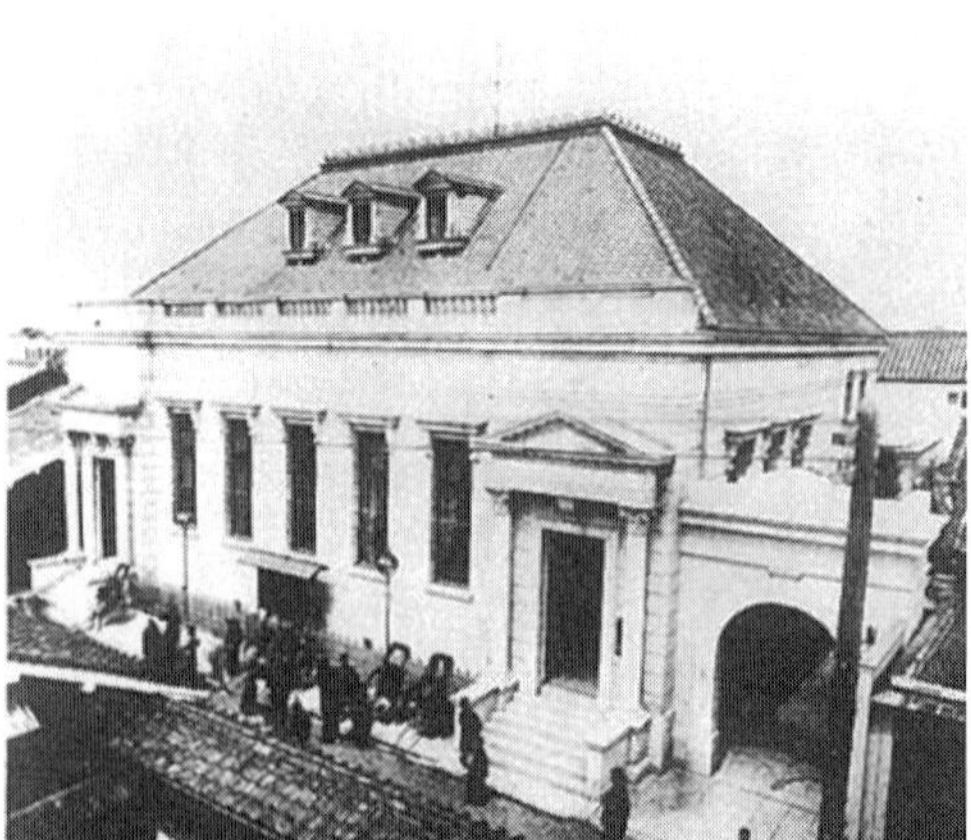

Ⅲ
㉒

図Ⅲ⑱　第一銀行本店（辰野金吾＋石井敬吉　一九〇二　東京）

図Ⅲ⑲　第一銀行本店営業室　明治の建築家は、内部空間の構成が覆うべくもなく下手であり、いかなる大作をもってしても、コンドル先生の住宅の室内に及ばなかったが、とりわけ、辰野はそうであった。このことは、辰野が、デザイナーとして大きな欠陥を有していたのではなかったかという不安を生む。例えばこの営業室は不出来なものではないが、終生、これ以上に進まない点が悲しい。構成の名に足る内部空間の充実は長野宇平治を初めとする弟子の世代の活躍を待たねばならない。

図Ⅲ⑳　日本銀行本店正面図

図Ⅲ㉑　日本銀行大阪支店（辰野金吾＋日銀技師葛西万司＋同片岡安　一九〇三　大阪）あまりに偏平なプロポーションに対し、現場監理の長野宇平治が基礎を一メートル低く作ってしまった、という言い訳が残されている位にまずい比例感覚である。本店にくらべてにぎやかな細部も、より大きなものに収束する動きを欠き、壁面は自沈する。（撮影・藤森照信）

図Ⅲ㉒　第一銀行大阪支店（辰野金吾＋小野釘吉　一八九一　大阪）営業室を二階分吹き抜けとしその背後に事務部分を置くという典型的銀行平面計画の最初のものとなった。入口の柱頭などに日銀本店と同様のディテールがみられ、この作品が日銀本店設計のためのエスキースの任を負っていたことが知られる。

図Ⅲ73　第一銀行本店正面図

図Ⅲ74　日本銀行西部支店正面図　辰野は終生、奇妙なドームの趣味を持ちつづけ、やがて東京駅の屋根において頂点に達することとなるが、これはその最初期の例である。

図Ⅲ75　ベルギー銀行正面原案　この図より窓の数を増して実施された。

図Ⅲ76　ベルギー銀行　Banque Nationarx de Belgique（アンリー・ベイヤール　Henry Beyaert　一八六八　ブリュッセル）

図Ⅲ77　ベルギー銀行平面図　ベルギー銀行は一八六〇年より一八七四年にかけて建設されたが、平面図下半分の辰野が学んだ部分は一八六八年に竣工している。

図Ⅲ78　日本銀行平面図

Ⅲ73

Ⅲ74

Ⅲ75

Ⅲ76

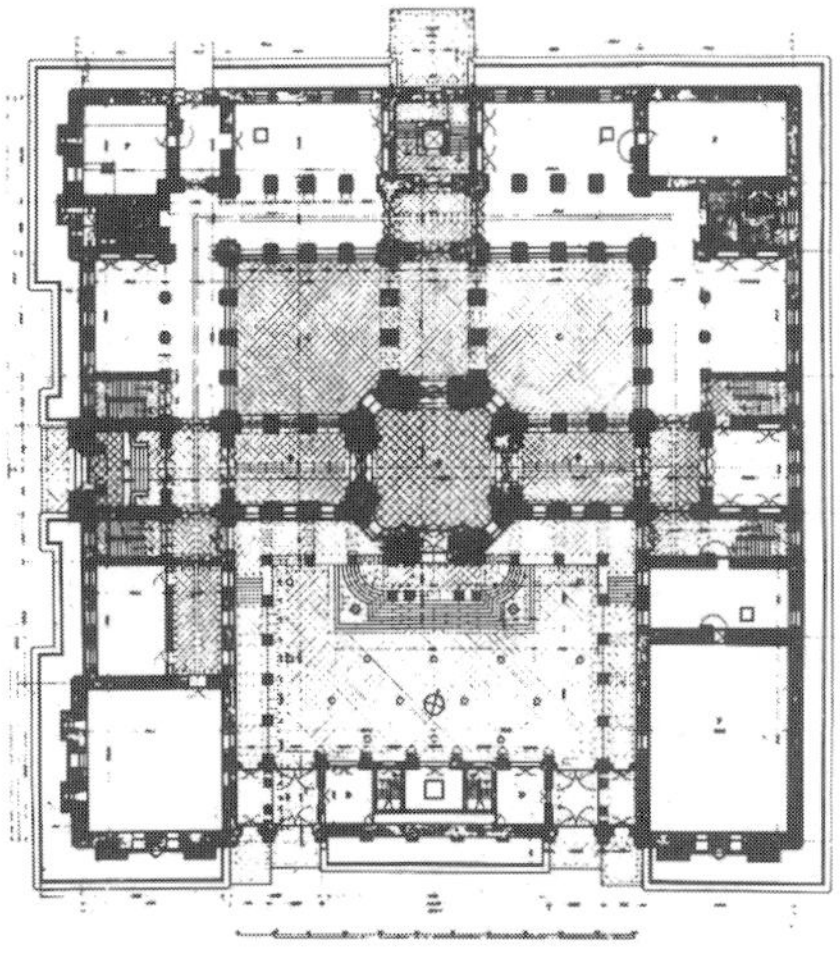
Ⅲ78

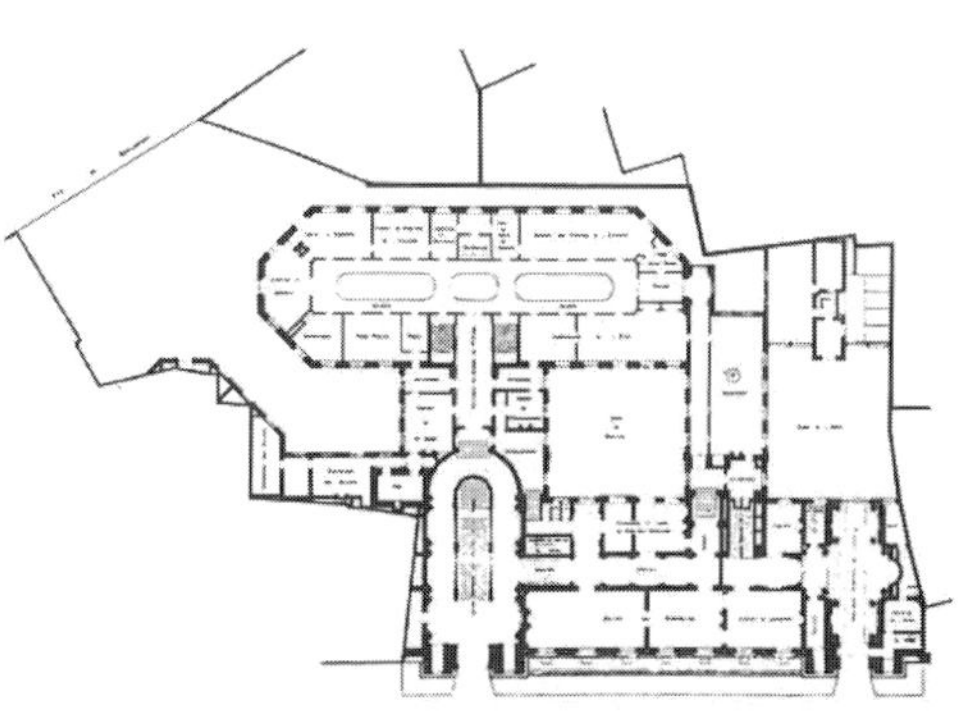
Ⅲ77

Ⅲ (79)

図Ⅲ(79)　日本銀行本店（辰野金吾　一八九六　東京）工部大学校で本格的建築教育を受けた日本最初の建築家の一人辰野の代表作である。雄大華麗なバロック様式を基調としながら、表現されたのはルネッサンス様式風の理知的平明さであった。こうした様式理解のちぐはぐさは当時の日本人建築家の内面をよくあらわしている。日本人建築家は初期にみせるこうしたちぐはぐさを手法の修練によって超えてゆくが、しかし、ヨーロッパの建築様式と自己との本質的隔離感は手法の修練によっては埋め得ぬ深さをもっていた。（撮影・藤森照信）

Ⅲ (80)

図Ⅲ(80)　日本銀行西部支店（辰野金吾＋日銀技師葛西万司　一八九八　福岡）

Ⅲ (81)

図Ⅲ(81)　日本銀行南館（辰野金吾＋関野貞　一八九九　東京）

図Ⅲ(82)　大阪衛生試験所（辰野金吾＋日銀技師葛西万司　一八九八　大阪）日本銀行大阪支店の予定地にあった内務省大阪衛生試験所を移転するに当たり、日銀が代償として新試験所を建設した。

図Ⅲ(83)　銀行倶楽部（辰野金吾　一八九九　東京）処女作銀行集会所に並んで建てられたおだやかな作品。

Ⅲ (83)

Ⅲ (82)

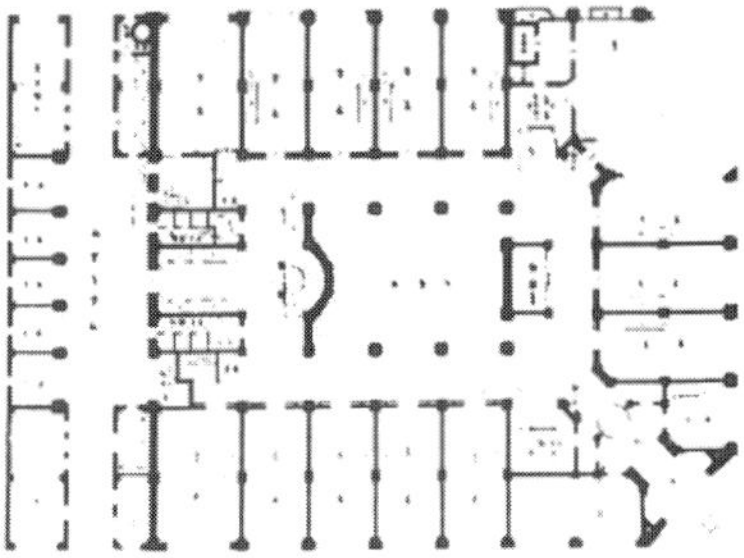

Ⅲ 84

Ⅲ 85

図Ⅲ84　第一相互銀行平面図

図Ⅲ85　第一相互館（辰野葛西事務所　一九二一　東京）明治期のオフィスビルは、外部において王冠のごときドームを頂き、内部において、宮殿や劇場のごとき大空間を有し、街の記念碑となっていたが、大正期のオフィスビルはこうしたあり方を否定し、白い石張りの直方体の箱へと変わってゆく。こうした時流の中で、辰野のみは、あたかも明治という時代に殉ずるかのように、一人、煉瓦造（鉄骨内蔵）を作りつづけ、七階建てという絶後の高さにまで到っている。辰野の二つの事務所の内、大阪の辰野片岡事務所の設計は、晩年にいたって、当初の辰野式より大部変質したものとなってゆくが、一方、東京の辰野葛西事務所は、死後竣工したこの作品が証するように、赤煉瓦と石の辰野式の原則を最後まで守ってゆく。辰野の本旨はこちらの方にあったといってよいであろう。辰野の生涯を閉じるにふさわしい作品である。

図Ⅲ86　唐津小学校（辰野金吾　一九〇一　佐賀）辰野の最初の和洋折衷様式。郷里の小学校を同郷の曾禰達蔵の協力を得て設計したもの。

図Ⅲ87　第一相互館内部

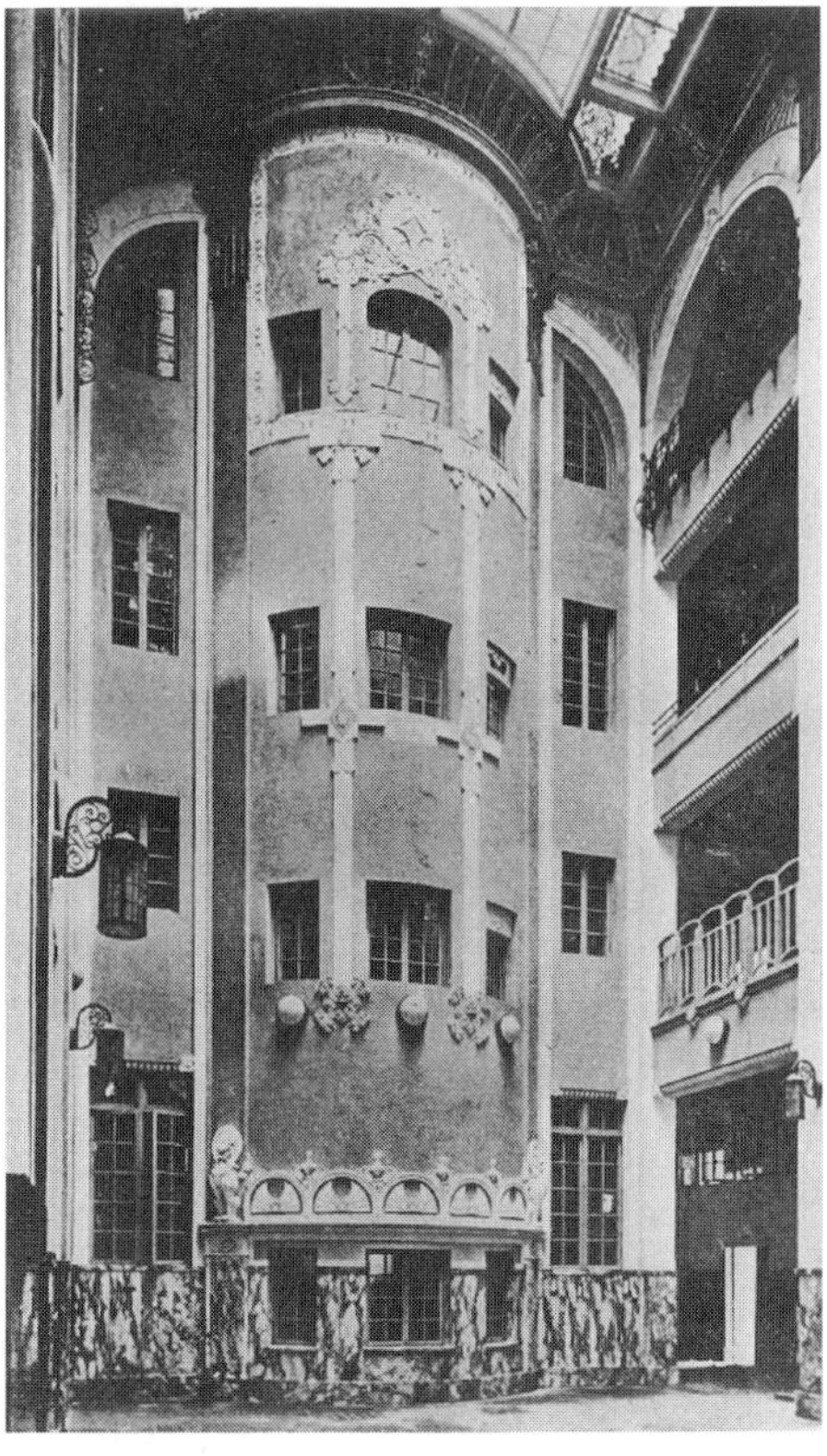

Ⅲ 87

Ⅲ 86

歴史的価値について以上に述べた。以下、具体的デザインに及んでゆく。

現在の形が決められたのは、明治二十三年六月三十日、模型を前にした閣議においてである。以後、濃尾地震の経験により軒回りの軽量化を図って軒蛇腹に銅板が使用されたことを除けば、変更はない。しかし、閣議決定案までの経過を示す試案の類は、震災に焼かれて、一切残されてはいない。わずかに、関係者の回想があるばかりである。岡田信一郎によると、

（辰野は　筆者注）英国に渡り、英蘭銀行を始め其の他銀行を調査し、傍当時博士の先師ウィリアム・バアヂス氏の没後其の建築事務所を引継ぎ経営せるチャペル氏に謀り、日本銀行の設計略案を草した。チャペル氏はゴシック式を以て意匠し、博士も亦二百分一設計図を草した。今の日本銀行本店は実に此の博士案に基く。（岡田信一郎「辰野博士の顧問として関係せられし建築の一端」『建築雑誌』）

この時辰野が草した図は、「今の日本銀行本店は実に此の博士案に基く」のであるから古典系によっていたはずである。一方、チャペルはゴシックを採ったのであるから、プランニングは別として、様式上に彼の影響はなかったとみてよいであろう。では、何を手がかりに、日銀の原案は作られたのであろうか。海外調査に同行した岡田時太郎の回想がこの事を語ってくれる。

私は倫敦に残り、辰野さんは二十二年の一月だったかに欧羅巴大陸に行って方々を調べて其結果、白耳義のバンカー・ナショナルが新しい建物であるから、参考に非常に都合が好いから来いと云うことを私の所に言って来られた。それから私は一月の末だったか二月の初だったかに白耳義に行って、そうしてバンカー・ナショナルを設計して建てたベヤードと云う人のオフィスに行って調査をした。それから何でも三週間ばかり調査の為めあそこに滞在して居った。……倫敦に帰って方々見た結果、倫敦で先生が日本銀行のプランをそっくり拵えて図案が出来た所で（チャペルと相談の件　筆者注）辰野先生は再びブラッセルに行って前に申したベヤードと云う人の意見を問うとした。ところがベヤードは巴里に行って居ると云うこ

とであるから、巴里に行かれて相談して、そこで大体のプランが決ったのです。そうして倫敦に帰られてから図案をすっかり仕上げたのです。(岡田時太郎「洋行時代のこと」前出『工学博士辰野金吾伝』)

岡田の回想によると、ベルギーに渡り、日銀設計の「参考に非常に都合が好い」バンカー・ナショナルを見聞し、その設計者ベヤードを訪れて三週間に及ぶ詳細な調査を果たした後、ロンドンにて原案をものにし、さらに、ベヤードをパリに追って相談をなして案を決したことが判明する。日銀の祖型としてイングランド銀行を想定する説は俗説と称すべきであろう。

さらに、大正三年、辰野の存命中に著された日銀の正史『日本銀行沿革史』も、

博士をして専ら白耳義銀行の築造に則とり兼ねて博士の実地見聞する所と本所の便宜とを参酌して建築に関する大体の計画を立たしめ……。

と、事情を記している。

このように、日銀に祖型といったものがあるとすれば、それは、「白耳義の建築家ベヤード」即ち、アンリ・ベイヤール(Henry Beyaert)が、一八七四年(明治七年)に完成したベルギー国立銀行(図Ⅲ⑮～⑰)の他はない。その姿を日銀と比較するなら直ちに了解されるように、平面計画上、日銀とベルギー国立銀行は一切無縁であり、一方、ファサード構成において、両者はよく類似している。辰野は、日銀のファサードにおいて、明らかにベイヤールの構成を学んでいる、といってよいであろう。

では、日銀の特異な平面計画は、何に由来するのであろうか。その平面は「円の字形」をとり、とりわけ、正面側半分の「コの字形」の開放辺に一階分の障壁を築き、玄関回りを半中庭とする構成が際だっている。これは、少なくとも、銀行建築には類例のない平面構成といえよう。

ここで、一度、日銀本来の建築上の要求にたち帰らねばならない。

日銀の建築に明治政府が託し、辰野が祈念したものの一つはむろん記念性であった。建築が国家的記念性を

発露する条件は、建物の最強調部である正面中央部（玄関部）が、遮る物なく真正面から人々の目前にさし迫ることに他ならない、即ち、あらんかぎりすみずみまで見せつけるように、いわば、視覚上、開放的に、外向的に扱う必要がある。もし、日銀に、例えば赤坂離宮のように、国家的記念性のみが求められたのなら、正面の障壁を取り払い、正面車寄せと左右の翼部の三位一体化による、外向的で開放的な典型的ネオ・バロック構成をそのまま見せればよかったであろう。しかし、金保有の中央金庫としての日銀には、記念性とともに、もう一つ、防御性が不可欠であった。例えば、日銀は、建物本体の回りに深い空堀が掘られ、非常時には水が満たされるように計画され、一階ベースメント層は腰高にし、開口部を最小にとって、城塞の構えをとっている。とりわけ、正面の障壁は、五連の銃眼を穿たれ、入口は城門に近い。このような城塞としての中央金庫という構想は、小国ベルギーの国立銀行のお抱え建築家ベイヤールによって示唆されたのかもしれない。彼は、首府ブリュッセルに国立銀行本店を建てる一方、独仏両大国の侵攻にそなえ、最後に籠るべき城としての支店を、港町アントワープに建設している。つい十数年前、西南戦争を経験している日本政府の指導層にとって、日銀に銃眼を穿つことは怪訝なことではなかったであろう。

もちろん、こうした城塞の構えの持つ自閉性、内向性、隠蔽性は、国家的記念碑の外向性、視覚的開放性と相矛盾する要求に他ならない。この背反する二つの要求を一つの建築の内に解くのが、辰野の負うた課題であった。そして、コの字型三階建本体の前面を一階高の障壁で遮り、玄関回りを「半中庭」とするという、銀行建築には類のない平面構成が、その答えである。この構成に秘訣といったものがあるとすれば、それは、障壁に他ならない。もしこの壁を除けば、「半中庭」はただの玄関前スペースと化し、建物全体は、正面玄関部を中心に左右に翼を張る典型的な開き切ったネオ・バロック形式に還るであろうし、一方、逆に、障壁をさらに高めるか、あるいは、障壁を階に拡大するかして、「半中庭」を完全に囲繞された中庭とするなら、建物は、直方体の城塞へと自閉したであろう。しかし、辰野の築いた一階高の障壁は、防御を固めるとともに、一方、ドームを頂きペディメントを張る記念碑的正面玄関部を隠し切ることなく外界に見せることに成功している。かくして、この「半中庭」という場は、背反する二つの質がこめられたこととなる。一つは、回廊を巡らす中庭固有の自足的で内向的な、いわば静謐な空間、もう一つは、そびえるように張り出す玄関部の拡張的で外向的な雄々しい質である。

障壁の左右に振り分けられた親子アーチをくぐり、陰影の色も濃く回廊の囲繞《めぐ》る静謐な石畳の上を、斜めに横切るようにして、明るくせまり立つ玄関部に歩み寄る時、人は、二つの異質が対置して作る磁場の中を確かに渡っているという感動を禁じえない。ここに味わわれる、単質でない、いわば劇的な印象は、例えば開き切った赤坂離宮の直情的なアプローチには決してない日銀独自の質である。日銀建築の中で、少なくともこの「半中庭」は、背反する要求を逆手にとった設計者の勝利であったといってよいであろう。

このような「半中庭」の構成は、銀行には例を見ないとしても、フランスやあるいはその建築圏に属するベルギーの貴族の居館にはしばしば見出される形式である。辰野は、こうしたフランス系居館の形式を図集をめくるか実見するかして、すでに知っていたのかもしれない。あるいは、全くの独創になるのかもしれない。いずれにせよ、辰野が自ら背負った背反的課題に答えるためには、この構成がなんとしても必要であったという彼の内的必然性を想うだけで充分であろう。

さて、このようにして独特な平面構成が決められた、とするなら、次の課題は、むろん、ファサードに移る。当時、基本的平面がまず決まり、そして、あたかも軀体に衣装をまとうようにしてファサードが選ばれるのはむしろ普通のことであり、日銀の場合も、前述の岡田信一郎の文（やや意味不明ではあるが）からうかがわれるように、一応決まった平面の上で、チャペルと辰野がゴシックと古典系《クラシック》の二つのファサードを試みたようである。

ファサードの課題とは何であったのであろうか。記念碑としての日銀を、それにふさわしい古典系様式で飾ることに迷わなかったであろう。問題は、コの字＋障壁という基本構成が本来もつ飾りにくさ、であった。正面中央部に障壁という沈黙の壁が立ち、その左右に飾ることの可能な翼部が張り出すという、劇にたとえるなら、主舞台となるべき中央部がすでに使用不能であり、ドラマは左右の袖に二分して進行せねばならぬという困難があった。辰野は、いくらその背後に、ドームをいただく玄関がのぞいているとはいえ、ただの壁以上の何事も語らない障壁を視覚の中央部に据えて、破綻のないファサードを構えることが果たして可能であろうか、迷ったに違いない。アメリカ、イギリス、フランス、ドイツ、イタリアという辰野の歴訪した中央金庫の中で、他ならぬベルギーのそれが、「参考に非常に都合が好い」ものであった事情は、こうした迷いを一蹴する実例であったからに他なるまい。確かに、ベルギー国立銀行は、左右に視覚を振り分けながら世評にたがわず、華やかに、堂々と、破綻なきルイ十六世様式を見せる、傑作であった。

しかし、ベルギー国立銀行のみせる引き締まった表情は、日銀のファサードには見られない。それは、日銀が、ルイ十六世様式（ネオ・バロック様式）固有の豊饒な部分意匠を欠くからではない。前者にはあった縦長のプロポーションが失われ、全体も部分も横に間のびしてしまったことに、すべて発している。例えば、左右につくペディメントと双柱の型を比較するなら、日銀の横長に過ぎるプロポーションがよく理解されよう。

友人和田垣謙三の「辰野金吾という建築家がいるが、あれは相撲が仕切りをしているような家ばかり建てて、立ち上がったような建物を建てないじゃないか」という評に対し、辰野は「どうも日本は地震国で、そう高いものは建てられないよ、こわくて」、と答えたというが、勿論、実長が横に長い建物であろうと、間のびを防ぎ、めりはりのある伸びやかさに転化することは可能であり、恐らく、大作になると天性のようにして必ず見せる横への間のびは、辰野の感性か、あるいは、手腕の問題といってよいであろう。

このようなファサードの欠陥は、「半中庭」の勝利によって補い切れるものではなく、国家の記念碑的表現としては、他に優る成功を納めたとは決していえない。

が、しかし、愛弟子の長野宇平治の「進歩の程度に於てそれより実のある物があるかも知れませぬが……日本銀行の建築と云うものは辰野先生の華である。或は辰野先生が生涯になされた建築の総ての物を纏めて一方に置き、それから日本銀行を他の一方に置いて、バランスにかけたらどうか、或は日本銀行一つだけでも他の総ての物に匹敵するかも知れぬと私は思うのであります」という言葉は、今も、正確である。「半中庭」の成功とファサードの失敗という手腕の功過を超えて、見る者が確かに覚える「倫理性」、あるいは、真摯、気迫、努力といった辰野の人格そのものを見るに似た感情は、否定しがたいのである。コンドルの没後、工部大の弟子たちは、先生に会いたくなると上野の森に上り、処女作、上野博物館を訪れたというが、こうした、設計者と作品を見る者とを人格的に結ぶここだけの機微が日銀には確かにある。

辰野式

明治三十五年十二月、中期の掉尾を飾る日銀大阪支店をほぼ完了した辰野金吾は、工科大学長を辞した。明治期の工科大学長は日本の工業の先陣を統率する一個の顕職であった。初代学長古市公威（大学南校出身、土木）は政界に転出し、山県有朋の工業・技術ブレーンとして鳴らし、後、男爵を授けられている。その古市が特命によって後を託した二代工科大学長は、市井に下りて自営建築家となった。人々は、工科大学長が小店《こだな》を開いたと思ったかもしれない。事実、「辰野葛西事務所」の看板が掲げられたのは、二階の畳間に数台の製図台を置いただけの、仕舞屋《しもたや》であった。勅任官から自営業への類のない転身は、口さがない風評を生んだが、彼自身、理由を語ることはなかった。わずかに、

自分は大に感ずる所あって大学を辞して事務所を開始したけれども、初より二年間は自分ながら苦痛を感じてどうしようかと思う位であった。（酒井祐之助「尊き訓戒の餞別」『建築雑誌』）

という隻句が残るにすぎない。いうまでもなく、「大に感ずる所」とは、初期の辰野を染めあげたイギリス型近代化の理想に源頭をもつ独立自営の志であった。

この頃、工科大学各学科の特質を語った辰野の手稿の中でも、建築学科について、

該学科の特色とする所は官に奉職せず野に就職せず個人として業務を営み得ん事は恰も医学士が民間に於て開業するが如く又法学士が弁護士の業務を営むが如し。(辰野金吾旧蔵資料「学科選択指針」)

としている。

明治二十年、岡田時太郎と組んでの独立行動の挫折のあと、官に帰して大きく「国家」へと振れた辰野金吾は、再び「民」へと揺れ戻してゆく。では明治三十六年という日付は何故であろうか。

一連の日銀支店建設は、名古屋と京都を残しており、終わったわけではない。かつ、民間からの仕事量はどうしようかと思うくらいに少なく、パトロン安田善次郎と佐々木勇之進(渋沢栄一の腹心で第一銀行の後継者)の仕事も第一銀行京都支店があるばかりにすぎない。二年後に開く大阪の辰野片岡事務所のような周到さはどこにも見られない。しかし、依頼の多寡を超えて、この年、辰野は五十となった。節目として人生を律したのであろう。

明治三十六年、後期が始まる。初期と中期を合わせた十六年間と一致する長い後期において、作品数は、初期と中期の二十二件をはるかに凌ぐ一三二件以上(工場を除く)を数えている。爛熟の期といえようか。

作風は、中期の日銀時代から鮮やかに一転した。明治三十六年竣工の日銀大阪支店にあっては石造の古典系様式を用いながら、同じ日銀支店として引き続き起工した京都と名古屋の支店においては、煉瓦を基調とする新様式へと転回する。この新様式の印象は鮮烈で、かつ、辰野が最も能くしたところから、辰野式と呼ばれた。その名にふさわしく、辰野金吾の最終様式となる。

辰野式の祖型は、やや先行する同時代の英国建築家ノーマン・ショー(Richard Norman Shaw)の創り出し

たフリー・クラシックと呼ばれる新様式にある。辰野が、フリー・クラシックへと向かうショーの努力に関心を寄せたのは、はるかにさかのぼるロンドン留学時代のことであった。明治十四年、曾禰達蔵に送った手紙には、

……尋常住家に至てはクイン・アンの風尤も流行す其由りて来る原因二あり一は此風ゴシック、リネーサンスの混合にして細目は甚だ密ならず常に赤の色煉瓦石及びテラコッタを以て築造し更に石材を要せず従て経費も亦た少なし之れ大に人の好む所なるが二に造家浅学の輩多く此風を行ふ是れ蓋し学問浅くして之れを活用するに容易なるが為めなり真の造家学士は痛く之を卑む何となれば造家学上の真理に外れたるものなればなり去り乍ら退て考うれば強ち卑む可きものにも非ず就中我国の季節等に適当す可き点有り又全く雅致なしとせず……クイン・アン派の巨擘と呼ばれ而して目今専ら住家築造の意匠に富めるはノルマン・シャウー氏なり。（辰野金吾「蒸材弁及び英国建築の概況」『工学叢誌』）

ここにいうクイン・アンとは、フリー・クラシックの住宅版ともいうべき様式である。

このように、留学中、フリー・クラシックを我が国にふさわしいと語りながらも、しかし、帰国後直ちにその途を日本に移したわけではない。このことは、彼が西欧の新傾向を手早く映す鏡のごとき建築家ではなかったことの証となろう。辰野は、内からの必然が生ずる日まで、それを、初期、中期と二十年余も寝かし続けている。

フリー・クラシックについて続ける。この新様式は、英国のビクトリアン・ゴシックがクラシック（これまで古典系と称してきたもの）へと移行してゆく過程に生まれたゴシックとクラシックの折衷様式として大きくは位置づけられよう。その名自体がすでにして複雑な内容を啓示する。「フリー」はゴシックの特性である設計者の自由裁量を意味し、「クラシック」がそれとは逆の規範性を内容とする以上、この様式は、本来、自由と規範という二面的内容を秘めた様式であるといってよいであろう。

さて、フリー・クラシックを語る最初の言葉は、壁面の鮮やかな赤と白の対比についてである。煉瓦の赤を地とし、白い石材（あるいはテラコッタ）が縦横に配されるリズミックな壁がこの様式の生命である。わけても、水平に走る幾筋かの白い帯が特徴的である。材感において、煉瓦はゴシックを示し、石はクラシックに繋がるが、両者の混成ぶりは、この様式の折衷性にふさわしいといえよう。

ファサード構成における特徴は、クラシックに較べて「枠組み性」が弱いことである。

クラシックとは枠組みのデザインといってよいであろう。例えば、一連の日銀作品に見られるように、まず、土台回りの強調により視覚に安定した座を与え、そこから伸びる上方への動きは、大きな軒蛇腹に停止され、枠付けられる。同様に水平方向は、強調要素が両端に配されて、枠がとられる。一方、フリー・クラシックの場合、最も枠組み性の強い日銀京都支店にあっても、土台と軒は小さく誂えられ、枠としての限定力は失う。しかし、ゴシックのように、壁面の上昇運動がそのまま屋根にまで抜けることはない。小さな軒蛇腹が、上昇感を強圧することなく立ち消えさせる。水平方向については、枠組み的要素はさらに見られない。

このように、フリー・クラシックは、クラシック固有の枠組み性を欠く。かといって、ゴシックのように、無限上昇感や、水平方向へのリズミックな展開運動が見られるわけでもない。枠からも運動からも等距離に遠いフリー・クラシックのファサードが見せるのは、例えば東京火災以下の典型例に観察される「壁面の平坦な分割意識」である。枠にも運動にも解消されない「面の分割」という造形意識こそが、フリー・クラシックの近代性といってよいであろう。しかし、辰野はこのことに気づいていたかどうか。

ディテールにおいても、ゴシックでもクラシックでもない中間的特性は変わらない。ペディメントやオーダーというクラシックの分類指標は付加されないが、しかし、ペディメントに類した造形が窓上部や屋根上に小規模に用いられることはある。軒にあっても、クラシックの大ぶりな軒蛇腹は拒まれるが、かといって、ゴシックの軒の造りが用いられるわけではなく、小さな変形した蛇腹が取り付けられてゆく。クラシックのディテールを、時には原型が不明なまでに自在に崩したものが一般的といえよう。
ショーが、ゴシックに始まりクラシックに至る履歴の中途で考案したフリー・クラシックを、辰野は、しかし、そのままに写したわけではない。後に述べるように、辰野が、ショーとは無縁な生の履歴の上でこの様式をとらえたのである限り、読み替えが行われたのは当然であり、また、その結果を辰野式と称するのも妥当であろう。フリー・クラシックの基本性格を踏まえて、以下、辰野式に触れてゆく。

彼がなしたのは、読み替えというよりは極端化というべきかもしれない。辰野式もフリー・クラシックの一つである限り、宿命的に二面性を負うているのだが、その幅は、クラシックの側に日銀京都支店（図Ⅲ⑲）を、フリーの側に日本生命九州支社を置いたものと見切ってよいであろう。そして、この幅は、少なくともフリーの方向にあっては、本家のショーをはるかに超えてゆく。その上、辰野式のほとんどが、このフリーの側に立っている。まず、これらの一群について記す。

辰野式は、常にといってよいであろう、都市の商業街の十字路に立っている。この立地は、次のような都市景観の歴史の上にある。

江戸期の都市景観を支配したのは城郭であったが、維新によって取り毀され、新政権の県庁、郡役所といった簡易洋風官衙がとって替わった。しかし、政治の建築が景観主体であることに変わりはない。一方、町人の集う商業街は、木造の簡易洋風建築が端役として建つことはあっても、おおむね旧江戸のままに過ぎていった。これが、明治前半の各都市の姿である。

しかし、日露戦捷を機に、資本制経済の身を起こすような隆盛は、都市の主人公を、政治より経済へと代えてゆく。ここに、都市における経済の時代が始まった。都市経済の中枢が、銀行、保険会社といった金融機関にあることはいうまでもないであろう。辰野式がとらえたのは、こうした建築である。

辰野式の三割、三十八件が、市中銀行や保険会社に占められることを想い、また、それらが飾った都市の名を、盛岡二件、仙台二件、福島一件、東京六件、名古屋一件、富山一件、金沢二件、京都四件、奈良一件、大阪二十一件、神戸十四件、岡山二件、広島一件、高知一件、小郡一件、小倉一件、八幡一件、博多一件、別府一件、台南一件と数える時、明治から大正にかけての日本の都市における辰野式の影の大きさが了解されよう。

辰野式が都市景観の歴史の上で負うた任務は、明治前半の政治の季節を終わらせ、景観主体を万物の輻輳する商業街に移すこと、そしてもう一つ、江戸来の町並みに棲息する眠ったような商人層に代わって、商業会議所や銀行集会所に集う新興商業勢力が、都市の新しい主人であることを告げることにあった。次のようにして任を果たしてゆく。

まず、敷地は、人と物とが四周より集まり八方へと散る十字路の交点に臨んでトされる。そして建築は、対称型を放棄し、交点に接する角部を大きく張り出し、ドームをいただき、十字路の交点をさして盛り上がる全体構成が計られる。見事な都市意識の現れといえよう。

人は四周より交点をさして歩む時、江戸来の商家の低く深い軒と重たく連なる箱棟が空から切りとる平坦なスカイラインを破るようにしてむくる、緑青のドームをとらえるであろう。ドームに引かれて近づく視線は、やがて、壁面の赤と白の色彩に染められるに違いない。例えば岩手銀行（図Ⅲ㊾）はこうしたシンボリックな姿をよく示してくれる。そして日本生命九州支社に見るように、煉瓦の赤い壁面を、化粧石が帯として走り、群としてわだかまって分割してゆく。あたかも緋糸に白糸を通して織物でも織るかのように、要石、窓台、方立、持ち送り、等々の部分と部分は自在に崩され、互いに接する。

このような、往来を過ぎゆくさんざめきに鳴り応えるような商業的造形語法は、ノーマン・ショーに過ぎる辰野式のフリーぶりといえよう。フリーさは、壁面を伝い、軒を回って屋根を覆ってゆく。大ドームを支えるように、小ドーム、変型ドーム、ドーマーウインドウ、換気丸窓、金物飾り、等々の屋根装飾がこぼれんばかりにせめぎあう。こうした時には破綻をきたすであろう屋根の過表現は、しかし、都市の王冠として十字路に立つ辰野式にはふさわしいといえようか。以上が辰野式のフリーの側の様相である。

ついでクラシックの側をみる。日銀京都支店（図Ⅲ⑨⑨）、名古屋支店（図Ⅲ⑩⑩）、そして東京駅（図Ⅲ⑧⑧〜⑨③）という国家的建築が数えられよう。そのクラシックぶりは全体構成の対称性にある。日銀京都支店や同名古屋支店のように十字路に立つ場合も角部の強調は見られず、宮殿や官衙のように立地の事情にかかわりなく、建物自体の中心を軸として構成されてゆく。こうした対称性は存分の退きを得た視覚が初めて味わうもので、日銀京都支店のような狭い商業街にあっては意味のない構成ともいえようが、しかし、国家の建築にとって対称性は剝ぐことのできない紋章なのである。

ディテール（部分意匠）も同様に一歩クラシックに近く計られてゆく。フリーの側の辰野式のように、自在に崩され相互に接合することは避けられる。元来クラシックのディテールとは、形態の規範性と、明晰な分節性を旨とするが、辰野式のクラシック側作品にあっては、形態は自在に崩しながらも、あくまで分節性は守られている。

すでに述べてきたように、辰野式は、一つの顔の内に、フリーとクラシックの二つの横顔を秘めている。一様式の幅の中で、一方において、国家的建築の秩序感を損うことなく生硬さを和らげ、もう一方で、商業街の華やかな建築に確かさを与えることのできるのは、辰野式のほかはない。たたえるべきであろう。しかし、この二面的特性は背反性の別名でもある。もし、フリーとクラシックの二つの顔が、相補うことなく、裂けてゆくとしたら。辰野式の危機は、まとめあげることの難しい巨大作に露れるにちがいない。東京駅である。大正三年、辰野金吾が、

齢耳順に達したる小生将来斯る大工事を設計するの栄誉を担う事も稀なるべく或は最後の工事に相成哉も難斗《はかりがたし》と存じ……。（辰野金吾旧蔵資料「書簡」）

と鉄道院総裁に私信を寄せた東京駅が竣工する。同じ年の末、大正期の青年建築家後藤慶二は、

大正三年を顧みると、其間には多くの建物が出来上ったことでしょうが、立派なものは幾らもありません、心細いことです。（後藤慶二「大正三年の我が建築界」『建築画報』）

と書いた。自我という卵型の小宇宙に東京駅は映ってゆかない。例え映ったとしても、

晩年の諸作は悉く奇抜と独創とを踏違えた、堅いぎこちない全体と部分とを持った、全く洗練せられない作のみであった。殊に東京駅の如き時代錯誤の代表的拙作を残すに到ったのは、之亦建築界の進歩のため甚だ悲しむ可き事である。（中村鎮「建築界の回顧」『美術写真画報』）

と括られよう。事情は、直弟子伊東忠太の目にもそう変わらない。

あの尨然たる雄姿は兎も角も壮大であるが、其様式手法を見れば其の中に悲惨なる煩悶の存するを感ずるであろう。（伊東忠太「明治以降の建築史」『伊東忠太建築文献一』）

こうした同時代者の投げかけた一方的で的確な印象批評は、そのまま現在に手渡されている。

全体構成から触れてゆく。釜山駅（図Ⅲ⑫）と万世橋駅（図Ⅲ⑩）という二つの習作において非対称型を採った辰野金吾が、東京駅に対称型を用いたのは、それが天皇家の駅であったからに他ならない。皇城に真向《まつこう》から向きあう位置に、大きく翼をのばして二つのドームを従えた姿は、皇城からの視線を原理としている。そして、視線の主の動線は、皇城を発して一直線に建物中央に当たり、そこに専用玄関をうがち、そのまま駅機能を両断して専用通路を直進し、神州に四通八達する鉄路に結んでゆく。一方、赤子《せきし》の改札口は、控えるように振り分けられ、左右の大ドームの下に設けられる。主従別ある明晰な計画意志といってよいであろう。

しかし、その形態は計画意志を微妙に裏切ってゆく。長大な建物の作り方は、古今二つの作法があるにすぎない。一つは、商都大阪の成熟した商業社会をやがて飾ってゆく渡辺節が若き日になした京都駅のように、対称型とその属性を拒み、自由に流れる長い壁の上に自在に屋根が凹凸するフリーな構成をとって、建物を町並

Ⅲ 88

Ⅲ 89

Ⅲ 92

Ⅲ 90

Ⅲ 91

図Ⅲ88　東京駅エスキース　辰野の直筆と伝えられる東京駅原案。変化のある屋根を終生好んだ辰野らしいスケッチといえよう。建築というよりは町並みといった方がふさわしい。大きなものを一つにまとめあげることは下手であったが、このように、一つにまとめることを放棄したかのデザインにあっては、かえって、辰野の雑多なボキャブラリーが生彩を放つようである。

図Ⅲ89　東京駅正面図（辰野葛西事務所　一九一四　東京）
図Ⅲ90　東京駅大ドーム天井
図Ⅲ91　東京駅大ドーム内出札所
図Ⅲ92　東京駅大ドーム側壁
図Ⅲ93　東京駅断面図

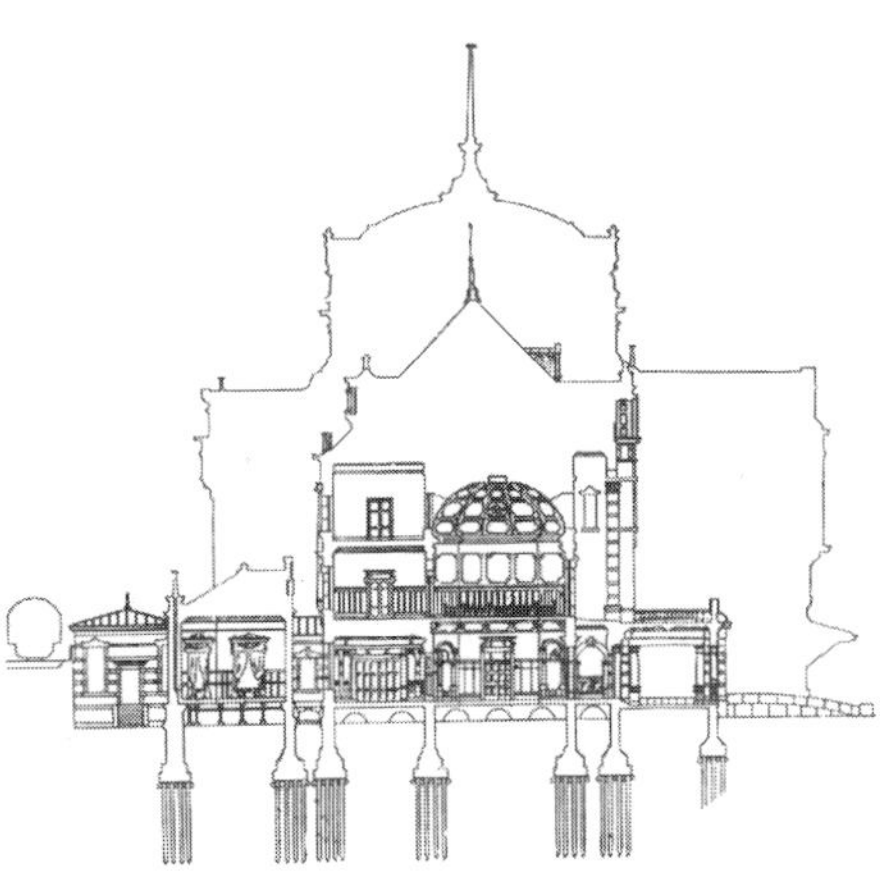
Ⅲ 93

みとして作ること。もう一つは、片山東熊が宮廷で、妻木頼黄が官衙で果たしたように、中軸上に大きな量をとり、そこから脇を固めてのびる両翼の端部に次の量を置き、中央と両端の三位一体化による凝固力によって、間のびしやすい長大さを抑え込む。これは、壁面すべてに及ぶ緊密な構成力を要する力業である。町並みをフリー、力業をクラシックな作法と両分してよいであろう。

ところが、東京駅の建物は、一つの内に町並みと力業の二つの作法を合わせ持ち、その上両者は駅舎の巾《たけ》ほどの裂け目をはさんで背反する。

この国家的力業の異様さは、中央部より翼をのばして対称形をとり記念碑的構成を目ざしながらも、その焦点となるべき中央玄関があまりに小さく、かき消されたごとくあいまいで、集中力を欠くことであろう。原因は、辰野式の玄関意識の稀薄さにある。この様式にあっては、日銀京都支店のような集中度の高い場合でも、車寄せを張り出して強調する例はなく、あたかも商業街の店でもあるかのように、街路に直接開口してゆく。「玄関の時代」ともいうべき明治の絶対主義からほど遠い辰野式のフリーな玄関意識が、東京駅の中央部を作っている。こうして、全体は対称型というクラシックさと、無焦点というフリーさに引き裂かれる。

その上、中央部、翼中央張り出し角塔部、大ドーム部、末端多角塔部という四つの強調ブロックは、それぞれの壁面内部を生硬なまでに分節し、右や左に自在に流れるフリーな運動を拒んでクラシックな枠組みの中に凝固しながら、しかし、各ブロックを大きく取り込む全体の枠組みが見当たらず、各ブロックはフリーに放置される。もし、長大な壁面に沿って三三五メートルを歩むなら、一つの建物というよりは、煉瓦造が軒を連ねるやや生硬な町並みを過ぎてゆく錯覚に陥るに違いない。

こうした背反性は、ディテールにあっても変わりはない。強調ブロックを繋ぐ翼平坦部には、片蓋柱が連なり、崩れの少ない窓がうがたれて、辰野式には類のないクラシックなディテールが集積する。しかし、一方、下階の開口部は、アール・ヌーヴォーの影響によるのであろうか、馬蹄型に崩したアーチ紋様で縁取られ、そ

Ⅲ⑨④

Ⅲ⑨⑤

図Ⅲ⑨④　岩手銀行（辰野葛西事務所　一九一一　岩手）辰野が日銀本店でみせたちぐはぐさはもうない。よく焼き締められた煉瓦を小口積（長手を見せずに小口だけを見せて積む）し、所々に、白い花崗岩の帯を通して全体を引き締めている。辰野ごのみとでもいった理知的で禁欲的な表現である。辰野は曾禰や片山ら同期の建築家よりすぐれたデザイン力をもっていたわけではないが、帝国大学造家学科のリーダーとして教育に、造家学会長として学術に力を尽くし、明治を代表する建築家となった。（撮影・藤森照信）

図Ⅲ⑨⑤　日本生命保険会社名古屋支店（辰野片岡事務所　一九一〇　愛知）

Ⅲ⑨⑥

図Ⅲ⑨⑥　帝国生命保険株式会社大阪支店（辰野片岡事務所　一九〇七　大阪）辰野片岡事務所における辰野式第一作。辰野葛西事務所に比べ、直線的で、角張り、石によるドレッシングがより強力であることが了解されよう。一言でこれをより幾何学的と称するなら、この傾向は辰野片岡事務所の個性として持続し、最後には造形が直交線の幾何模様の中に解消して、擬古典的な固苦しさの中におちてゆくこととなる。しかし、この最後の相は、辰野の好みというよりは、辰野が病身により来阪のままならぬ事情の下での、片岡の志向であったと考えられる。

Ⅲ⑨⑦

図Ⅲ⑨⑦　東京海上火災保険株式会社（辰野葛西事務所　一九〇五　東京）辰野は東京に辰野葛西事務所を、大阪に辰野片岡事務所を構え、東日本の仕事は前者に西日本は後者に、というおおよその割り振りをしていた。これは、明治三十六年創設の辰野葛西事務所の処女作であり、辰野の最終様式としての辰野式の第一作。辰野は、ほぼ同時期に、辰野葛西、辰野片岡両事務所、及び、日本銀行建築部の三つの設計組織において辰野式の設計を進めてゆくが、それぞれの設計は、同じ辰野式の枠内にあっても、微妙な差を見せている。例えば、辰野葛西事務所の作風は、柔和で丸みがあり、いわば、女性的である。辰野片岡事務所が大正期以後、赤煉瓦と石のドレッシングによる色彩対比を捨てて石一色と化してゆくのに対し、辰野葛西は、あくまで、辰野式の本旨としての赤煉瓦を守ってゆく。

して、大ドーム部壁面上部には円塔飾りが軽妙に取り付けられ、さらに、屋根にあっては、大小ドームが博覧会でもあるかのように多彩に並び立つ。クラシックな語法と、商業建築のようなフリーな語法が混じり合う。以上のように、東京駅の建物はすべてに渡って二つに裂かれ、「ぎこちない全体と部分」を持ち「悲惨なる煩悶」を刻んでいる。これが、二面性の宿命を負う辰野式の終《つい》に行きついた地である。明日に続く沃野ではなく、けわしく裂ける荒地であった。

もう一度、たどらねばならない。辰野金吾に思想というものがあったとすれば、それは、イギリス産業革命を吹き抜けた「民」の熱い風に求められよう。裏坊主育ちの膳likeの子にとって、それが解放の風であったとしても不思議はない。

「民業」「民間商工業」といった意味での「民」に染めあげられて出発した初期辰野は、「渋沢商業街」を国際商業都市の夢にふさわしくベネチアン・ゴシックを初めとする多彩な様式で飾ってゆく。意識と存在がずれることなく重なり合う幸せな日々であった。

しかし、明治二十年を境に時代は絶対主義へと大きく旋回した。岐路に立った辰野は、日銀本店に掬《すく》われるようにして「民」から「国家」へと振れてゆく。こうして始まった中期の日銀本店において、彼は、古典様式を採用し、花崗岩の壁に国家の記念と永遠性を刻み込んだ。この力業の成功により国家の建築家の名を手にした辰野金吾は、しかし、明治三十六年、「民」へと再び下りていった。作風は、辰野式と呼ばれるフリー・クラシック様式へと一転する。

しかし、なぜ、究極様式としてフリー・クラシックが選ばれたのか、については触れてこなかった。記さねばならない。膳椞の子の心に深く錘鉛を下ろした「民」の理想を埋もれ火のように守る辰野金吾は、膳椞の子ゆえにまた「国家」という全体像に届く日を望んできた。しかし、「民」にあって努めることが「国家」に繋がるという幸せな回路がこの国では閉ざされているということもまた存分に想い知っていた。

Ⅲ⑨⑨

Ⅲ⑨⑧

図Ⅲ⑨⑧ 帝国海上運送火災保険株式会社（辰野葛西事務所 一九〇八 東京）

図Ⅲ⑨⑨ 日本銀行京都支店（辰野金吾＋日銀技師長野宇平治 一九〇六 京都）同時期に竣工した同一形の名古屋支店とともに日銀建築部による辰野式第一作。辰野葛西、辰野片岡両事務所の仕事に比べ、マッスのとり方の大きさ、のびやかな壁面に、担当者長野宇平治の個性が感じられる。以上のように、三つの設計組織の作風は差をみせるのであるが、しかし、その差は、フリー・クラシックスタイルとしての辰野式の味付けの差とでもいうべきであり、建築様式的には同一とみなされる。逆に言えば、設計の決定権は、葛西万司、片岡安、長野宇平治ではなく、盛期にあってはあくまで辰野金吾に堅持されていたことが知られる。（撮影・藤森照信）

Ⅲ⑩⓪

図Ⅲ⑩⓪ 日本銀行名古屋支店（辰野金吾＋日銀技師長野宇平治 一九〇六 愛知）

図Ⅲ⑩① 浪速銀行南支店（辰野片岡事務所 一九一三 大阪）

図Ⅲ⑩② 三十四銀行日本橋支店（辰野片岡事務所 一九一三 大阪）

図Ⅲ⑩③ 万世橋停車場（辰野葛西事務所 一九一一 東京）ほとんど同形の新橋駅は辰野の設計ではなく、万世橋駅の図面を真似て鉄道局側でデザインしたもの。時に混同がみられる。

Ⅲ⑩①

Ⅲ⑩③

Ⅲ⑩②

Ⅲ104

Ⅲ105

図Ⅲ104　松本健次郎邸（辰野片岡事務所　一九一一　福岡）（撮影・藤森照信）

図Ⅲ105　生命保険会社協会（辰野片岡事務所　一九一二　東京）

図Ⅲ106　神戸銀行集会所（辰野片岡事務所　一九一四　神戸）

図Ⅲ107　二十三銀行（辰野葛西事務所　一九一三　大分）（撮影・藤森照信）

図Ⅲ108　第一銀行神戸支店（辰野葛西事務所　一九〇八　神戸）（撮影・藤森照信）

図Ⅲ109　竹内金庫衡器商店（辰野葛西事務所　一九〇九　東京）

Ⅲ106

Ⅲ107

Ⅲ108

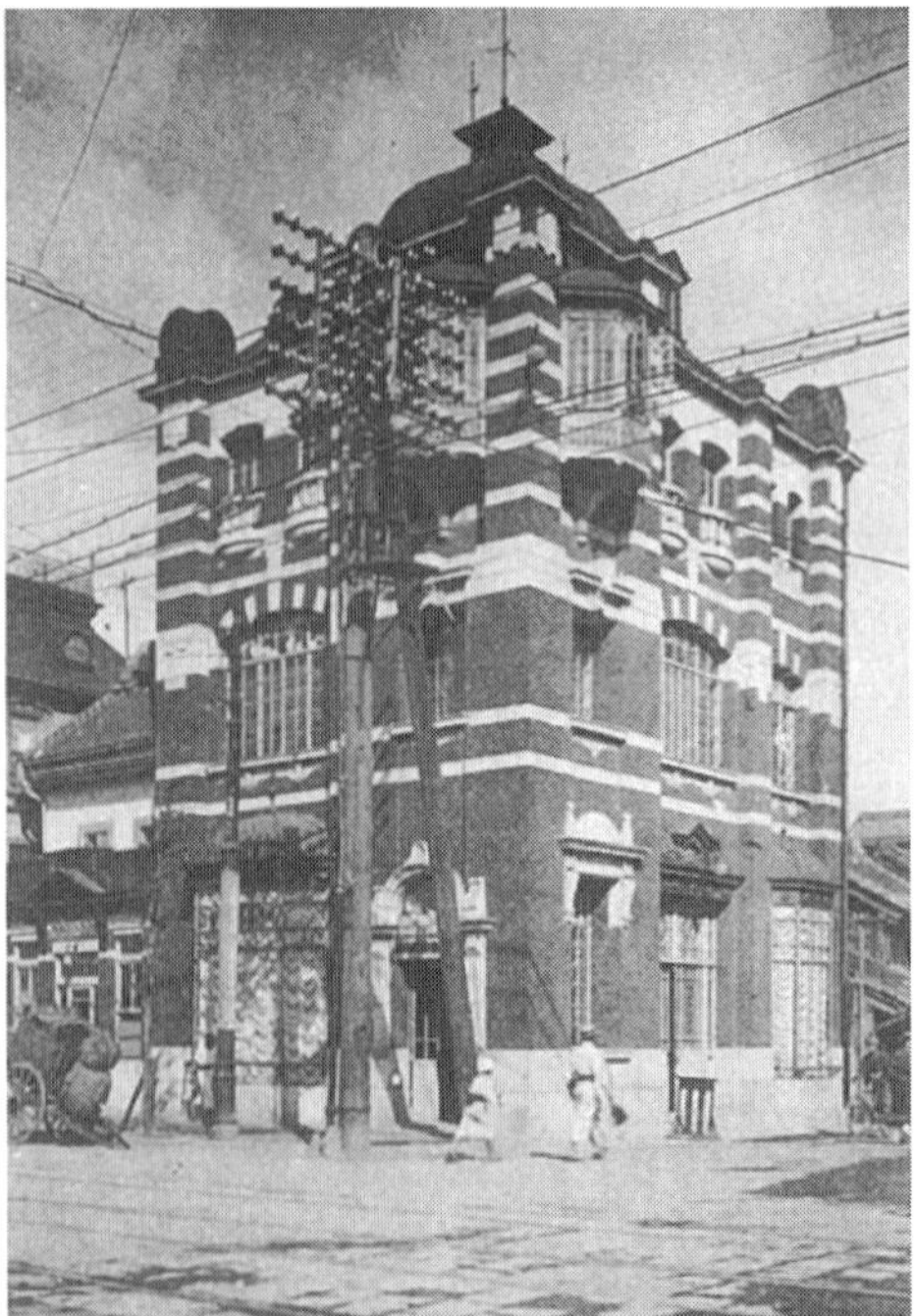

Ⅲ109

Ⅲ111

Ⅲ112

Ⅲ113

Ⅲ114

Ⅲ110

図Ⅲ110　日本生命北陸支店（辰野片岡事務所　一九一五　石川）

図Ⅲ111　福島県農工銀行（辰野葛西事務所　一九一三　福島）

図Ⅲ112　日本教育生命保険会社（辰野片岡事務所　一九一二　大阪）（撮影・藤森照信）

図Ⅲ113　加島銀行京都支店（辰野片岡事務所　一九一四　京都）

図Ⅲ114　加島銀行日本橋支店（辰野片岡事務所　一九一九　大阪）

図Ⅲ115　加島銀行神戸支店（辰野片岡事務所　一九一八　神戸）

図Ⅲ116　近江銀行神戸支店（辰野片岡事務所　一九一七　神戸）

Ⅲ116

Ⅲ115

図Ⅲ117 百三十銀行曾根崎支店（辰野片岡事務所 一九一三 大阪）

図Ⅲ118 大阪窯業株式会社（辰野片岡事務所 一九一三 大阪）（撮影・藤森照信）

図Ⅲ119 アルカリ商会（辰野片岡事務所 一九一九 大阪）

図Ⅲ120 三十四銀行京都支店（辰野片岡事務所 一九一四 京都）

図Ⅲ121 浪速銀行（辰野片岡事務所 一九〇七 大阪）

図Ⅲ122 釜山停車場（辰野葛西事務所 一九一〇 釜山）

図Ⅲ123 加州銀行（辰野片岡事務所 一九二〇 石川）

Ⅲ117

Ⅲ119

Ⅲ118

Ⅲ121

Ⅲ120

Ⅲ123

Ⅲ122

Ⅲ(125)

Ⅲ(124)

図Ⅲ(124)　富山銀行（辰野葛西事務所　一九一三　富山）
図Ⅲ(125)　安田商事合名会社大阪支店（辰野葛西片岡事務所　一九一三　大阪）
図Ⅲ(126)　東洋紡績株式会社（辰野片岡事務所　一九一六　大阪）
図Ⅲ(127)　大日本人造肥料株式会社大阪支店（辰野片岡事務所　一九一〇　大阪）
図Ⅲ(128)　大阪農工銀行（辰野片岡事務所　一九一三　大阪）
図Ⅲ(129)　神戸川崎銀行大阪支店（辰野片岡事務所　一九一八　大阪）
図Ⅲ(130)　二十二銀行（辰野葛西事務所　一九一八　岡山）

Ⅲ(127)

Ⅲ(128)

Ⅲ(126)

Ⅲ(130)

Ⅲ(129)

図Ⅲ131 近江銀行（辰野片岡事務所 一九一五 大阪）

図Ⅲ132 山下汽船株式会社（辰野片岡事務所 一九一七 神戸）

図Ⅲ133 山口銀行京都支店（辰野片岡事務所 一九一六 京都）（撮影・藤森照信）

図Ⅲ134 高知銀行（辰野葛西事務所 一九一七 高知）

図Ⅲ135 百三十銀行八幡支店（辰野片岡事務所 一九一五 福岡）

図Ⅲ136 大阪株式取引所（辰野片岡事務所 一九一五 大阪）

Ⅲ132

Ⅲ131

Ⅲ133

Ⅲ135

Ⅲ136

Ⅲ134

Ⅲ 137

Ⅲ 138

Ⅲ 140

Ⅲ 139

Ⅲ 142

Ⅲ 141

図Ⅲ137 大阪株式取引所附属建物（辰野片岡事務所 一九一三 大阪）

図Ⅲ138 浪速銀行九條支店（辰野片岡事務所 一九一五 大阪）

図Ⅲ139 山口銀行岡山支店（辰野片岡事務所 一九一〇 岡山）

図Ⅲ140 仁記洋行（辰野片岡事務所 一九一九 神戸）

図Ⅲ141 岩手県農工銀行（辰野葛西事務所 一九一六 岩手）

図Ⅲ142 資生堂（辰野葛西事務所 一九一八 東京）

図Ⅲ143 東京米穀商品取引所（辰野葛西事務所 一九一三 東京）

図Ⅲ144 蘆辺倶楽部（辰野片岡事務所 一九一二 大阪）

図Ⅲ145 増田ビルブローカー銀行（辰野片岡事務所 一九一四 大阪）この作品にもみられるように、大正以後、辰野片岡事務所を主とし、辰野式の中に、赤煉瓦と白石による美しい色彩対比を捨てる作品が現れてくる。辰野式を赤煉瓦と石によるもの、と考えるなら、これらの諸作品は、フリー・クラシックではあっても、辰野式ではない。魅力は少なくなる。

図Ⅲ146 名古屋国技館（辰野片岡事務所 一九一三 愛知）

図Ⅲ147 富山市立図書館（辰野葛西事務所 一九一二 富山）

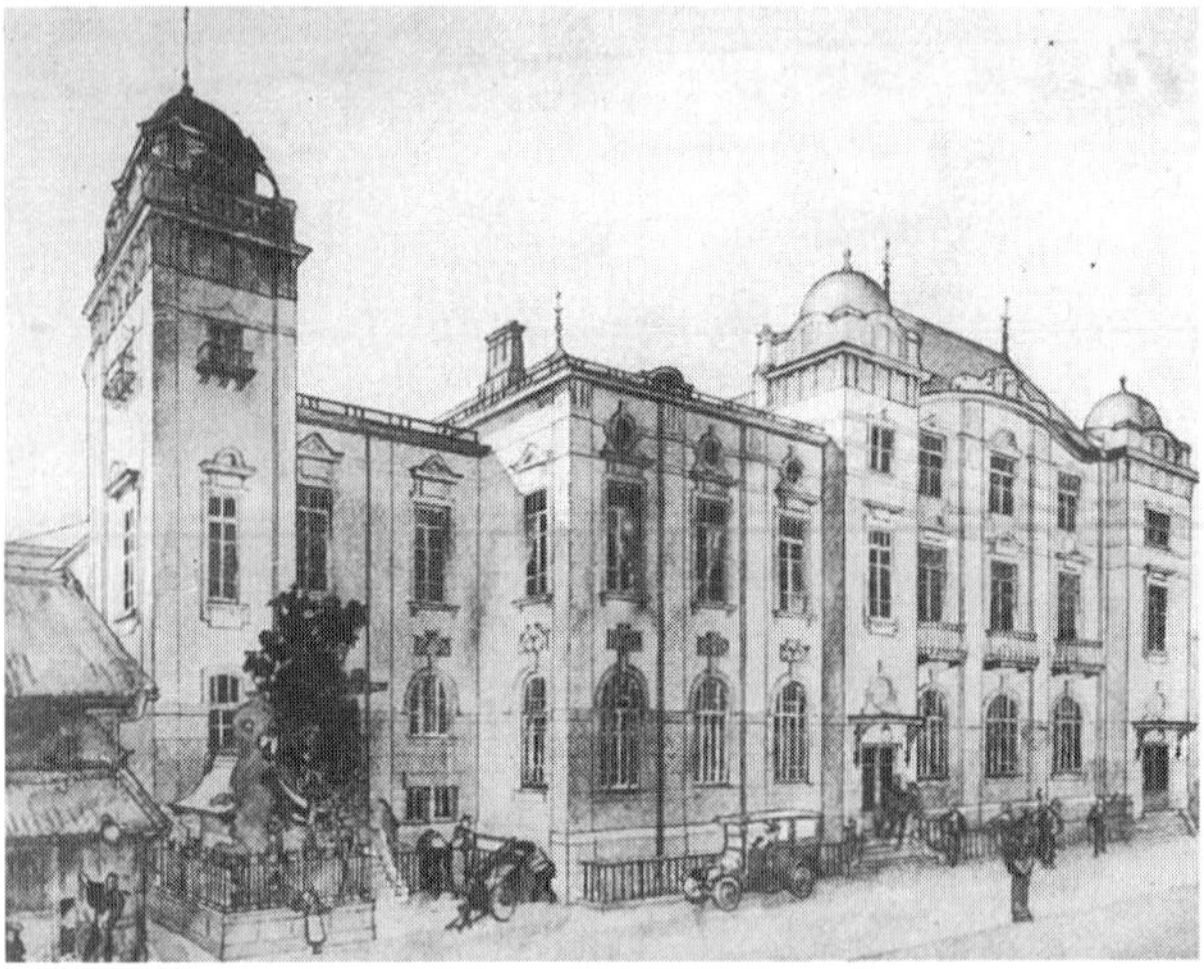

Ⅲ143

Ⅲ144

Ⅲ146

Ⅲ147

Ⅲ145

Ⅲ148

図Ⅲ148 日本綿花株式会社（辰野片岡事務所 一九〇九 大阪）

Ⅲ149

図Ⅲ149 盛岡劇場（辰野葛西事務所 一九一三 岩手）

Ⅲ150

図Ⅲ150 帝国生命保険株式会社仙台支店（辰野葛西事務所 一九一七 宮城）

Ⅲ151

図Ⅲ151 日本生命保険会社京都支店（辰野片岡事務所 一九一四 京都）（撮影・藤森照信）

Ⅲ152

図Ⅲ152 三十四銀行神戸支店（辰野片岡事務所 一九〇八 神戸）

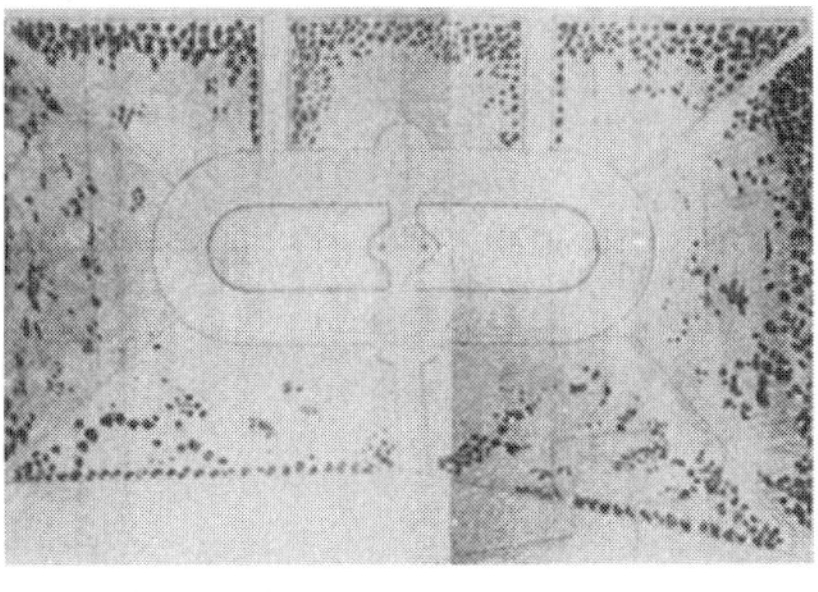
Ⅲ153

図Ⅲ153 日比谷公園計画案（辰野金吾立案 一八八七）

Ⅲ154

Ⅲ155

Ⅲ156

Ⅲ157

Ⅲ159

Ⅲ158

図Ⅲ154　山中銀行（辰野葛西事務所　一九一七　東京）

図Ⅲ155　福徳生命保険会社（辰野片岡事務所　一九一九　大阪）赤煉瓦の辰野式時代の面影は最早ない。専ら、辰野片岡事務所の手で、辰野式は解体されてゆく。しかし、それが辰野金吾の本旨であったとは思われない。片岡安の主導によるものであろう。

図Ⅲ156　堺公会堂（辰野片岡事務所　一九一二　大阪）

図Ⅲ157　大阪府公会堂（原設計＝岡田信一郎　実施設計＝辰野金吾　一九一七　大阪）コンペにおいて岡田信一郎の案を辰野が選んだのであるが、156の堺公会堂と何らかの関係があったと思われる。（撮影・藤森照信）

図Ⅲ158　川島東京店（辰野葛西事務所　一九一七　東京）辰野式の中に和風要素をとり込んだ唯一の例。

図Ⅲ159　御木本商店大阪支店（辰野葛西事務所　一九一二頃　大阪）辰野式の小商店。辰野式の大衆性がよく生かされた商店建築の一級品であろう。

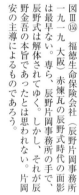

図Ⅲ(160)(161)　辰野式の設計過程　平面図が先ず作られ、それに合わせて立面図を起こしてゆくのが一般の設計方法であった。平面図の中央余白にも立面がスケッチされている。銀行と想われるが具体的建築名は不明である。

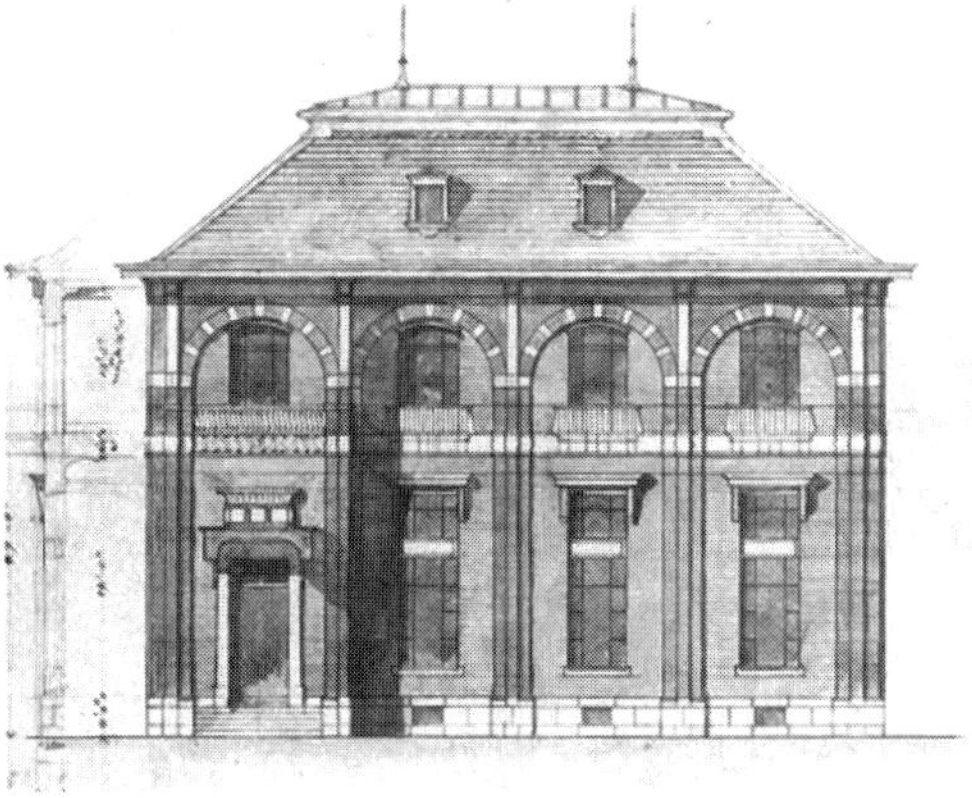

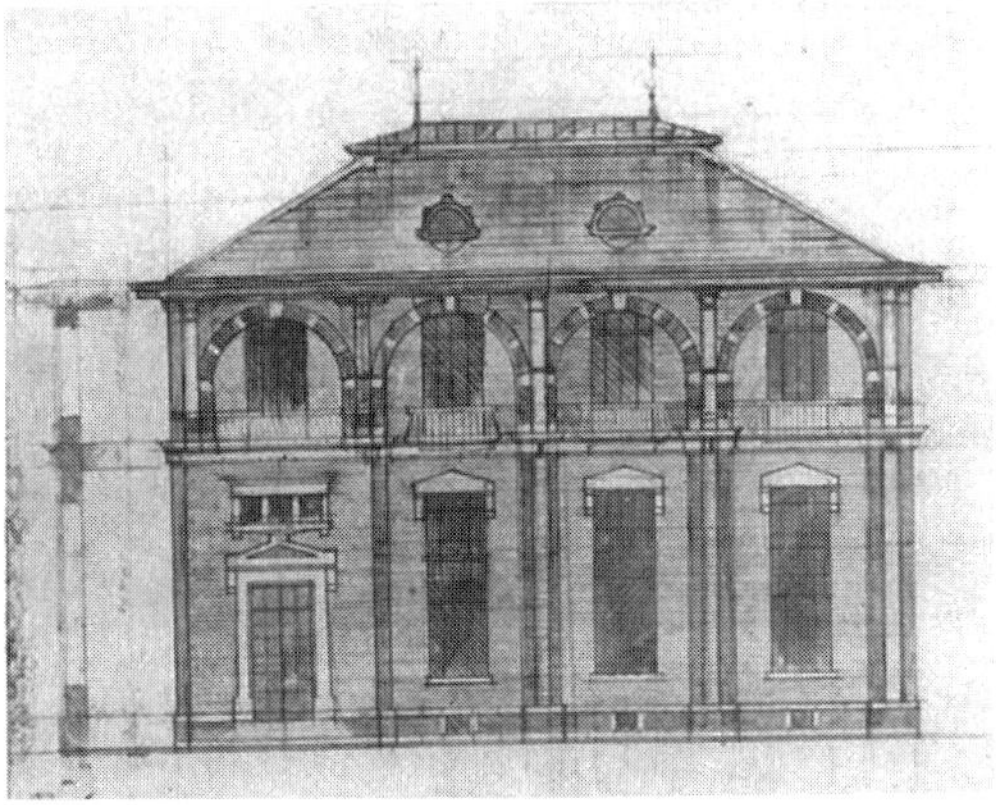

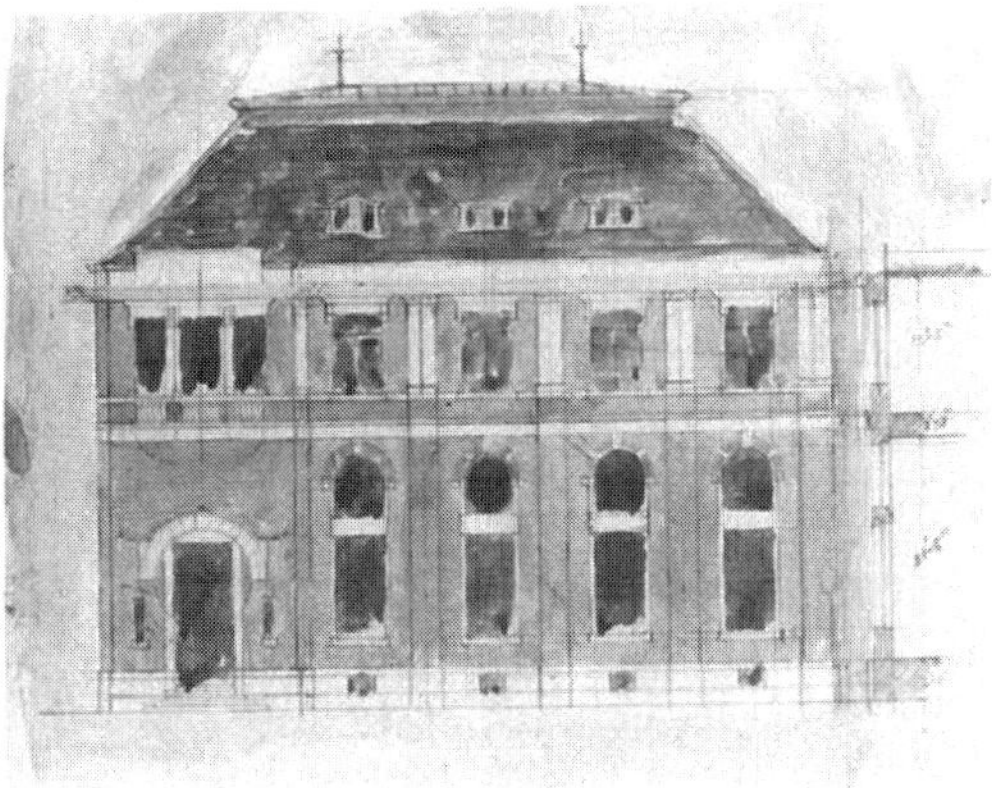

Ⅲ
(161)

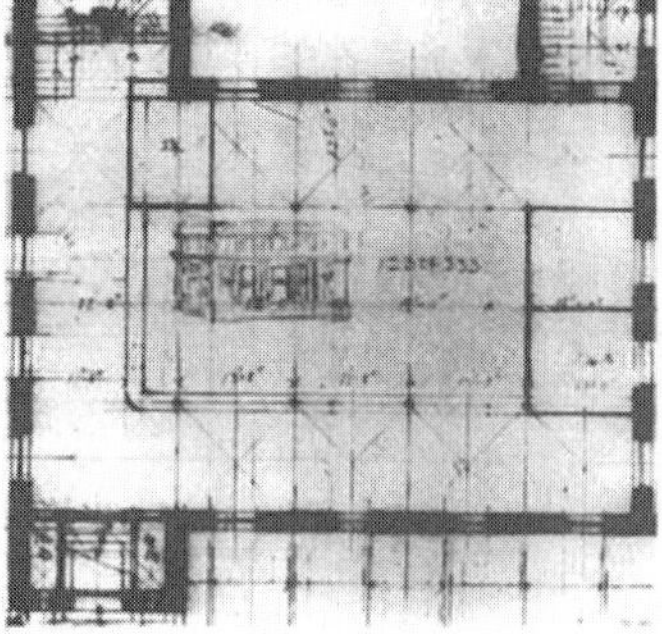

Ⅲ
(160)

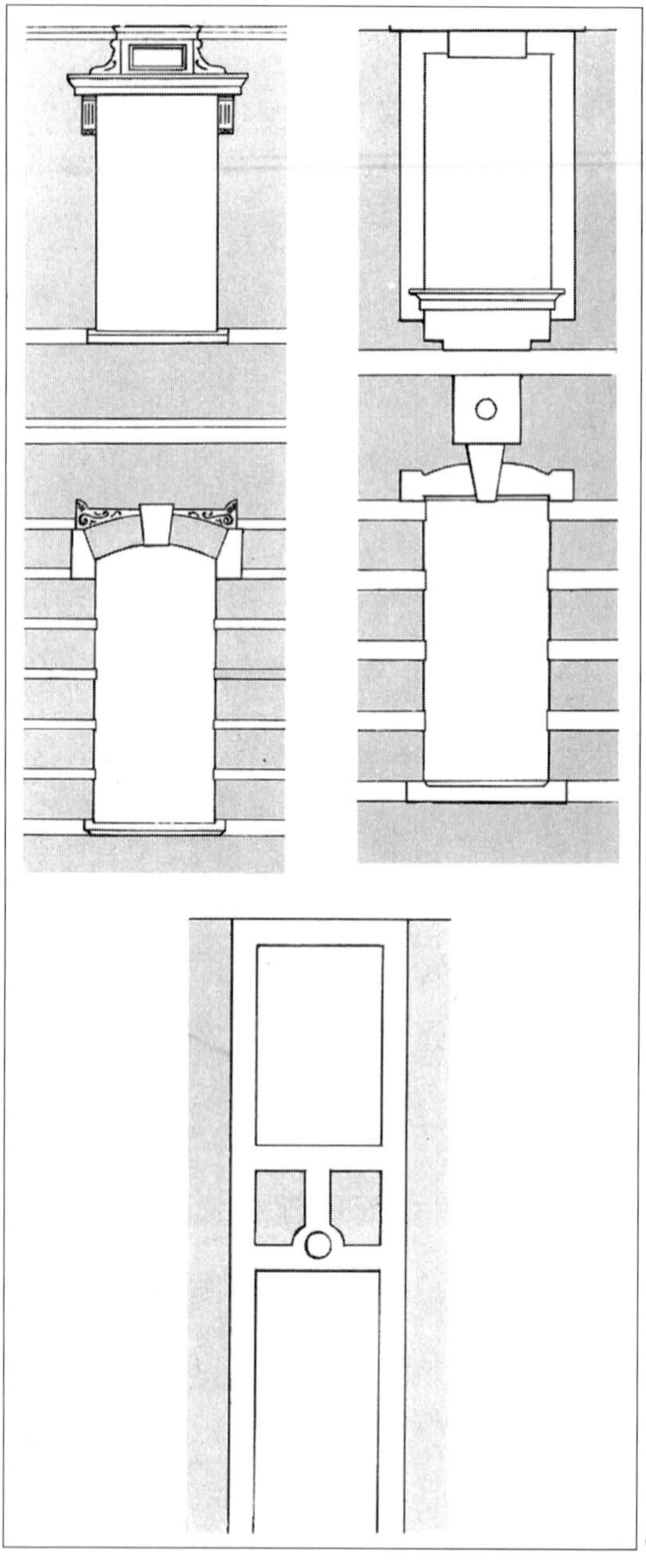

Ⅲ⑯

図Ⅲ⑯　辰野式における窓の変遷　辰野式が作られた期間は、明治三十八年竣工の東京海上火災保険より、大正十年竣工の第一相互館までの、十六年間に渡っているが、この、明治末年より大正にかけての時期は、日本の近代建築史が激しく渦巻いた大過渡期に当たっている。即ち、辰野金吾等の明治建築の元勲たちが確立した様式建築とは異質の、アール・ヌーヴォー、セセッション等の初期モダニズムの建築が、前代の様式に抗して、簇生し始めていた。こうした、モダニズムの影響は、辰野式の窓一つにも影をおとす。例えば、辰野式最初期の遺構日銀京都支店にみるなら、窓をまとめる線が一様に細く、石と煉瓦の面がほとんどゾロ（同一面）に納まって、グラフィックな効果を挙げているが、ここには、イギリスのアール・ヌーヴォーの響きが聞きとれよう。そして、アール・ヌーヴォーの曲線以後、モダニズムは、ひたすら直線化、即ち、幾何学化の道をたどってゆくが、辰野式もまた同道する。大正二年竣工の三十四銀行日本橋支店、更に、大正四年竣工の百三十銀行八幡支店へと続く。幾何学化とは、細部の線が、具体的な形態を捨てて直線化するのみならず、造形の分節が崩れ、あらゆる部分が固有の形態としかるべき位置を失い、全体の中に解体してゆくことであることも理解されよう。その極ともいうべき、百三十銀行八幡支店にあっては、もし図の天地を逆転したとしても、人は気づくかどうか。

図Ⅲ163　日本銀行小樽支店（辰野金吾＋日銀技師長野宇平治＋同嘱託岡田信一郎　一九一二　北海道）日銀名古屋・京都両支店以後の小樽、函館、福島、金沢の各支店は、赤煉瓦を用いた辰野式によってはいない。しかし、辰野式同様、オーダーを用いないクラシック様式としてのフリー・クラシックの内にあることに変わりはない。こうした一連の中ではこの作品が代表的といえよう。設計者は辰野金吾・長野宇平治・岡田信一郎と、明治・大正・昭和の各時期の様式建築を代表するデザイナーであり、三者の好みが微妙に映し出されている。例えば、全体の大きな武張ったマッスは長野の、軒より上のスカイラインの多彩さは辰野の、壁面の連アーチの技巧的な開口部は岡田の、それぞれ好みといってはどうであろう。（撮影・藤森照信）

Ⅲ163

図Ⅲ164　東北実業銀行（辰野葛西事務所　一九一七　宮城）

図Ⅲ165　日本銀行函館支店（辰野金吾＋日銀技師長野宇平治＋奥村精一郎　一九一一　北海道）

図Ⅲ166　日本銀行金沢支店（辰野金吾＋日銀技師長野宇平治　一九〇八　石川）

Ⅲ165

Ⅲ166

図Ⅲ167　日本銀行広島出張所（辰野金吾＋日銀技師長野宇平治　一九〇五　広島）

図Ⅲ168　明治専門学校（辰野葛西事務所　一九〇九　福岡）

Ⅲ164

Ⅲ168

Ⅲ167

Ⅲ170

Ⅲ169

図Ⅲ169　山本悌二郎邸（辰野葛西事務所　一九一一　東京）

図Ⅲ170　辰野金吾邸（辰野金吾　一九一一　東京）

図Ⅲ171　浅草国技館（辰野葛西事務所　一九一一　東京）

Ⅲ171

Ⅲ172

図Ⅲ172　両国国技館正面図　国技館にイスラム様式を用いるのは、現在の目からは、奇想といってよいであろう。しかし辰野の生きた明治という時代は、こうした奇想も含んで様式建築の世界が了解されていたようである。大正期以後、弟子たちにより、西洋様式建築の本義に迫る様式純化の潮流の中で、こうした明治期固有の「あやしさ」は失われてゆく。

Ⅲ173

図Ⅲ173　両国国技館（辰野葛西事務所　一九〇九　東京）

図Ⅲ174 安川敬一郎邸計画案（辰野葛西事務所 実施せず）明治専門学校の隣地に松本健次郎邸と並んで建設されるはずであった。安川も松本も筑豊の石炭王であり、鉱業を中心とした工学専門学校として明治専門を創立している。現九州工科大学である。

図Ⅲ175 伊藤忠合名会社（辰野片岡事務所 一九一五 大阪）

Ⅲ174

Ⅲ175

図Ⅲ176 堺大浜潮湯（辰野片岡事務所 一九一二 大阪）

図Ⅲ177 共済生命保険株式会社（推定＝辰野葛西事務所 東京）辰野の設計か否かを考える時、『工学博士辰野金吾伝』に収載されている作品目録が基本資料となる。これは、辰野の還暦の時作られ『建築雑誌』に収載されたリストを基にしたもので信頼できるものとなっている。しかし、落ちがないとはいえない。例えば、この作品の場合、様式的に純粋な辰野式であること、この写真を収載する『建築写真類聚』が辰野葛西事務所設計と明記していること、共済生命が辰野のパトロンであった安田善次郎の会社であること、の三つより、辰野の作と推定してもよいと思われる。

Ⅲ176

図Ⅲ178 加島銀行日本橋支店（推定＝辰野片岡事務所 一九一九 大阪）この写真を収載する『創業弐拾五稔記念帖』が、設計を片岡事務所としているが、辰野の没年が大正八年八月である所より、大正八年九月竣工のこの作品は、辰野片岡事務所時代に設計がなされたと考えられる。

Ⅲ178

Ⅲ177

事情は明らかであろう。辰野がなおも一つの表現者であろうとする限り、「民」と「国家」を二つながら合わせ持つ二面的様式を求める他に道はなかった。それは、ノーマン・ショーの通過性様式としてのフリー・クラシックを、究極様式として読みかえ、フリーに「民」を、クラシックに「国家」を繋ぐことにより可能となった。

このような二面性を杖として、辰野は、成熟への向斜面を昇ってゆくかのようであった。少なくとも、フリーの側の日本生命九州支社や第一銀行京都支店と、クラシックの側の日銀京都支店の鮮やかなできばえは、それをだれにでも予感させたであろう。しかし、東京駅において、辰野式の道を果てにまで歩き詰めた時、そこにあったのは、「国家」と「民」が一つの建築の内に二つに裂けてゆく「悲惨なる煩悶」の姿に他ならなかった。

三　様式の裔《すえ》

大正三年、東京駅の竣工によって、辰野金吾は終わった。残された数年を変わることなく旺盛に過ごしてゆくが、しかし、歴史が語るに足る表現者の姿はもはやない。東京駅によって、宿命的背反を極北まで登り詰めた辰野式にとって、以後の道は、立ちつくすようにして自壊することの他はない。それは、幕が下り、客の去った舞台に立つ老優の素面を見るに似て、無惨である。舞台化粧を落としてゆく一代の名優の中に見るのは、艶を失った一人の老人の姿だけであろう。

解体期辰野ともいうべき末期の道をなおもたどるのは、舞台化粧を落としてゆくこの道が、辰野式ばかりで

図Ⅲ179　長野宇平治肖像　友人の石井柏亭が大正八年に描いたものを、長野の死後、弟子たちが絵葉書きとし関係者にくばったもの。

図Ⅲ180　家族肖像　長野宇平治は兄弟が多く、高田の城下には、兄弟の名をおり込んだはやし歌まであり、後輩の関野貞もよく歌ったものであったという。宇平治も子沢山であったが、男児は早逝した。左より宇平治、長男斉治（戦死）、次女竹子（病死）、長女三枝子、四女百合子、三女礼子、次男寛治（病死）、三男元治（戦死）、妻千代。

なく、日本の様式建築の大部分が、大正・昭和と突き進んでいった不毛の道に他ならないからである。

あらゆる建築様式の自壊作用の常にならって、辰野式もまたディテールから崩れてゆく。一般に、様式建築のディテールにあっては、各部分の造形はそれ自体のまとまりを持ち（分節性）そのまとまりは全体の中で不換的位置を占め（関係性）そして、その場にふさわしい形態を備えている（形態性）といってよいが、この基本性格は辰野式にあってもそう変わりはない。もちろん、フリー・クラシックとしての辰野式は、古典系建築に較べてフリーな分だけ、分節・関係・形態を崩しはするが、しかし基本性格の埒《らち》を超えはしない。このことは、盛期の辰野式の事例により了解されよう。

一方、解体の事情も盛期との比較により判然する。例えば、百三十銀行八幡支店（図Ⅲ135）の窓をみるなら、造形は上から下まで二つの窓を取り込んで一体化し、窓の上框《がまち》と窓台をたとえ交換してもたいした差は生じない。その上、全体の天地を逆転してもはたして気づくかどうか。そして、各部分の固有形態は、直交線の織りなす幾何学の中に消え失せている。

こうしたディテールの幾何学的解体は、辰野式だけではなく、大正期様式建築の一つの潮流として、建築壁面を洗っていった。同時に、幾何学化の潮流は、壁面にヤスリをかけるようにしてディテールそのものを洗い去ってゆく。辰野式の中では百三十銀行八幡支店が好例といえよう。

このような部分の解体、流亡と歩を合わせ、全体構成にあっても、多彩で意欲的な屋根は消え、壁体の凹凸の変化もまた削られて、すべては直方体の箱へと単純化してゆく。

ひるがえって、大正・昭和というモダーンの正嫡としての「国際近代建築」もまた同じように部分を捨てて成立するが、それは、部分を代償に、全体にあって、マッスの力動感や流動性を獲得し、時には、マッスを平坦ではあってものびやかで軽快な表皮で包むためであった。それにひきかえ、というべきであろう、様式建築は部分の豊饒を捨てながら全体にあって得るところとてなく、脱ぎ捨てた金襴の下に、鈍色《にびいろ》の粗い素膚と鈍重な姿態をさらしてゆく。これもまた、近代化というべきであろうか。昭和十年代の大作のいくつかが想い浮かばれよう。

しかし、日本の建築家たちは、明治期の将星が積みあげた様式建築の鬱然たる蓄積を、すべてこのような解体と流亡の中に消耗し尽くしたわけではない。一群の人々は、大正期以降、より深く、様式なるものを極めてゆく。

辰野金吾の後継者たちを例にとろう。群星のごとき弟子たちの中で、建築家《デザイナー》としての辰野の膝下にあって働き、製図台を前に手ずから育てあげられた者は意外に少なく、日銀建築部と辰野の二つの事務所の人々の他はない。葛西万司《まんじ》、長野宇平治、片岡安《やすし》をあげるべきであろう。三名とも日銀建築部において辰野につき、日銀時代終了の後、葛西は東京の辰野葛西事務所、片岡は大阪の辰野片岡事務所にあって終生のパートナーを務め、一方、長野は日銀建築部を手渡されている。もし、原寸までを引くデザイナーとしての辰野の直系を数えるとすれば、この三名である。

そして、葛西と片岡は解体と流亡の道を歩んでいった。とりわけ片岡は、解体期辰野の作品の過半が辰野片岡事務所の手になることからみて、最も大股でこの斜面を下りていったとしてよいであろう。触れるべきは少ない。語るは、一人、稀代の古典主義者・長野宇平治のことである。

◉長野宇平治浪漫主義三作

同時期に一人の建築家によりつくられたこの三つの作品は、様式分類的には相互に異なったものとなっているが、しかし、内容的には浪漫主義的気分の横溢という絆でつながれている。県庁と師範学校の二作において、和洋折衷をなした直接的起因が県議会の要請によっていたとしても、和洋折衷をどう内容づけるかは設計者に託されていたはずである。長野は、エンデ&ベックマンがかつてなし、後に帝冠様式として定形化されるような擬古典主義的な和洋折衷の道をとらず、軽くおだやかで変化と色彩に富んだ浪漫的なまとめ方を成し遂げている。こうして長野宇平治により、日本人建築家による和洋折衷の最初の試みが果たされたわけであるが、しかし本人にとっては、和洋を折衷することに第一の意味があったわけではなく、むしろ誰も試みたことのない新しさへの浪漫的なあこがれこそがその本意であったと思われる。こう考えると、同時期になした愛知停車場へとつながる回路がはじめてみえてくる。さて、かくして日本人最初の浪漫主義表現を史上に印した長野であったが、やがて大正期に入るとその対極に走ることとなる。

・奈良県庁

奈良の地は、建築と環境に関する最初の実験地となっている。明治二十七年竣工の片山東熊によるフランス風ネオ・バロック様式の奈良博物館は、古都の風光の紊乱者として人々の反撃にあい、それを受けて県議会は、県庁の新築に当たり、古建築との調和を設計条件に加えることとなった。こうして、和洋折衷様式が生まれる。折衷様式の作品では、先行するものとしてコンドルの芝唯一館や、エンデ&ベックマンの諸官庁計画案が知られているが、これら外国人によるものは、はなはだ支那くさいものであった。純粋に和と洋の結合はこの作品にはじまる。長野宇平治は、県庁と師範学校の二つを古都の風光に合わせて作った後、明治二十九年県技師の席を関野貞に譲り、奈良を逃げだすが、逃げるに当たり、以後奈良公園地籍内に建つ建物はすべからく和風を加味すべきこと、という指導方針を遺していった。奈良脱出後ギリシャ・ローマの建築研究に沈潜することとなる長野宇平治の置き土産は、以後、厳しく守られ、奈良県商品陳列所（関野貞設計）、県立図書館、奈良ホテル（辰野葛西事務所設計）、をはじめ、キリスト教会までもが、社寺風を守って建てられ、いわば「長野式折衷様式」ともいうべき一群の作品が生まれる。しかし、この長野の置き土産も、今は地を払ってしまった。それは、昭和三十九年、県庁の新築に当たり、議会は、長野の遺訓を自ら廃棄したからである。

・奈良県尋常師範学校

左右対称を崩し、スカイラインに変化を与え、色彩を豊かに用いてピクチュアレスクな味を出している。卍崩しの勾欄、華頭窓、懸魚といった和風に、下見板、縦長窓という一般的洋風を加え、更に、軒の方杖や、壁面の細い貼付部材には、アメリカのスティック・スタイル（細材様式）の影響も見られる。

・関西鉄道愛知停車場

建築というよりは屋根と称すべきであろうか。シングル葺（こけら葺）の模様を味わいたい。アメリカ木造味の強い作品である。愛知停車場を関西鉄道側で担当した那波光雄は「一生懸命で立派にしたものです。政府の鉄道と競争をやったのです。立派なものを作って、ビックリさせてやろうというので、長野君がやったのです。初めて日本の建築家が、自分でやったのは愛知の駅です。あれは立派でした。洋式造りで、屋根も洋風で、時計台もありました」という回想を残している。

長野宇平治

日銀本店等のペディメントやオーダーのついた作品に対し、古典系というやや輪郭の甘い言葉を用いてきた。ゴシック系（中世系）と様式を両分するといったほどの、粗い区分である。しかし、ペディメントやオーダー

図Ⅲ(181) 奈良県庁（長野宇平治 一八九五 奈良）

Ⅲ (181)

図Ⅲ(182) 奈良県尋常師範学校（長野宇平治 一八九六 奈良）

Ⅲ (182)

図Ⅲ(183)(184) 関西鉄道愛知停車場（長野宇平治 一八九九 奈良）

Ⅲ (183)

Ⅲ (184)

があるからといって、そのまま古典主義と言い換えることはできない。古典主義とは、系の中にある質を得た作品に贈る美称である。系と主義の差は、狭いが深い溝に似て、もし気づかなければそのまま踏み越えることもできようが、一度溝の深さに測鉛を下ろすや、震えるほどの深みを見せて立ち現れる、といった性格を持つ。この溝をうがつのは、古典系の規範性である。型と言い換えてもよいであろう。古典系の設計行為とは、型の探究に尽きている。そして、作品の大部分は、型を踏みはずしてあざとい独創に流れるか、それとも、型の桎梏にとらえられ紋切り型に納まるか、の他はない。明治期の古典系のほとんどがこうした地平を徘徊していたとみてよいであろう。例えば日銀本店にあっても、辰野の表現意欲は反芻するようにして盛り上がり、型を内側からすきまなく埋め尽くして、型がきしみを立てたその時に、はたと凝固してしまったという口惜しさを禁じえない。もし、辰野の前に古典建築の蓄積があり、育まれた手練の腕があったなら、意欲は型の桎梏を超えて古典主義の沃野に届いたであろうに。

古典主義とは、型を守って型の彼方に作者の顔をにじませる境地といえるかもしれない。あるいは、古典主義作品は、古典系のおおかたの生硬さに比べ、はるかにのびやかに自由に見える、とも印象批評できよう。

このような作品を作り続ける者を古典主義者と称するなら、日本にあってその名に価するのは、わずか長野宇平治一人であった。多彩ではあるがやや雑駁な日本の様式建築の歴史は、大正期において長野宇平治という一個の古典主義者を得たことにより、どれほど安堵したかは計りしれない。確かな足場を得た想いがする。

しかし、彼とても最初から古典主義者であったわけではない。学生時代について次の回想がある。

我等はゴシック式で考案することを辰野教授から禁じられた（当時辰野は日銀本店に取り組んでいた　筆者注）。然るに学生の幼稚なる頭脳や生硬な嗜好では、クラシック式の様な厳格で束縛的なものは面白く無い、然るにゴシック式は奇抜で奔放で我儘な気分に投合するから遣って見たいと思はせる。それを遣らせて貰えないのは残念で堪らない。余は学生中終にクラシック式の味を知ることが出来ずに終った。（『工

Ⅲ 186

Ⅲ 185

Ⅲ 187

Ⅲ 188

Ⅲ 189

Ⅲ 191

Ⅲ 190

図Ⅲ185　明治銀行名古屋西支店（長野事務所　一九二三　愛知）長野の手になる細部の魅力は、無器用な人間が精根を尽くして練り上げたといった風の、やや息苦しい魅力であろう。

図Ⅲ186　三井銀行日本橋支店内部（長野事務所　一九二一　東京）自分以前に内部に充分の力を注いだ人はいなかった、というのが長野の自慢の一つ。空間のダイナミズムは余人の及ばぬ所である。ただ、狭い土俵で荒技を使うきらいは否めないが。

図Ⅲ187　三井銀行広島支店（長野事務所　一九二五　広島）柱一本のデザインの密度もさることながら、建物全体の中での列柱の見せ方も見事なものであった。

図Ⅲ188　横浜正金銀行青島支店（長野事務所　一九一九　中国青島）裏目に出たとはいえ、小細工のなさ、大きな扱い、は設計者固有である。

図Ⅲ189　鴻池銀行東京支店（長野事務所　一九一九　東京）大震災で壊れたと思われるが、一度見ておきたかった作品である。古典主義時代の長野の作品は、ことごとく無色であり、わずかにこの作と六十八銀行のみが色煉瓦を混えている。中世主義系の名作は、実物大より心もち小さく見えるものであるが、一方、古典主義作品は、この例のように、実体の枠を超えて大きく迫ることが上手の条件となる。全体の骨格の確かさ、細部の充実、そして自在さ、こうしたヨーロッパ古典主義建築の質を獲得したその高さの分だけ、左右にみえる町屋の伝統的空間との裂け目は開いてしまうが、長野宇平治がこの裂け目を見据えるのは晩年に到ってからである。問題と素手で取り組むことしか知らなかった思想的不器用者である長野は、自ら開いたこの裂け目に、もんどりうって落ちてゆく。

図Ⅲ190　明治銀行金沢支店（長野事務所　一九二一頃　石川）円筒、直方体、こうした基本的マッスの組合せだけが長野の認めるところであった。

図Ⅲ191　三井銀行日本橋支店（長野事務所　一九二一　東京）正面列柱と左右壁体のつなぎの曲線。天使像を中心に左右に配する男女像、翼部の張り方、ルネサンス風よりややバロック風に近づいている。

学博士長野宇平治作品集』）

「奇抜で奔放で我儘な気分」を、古典主義と対比的に、以下、浪漫主義と呼びならわす。辰野式において用いたフリーの概念もこれに重なる。

こうした学生時代の浪漫的気分が、作家としての出発点ともなったことは、初期の三作により了解されよう。工科大学卒業後、明治二十七年、技師として奈良県に赴任し、明治二十九年辞職までの間に、奈良県庁（図Ⅲ182）をはじめ、奈良県尋常師範学校（図Ⅲ183）、関西鉄道愛知停車場（図Ⅲ184 185）の三作を残している。

処女作奈良県庁は、日本人建築家による最初の和洋折衷様式として、歴史は記憶している。当時、和風と洋風をつなぐなどという奇抜なことは建築界の思考の垣の外にあり、わずかに浪漫主義者コンドル先生が終生の課題としていたくらいであった。しかし、浪漫的気分の遠心力に身をまかす青年建築家に、こうした思考の垣を跳び越すことは、わけもなかったであろう。長野宇平治は、和風と洋風が裂け目なく融け合った軽快でおだやかな作品を実現した。そして、二作、三作と浪漫主義の三段跳びを続けてゆく。

第二作奈良県尋常師範学校は、和洋折衷に塔までつけて左右対称を自在に崩し、ピクチュアレスク（絵のような）な構成をとり、その上腰板を深柑色の渋染めとし、壁には淡青の漆喰を塗り、柱や束《つか》や窓回りには色ペンキを置いた鮮やかな色彩をみせていた。

変化に富んだ形態と、鮮やかな色彩対比は、引きつづく関西鉄道愛知停車場もかわりはない。このおときの国のステーションを、歴史は、あまりにロマンチックな作品として記憶するであろう。

こうした奈良時代も明治二十九年依願免官により終わった。古社寺保存の動向が技師のわが身に及ぶを恐れ、席を歴史家の関野貞《ただし》に渡して逃げ出したからである。上京のあては、横浜正金銀行の建設を辰野の下で手伝うことであった。しかし、旧幕開明派出身の頭取相馬永胤は、設計者を辰野より妻木頼黄へと逆転し、あてがはずれた。そして、しばし浪人の後、明治三十年、辰野に呼ばれて日銀建築部に入った。

この日より、作品歴は、わずかの業余小品を除いて空白のページを綴ってゆく。日銀大阪支店を初めとし、古典系から辰野式に至る一連の日銀支店建設にあって、彼は、よき輔翼《ほよく》者として、辰野金吾の陰にあった。浪漫豊かな出発を知る者には、あまりに長い日銀時代の沈黙である。

そして、十六年の後、予定を消化した日銀建築部の解散により、辰野の膝下を離れ、初めて自営建築家となった。三十一歳から四十六歳に及ぶ長い沈黙のどの時点で何があったのか。かつての浪漫主義は、すでに放下してしまっていた。大正元年、長野宇平治は、古典主義者として、再び、登場する。

弟子自慢の辰野金吾は、自分には欠ける「のびやかさ」を持つ建築家として、長野宇平治と後藤慶二をとりわけ高く評価していたが、一つの見識といってよいであろう。「のびやか」という印象批評は、具体的形態の背後に、内から盛り上がるような空間のたかまり、すなわち、マッスが存在するということであろう。この言葉が大正を明治から分離する。長野宇平治の「のびやか」な古典主義作品群により、日本の様式建築は新しい段階を踏んだ。

生硬に陥りがちな古典主義作品にあって、「のびやかさ」を支えるのは、全体構成における明解で大ぶりな骨格の存在である。装飾の少ない日銀岡山支店は、小細工のない雄勁な骨格をよく示している。その結果、例えば、横浜正金銀行下関支店（図Ⅲ⑲⑨）の現状のように、色モルタルを吹き付けられて石の材感とディテールの妙味を削り落とされた廃屋にあっても、大ぶりな骨格は揺らぐことなく設計者の名を語ってくれる。あいまいな凹凸を排する大づかみな量のとり方は、例えば、三井銀行神戸支店（図Ⅲ⑲⑦）や三井銀行下関支店（図Ⅲ⑲⑥）のように細部の造形豊かな場合もかわりはない。

こうした大ぶりな骨格に、彫琢を極めたディテールが取り付いてゆく。明治期の古典系作品に、日銀本店にせよ、赤坂離宮にせよ、それ自体観賞に足るディテールはなかった。見あきぬ壁ぎわや、目をうばう列柱が明治期に一本だってあったであろうか。大正期は、長野宇平治の三本の柱、すなわち三井銀行神戸支店と六十八銀行奈良支店（図Ⅲ⑲⑧）のイオニア式柱、日銀岡山支店のコリント式柱を得て豊かである。とりわけ、九メートルの御影一本石に彫り込まれた三井銀行神戸支店のイオニア式は、様式デザインの深奥を見せてくれる。遠目にはおだやかに流れる柱の胴張りが、歩を進めるごとに生きもののようにふくれ上がり、ふくれつつ先端は柱頭さして引き締まってゆく。胴張りの曲線が柱頭の渦巻きとくびれあうようにして造る形態は、ほとんどエロスに近い。このように型を守ったその上で、独自の美をかもす自在さを古典主義の創造というのであろう。

長野宇平治のディテールにおける執拗な練り込みは、例えば三井銀行下関支店のように、牛頭飾りや注連《しめ》飾り、それに柱頭がせめぎあうようにして壁面をわきたたせ、その結果、古典主義とはいっても、理知的で禁欲的な純粋なルネサンス様式には重ならず、マニエリスムに向けてややずれてゆく。

彼の古典主義の守備範囲は、日銀岡山支店のギリシャ様式を初めとし、横浜正金銀行下関支店、同神戸支店、日本興業銀行大阪支店（図Ⅲ⑲④）といった純粋なルネサンス様式、さらには、三井銀行日本橋支店（図Ⅲ⑱⑦⑲②）のバロック様式風に至るまで、多岐に渡るが、中でも、味わうべきは、刻み込まれた彫刻的細部を見せるもの、といえようか。長野以降、後続世代により優れた古典主義建築が生みだされてゆくが、しかし、彫刻的細部は長野宇平治のみがよくした長技なのである。

古典系の陥穽である型ゆえの生硬さを超えて、固有の風合をかもす作品を古典主義建築と美称するなら、長野の他に、後続の渡辺節や岡田信一郎もまたよくしたところであった。しかし、両者を古典主義者ということはできない。なぜなら渡辺節は同時期に古典主義と中世主義をみごとな水準で交互に使い分け、岡田信一郎は古典主義の名作を引いたその手で不出来なアール・デコやセセッション様式をなぞるといった、いわば、「主義」というよりは「腕前」の人であった。長野宇平治はこうした様式選択主義を採らず、古典主義で一貫する。

Ⅲ⑲②

Ⅲ⑲③

図Ⅲ⑲② 日本銀行神戸支店（長野事務所　一九一二　神戸）アティック階（軒の上の階）が全体のバランスを崩しているかに思えるが、こうしたプロポーションの問題は、現場の通りに立ってみないと断言できない。見たことのある人は、秀品であったというが。

Ⅲ⑲④

図Ⅲ⑲③ 日本興業銀行大阪支店（長野事務所　一九二〇　大阪）日本にルネサンス風建築は数多いが、このようにイタリア・ルネサンスの語法、比例を忠実に学んだものは少ない。

図Ⅲ⑲④ 明治銀行東京支店（長野事務所　一九一九　東京）

図Ⅲ⑲⑤ 三井銀行下関支店（長野事務所　一九二〇　山口）直方体趣味、伸びやかさ、細部の彫塑的造形といった設計者の美質が小さな壁面に充分に刻まれている。本来ならばフリーズ層に位置すべき牛頭と注連飾りを柱頭層に並べ、フリーズ層を空に、柱頭層を密にして、めりはりを付けている。土台より柱型に導かれてのびやかに上昇する視線は、柱頭層の過装飾に引き締められ、そして、上部の簡明なフリーズ層で一息に開放される。現在、下関市の海を臨むうらぶれた屋並みの中に、空屋として建っているが、再開発の波ではなく、馬関の潮騒をいつまでも聞かせてあげたい名品である。（撮影・藤森照信）

Ⅲ⑲⑤

図Ⅲ⑲⑥ 三井銀行神戸支店（長野事務所　一九一六　神戸）独立後最初の作品。ここより、古典主義者長野宇平治の道がはじまる。中央を列柱で吹き放ち、左右の袖壁にバルコニー付きの窓を張り出す全体構成はベネチアン・ゴシックからの盗用か。（撮影・藤森照信）

図Ⅲ⑲⑦ 六十八銀行奈良支店（長野事務所　一九二六　奈良）明治二十九年、奈良公園地籍内は和風を加味すべきこと、という遺訓を遺して奈良を去った長野は、三十年後、最も本格的な西洋古典主義者として、奈良公園のすぐ隣地に帰ってくる。奈良の地は、一人のすぐれた近代建築家の振幅を刻んでいる。（撮影・藤森照信）

Ⅲ⑲⑦

Ⅲ⑲⑥

Ⅲ⑱

Ⅲ⑲

図Ⅲ⑱ 横浜正金銀行下関支店（長野事務所 一九二〇 山口）廃屋と化し、細部意匠が崩れおちても、骨格は、いやまして、設計者が誰であるかを明らかにしてくれる。（撮影・藤森照信）

図Ⅲ⑲ 三共ビル（長野事務所 一九二四 東京）金沢藩の御典医であった高峰家と高田藩の豪商長野家は、医薬を通じて江戸期より交流があり、その縁で長野は高峰譲吉の姪を娶っている。三共薬品は高峰の会社であるから、その縁で設計をなしたのであろう。

Ⅲ⑳

図Ⅲ⑳ 日本銀行第三期増築部分（日本銀行臨時建築部［長野宇平治］一九三八 東京）建築部長長野宇平治の増築方針は、辰野設計の旧館をそのまま写すことであった。部員が細部の曲線を求めると、定規を渡し、旧館を測らせたという。かつて十六年を辰野の膝下に過ごし、独立後、辰野のフリーな（崩した）様式を超えることに傾注して、それを果たした彼は、再び日銀に帰り、出来は良くないが辰野のすべてが込められた旧館を写すことを最後の仕事としている。恐らく、明治二十三年、学生として初めて辰野に接して以来、長野の中の辰野像は大きく揺れ動いたはずであるが、最後は、なにかしら粛とした想に占められていたようである。このような弟子を得た辰野は幸せであった。（撮影・藤森照信）

Ⅲ㉑

図Ⅲ㉑ 信濃銀行（長野宇平治 一九〇二 長野）長野市のNHK大門支局の建物といえば、特異な和洋折衷の明治建築として知られていたが、この作が長野宇平治のものであることを確認したのは壊された後であった。明治三十年より明治四十五年に及ぶ辰野膝下での日銀時代になした業余作品の一つである。

Ⅲ㉒

図Ⅲ㉒ 北海道銀行（長野宇平治 一九一二 北海道）辰野の膝下にあった日銀時代の業余作品。オーダーを用いない崩した古典系様式（フリー・クラシック）によっている。この期は初期の浪漫主義より後の古典主義に転回するための沈潜の時期に当たっており、作品数もごく少なく、作風の一貫性も見られないが、古典系によるものは、このフリー・クラシックによっている。（撮影・原朋教）

図Ⅲ203 明治銀行（長野事務所 一九二三 愛知）原案のベースメント層（基層）のみで実現。

図Ⅲ204 明治銀行原案模型 この頃より、階数が多く、縦長にならざるを得ない建物を、どうまとめあげるかが、長野の大きな課題となってくる。イタリアを離れ、アメリカとの出会いが始まる。アメリカ古典主義オフィスビル様式を、なんとか、イタリア・ルネサンスの教養の内で納めようと努力はするが。

図Ⅲ205 明治銀行大阪支店（長野事務所 一九二三 大阪）長野は、とりわけ、直方体を、許されるならより立方体を好んだ。

図Ⅲ206 207 横浜正金銀行東京支店（長野事務所 一九二七 東京）階数の多いオフィス・銀行建築をいかに古典主義建築としてまとめあげるかという困難な課題の答となった大作である。設計に当たり、長野は、イタリアではなく、アメリカに渡り、高峰高等研究所の世話になりつつアメリカの古典主義によるオフィスビル建築を熟覧した。しかし、細部意匠の練り込みという彼の身上と、近代的オフィスの巨大化の要求との間に、接点は見出せなかったようである。当初中央張り出し部分の上方にペディメントを置く予定であったが、建設途中で大震災に会い、断念している。なお、内部の直方体の大営業室は長野ならではの力業であった。しかし、あのように量感あふれる雄々しい空間が日本にもあったことを、十六回の保存交渉も空しく取り壊されてしまった今、一体どう伝えればよいのだろうか。

Ⅲ203

Ⅲ205

Ⅲ204

Ⅲ207

Ⅲ206

では、なぜ、豹変はてない近代日本の様式風土の中で、彼は類まれな古典主義の道を歩んだのであろうか。すでに幾度となく述べたように、古典系様式はその秩序と統一性ゆえに国家の衣装として累々用いられてきたが、長野がそのようなものとして古典系をとらえたのではないことは、彼の建築が国家的記念性と無縁な種類であることから、理解できよう。日銀時代の十六年間の沈黙のどの時点で、浪漫が古典へと転じたか、を確証することは難しい。彼が、古典系に初めて接したのは日銀大阪支店であったが、あの生硬な古典様式が上質な浪漫精神を打撃したとは思われない。質によって撃つような古典系作品が彼以前にあったはずはない。

遂に自ら語ることのなかった古典主義者誕生の事情を探るために、次の逸聞めいた話から始めるのが近道であろう。第一高等中学校で英語を講じていたコーネル大学出の建築家小島憲之《のりゆき》は、一日、料亭で学生に茶菓をふるまうことがあった。

その席、披瀝した留学土産の建築写真図集を、元来絵の好きな二人の学生が熱心に眺めていた。その一人、長野宇平治は、進路決定に当たり、眼に焼き付いたケルン大聖堂の姿を追うようにして建築学科に進んだ。そして、もう一人は次のように迷ったという。

一級になると、もう専門に依ってやるものも違ふので、僕は二部の仏蘭西語を選んだ。二部は工科で僕は又建築科を選んだが、其主意が中々面白い。子供心に乙なことを考へたもので、其主意と云うのは先づかうである。自分は元来変人だから、此儘では世の中に容れられない。世の中に立ってやって行くには、何うしても根底から之を改めなければならないが、職業を選んで日常缺く可からざる必要な仕事をすれば、強ひて変人を改めずともやって行くことが出来る。此方が変人でも、是非やって貰わなければならない仕事さへして居れば、自然と人が頭を下げて頼みに来るに違ひない。そうすれば飯の喰い外れはないから安心だと云うのが、建築科を選んだ一つの理由。それと元来僕は美術的なことが好きであるから実用と共に建築を美術的にして見ようと思ったのが、もう一つの理由で、僕は其頃ピラミッドでも建てる様な心算で居たのであるが、当時同級であった米山の云うのに、今の日本の有様では君の思って居る様な美術的の建築をして後代に遺すなどと云ふことは迚も不可能な話だ、それよりも文学をやれ、文学ならば勉強次第で幾百年幾千年の後に伝へる可き大作も出来るぢゃないかと。僕の建築科を選んだのは自分一身の利害から打算したのであるが、米山の論は天下を標準として居る。こう云はれて見ると成程さうだと思われるので、又決心を為直して、僕は文学に定めたのである。(夏目漱石「中学時代の思い出」)

建築を捨てて英文学に進んだこの同級生は、やがて、漱石と号すこととなる。言わずもがなの旧友をここにひいたのは、漱石の名により、長野の立っていた時代の位置を測れればと思うからである。

漱石は青年期に維新を迎えた近代日本の第一世代には属さない。第一世代が西欧をめざして、のめるようにして鍬をふるった開拓道が西欧文明移植という一応の平野に達した後に時代を手渡された第二世代である。第一世代に較べて西欧文明に下ろした測鉛ははるかに深く、それゆえにまた、合わせ鏡をのぞくようにして、身に湛うる伝統文化の深みの長《たけ》も測り抜いていた。すなわち、もはや、はっきりと見えてきた西欧と日本の文化の溝を、震える想いでのぞき込むことから自己の近代を開始し、この溝を渡る方途を考えるという輜重《しちよう》を時代から負わされたのが、漱石の世代であった。

建築界も事情は変わらない。長野を初め、横河民輔、伊東忠太、遠藤於菟《おと》といった辰野金吾の最初期の弟子たちは、漱石が立たされたと同じ溝を前に、建築の在り方を思考することなしに一歩も進むことのできなかった「自覚の世代」である。

明治四十三年、辰野金吾を座長に「我国将来の建築様式を如何にすべき哉」という学会討論会が催され、それは、すでに卒業後二十年に及ばんとする現実の中で、一切の書生談義と根のない感性を清算してきた「自覚の世代」が、いよいよ溝を渡るべく、孤独な歩みを開始したその緊張を受けたものであった。

「自覚の世代」の中で、この討論会での発言を建築家としての履歴の内に組み込んで、なおも一つの文脈をなしているのは、横河、伊東、長野の三名である（遠藤於菟は不参加）。

横河の主張は、「様式と云うような種類のものは是非どうなければならぬと云う理屈は無いものと私は信じている」、ゆえに、「「我国将来の建築様式を如何にすべき哉」と云う問題はどうか撤回して戴きたい」、という根本的疑義であった。彼は、建築を文化の表れとして見ることを捨て、橋梁や電動機同様の機能の器として眺めた最初の人物であり、当然のように、建築における東西文化の溝も、それゆえの様式問題も、立論自体が歴史の果てに流し去るべき反故にすぎない、と考えていた。彼は、やがて、主戦場を建築設計より工業経営へと移し、横河橋梁、横河電機を残してゆく。

横河のように建築を見切らぬ限り、そして、文学者漱石がそうしたように、二つに裂ける暗い溝をのめるようにして下りてゆくことが、建築という物体的表現にはすでに不可能である限り、建築家の方途は、地理の連続性によって東西に架橋するか、あるいは、時代の同時性を足場に西洋に向かって跳び越すか、の他はない。前者が伊東の、後者が長野の道である。

伊東は建築進化論を主張した。晩年の彼は、ただの国粋主義者にすぎなかったが、盛期は存分のインターナショナリストである。まず、東西の建築文化の差を「日本民族固有の精神」などへは求めずに、石と木の素材の差と見極める。そして、木の日本より石の西洋がより進化した姿であるゆえに、日本は石造へと進むべきであるが、幸いにして日本の伝統的木造建築にはその道が可能である、と主張した。この主張の根底にあるのは地理的様式観ともいうべきもので、一見かけ離れた日本と西洋の建築様式も、実は、中国、インド、イスラム圏の各様式を介して地理的に連続し、それゆえに、両者は同一世界内の両端の異相に過ぎないとみなされる。出世論文『法隆寺建築論』において、法隆寺とパルテノンの血縁性を主張し、法隆寺を日本文化の固有性の原点としてではなく、ギリシャへの窓口として発見して以来の、広大無比なインターナショナルな視座に立っている。具体的には、例えば、伝統的木造建築の斗栱《ますぐみ》（軒の組み物）は西洋石造建築のキャピタル（柱頭）と造形的同根ゆえに、斗栱の意匠は日本固有の石造柱頭へと進化できるに違いない、さすれば、溝もおのずと消えるであろう、と考えた。

こうした地理的様式観に立って、歴史家伊東忠太は、中国、インド、中近東へと研究の騎翼を伸ばしてゆくが、しかし建築家伊東忠太は、斗栱を石造へと進化させる方向へは力を尽くさず、専ら、東西の溝を地理的中間項によって埋めるかのように、中国、インド、イスラムの様式を追ってゆくこととなる。

長野宇平治は、伊東のように、地理の上に未来を見ようとはしなかった。討論にいう。

欧羅巴の今日の建築は段々世界共通になって、さうして著しい『ナショナリティー』が失はれつつあるような有様であるから、日本も欧羅巴と同一の軌道を歩して行く以上は日本固有の著しい形を墨守して行くことは如何であるか、成るほど日本の建築を本位とする論者から云へば甚だ残念と思うか知らぬけれども、従来の著しい特徴と云うものは到底保つことは出来なくなるのは必然であろうと思います。(「我国将来の建築様式を如何にすべき哉」『建築雑誌』)

そして、「日本は世界と同じ軌道を進んでゆく」(同前)と見極める。日本の近代が西欧と同じ時間の上を歩んでゆくことに、長野は明日を賭けている。

第一世代の人々は、西欧を範としながらも、長野のような覚悟を飲んでいたわけではない。むしろ逆に、例えば、師の辰野金吾は、自己の様式を内的必然により選択する一方、日本という全体の様式については、次のような同時代認識に立っていた。

ヨウロッパ各国と雖も其の一国の建築は多くは他の国から這入って来て今日の如くなったものであります。日本に於ては今種々の流行とか商業とかの為めに今日まで殆ど年々歳々建築風が変って来たのであるが今后徐々発達進化しようと云う望が有りましょう。故に今、日本のナショナル・アークテクチュールが無いと云うのは憂ふるに足りないことと思います。今日日本では建築の博覧会開場中であります。之を歴史に照し又は実際に照しても今日は種々の建築を試みる時であると云う評は免れません。併せながらこれは将来日本のナショナル・アークテクチュールが起る徴候であると深く信じて疑いません。なれば日本にナショナル・アークテクチュールが無いと云うのは憂ふるに足らず、却て欣喜雀躍せざるべからざる時と信じます。（辰野金吾「建築の進化」『工業雑誌』）

辰野は、自分たちの時代を「建築の博覧会開場中」としながら、それを、日本固有の新様式への道程と思い定めている。

こうした日本の固有性を念頭に置く第一世代の認識を虚妄と見切る長野宇平治の姿勢は、しかし、いわゆる欧化主義と一致するものでは決してない。欧化主義とは西洋行きのバスに乗ることに過ぎぬが、長野が想うところは、異なった時間の中を生きてきた日本が今日から西欧と同じ時間の上を素足で駆け続けねばならないという困難な認識であり、自分はそれをするであろうという覚悟であった。

明治四十三年、このように自分の道を語り、そして二年後、古典主義者として登場することとなる。なぜ、古典主義であったのかはすでに明らかであろう。西欧と同じ時間の上を歩む限り、西欧の厖大な時間の源頭にあるギリシヤそしてローマ、さらには嫡流としてのルネサンスという古典主義様式を採ることによって自分の足元を固め、そこから始めない限り結局歩き抜くことはできない、からであった。

この営為は、ギリシャに始まる西欧の時間の厚みを一人背負うに似た、孤独な力業であったであろう。彼は大正期を通じてこの道を進み続け、一群の古典主義建築を見事に遺していった。たたうるべきであろう。

そして、何があったのであろうか。最終作大倉精神文化研究所（図Ⅲ⑫）において彼が用いたのは、古典主義様式ではなく、プレ・ヘレニズム様式ともいうべき恐らく世界にも類例の少ない異数な造形であった。これは、ギリシャ以前の歴史の闇の中で地中海世界を支配していた異教の神々の棲家を飾った様式である。その上、細部において、東方趣味とさらには日本の神社や古代紋様までもが溶かし込められていた。

図Ⅲ(208) 台湾喫茶店（長野事務所 一九一四 東京）明治四十五年日銀解雇より自営開始までの一年余の間、台湾総督府の嘱託として台湾に渡り、台檜の用途拡大の仕事をなすが、その縁で、大正三年の大正博覧会において台檜を用いた喫茶店を作っている。

図Ⅲ(209) 志立鉄次郎邸正面図（長野事務所 一九一五 東京）長野は住宅をほとんど手掛けなかったが、以下の三作は施主筋や縁故によるものである。獅子が兎を追うに似て、住宅としてはどうであろうか。

図Ⅲ(210) 藤井栄三郎邸（長野事務所 一九二七 東京）

図Ⅲ(211) 亀島広吉邸（長野事務所 一九二七 東京）

図Ⅲ(212) 大倉精神文化研究所（長野建築事務所 一九三二 神奈川）（撮影・藤森照信）

Ⅲ(208)

Ⅲ(209)

Ⅲ(210)

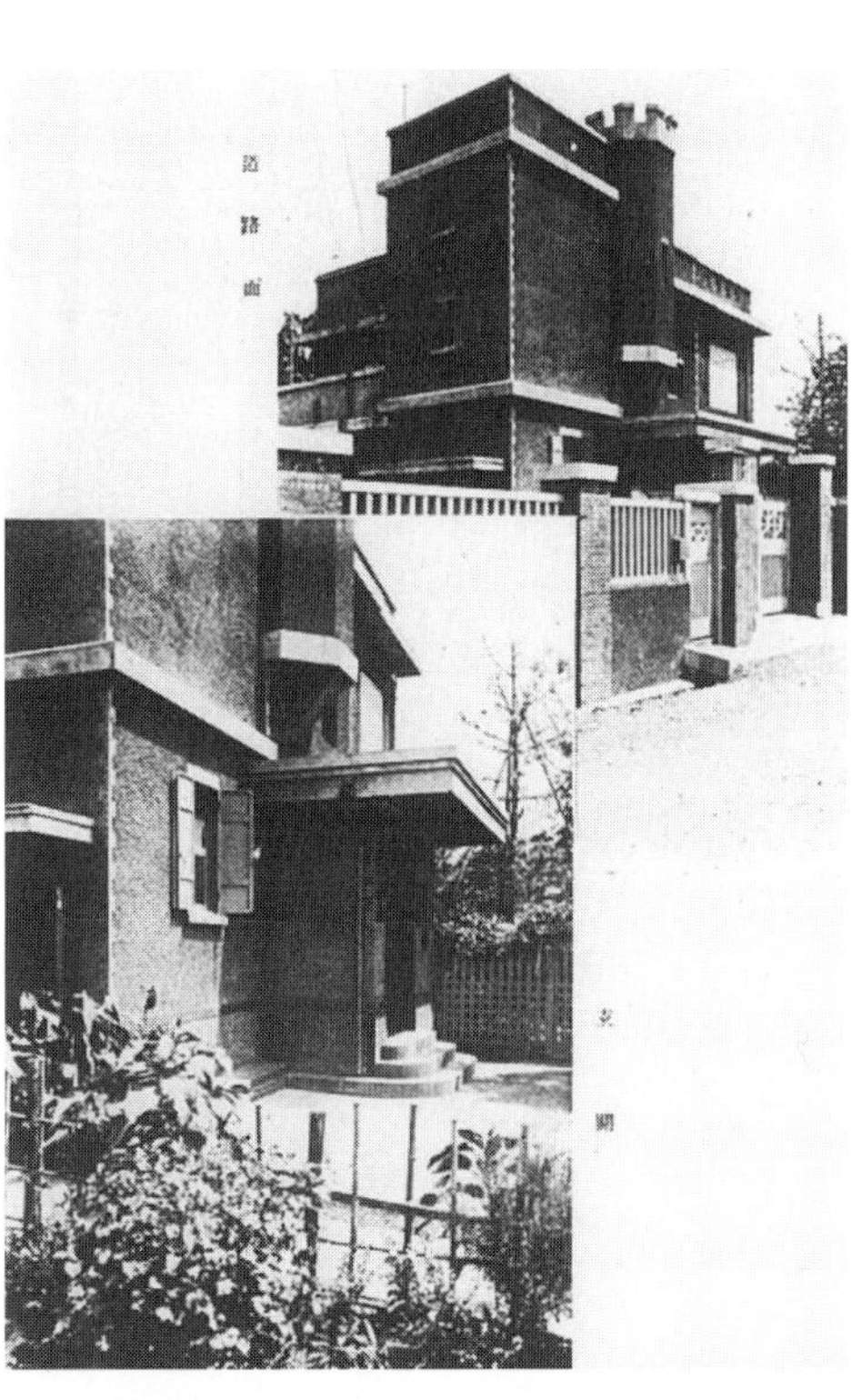

Ⅲ(211)

Ⅲ(212)

このように、古典主義精神からは遥かに遠い異貌の建築を謎のように遺して、彼は去った。

「アテネより伊勢にと至る道にして神々に出あひ我名なのりぬ」

長野宇平治の遺詠である。

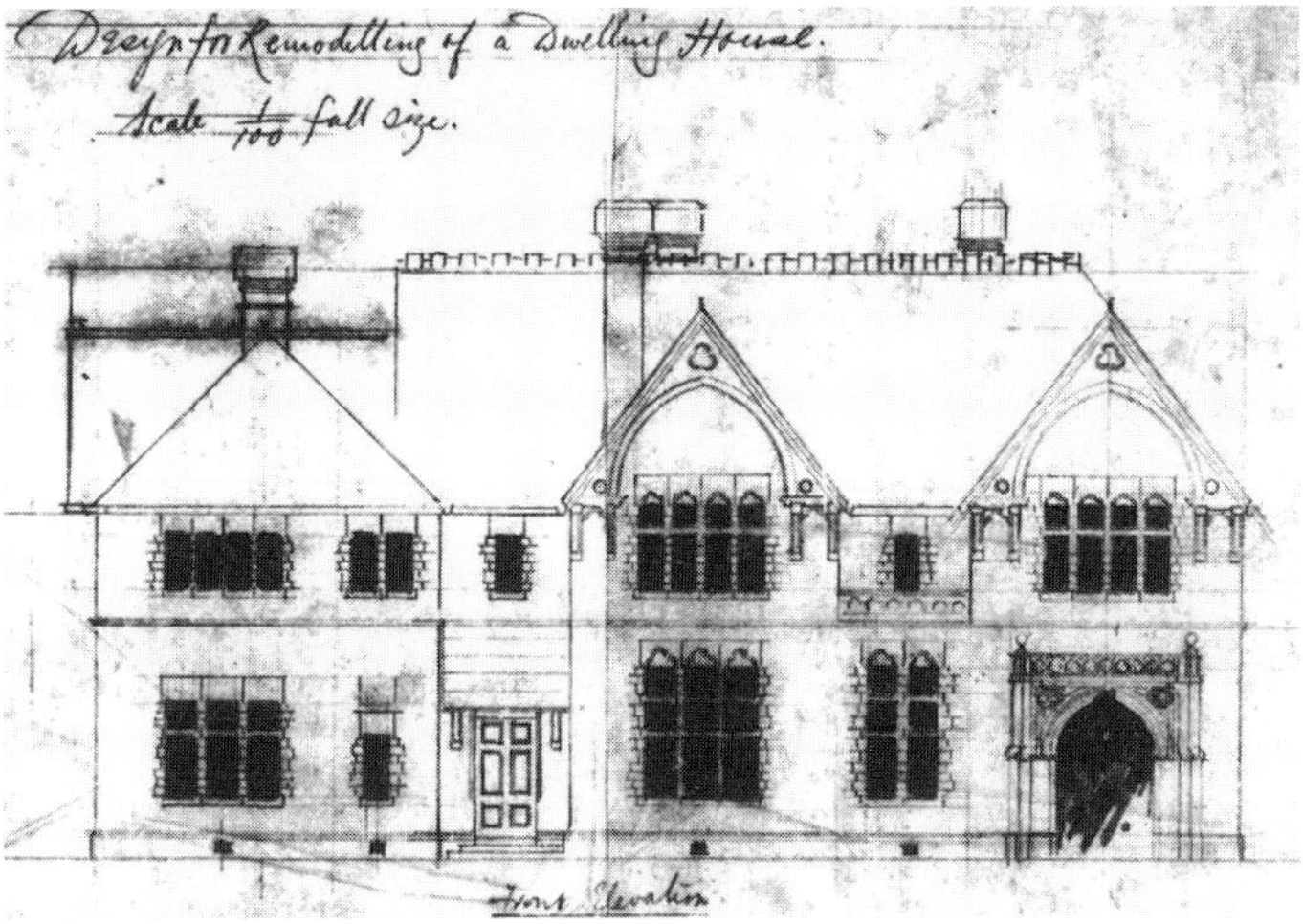

Ⅲ 213

図Ⅲ213　学生時代習作（長野宇平治　一八九三）同郷の後輩関野貞が借り受けたままになったものであろうか。学生時代はゴシックがやりたくてしかたなかったという長野の望み通りのゴシック住宅である。

図Ⅲ214　卒業設計（長野宇平治　一八九三）オーダーを廃し、中世風細部も取り込んだフリー・スタイルの作品である。師の辰野が見抜いたように、大きなマッスの把握、のびやかさ、骨格の確かさ、は天性の質であろう。

Ⅲ 214

図Ⅲ215　日本興業銀行計画案（長野宇平治　一八九七）時計塔で有名な吉沼時計店を日本興業銀行（現在の興銀とは無縁のもの）に改造するための計画案であったが実現しなかった。日銀時代の作で、フランスのネオ・バロック的なにぎやかさが見られる。

Ⅲ 216

Ⅲ 215

図Ⅲ216　住友銀行東京支店（長野宇平治　一九〇〇　東京）215の日本興業銀行のための図面を転用して実現したもの。しかし、長野は設計監理までなしておらず、原図からは大分離れたものとなっている。

Ⅲ217

Ⅲ218

図Ⅲ217 明治三十七八年戦役記念靖国神社奉献建造物コンペ応募案（長野宇平治 一九〇七）日銀時代の計画案であり、エジプトの城門の構えにフリー・クラシックの細部を付けたものとなっている。

図Ⅲ218 台湾総督府庁舎コンペ応募案（長野宇平治 一九〇九）日銀時代の計画案で、フリー・クラシックによっている。卒業設計と似た印象もある。

図Ⅲ219 台湾総督府庁舎（基本設計＝長野宇平治 実施設計＝台湾総督府営繕課 一九一九 台北）長野の原案を改悪して実現したもの。固有ののびやかさが小うるさい細部にかき消されてしまった。

図Ⅲ220 三井合名会社本町二丁目事務所計画案（長野事務所 一九一八）長野には珍しくゴシック系のオフィスビル案である。これだけの高層ビルをイタリア・ルネサンスの内に納めることの不可能を知り、高さに強いゴシックを用いたものとおもわれる。これは実現せず、横河民輔が別にゴシックで作り上げている。

図Ⅲ221 国際連盟コンペ応募案（長野宇平治 一九二七）自分の古典主義理解を世界に問うつもりであったであろう。しかし、コンペは長野の意図とは別に、様式主義とモダニズムの決戦場となり、敗れたコルビュジェを中心にＣＩＡＭが結成されることとなる。最早、長野の手の届かぬ所に時代のテーマは移行していた。

図Ⅲ222 長野氏霊廟（長野宇平治 一九二八 群馬）長野氏の祖が、武田信玄に攻められ箕輪城を捨てた時、古井戸に墓石を投げ込んだものが、昭和になって発掘され、祖霊をとむらうために宇平治が設計建立したもの。右が古井戸。

Ⅲ219

Ⅲ220

Ⅲ221

Ⅲ222

◉かたちの精華

ほとんどもう、それは、建築家の握るコンパスや三角定規では届かぬほどに大きくなり、日々の生業の中では、無いが如くに感じられるまでに超越的なものになってしまっているが、しかし、時代や国家という個人を包む大きな全体が、確かな手ざわりを持って存在した時代が、かつて、あった。明治という国家は、同時代の表現者にとって、たとえ拒むにせよ、触れれば熱い体温とやや粗すぎるはだざわりを持った具体的なものとして見えていたことだけは確かである。彼らは幕末の武士の子として、或者はゲベール銃を肩に官軍の少年銃士として出陣し、或者は敗走する賊軍に投じて、維新の渦中を駆け抜け、新しい国家の誕生を間近に目撃した人々であった。そうとするなら、彼らが明治というものに感じていたであろうリアリティーを了解するところから始めねばならない。

日本銀行本店（図Ⅲ㉒㉔）

この建築を様式比較論的に記述すれば次のようになろう。先ず、全体をみれば、コの字型の前面を障壁で閉じた個性的平面をとっているが、これは、フランス・ルネサンス期のシャトー建築に由来している。次に、左右に力点を振り分ける正面ファサードの基本骨格はベルギー銀行に学んだ。しかし、同銀行のルイ十六世様式（ネオ・バロック様式）に固有な細部のにぎやかな装飾は排されている。そして、壁面の中規模な構成と細部の意匠、とりわけドームを戴く正面車寄のそれはパラディオ様式の影が濃いといえよう。つねに部分的とはいえ、処女作に始まるパラディオへの関心はここに極まっている。しかし、以上の記述は、日銀本店の父と母が誰であったかを調べあげただけにすぎない。建築の様式的系図書きは周辺の事情は説明しても、他ならぬその建築のかけがえなき真の部分を何一つ衝きはしない。もし、日銀を知りたく思うならば、冬の晴れた朝、列柱のめぐる石畳の上をゆっくりと歩むのがよい。一人の人間と一つの時代が建築に込めた想いを了解することができよう。美というものともちがう、技倆の巧拙を越えた何かが確かにある。

外観に比べ、室内に心うたれるものは多くない。営業室客溜天井、会議室ドーム（震災改修時の変更多し）は

III ㉓

図III㉓ 日本銀行本店（辰野金吾 一八九六 東京）（撮影・増田彰久）

III ㉔

図III㉔ 日本銀行本店貴賓室（辰野金吾 一八九六 東京）（撮影・増田彰久）

III ㉕

図III㉕ 盛岡銀行（辰野葛西事務所 一九一一 岩手）（撮影・増田彰久）

III ㉖

図III㉖ 日本生命保険会社九州支社（辰野片岡事務所 一九〇九 福岡）（撮影・増田彰久）

明治二十九年という時期にしては見事ではあるが、真の空間とはいいがたい。この事は貴賓室に象徴的に表われている。書院造とネオ・バロックの折衷という壮図はにぎやかさ以上を生まずに終っている。

辰野式

・盛岡銀行（図Ⅲ㉕）

辰野式と称される様式の典型である。赤煉瓦と石の鮮やかな色彩対比と相和するようにして冠せられたにぎやかなドームが印象上の特徴といえよう。辰野式の元はイギリスのフリー・クラシック様式であり、その日本への移入は英人ハンセルの平安女学院（明治二十八年）、及び野口孫市の明治生命大阪支店（明治三十二年）が先行するが、明治三十六年以後辰野が印象的に累々用いたところから、人々は辰野式とか辰野風と称した。そして辰野式は建築家をはじめ多くの無名者達により追従され、一種の国民的市街建築様式として各地の銀行、会社、商店に汎用された。辰野や野口の意図を越えたこうした裾野の広がりは、辰野式のもつ、上昇と同時に下降をめざすといった二面性に由るものと思われる。明治初期の擬洋風もそうであったが、量を獲得する様式は、自分たちを前に引っぱる新しさ、厳しさとともに、自分たちも安心できる「旧さ」と「崩れた性格」を内包するものでなければならないが、辰野式は、本格的様式の中ではそうした条件を最初に満たしたものであった。

・日本生命保険会社九州支店（図Ⅲ㉖）

辰野式を含め明治の建築は、部分（細部意匠）はあれど全体（空間）なし、という欠をもつ。この事は、日本と西洋の空間の作られ方の伝統の本質的差異に由来する。柱と梁の接合を例にとるなら、西洋の石造建築はキャピタルという固有の造形を持つが（そこが接合部であることを示す）、日本の木造にあっては、固有な部分造形はない。即ち、日本の伝統にあっては、建築の全体（空間）は部分造形の積分を経ずに、垂直と水平の直線材の交叉の中から、直接生まれでる。こうした中で育った明治の建築家が、西洋建築に初めて接し、その豊穣多彩な部分意匠に目を奪われ、「西洋建築とは部分である」と誤解したとしても不思議はない。彼らは、下手であったのではなく、見えた通りに作っただけかもしれない。

大倉精神文化研究所（図Ⅲ㉗）

正面入口部の上広がりの柱と柱頭飾り、フリーズの紋様、そして殿堂入口上部の三角形、これらはギリシャに先行するミュケナイ文明の建築様式（プレヘレニズム様式）である。これに加え殿堂内部の仏教建築風の木組、或は正面入口部三角破風の中心に位置する神社の神鏡風

Ⅲ㉗

図Ⅲ㉗　大倉精神文化研究所（長野建築事務所　一九三二　神奈川）（撮影・増田彰久）

Ⅲ㉘

図Ⅲ㉘　日本銀行岡山支店（長野建築事務所　一九二二　岡山）（撮影・増田彰久）

の飾り、更に殿堂入口の蕨手風の日本古紋様、或はホール塔部の出所不明の造型。これらが折衷して異様な空間をかもしている。しかし、洋の東西にかかる多様な様式を折衷しながら、他の折衷建築がおちいりやすい珍奇、軽さ、雑駁感はみじんもなく、力強い統一感に貫かれている。ヨーロッパを古典主義を通過した後大転回した長野ならではの質である。東西文明の一体化を夢想した一私人によって創設された研究所であったが、設計者のみた夢もまた同じであった。しかし、西方の代表として、何故ギリシャではなくミュケナイをとったのであろうか。思考をそそられよう。

古典主義

・日本銀行岡山支店（図Ⅲ㉘）

長野の課題は、十六年をその膝下にすごした師辰野金吾に象徴される明治の建築家の部分ありて全体なしという限界を越え、練りあげられた細部と、細部が確かな秩序の上に組み立てられて生ずる全体（空間）を創り出すことであった。即ち、壁面のシンフォニーを響かすことであったが、長野は、大正期における幾多の古典主義系作品により日本で初めてこれを果たした。

・横浜正金銀行神戸支店

古典主義者長野のレパートリーは、ギリシャ、ローマ、イタリア・ルネサンス、マニエリスム、バロックに及ぶが、とりわけイタリア・ルネサンスは得意であった。

・三井銀行下関支店

装飾の彫塑性は長野のみの長技であった。

・三井銀行神戸支店

大正元年独立後、最初の作品。日本における本格的古典主義者の誕生を告げた記念碑でもある。九メートルの一本石に刻まれたイオニア式柱は、ほとんどエロスに近いほどの表現力を秘めている。

・横浜正金銀行東京支店

長野の古典主義系作品中最大にして最後の作品。彼の内部空間は、外部同様に、余人の及ばぬ確かな骨格を持ち、力動感にあふれ、時には雄々しくすらあった。

辰野金吾年譜

一六三六年（寛永十三年）

◉この年以前に辰野姓はなく、辰野家の祖は信州高遠藩上伊那郷辰野（現、長野県上伊那郡辰野町）に居を構える無姓の豪農であった。「上伊那十三家」と称されたこの豪農が武士となった遠因は、徳川家光の三代将軍就任によっている。家光が将軍職を襲ったことにより、異母弟の高遠藩主保科正之は、わずか三万石の高遠藩より奥州山形藩二十万石へ移封されることとなったが、二十万石の大名にふさわしい陣容をととのえるため、「上伊那十三家」をはじめ豪農を士分にとりたてる方針をとり、辰野の地より辰野家が興されることとなった。そしてこの年、辰野家は保科家の家臣団に加わり山形へ移る。

一六四三年（寛永二十年）

◉主家保科正之、山形藩より会津藩へ移封につき、辰野氏、会津へと移る。

一七八五年（天明五年）

◉辰野氏、会津の隣藩棚倉藩主小笠原長堯に仕う。

一七九六年（寛政八年）

◉姫松氏、小笠原長堯に仕う。

一八一八年（文政元年）

◉小笠原家、肥前国唐津藩に移封。辰野家、姫松家、ともに移る。

一八五四年（嘉永七年）一歳

◉八月二十二日、姫松倉右衛門・おまつの次男として、金吾、唐津城下裏坊主町に生まる。

一八六二年（文久二年）九歳

◉戸田源司兵衛の塾にて四書五経素読の傍ら、向かい家の岡田鶴蔵に四書を、隣家の山野辺七郎に五経を習う。

一八六六年（慶応二年）十三歳

◉開明的で知られた野辺英輔の門に入る。満四年にて塾頭に上り、天野為之、渡辺鉄次郎、掛下重次郎、保利聡、保利真道に代講す。

一八六八年（明治元年）十五歳

●江戸藩邸詰めより帰藩した辰野家十四代辰野宗安の養嗣子となる。宗安は父の実弟にて、幼時よりの約束なり。御持筒組に勤む。

一八六九年（明治二年）十六歳

●御持筒組にて鉄砲を習う傍ら、藩校志道館に入る。前出野辺英輔の門にて塾頭。

一八七〇年（明治三年）十七歳

●藩は東京より前大学南校英語教師高橋是清を招聘し英語学校を開設す。辰野金吾、曾禰達蔵、天野為之、吉原政道、西脇乾三郎、山中小太郎、麻生政包他五十名入校し、高橋に倣って断髪。旧守派、英語学校に放火し、ために城中に移って耐恒寮と改称す。

一八七二年（明治五年）十九歳

●秋、耐恒寮廃され、高橋是清帰京。曾禰、西脇、山中も上京。暮れ、辰野、吉原、麻生の三名唐津を発ち、博多を経て下関より乗船し神戸を経て大阪に着す。淀川を溯って京に至り、東海道を歩き横浜に達す。出郷十二日、新橋横浜間鉄道にて東京に至る。

一八七三年（明治六年）二十歳

●旧唐津藩士山口文次郎が麴町五丁目旧尾州邸（現ホテル・ニューオータニ地籍）の空屋敷に構えた洋学塾の食客となり、門番、代講を務む。同塾外人教師モリスのボーイとなり、下僕勤めの傍ら英語を習う。●八月二十日、新設の工部省工学寮第一回入学試験を受験す。八十三名の応募者の内、曾禰達蔵、麻生政包を含む二十名が入寮生（正規生）、辰野金吾、吉原政道は通学生（聴講生）、山中小太郎は不合格となる。●十月、再入試行われ、辰野は辛くも合格す。十月九日付にて入寮。自伝に「喜悦は何にたとえん様もなくさながら冲天の思あり」。●工学寮は赤坂葵町旧川越藩邸大和屋敷（現ホテル・オークラ地籍）に置かれ、後、虎の門（現会計検査院、霞ヶ関ビル地籍）に煉瓦造を新築移転す。●食事に始まり下着に至るまで純英国式が採られ、全寮制生活のすべてが官費によりまかなわれた。講義は英語により、体育も、テニス、フットボール、クリケット、ベースボール、ボート、シンチーと英国式によった。●学業成績は各年を通じて高峰譲吉（化学）、南清（土木）、志田林三郎（電信）、高山直質（機械）が上位独占し、就中、長崎ウォルト邸にて英語を習い、緒方洪庵の適塾に学んだ高峰が際立った。学生たちは多くアダ名を呼び合ったが辰野にはない。辰野が目立つとすれば小柄のわりに相撲が強かったこと。

一八七四年（明治七年）二十一歳

◉二月、「工学寮学課並諸規則」により、造家科の講義内容は、①造家諸式、造家に用うる物品瓦磚下水管の製造、②亜土和土人造石《モルタルセメントコンクリート》製造、③基礎を布置する諸式、④鉄あるいは材木をもって堂屋を築くの式、⑤磚瓦木材石の弧門《アーチ》、と構造・材料学のみに決定。このことから、当時、工部省当局が造家科に期待したのは、実は、工場、浄水場、産業施設等の純実用建築の建設であったことが知られる。

一八七五年（明治八年）二十二歳

◉普通科（教養課程）二年終了後、専門科進学に当たり、それまでの造船志望（機械科に付設）を転じ造家科に進む。同級生宮伝次郎、曾禰達蔵、原田（片山）東熊、佐立七次郎の五名。宮は進学後病没。◉造家学専門教師未着をもって、工部省お雇い建築家ボアンビル及びダイアックの両者が開講するも学生の不満多し。

一八七六年（明治九年）二十三歳

◉十二月、外人教師が天皇上洛見送りのための休業を認めず、外人仲間の葬式日を休業としたことに怒り、学生ストライキ。主謀者と見なされた原田東熊、南清をはじめ他四名四週間の禁足処分。原田は長州奇兵隊あがり、南は会津戦争において、白虎隊を志願するも年少ゆえ入れられず、老齢ゆえ戦務を解かれた叔父と二人で官軍に突撃（叔父闘死）した戦歴を持つ眉間に刀創《きず》の快漢であった。辰野は後年、工部大学校出身者としては、高峰譲吉に次ぐ代表的人物となるが、在学中は、こうした工部大を彩る出来事に一切登場しない。

一八七七年（明治十年）二十四歳

◉一月十一日、工学寮、工部大学校と改称。◉一月、二十五歳の青年建築家コンドル、造家学教師としてロンドンより来着。◉二月、西南戦争勃発。高峰を中心に学生たち偵察用気球を試作。◉三月、コンドル来日により前出「諸規則」改正。講義内容に初めて「造家諸式」というデザイン部門が入り、それまでの建築教育は芸術教育へと大転回する。◉六月十三日、『中外工業新報』創刊。工学頭（工部大学校長）大鳥圭介の発案により、発行人荒井郁之助、編纂長金子精一にて、月二回刊。内容は、高峰譲吉、志田林三郎、高山直質等の成績優秀学生が作る。

一八七八年（明治十一年）二十五歳

◉前年末より二年間の実地科教程に入り、造家科学生はまずコンドル設計の上野博物館の現場に入る。次いで、工部省営繕課所轄の建築現場に各員配分。◉十一月三日、旧唐津藩出身者の集いである久敬社が小笠原長生邸において結成される。社員は辰野金吾、曾禰達蔵、天野為之等三十名。同社は明治十九年二月小笠原邸内に唐津出身学生のための寄宿舎を設立し後進の奨学に努める。なお同社は、現在新宿区西大久保四丁目一七〇に連綿運営され、社長には小笠原長勝氏が当たっている。

一八七九年（明治十二年）二十六歳

◉六月、卒業設計制作。テーマは、Natural history museum。コンドルの上野博物館と開拓使物産売捌所を複合したデザイン。◉九月、卒業論文提出。テーマは、Thesis on the future domestic architecture in Japan（日本の将来の住宅建築について）。論旨は、まず西欧の現状を「かつての如く本質的に時代固有な建築様式を持たない」とし、わが国の情況を「西欧の文明により少しく前に眠りから醒めた日本はめざましい開化を遂げ、木造建築の伝統的流れは変り、西欧の組積造と木造の様式が導入された」とする。続いて、耐火、耐震、空調、採光、屋根、内装、照明、建材の将来を各論し、そして結論は、「住宅の設計に当って、ゴシックの構造原則とクラシックの外観を持ち、そこに幾ばくの東洋建築風を加味するなら、今後の日本の発展に見合った結果をうるであろう」。これに対し師の評は、「論文の整理はよくできており、曾禰君のそれに大変似ております。地震の考察のようなところは、大変注意深く、かつ上手に数学的に扱われています。論者は、将来の装飾あるいは様式という点をよく考えていますが、しかし、これといった結論あるいは提言に至っておりません。提案の中でも、実地上の部分は実に不足なく完璧です。それらの点は申し分ありません。作文はまあまあでしょう」。コンドルは曾禰を際だって高評し、辰野はそれに次ぐとしている。辰野は結論が唐突に過ぎ、原田は構造手引きのごときであり、佐立は支離滅裂、こうした中で曾禰のみが訓練された知性をみせた。以上の卒業設計と論文に卒業試験を加えて最終成績が決定され、辰野が一番となった。各学科首席卒業者は、官費留学し帰国後お雇い外国人教師にとって代わることが決められていたから、コンドルは辰野を後継者に選んだこととなる。恐らく、論文も設計も必ずしも優秀ではない辰野が選ばれたのは、創草期の日本がどのような人物を必要としているかについて、コンドルがよく知っていたからであろう。◉十一月八日、卒業。卒業直後、卒業生にて「工学会」を結成、高峰譲吉が代表幹事。日本最初の工学専門学会となる。◉十一月中旬、唐津へ帰郷。◉十一月二十五日、留学申し付け。◉十二月一日、留学にあたり急拠、西脇乾三郎の実妹鳥羽秀子と結婚。

一八八〇年（明治十三年）二十七歳

◉二月八日、ロンドンへ向けて横浜港を解纜。留学生は、高峰譲吉（化学）、南清（土木＝鉄道）、石橋絢彦（土木＝燈台）、志田林三郎（電信）、高山直質（機械）、三好晋六郎

（機械＝造船）、荒川新一郎（機械＝紡織）、小花冬吉（冶金）、近藤貴蔵（鉱山）、辰野金吾（造家）の十名。東京―ロンドンの四十三日間の詩情と寄港地の実情をしるした「洋行日誌」があり後出『工学博士辰野金吾伝』に収載。詩人曾禰鶴洲（達蔵）によると、スエズ運河を詠った次の詩が巧拙を超えて、辰野の気宇をよく示すという。

於是地球最大溝　溝中容易進航舟
回顧左右皆砂漠　一水分来両亜州

◉三月二十三日、ロンドン着。コンドルの従兄にしてロンドン大学教授トーマス・ロジャー・スミスの紹介により、キューピット建築会社にて五カ月間の実習。◉七月十五日、手稿「英国倫敦府実況第一回」を記す。気候の部、道路の部のみ辰野金吾旧蔵資料中にあり、続稿は散逸か。「道路の部　道路は都で人道馬車道と分ち馬車道を中央に取り人道を両側に設けたり人道は拾中の八九は敷石にて其直下に物置場を取る故に人常に此物置場上を往来す又馬車道には三種類あり第壱は川砂利を以て敷きつめ東京の道路に於けるが如し第弐は煉瓦石より少しく大なる御影石を柾立にすえ砂及び石灰を以て其のすき間を充たす……。」◉九月、工部省と極めて縁の深い貿易商社マジソン商会の紹介により、ロンドンの自営建築家ウィリアム・バージェスの研修生となる。◉十月、バージェスの事務所に通う一方、ロンドン大学に入学。

一八八一年（明治十四年）二十八歳

◉四月二十日、バージェス死去。六月二十三日開封の遺書に従い、研修生として遺贈金五十ドルを受け、建築書を購入し記念とす。◉十一月、『工学叢誌』創刊。工部大学校卒業者による前出の「工学会」の学会誌である。編纂長杉山輯吉（土木科第一回卒業）。◉この年、辰野が質問に答えてロンドンより書き送った手紙を、曾禰が「蒸材弁及び英国建築の概況」と題して『工学叢誌』（第一巻第五号）に掲載。内容は、生木《なまき》の人工乾燥法と英国の最新建築様式の動静。

一八八二年（明治十五年）二十九歳

◉三月、ロンドン大学建築課程及び美術課程二等修了。◉同月、英国を発ち、フランス及びイタリアを巡回遊学。この間一年、写生帖五冊七百余図をなすも現存せず。わずかに、十枚が後出『工学博士辰野金吾伝』に収録。

一八八三年（明治十六年）三十歳

◉五月二十六日、帰朝。◉六月二十一日、工部省准奏任御用掛に奉職。◉九月二十二日、工部省営繕課に勤む。◉十月十五日、銀行集会所総代渋沢栄一、同所新築設計を工部省営繕課に依頼。辰野の処女作となる。この頃、工部省の地位低下は著しく、仕事依頼も少なく、営繕頭《えいぜんのかみ》平岡通義は若い課員の育成のため仕事集めに奔走したという。
◉言論——十一月、論文「家屋装飾論」、『工学会誌』（第二巻第二十四号）に発表。明治二十年『建築雑誌』（第一巻第四号）に再録。建築仕上げ方法の網羅的各論。

一八八四年（明治十七年）三十一歳

◉四月、銀行集会所起工。◉七月二十八日、工部省権少技長に昇任。◉十月十七日、長女須磨子生まる。◉十二月十五日、工部省技手渡辺譲（工部大学校造家科第二回卒業）設計担当の逓信省竣工、辰野金吾設計協力。◉十二月二十日、コンドル満五年契約切れ解雇につき、辰野金吾跡を襲い工部大学校教授に就任。

一八八五年（明治十八年）三十二歳

◉二月二十五日、辰野教授最初の卒業試験。辰野金吾旧蔵資料中「出題帖」より。「㈠国固有の建築様式の形成にあずかる影響力を挙げよ。すぐれた建築を残した古今の国家及び民族について述べよ。㈡オーダーとは何か。ギリシャ及びローマのオーダーの名を挙げよ。オーダーの一つを取りあげ、特徴的箇所を図示或は論述せよ。もし可能なら、木造の名残りのある箇所を選ぶよう。㈢イギリス・ゴシックとフランス・ゴシックの主なる差を述べよ。十三世紀における両者のジャンプ・モールディングを描け。㈣イタリア・ルネッサンスの初期及び完成期は何時であるか。パラディアン様式の特徴を解説もしくは図示せよ。この様式は東京にありや否や。ありとせば例を挙げよ。㈤家屋装飾法を列挙せよ。それらの内、日本にはまだ行なわれたことのないものについて記せ。宮殿建築の場合、どの方法を用うるだろうか。」◉十二月二十二日、工部省廃省。工部大学校は文部省に移管。辰野は非職（現在の休職に近い）となる。
◉竣工作品——七月、銀行集会所。

一八八六年（明治十九年）三十三歳

◉一月二十八日、辞官。官庁集中計画を控え、建築会社創設を目論む大倉喜八郎の土木用達組に入る。しかし、口入れ稼業の延長上にある大倉喜八郎と自営デザイナーを目ざす辰野が合うはずもなく、日ならずして去る。大倉は結局、翌二十年三月、渋沢栄一とともに日本土木会社（現大成建設）を創設。◉この頃、江戸橋郵便局設計。辰野案を、佐立七次郎、そして片山東熊が修正して、明治二十二年五月竣工。◉二月、岡田時太郎とともに、辰野建築事務所を京橋区山下町（現、銀座六丁目、泰明小学校向かい辺）経師屋松下勝五郎の二階に開設。松下は江戸唐津藩邸出入の職人で、辰野は英国留学時、万一の場合の遺書を託したこともあった。◉三月、大学南校理学部の後身東京大学工芸学部と工部大学校の合併により帝国大学工科大学開学。◉四月九日、「工学会」より分化独立し、「造家学会」創設。当初会長を置かず、辰野が副会長となる。◉四月十日、工科大学教授となる。◉六月、鉄道局嘱託となり、鉄道局及び同局長官々舎の設計を担当。◉十二月、司法省嘱託となり、横浜裁判所設計担当。
◉竣工作品――本年、鉄道局。本年あるいは翌年頃、鉄道局長官々舎。
◉言論――六月九日、講演「仏国巴里家屋（フラットシステム）の構造」於造家学会。十一月、論文「劇場建築論」『工学会誌』（第五巻第五十九号）、翌二十年『建築雑誌』（第一巻第二号）に再録。西欧劇場建築についての紹介。九月十五日、講演「スパイラル型想像書房建築の論題」於造家学会。

一八八七年（明治二十年）三十四歳

◉一月、『建築雑誌』創刊。◉四月、京橋区加賀町八の銀座煉瓦街二等煉瓦家を購入、転居する。前出辰野建築事務所移転。
◉竣工作品――十二月二十五日、東京海上保険会社。
◉言論――四月十三日、講演「石版《スレート》の説」於造家学会。五月十三日、講演「全国煉瓦製造家諸君に一言す」於造家学会。五・六月頃、講演「煉瓦の説」於工芸共進会、六月二十日付『官報』に収載。『建築雑誌』（第一巻第七号）に再抄録。七月三日、「英吉利法律学校新築約定書」、すなわち、工事契約書を施主、設計者辰野金吾、施工者清水方の三者で締結。RIBAの書式にならった最初の近代的工事契約となる、『工学会誌』（第六十七巻）、『建築雑誌』（第一巻第七号）に収載。十一月十九日、講演「国会議事堂の話」於大学通俗講談会、翌年『建築雑誌』（第二巻第十六号）に収載。エンデ&ベックマンの進める国会議事堂建設の時期尚早、延期を主張。

一八八八年（明治二十一年）三十五歳

◉二月六日、工手学校開校。前年中、帝国大学総長渡辺洪基が辰野に工学諸分野の中級技術者養成機関の必要を語り、辰野が工学会に諮り、工学会の主導により開設。現工学院大学。◉三月一日、長男隆生まる。◉三月二十八日、宮城県雄勝地方にてスレート石調査。宮城県技手山添喜三郎により見出されていた日本最良のスレート材はこの日より、洋風建築の屋根に汎用されてゆく。◉四月六日、臨時建築局三等技師に兼務就任。◉五月三十日、臨時建築局工事部長に昇任。◉六月七日、工学博士となる。◉七月、日本銀行設計者に決定。◉八月六日、臨時建築局辞任。◉八月八日、臨時建築局より日銀調査の傍ら、議院・諸官衙建築調査を委嘱さる。◉八月十八日、岡田時太郎を伴って欧米への銀行建築調査に出発、米、英、仏、独、伊、ベルギーを巡回。
◉竣工作品――三月三十日、東京製綱会社。四月十五日、渋沢栄一邸。六月三十日、東京人造肥料会社。七月、工科大学及び同実験室。十二月二十一日、英吉利法律学校。本年頃、益田孝邸。

一八八九年（明治二十二年）三十六歳

◉八月八日、一年に及ぶ欧米銀行建築調査を終え、ロンドンを出発。帰路パリ万国博参観。マルセイユより乗船。別便にて送った工科大学用建築書が沈没し、後、賠償金にて再購入す。◉十月三日頃、横浜着。◉十月、ロンドンにて草した設計図面、日銀へ提出。

一八九〇年（明治二十三年）三十七歳

◉一月八日、欧米調査図面整理、模型製作を開始。◉七月十一日、総理山県有朋、枢密院議長大木喬任、内相西郷従道、蔵相松方正義、陸相大山巌、法相山田顕義、文相芳川顕正、模型及び図面を検分し、裁可する。◉九月一日、日本銀行建築所開設、起工する。◉九月六日、日本銀行建築工事監督に就任。

◉竣工作品――三月、横浜裁判所。

◉言論――二月十二日、講演「建築学士に関したる話」於造家学会。五月五日、講演「伊太利亜国イスキヤ島地震建築」於工学会。『工学会誌』（第一〇一号号外）、『建築雑誌』（第四巻第四十三号）に収載。日銀調査の折、足を延ばして調査したイタリアのイスキヤ島地震の実態と建築被災について。五月三十一日、挨拶「開会主趣及沿革」、講演「経済的家屋構造の話」於造家学会会員五百名記念臨時大会、『建築雑誌』（第四巻第四十二号）に収載。七月十日、「建築進歩ノ由来」（大米通俗講談会における講演）を『日本大家論集』（第二巻第七号）博文館刊に収録。後出「建築の進化」の粗案に当たる内容である。

一八九一年（明治二十四年）三十八歳

◉一月十日、次男保生まる。◉四月十四日、日銀煉瓦工事開始。◉四月二十日、『工業雑誌』創刊。月二回刊。編集長杉山輯吉（工部大学校土木科第一回卒業）。工科大学の非工部大学校化（非現場主義化）の中で、旧工部大学校卒業者が「工部大学校魂」を掲げて刊行。旧工部大学校お雇い教師の英国帰国後の動静、「工部省再興説」、工部大学校出身者の動向等も掲載。辰野、曾禰も寄稿者。『工学会誌』『建築雑誌』『工業雑誌』と関連三誌が出そろう。◉五月十五日、ロシア皇太子遭難（大津事件）につき、造家学会副会長辰野金吾神戸に出向き、ロシア公使に見舞状奉呈。◉六月一日、日銀石工事開始。

◉竣工作品――一月二十二日、明治生命会社。三月二十六日、第一銀行大阪支店。

◉言論――二月十八日、講演「安全庫に就て」於造家学会、『建築雑誌』（第五巻第五十号）に掲載。十一月二十七日、講演「濃尾地震の話」於造家学会。

一八九二年（明治二十五年）三十九歳

◉三月二日、震災予防調査会委員となる。◉六月一日、高橋是清、日本銀行建築所に事務主任として入所。二十六年九月一日まで。◉六月三日、日銀建築所技手小林懋、深川の石工場にて襲撃される。『工業雑誌』（第一巻）に顚末あり。「自分儀明治二十五年六月三日午后三時四十分頃花崗石彫刻石検査の為め東京市深川東大工町四十八番地日本銀行建築所用石置場へ出張検査に着手したるに現在の石見本と相違する所あるを以て見本通りの石に非されば採用し難しとて不合格の標を付したる処土木会社の石工職等は右検査を厳格なりと憤り石工職四十三人共謀して其内凡そ二十四人程自分の背部より来り各自携ふる所の石工道具を以て頭部を乱打するにより辛うじて其場を逃げ去り同工場内堀の水中に身を沈め彼岸に游ぎ行かんとしたるに職工等は各自花崗石の礫を擲付くるにより同堀内へ繫ぎある石船の向縁に身を潜め漸く死を免るるを得たり」

一八九三年（明治二十六年）四十歳

◉十月、日銀鉄製小屋組み起工。本年、赤坂新坂町十四、旧副島種臣邸を購入、転居。

◉言論――五月三十日、講演「建築の進化に就て」於造家学会、「建築の進化」と題し、明治二十八年『工業雑誌』（第三巻第六十二号）より四回掲載。内容は、西欧各国の建築が相互影響の中でいかに国風を確立したかの歴史を述べ、ひるがえって日本は国風確立の前提としての建築博覧会開催中であることを論じたもので、辰野の同時代観をよく示す。

一八九四年（明治二十七年）四十一歳

◉五月、日銀建具木工事開始。◉七月一日、入口枠、床張り木工事開始。◉十二月、鉄製小屋組み完成。◉十二月三十日、煉瓦工事完了、七一四万二八五二個を使用。石工事完了、花崗岩二万一一〇五個を使用。

一八九五年（明治二十八年）四十二歳

◉二月、日銀軒蛇腹銅板工事着手。◉三月館内左官工事着手。

一八九六年（明治二十九年）四十三歳

◉竣工作品――三月二十二日、日本銀行本店。以後、この日が辰野家の記念日となり、毎年、自邸にて一大無礼講が催され、相撲好きの辰野は、裸身に赤毛布をまき、土俵入りを見せた後、相撲甚句をうなるのが常となった。

一八九七年（明治三十年）四十四歳

◉七月一日、造家学会、建築学会と改称。伊東忠太の三年前の論文「『アーキテクチュール』の本義を論じて其訳字を撰定し我が造家学会の改名を望む」『建築雑誌』（第八巻第九十三号）による。◉五月、議院建築計画調査委員会を設置、委員となる。しかし翌年、委員会の建築家海外派遣等の計画が議会により否決され、終わる。

一八九八年（明治三十一年）四十五歳

◉一月、日本建築学会会長に就任。青木周蔵・渡辺洪基が名誉職として務めた座に初めて建築家が就く。◉七月十九日、工科大学長就任。初代古市公威の跡を襲う。◉竣工作品——十月十五日、大阪衛生試験所。本年、日銀西部（門司）支店。

一八九九年（明治三十二年）四十六歳

◉一月十八日、日本銀行建築工事顧問となる。大正五年七月まで。◉四月二十五日、議院建築調査会を設置、委員となる。辰野金吾、妻木頼黄、吉井茂則、各々平面案提出。コンペによる設計に決まるも、コンペ遂行の予算がつかず、翌年、翌々年と再三の予算請求も容れられず断念。◉竣工作品——二月、日銀南館。七月、銀行倶楽部。

一九〇〇年（明治三十三年）四十七歳

◉秋、日比谷公園設計に難渋し、農林学者本多静六に回す。『本多静六体験八十五年』に、「明治三十三年の秋、私は東京府の多摩川水源調査嘱託として、東京市庁に出入するうち、たまたま市の顧問であった辰野金吾博士の室を訪れた。そのとき、同氏が日比谷公園の設計図を書いて居られたので、話の序でに少しばかり意見を述べたところ、『君はそんなに公園のことを知っているのか、自分は建築のことならともかく、公園の方はまったく初めてだ、実は東京市では日比谷の練兵場跡に大公園を造ることになり、数年来庭師や茶の宗匠などに設計してもらったが、どれもこれも市会を通らない、そして市会の希望は、日本に初めての新設公園だから、大体新式な西洋風の公園を造りたいという、その設計を頼まれて困り切っているところだ、君一つやってくれないか』といって、無理矢理にその地形図を私に押し付けてきた。そこで私も已むを得ず農科大学に持ち帰り、一週間ばかりかかって作った下図を持参したところ、辰野氏は大いに賛成されて早速私のことを松田市長に話し、私は市長から改めて公園設計を嘱託されることになった。」

一九〇一年（明治三十四年）四十八歳

◉六月十二日、震災予防調査会長となる。◉六月、住友家建築顧問となる。

◉竣工作品——五月、日銀東館。十二月一日、唐津小学校。

◉言論——十二月三十一日、「報告」於建築学会、翌年、『建築雑誌』（第十七巻第一八三号）に掲載。三十四年度分の会務報告。工部大学校出身の幾多の無名の後輩の一人鳥居菊助の死につき弔辞を述べる。「故鳥居君は工部大学校第四回の卒業にして且我建築学会創立者中当時に於て最も之に尽瘁されたる一人なり、君は夙に建築実施家の名を博し官途に民間に建築を設計監督されたること少なからずと雖も、惜い哉中ごろ数奇にして志を得ず郷里に隠退する数年に及びたり、晩年再び旗幟を関西に樹るの機運に会せしも未た旧手腕を振うに及ばずして没す深く哀むべし。」

一九〇二年（明治三十五年）四十九歳

◉十二月二十九日、工科大学辞官。

◉竣工作品——三月三十一日、第一銀行本店。

一九〇三年（明治三十六年）五十歳

◉八月一日、辰野葛西事務所開設。京橋区日吉町二番地（現、銀座八丁目五）。

◉竣工作品——一月、日銀大阪支店。

◉言論——本年、論文「東京に於ける洋風建築の変遷」（朝日新聞）、翌々年『建築雑誌』（第十九巻第二二九号）に再録。明治前半の洋風建築の歴史を、英、独、仏、伊の各国風の交代としてとらえている。自分の立つ同時代を博覧会開場中と見る見方は十年前から一貫する。

一九〇四年（明治三十七年）五十一歳

◉四月五日、三男健吉生まる。

一九〇五年（明治三十八年）五十二歳

◉辰野片岡事務所創設。大阪市中之島二丁目。

◉竣工作品——七月、東京海上火災保険＝辰野葛西事務所。日銀広島出張所＝辰野金吾＋日銀技師長野宇平治。

◉言論——五月十八日、手稿「学科選択指針」（辰野金吾旧蔵資料）。工科大学長辞官後、なぜこうした文を草したかは不明。「㈠土木工学は需用の方面広くして志望者夥多なりし為め今日迄工科大学の卒業生中殆んど其半は土木学科卒業生を以て充し自然供給夥多なりしため近年需用の途稍々減少せり　㈡機械学……　㈢電気工学……　㈣造船学……　㈤造兵学及火薬学……　㈥建築学は衣食住の一を支配する学科にして住は衣食と併行して変遷するもの進歩するものなり今日の如く我衣食に変化を来すに於ては之と随伴して住に変化を生すべきは自然の勢なり住家の配置構造の如何によりては衛生・不衛生、便・不便、快楽・不快楽、避寒・避暑の適不適等因て分るる所なりひいて農工商業の発展に影響すること頗る大なり故に家屋建築の改善は一日も疎にすべきものに非らず近年之を感じ卒業生の需要大に増加しつつあり該学科の特色とする所は官に奉職せず野に就職せず個人として業務を営み得ることは恰も医学士が民間に於て開業するが如く又法学士が弁護士の業務を営むが如し　㈦採鉱冶金学……　㈧応用化学……。学科の撰択を容易にする為め左の条件を例挙す　㈠数学の学力充分にして製図を好む人は土木、機械、造兵、造船の四科目中より撰ぶべし　㈡数学の学力充分にして製図を好まざる人は電気を撰ぶべし　㈢数学の学力不充分にして製図を好まざる

人は火薬、応用化学、採鉱冶金の三科中より撰ぶべし　数学の学力充分ならざるも製図を好む人は建築学科を撰ぶべし」 (四)

一九〇六年（明治三十九年）五十三歳

◉十二月、中央停車場（東京駅）設計開始。

◉竣工作品——四月、第一銀行京都支店＝辰野葛西事務所。六月、日銀名古屋支店＝辰野金吾＋日銀技師長野宇平治。日銀京都支店＝辰野金吾＋日銀技師長野宇平治。本年、三十四銀行堀江支店（大阪）＝辰野片岡事務所。本年頃、増島六一郎邸内住宅二軒（東京　設計明治三十八年十月）＝辰野葛西事務所。

◉言論——九月十日、自伝執筆終わる。十三歳までにて止む。後出『工学博士辰野金吾伝』に収載。

一九〇七年（明治四十年）五十四歳

◉八月、辰野葛西事務所、丸の内八重洲一の一の一に移転。これより中央停車場設計本格化。

◉竣工作品——十月、帝国生命保険大阪支店＝辰野葛西事務所。本年、浪速銀行（大阪）＝辰野片岡事務所。浜寺停車場（堺）＝辰野片岡事務所。神戸商品取引所＝辰野片岡事務所。三十四銀行広島支店＝辰野片岡事務所。日本生命保険東京支店＝辰野片岡事務所。浪速銀行西支店（大阪）＝辰野片岡事務所。

一九〇八年（明治四十一年）五十五歳

◉二月、中央停車場起工。

◉竣工作品——一月、第一銀行神戸支店＝辰野葛西事務所。三月、帝国海上運送火災保険（東京）＝辰野葛西事務所。本年、日銀金沢支店＝辰野金吾＋日銀技師長野宇平治。日銀北新堀町社宅和館＝辰野金吾＋日銀技師長野宇平治。三十四銀行天満支店＝辰野片岡事務所。安川邸（大阪）＝辰野片岡事務所。三十四銀行神戸支店＝辰野片岡事務所。東洋製紙（大阪）＝辰野片岡事務所。小郡銀行（小郡）＝辰野片岡事務所。本年頃、三十四銀行台南支店（台湾）＝辰野片岡事務所。牟田口元学邸（東京　設計明治四十年五月）＝辰野葛西事務所。竹内金庫衡器商店（東京　設計明治四十年七月）＝辰野葛西事務所。東亜煙草大連支店（大連　設計明治四十年十二月）＝辰野葛西事務所。

◉言論——二月、声明「議院建築の方法に就て」塚本靖・伊東忠太と連名、各主要紙に発表、『建築雑誌』（第二十二巻第二五五号）に収載。コンペを主張。九月二十日、著作『家屋建築実例第一巻』及び『家屋建築実例第一巻之図』辰野葛西事務所刊。独立以後の設計実例の契約書・仕様見積書集と図面集。自営建築家への啓蒙的著作。収載例、東京火災海上保険、第一銀行京都支店、帝国生命保険大阪支店、帝国海上運送火災保険。◉十二月、挨拶「会長報告」於建築学会、翌年『建築雑誌』（第二十三巻第二六六号）に

収載。伊東忠太の論文「建築進化の原則より見たる我邦建築の前途」を高評す。

一九〇九年（明治四十二年）五十六歳

◉竣工作品――四月五日、明治専門学校（戸畑）＝辰野葛西事務所。晩秋、日本綿花（大阪）＝辰野片岡事務所。十二月、奈良ホテル＝辰野片岡事務所。本年、日本生命九州支社（博多）＝辰野片岡事務所。両国国技館＝辰野葛西事務所。北浜商業会議所（大阪）＝辰野片岡事務所。山口銀行（大阪）＝辰野片岡事務所。本年頃、東京弁護士会（設計明治四十一年十一月）＝辰野葛西事務所。大山綱介邸（東京　設計明治四十一年六月）＝辰野葛西事務所。

◉言論――六月十五日、論文「国技館は如何に建造せられしか」、『実業の横浜』（第一巻第十三号）に収載。十二月三十一日、挨拶「辰野会長報告」、翌年『建築雑誌』（第二十三巻第二七七号）に収載。建築士報酬制度と請負契約の確立を呼びかける。

一九一〇年（明治四十三年）五十七歳

◉五月二十七日、議院建築準備委員会設置、委員となる。建築家では、辰野金吾、妻木頼黄、片山東熊、中村達太郎、塚本靖、伊東忠太が委員。辰野はコンペ論を主張するも、十月十四日、第五回委員会にて敗北。しかし、コンペ論をけって決議された大蔵省建築部主導方針も財政難により見送られる。

◉竣工作品――四月、日本生命保険名古屋支店＝辰野片岡事務所。十月三十一日、釜山停車場＝辰野葛西事務所。本年、大日本人造肥料大阪支店＝辰野片岡事務所。阪堺軌道恵美須町停車場（大阪）＝辰野片岡事務所。山口銀行岡山支店＝辰野片岡事務所。南海鉄道難波停車場＝辰野片岡事務所。

◉言論――五月三十日、討論「我国将来の建築様式を如何にすべき哉」於建築学会、『建築雑誌』（第二八二号）に収載。座長は辰野金吾、討論者は三橋四郎、関野貞、長野宇平治、伊東忠太、佐野利器、中村達太郎、桜井小太郎、大江新太郎、岡田信一郎、酒井祐之助、古宇田実、岡本鑒太郎、松井清足、新家孝正、横河民輔、曾禰達蔵。これを「様式論争」という。七月八日、第二回「我国将来の建築様式を如何にすべきか」、『建築雑誌』（第二八四号）に収載。辰野金吾の「我輩の論旨」は、「㈠建築様式は自然的になるものにして人為的に製造し得るものに非ざるなり　㈡我邦将来建築様式は洋式と我が固有式と調和して更に起るものなり　㈢建築様式は自然的のものとして之を放任するは吾人の責任を尽したりと云うべからず宜しく各自信ずる様式の計画案を成るべく多く公表して様式成立を促すに努力せざるべからず」。七月十四日より翌四十四年一月二十日まで、議院建築準備委員会討論、『議院建築準備委員会議事要録』（明治四十五年三月三十日、大蔵省臨時建築部刊）に収載。

一九一一年（明治四十四年）五十八歳

◉四月、中央停車場壁体工事着工。◉九月、中央停車場鉄骨組み上げ完了。

◉竣工作品――四月三十日、岩手銀行＝辰野葛西事務所。九月、万世橋停車場＝辰野葛西事務所。日銀函館支店＝辰野金吾＋日銀技師長野宇平治・奥村精一郎。十一月、浅草国技館＝辰野葛西事務所。辰野金吾邸＝辰野金吾。共同火災保険（大阪）＝辰野片岡事務所。松本健次郎邸（戸畑）＝辰野片岡事務所。大阪株式取引所＝辰野片岡事務所。本年頃、山本悌次郎邸（東京　設計明治四十三年八月）＝辰野葛西事務所。菊地武夫邸（東京　設計明治四十三年五月）＝辰野葛西事務所。

一九一二年（明治四十五年　大正元年）五十九歳

◉三月、中央停車場、壁体工事完了につき、屋根及び内装工事着手。

◉竣工作品――一月、朝鮮銀行（ソウル）＝辰野葛西事務所。七月、日銀小樽支店＝辰野金吾＋日銀技師長野宇平治・岡田信一郎。八月、日本教育生命保険（大阪）＝辰野片岡事務所。九月、富山市立図書館＝辰野葛西事務所。十一月、日銀福島支店＝辰野金吾＋日銀技師長野宇平治・奥村精一郎。生命保険会社協会（東京）＝辰野片岡事務所。本年、蘆辺倶楽部（大阪）＝辰野片岡事務所。堺大浜潮湯＝辰野片岡事務所。堺公会堂＝辰野片岡事務所。大阪市公会堂建設事務所＝辰野片岡事務所。第一銀行大阪南支店＝辰野片岡事務所。本年頃、内務省東京土木出張所＝辰野葛西事務所。御木本商店大阪支店（設計明治四十五年七月）＝辰野葛西事務所。

◉言論――五月二十五日、論文及び図面「洋風建築の話」、『建築工芸叢誌』一期第四号より五回連載、葛西万司と共同。未実施の戸畑安川邸の図面、仕様の紹介。十一月十五日、論文「現時の請負業者に対する吾人の希望」、『建築工芸叢誌』一期第十号より二回連続。建設業者が設計行為を兼行することは将来なくなり、施主、設計者、施工業者の完全分立が来ることを語る。本年、論文「建築学上の迷信」、内容、収載雑誌或は新聞等一切不明。十一月十五日、談話「中村教授に関する諸家の談話」、『建築雑誌』（第二十七巻第三二四号）に収載。中村教授工科大学在職二十五年記念祝賀。

一九一三年（大正二年）六十歳

◉竣工作品――一月、安田商事大阪支店＝辰野片岡事務所。四月、二十二銀行（大分）＝辰野片岡事務所。七月、福島県農工銀行（福島）＝辰野葛西事務所。浪速銀行南支店（大阪）＝辰野片岡事務所。十月、大阪窯業＝辰野片岡事務所。百三十銀行曾根崎支店（大阪）＝辰野葛西事務所。

大阪株式取引所付属建物＝辰野片岡事務所。十一月、三十四銀行日本橋支店（大阪）＝辰野片岡事務所。本年、堺大浜潮湯拡張建物＝辰野片岡事務所。盛岡劇場＝辰野葛西事務所。日本舎密製造大阪支店＝辰野片岡事務所。加島銀行南支店（大阪）＝辰野片岡事務所。百三十銀行小倉支店（小倉）＝辰野片岡事務所。阪堺軌道第二恵美須事務所（大阪）＝辰野片岡事務所。三十四銀行奈良支店＝辰野片岡事務所。本年頃、南満州鉄道麻布社宅日本館（東京　設計大正元年十一月）＝辰野葛西事務所。池田侯爵家教養所他（東京　設計大正元年九月）＝辰野葛西事務所。浅田栄治邸（東京　設計大正六年四月）＝辰野葛西事務所。本年〜翌年頃、富山銀行＝辰野葛西事務所。名古屋国技館＝辰野葛西事務所。東京米穀商品取引所＝辰野葛西事務所。

◉言論——一月、論文「指名懸賞競技に就て」、『大阪市公会堂建築設計図集』。設計競技主宰者としての一言。四月、「鉄道院総裁平井晴次郎宛私信」（辰野金吾旧蔵資料）。全貌を見せ始めた中央停車場の天皇家専用玄関等の気に入らぬ個所の設計変更について、了解を請う書。「拝読　先日申上候件に対し御注意之段奉謝候改めて申上る迄も無之候得共中央停車場建築に関しては何卒過失無き様欠点少なきよう今日迄頗る苦心致し彼の詳細現寸図之如きは小生自ら之に当り調整致来り其数既に六百余号に相達し其間修正し又は訂正せしケ処僅少ならずと雖も之に増せば彼之減ずる様に付精密に差引計算せば受負金額には敢て影響せざる事と小生は確信致居候畢竟するに何卒して一は知己の厚意に報ひ二には齢耳順に達したる小生将来斯る大工事を設計するの栄誉を担う事も稀なるべく或は最後の工事に相成哉もはかり難と存じ注意の上にも注意を加え再三再四修正又は訂正を施したる為め或は当局者に御迷惑を掛けたるならんと推察し重々御気之毒に存居候然るに今又一部に変更を施さんとするは如何にも不本意に候へ共不完全なる点を発見しながら殊に帝室御用の部分に於て之を見遁し置くは終生之恨事と思惟し仕上工事に妨害ならざる様多大之費用を要せざる様工事が簡単なる様研究したるものが別紙図面及調書之通りに有之候間是非共之を実行せらるる様更に御考慮相願度く候……」。十一月十五日、論文「大阪公会堂設計図案概評」、『建築工芸叢誌』一期第二十二号より翌年にかけ三回連続掲載。大阪市公会堂指名コンペ応募十三案についての詳細な論評。辰野が弟子たちの作風に対し論評した唯一の記録として貴重。例えば、当選者岡田信一郎案について、「岡田学士の設計は、平面図に於ても立面図に於ても、音響、採光及構造等に於ても、将た仕様書に於ても、十二分研究され、甚だ要領を得た表現的の意匠と認めるのである。併し隔意なく評せしむれば、評する処も随分少くない。譬へば格別重要でもない中二階を重く見做し、其結果が自然正面立面図に波及し、大事な玄関出入口が低くなったり、或は其上部の窓が、重要な室を表現するが如くなったり、正面両翼の軒蛇腹を、故意であるか、偶然であるか、段違いにしたり、或は比格的矮少な孤立窓三箇を列ねて、壁面を減じたり、或は大時計を塔の中腹に設けた停車場然たる工合などは、甚だ面白くない。……要するに本設計は、意匠がゴツイ、カレて居ない、若い、と云う感がする。殊に其感じが外観にある。」

一九一四年（大正三年）六十一歳

◉竣工作品――二月、中央停車場＝辰野葛西事務所。十月開業とともに東京駅と改称。四月、三十四銀行京都支店＝辰野片岡事務所。六月、日本生命保険京都支店＝辰野片岡事務所。七月、神戸銀行集会所＝辰野片岡事務所。十一月、加島銀行京都支店＝辰野片岡事務所。十二月、増田ビルブローカー銀行（大阪）＝辰野片岡事務所。本年、阪堺軌道恵美須町停車場（大阪）＝辰野片岡事務所。

◉言論――六月七日、挨拶「開会の辞、附所感」於建築学会大会、『建築雑誌』（第二十八巻第三三一号）に収載。工部大学校は構造重視、最近は美術重視、両者の共存を言う。

一九一五年（大正四年）六十二歳

◉十一月十六日、辰野博士還暦祝賀記念資金募集。九一二名、二万三三二一円の醵金があった。清水満之助三〇〇〇円が群を抜く。辰野奨学資金を創設。

◉竣工作品――四月四日、武雄温泉場建物及び楼門（佐賀県武雄）＝辰野葛西事務所。五月、近江銀行（大阪）＝辰野片岡事務所。十二月六日、百三十銀行八幡支店（北九州市）＝辰野片岡事務所。十二月、伊藤忠本店（大阪）＝辰野片岡事務所。本年、日本生命保険北陸支店（金沢）＝辰野片岡事務所。帝国製麻（東京）＝辰野葛西事務所。浪速銀行九條支店（大阪）＝辰野片岡事務所。函館図書館庫書＝辰野葛西事務所。本年頃、池田侯爵邸日本館（東京　設計大正三年三月）＝辰野葛西事務所。

◉言論――十月三十日、弟子野口孫一の死に際し「弔詞」、『建築雑誌』（第三四七号）に収載。「建築界に所謂野口式とも言う可き一種独特の風を樹つ。案ずるに君由来独創に富む而も其の独創たるや煥発して人目を眩惑する如きものに非ず、静かに味いて津々趣味を生ぜしむる点に他の追随を許さざるものあるなり」。十一月二十七日、挨拶「辰野博士の挨拶」於還暦祝賀会、『建築雑誌』（第三四八号）に収載。

一九一六年（大正五年）六十三歳

◉竣工作品――本年、岩手県農工銀行（盛岡）＝辰野葛西事務所。山口銀行京都支店＝辰野片岡事務所。高知銀行＝辰野片岡事務所。四十三銀行（和歌山）＝辰野片岡事務所。東洋紡績（大阪）＝辰野片岡事務所。

◉言論――十月十日、追憶「妻木博士に対する諸家の追憶」、『建築雑誌』（第三十巻第三五九号）に収載。「旧幕時代からの悪習慣所謂作事方一流の弊を打破して監督上清廉の範を垂れたこと」を妻木頼黄の第一の功とする。十月二十七日、「建築に関する論談会」於建築学会、『建築雑誌』(第三十巻第三六〇号)に収載。岡田信一郎の「建築界発展策」と題する発言、「今の建築は譬えて見ますと明治の過度期という火事場のドサクサマギレに出来上った仮の建築である、旧日本の建築が焼けて仕舞って其跡に急場に間に合せに出来た仮小屋みたようなものである、其故に今それを修繕した所でエライ建物として価値のあるものに成る筈はない」。こうした新世代の酷評に対し、ドサクサマギレの仮小屋作りに生涯を注いだ辰野金吾は、次のように答える。「私は今日此処に出席しましたが、若し出席せなんだならば、もうちょっとエライ気焔を揚げられたろうと思います。私が来た為に諸君が気焔を揚げ損なって如何にも残念でもあり、又建築界の為に惜むべきことであります……今晩私が出席したのは返す〳〵も残念である」。辰野の作り上げた小世界が辰野を超えて進んでゆく。

一九一七年(大正六年)六十四歳

◉八月、議院建築調査会設置、委員となる。建築家では、辰野金吾、矢橋賢吉、塚本靖、横河民輔、山下啓次郎と、全委員が辰野一門である。◉十二月、妻木頼黄亡き後、大蔵省は辰野の意向に添い、同会はコンペによる設計を決定。◉竣工作品——七月、山中銀行(東京)＝辰野葛西事務所。九月十日、霊南坂教会(東京)＝辰野葛西事務所。十月、川島東京店＝辰野葛西事務所。十二月、帝国生命保険仙台支店＝辰野葛西事務所。本年、東北実業銀行(仙台)＝辰野葛西事務所。山下汽船(神戸)＝辰野片岡事務所。青山学院生徒監舎及び院長宅＝辰野葛西事務所。近江銀行神戸支店＝辰野片岡事務所。本年頃、黒板伝作邸(東京 設計大正五年五月)＝辰野葛西事務所。農科大学農芸化学研究室(東京 設計大正五年十二月)＝辰野葛西事務所。日置邸(東京 設計大正五年十一月)＝辰野葛西事務所。

◉言論——八月から十二月の議院建築調査会討論は、『議院建築調査会報告書』『議院建築調査会報告書付属議事速記録』(大正七年十月二十一日、大蔵省大臣官房臨時建築課刊)に収載。十月二十八日、追憶談話「片山博士に対する諸家の追憶」、『建築雑誌』(第三十一巻第三七二号)に収載。「片山博士は誠に清廉潔白な人で、自分の斯うと思うた事は、何事でも必ず意の如く実行せねば止まぬと云うのが博士の著しい性格であったが、実際自分の思った通りにやり遂げて来られ、意の如く実施されて来られたと思ふ。博士は左様云う気質の人であった、所が、私も亦類似の気質を持って居ったので、事専門学上に触れれば、大概意見が相違して居った。時としては口角泡を飛ばすの激論や舌端火を発するの概も往々あった……」。

一九一八年(大正七年)六十五歳

◉七月六日、臨時議院建築局設置、常務顧問となる。すでに病軀である。◉九月十四日、議院建築意匠設計懸賞募集審査委員就任。
◉竣工作品——九月、加島銀行神戸支店＝辰野片岡事務所。十月、大阪市公会堂＝辰野片岡事務所、原設計岡田信一郎。十二月、加島銀行池田支店（大阪）＝辰野片岡事務所。本年、資生堂（東京）＝辰野葛西事務所。大阪農工銀行＝辰野片岡事務所。神戸川崎銀行大阪支店＝辰野片岡事務所。第二十二銀行（岡山）＝辰野片岡或いは辰野葛西事務所。本年頃、日蓮宗大学校（東京　設計大正六年二月）＝辰野葛西事務所。帝国大学工科教室（東京　設計大正六年七月）＝辰野葛西事務所。勝田汽船（神戸　起工大正七年一月）＝辰野片岡事務所。

一九一九年（大正八年）六十六歳

◉二月二十四日、議院コンペ第一次審査終了。◉三月二十五日夜、赤坂新坂町自邸にて逝去。雑司谷墓地に葬らる。
◉竣工作品——五月、アルカリ商会（大阪）＝辰野片岡事務所。九月、仁記洋行（神戸）＝辰野片岡事務所。十月、加島銀行日本橋支店（大阪）＝辰野片岡事務所。福徳生命保険（大阪）＝辰野片岡事務所。十一月、神戸川崎銀行（神戸）＝辰野片岡事務所。

一九二〇年（大正九年）

◉竣工作品——本年頃、加州銀行（金沢　起工大正八年三月）＝辰野片岡事務所。三十四銀行朝日橋支店（大阪　起工大正八年二月）＝辰野片岡事務所。

一九二一年（大正十年）

◉三月、『第一相互館建築図集』辰野葛西事務所刊。本邦最初の一建築の図集である。

一九二一年（大正十年）

◉竣工作品——三月、第一相互館（東京）＝辰野葛西事務所。最終遺作となる。

一九二六年（大正十五年）

◉十二月二十日、『工学博士辰野金吾伝』辰野葛西事務所刊。石橋絢彦、曾禰達蔵、中村達太郎、葛西万司を故辰野博士伝記編纂委員として、縁者の辰野正男が編纂を進めたが、病により、その友人の白鳥省吾に引き継がれ完成す。

一九二八年（昭和三年）

◉七月、『辰野記念日本銀行建築譜』刊。委員、葛西万司、長野宇平治。辰野記念事業第一部肖像画制作、第二部伝記編纂に続く、第三部日銀図集編纂である。この事業のため日銀本店に収集した原図類は震災により一括焼失し、後、実測により再製した。

一九七九年（昭和五十四年）

◉金吾の跡を長男隆が、隆の跡を長男明が継ぎ、現在に至る。

長野宇平治年譜

一八六七年（慶応三年）一歳

◉九月一日、越後国高田城下呉服町（現、上越市高田本町三丁目第四銀行高田支店所在地）に、長野孫次郎（孫二郎）の長男として生まる。長野家は高田きっての旧家であった。『高田市史』『長野氏興廃史』『箕郷町史』によれば、遠祖を在原業平の五男といい、国司として上野国に就き吾妻郡長野原に居を構えたことから長野姓を興したという。しかし戦国期に入り、永禄六年業平より五十二代目の長野業氏は、上野国宝田の鷹留城主として、弟の箕輪城主業政とともに、武田信玄と戦い敗れ、長野氏は滅びた。落城にあたり、業氏の五子孫左衛門業広は越後に落ち、上杉憲政に仕え、これを初代とし高田の長野家が興る。二代孫八郎業房は郷士となり、業房の死後は士籍を離れ町人となった。五代が酒造を創め、六代孫右衛門は町惣年寄となり、十二歳半元服御目見を許さる。こうして蓄えられた十数棟の倉を連ねる長野家の家産は、宇平治の父孫次郎が維新後蕩尽したという。宇平治の幼時については、明治初年断髪を嫌い、家人は寝込みを襲って切ろうとするも、髷をかかえて寝ており閉口した、という話が残されている。

一八八三年（明治十六年）十七歳

◉尋常中学校卒業。

一八八四年（明治十七年）十八歳

◉旧藩主の一門大平様に従って、長野宇平治、富塚某、伊藤某の三名上京。本所相生町の英語塾共立学校に入り受験準備。

一八八五年（明治十八年）十九歳

◉大学予備門へ入学。

一八八六年（明治十九年）二十歳

◉九月、大学予備門、第一高等中学校予科へと改編改称。予科第二級、英語選択十之組に入る。同級生三十六人中成績、一番塩原金之助（漱石）、七番長野宇平治、九番正岡常規（子規）。

一八八八年（明治二十一年）二十二歳

◉英語教師小島憲之の影響により、当初の法文系志望を建築へと転じ第一高等中学校本科より工科へと進学。

一八九〇年（明治二十三年）二十四歳

◉工科大学造家学科入学。同級生は、三橋四郎、塚本巳之吉（靖）、大倉喜三郎、鷲田篤二、両角保蔵。教師は教授辰野金吾、助教授中村達太郎、石井敬吉。辰野の設計教育は「我等の以前の学生はゴシック式で訓練されたものであった。然るに我等はゴシック式で考案することを辰野教授から禁ぜられた。氏の意見では将来の建築は復興式《ルネツサンス》たるべき気運に際して居るから、学校では其方針で学ばせねばならないとのことだ」（「長野博士回顧談」）

一八九三年（明治二十六年）二十七歳

◉三月二十一日、ゴシック住宅設計をなす（関野貞旧蔵資料）。◉六月二十一日、卒業論文『建築に於ける鉄の応用史』提出。テーマは選択制であった。参考文献は、『RIBAジャーナル』『ビルディング・ニュース』『アメリカ・アーキテクト・アンド・ビルディング・ニュース』各誌、及びデュック『建築辞典』、ファーガッソン『近世建築史』、ラスキン『建築の七燈』、バージェス『工芸美術』他であった。内容は、古代から近代産業革命までの建築の中の鉄について論述し、最後に「土木技師は橋梁の建設に於て断然として新らしい道を歩いた。之に反して建築家は躊躇逡巡して旧慣を脱却することは出来ない故に、建築家はその様な有様で満足している間は、到底此道に於ての進歩は望み難いことである」と、近代主義建築論風の結論を下している。◉七月三十日、卒業設計提出。テーマはA terminal station and hotel。ゴシックとクラシックの折衷様式を採る。終生の作風となる壮大さ、のびやかさがすでに現われている。同日、工科大学卒業。◉九月一日、大蔵省技師妻木頼黄の紹介にて、横浜税関嘱託となる。妻木頼黄・小林金平設計の横浜税関監視部の現場監理をなす。

一八九四年（明治二十七年）二十八歳

◉八月二日、横浜税関嘱託解職。◉八月十六日、内務省技師妻木頼黄（大蔵省技師と兼任）の紹介にて、奈良県嘱託となる。◉県関係工事において土建業者の不正を許さず、脅迫を受けたが屈せず、為につけねらわれたが、結局保安条例の発動により不正業者を県外追放して落着、勇名を馳す。『日記』によれば、この頃、奈良の古建築を詳しく見る。奈良の古建築行脚を試みた最初の建築家といえよう。

一八九五年（明治二十八年）二十九歳

◉竣工作品——十二月十五日、奈良県庁及び県会議事堂。本邦初の「和唱洋随」様式。第一勧業銀行（妻木頼黄、武

田五一設計）等が直接的影響を受けて引き続く。

一八九六年（明治二十九年）三十歳

◉五月十六日、奈良高等女学校の設計をなすも実現せず。◉十一月三十日、奈良県嘱託を辞す。県より古社寺保存の内命を受けたが、デザイナー志望故に依願免職。辰野金吾を頼って上京するも、職なし。◉竣工作品——十二月、奈良県師範学校。◉言論——三月、論文「新築奈良県庁図面説明」、『建築雑誌』（第十巻第一一一号）。

一八九七年（明治三十年）三十一歳

◉五月十七日、横浜の原合名会社倉庫の設計をなすも実現せず。◉十一月四日、木橋千代子と結婚。千代子は高峰譲吉の姪にして、高田の長野家と金沢の高峰家は古くからの親類であった。◉十一月十八日、辰野金吾に呼ばれ、日本銀行技師となる。本店竣工後の付帯工事を担当。◉言論——七月、論文「法隆寺伽藍は元禄年代の再建に成りし者なり」、『建築雑誌』（第十一巻第一二七号）。奈良県時代、辰野金吾、関野貞等を法隆寺に案内した元祖として発言したが、これは珍説であった。十月、論文「南紀旅行記」、『建築雑誌』（第十一巻第一三〇号）。十一月、論文「再び法隆寺建築に就いて」、『建築雑誌』（第十一巻第一三一号）。

一八九八年（明治三十一年）三十二歳

◉竣工作品——四月十日、関西鉄道愛知停車場。奈良県時代の業余設計。

一八九九年（明治三十二年）三十三歳

◉言論——三月、論文「屋根の形」、『建築雑誌』（第十三巻第一四七号）。

一九〇〇年（明治三十三年）三十四歳

◉十一月一日、日本銀行大阪支店臨時建築部に転ず、前任者葛西万司の後任として技師長に昇格。◉竣工作品——七月十七日、住友銀行東京支店。明治三十年八月二十三日、日本興業銀行（後の興銀とは無縁）のためになした設計図を修正転用したもの。

一九〇二年（明治三十五年）三十六歳

◉四月二十一日、関西鉄道会社一等車両内装設計をなす。業余設計。◉六月六日、関西鉄道会社博覧会用停車場設計をなす。業余設計。◉竣工作品——十一月、信濃銀行（長野市）。業余設計。

一九〇六年（明治三十九年）四十歳

◉竣工作品——本年、菅原神社。郷里高田に近い菅原村の郷社にして、神明造り。業余設計。

一九〇七年（明治四十年）四十一歳

●明治三十七八年、戦役記念建築コンペに参加。提出後取り下げる。

●竣工作品――十二月七日、周防銀行（山口県柳井）。業余設計。

一九〇九年（明治四十二年）四十三歳

●四月、台湾総督府庁舎コンペ参加。一等なしの二等入選。

●竣工作品――本年、菅原小学校。郷里高田近くの菅原村の小学校。業余設計。

●言論――七月、論文「台湾総督府庁舎設計懸賞に就て」、『建築雑誌』（第二十三巻第二七一号）。総督府及び審査員辰野金吾が一等を作らず、最優秀の長野案を二等としたことへの抗議文。

一九一〇年（明治四十三年）四十四歳

●言論――八月、論文「議院建築設計競技私見」、『建築雑誌』（第二十四巻第二八四号）。台湾総督府コンペのような不明朗を無くす手段を提言。

一九一一年（明治四十四年）四十五歳

●九月、日本大博覧会コンペに参加、落選。三菱会社コンペに参加、落選。

●言論――一月、論文「議院建築と競技」、『建築雑誌』（第二十五巻第二八九号）。

一九一二年（大正元年）四十六歳

●七月、日本銀行技師長解職。一連の支店建設の終了による。●八月、台湾総督府嘱託となる。台湾檜売出を担当。

●大阪市公会堂指名コンペに参加、二等入選。

●竣工作品――本年、北海道銀行（小樽）。業余設計。

一九一三年（大正二年）四十七歳

●二月、長野事務所開設。日本橋本革町五の三井貸ビルのワンフロワーを占める。日銀の建築関係者を引き連れての独立であり、以後、日銀の外郭設計組織のごとき機能も果たしてゆく。所員は、荒木孝平、大沢沢次、金沢孝治、箕浦實一、田村豊、杉山庫之、川面某、ワタナベ某の名が知られている。なお、長野は、設計組織に建築家は一人いれば良いとの信念から、ドラフトマン或いは現場監理技術者のみを所員とした。こうした方針には、日銀建築部にあって、辰野金吾の下で十六年を過ごした長野の独自の想いが込められている。

一九一四年（大正三年）四十八歳

●九月、台湾総督府嘱託辞職。

●竣工作品——三月、台湾喫茶店（東京）。大正博覧会に台湾総督府が出した茶店。

一九一五年（大正四年）四十九歳

●竣工作品——本年、志立鉄次郎邸（東京）。

●言論——十一月二十一日、談話「御大典市街装飾に就て」、『美術週報』（第十三巻第十号）に収載。

一九一六年（大正五年）五十歳

●竣工作品——十一月二十日、三井銀行神戸支店。

一九一七年（大正六年）五十一歳

●一月、日本建築士会々長に就任。以後、中條精一郎とともに、建築家職能確立に尽力。

●言論——一月、論文「建築士会の出現」、『建築世界』（第十一巻第一号）。

一九一八年（大正七年）五十二歳

●八月、三井合名会社事務所設計をなすも実現せず。横浜正金銀行東京支店設計取り調べのため渡米。

一九一九年（大正八年）五十三歳

●二月、帰国。

●竣工作品——三月、台湾総督府。ただしコンペ当選の原案のみ長野宇平治設計。七月十日、横浜正金銀行神戸支店。同月、横浜正金銀行青島支店。十二月、明治銀行金沢支店。本年、明治銀行東京支店。鴻池銀行東京支店。

●言論——十二月、論文「議院建築懸賞競技図案に就て」、『建築世界』（第十三巻第十二号）。

一九二〇年（大正九年）五十四歳

●竣工作品——一月、横浜正金銀行下関支店。三月三十一日、日本興業銀行大阪支店。五月二十一日、三井銀行下関支店。

●言論——八月、論文「都市計画の熱を冷す勿れ」、『建築世界』（第十四巻第八号）。

一九二一年（大正十年）五十五歳

●竣工作品——九月十五日、三井銀行日本橋支店。

●言論——十一月、論文「装飾士（デコレーター）の独立を望む」、『建築世界』（第十五巻第十一号）。

一九二二年（大正十一年）五十六歳

●竣工作品——三月、日銀岡山支店。

●言論——二月、論文「若き建築家の無力を憂う——時代錯誤の設計競技」、『建築世界』（第十六巻第二号）。

一九二三年（大正十二年）五十七歳

●九月十二日、関東大震災時、明治銀行本店竣工式に臨むため名古屋にあったが、震災の報を受け、食料、衣類等をリュックに詰め急拠中央線にて上京、各銀行の過熱した被災金庫室の開扉時期について指導す。三井貸ビルの被災により図面等の資料を一括焼失、事務所を竣工間近い三共ビルに移転。

●竣工作品――七月二十五日、明治銀行大阪支店。八月二十日、明治銀行本店（名古屋）。本年頃、明治銀行名古屋西支店。本年中か、三井銀行本店仮営業所。三井合名会社仮事務所。

●言論――一月、論文「建築監督士の必要」、『建築世界』（第十七巻第一号）。七月、論文「レオナルト・ダ・インチに就て」、『建築世界』（第十七巻第七号）。

一九二四年（大正十三年）五十八歳

●竣工作品――本年、三井ビル（東京）。

●言論――一月、論文「団体としての建築士」、『建築世界』（第十八巻第一号）。

一九二五年（大正十四年）五十九歳

●竣工作品――一月、三井銀行広島支店。六月三十日、鴻池銀行大阪支店。

●言論――三月、講演「建築士法に関する欧米建築界の状況」於日本建築士会大会、昭和六年『日本建築士』十月号に収載。

一九二六年（昭和元年）六十歳

●竣工作品――四月、六十八銀行奈良支店。五月、日銀神戸支店。

●言論――十月、論文「国際連盟会館建築設計競技募集規定に就て」、『建築雑誌』（第四十巻第四八八号）。

一九二七年（昭和二年）六十一歳

●八月、日本銀行技師長に就任。本店増築のため臨時建築部が設置され、長野事務所員を率いて日銀に入る。ただし、荒木孝平を残し、長野事務所の名は存続させる。●本年、勧業銀行建築顧問となる。設計者にすぐれた古典主義様式の手腕を持つ渡辺節が選ばれたのは、長野の推挙によるものと思われる。

●竣工作品――六月、横浜正金銀行東京支店。本年、亀島広吉邸（東京）。藤井栄三郎邸（東京）。

●言論――六月、論文「東京朝日新聞社屋を見て」、『建築世界』（第二十一巻第六号）。七月、論文「日本建築士会の沿革」、『日本建築士』（第二巻第七号）。十月、論文「国際連盟会館競技に就ての感想」、『日本建築士』（第二巻第十号）。コルビュジェ等の近代派のコンペ参加作品を、工場や倉庫の如しと難ず。

一九二八年（昭和三年）六十二歳

◉一月、国際連盟コンペに参加、落選。長野事務所の総力を挙げた設計であり、図面発送の日、所員及び家族は、家紋入りのそろいの法被を着し、横浜港にて図面の木箱を見送ったという。

◉竣工作品――本年頃、長野氏霊廟（群馬県箕輪）。

◉言論――一月、論文「建築物の批評に就て」、『建築世界』（第二十二巻第一号）。六月十日、著作『工学博士長野宇平治作品集』建築世界社刊。作品、論文、回顧談よりなる。八月、訳文「仏国中央建築士会制定建築士職責規定」、『日本建築士』（第三巻第八号）。

一九二九年（昭和四年）六十三歳

◉言論――四月一日、訳著『建築士及其職責』刊、ガデー著、長野訳、辰野隆校閲。Julien Guadet "Les éléments et Théorie de L'architecture" の第十六章の訳出。

一九三〇年（昭和五年）六十四歳

◉言論――四月、論文「建築士の職分に関する将来の傾向如何」、『日本建築士』（第五巻第四号）。八月、論文「建築士の職分再論」、『日本建築士』（第五巻第八号）。この頃、長野をリーダーの一人とする日本建築士会は、建設業者の設計行為の兼行を禁ずる運動を進めており、一連の建築家職能論はそのためのもの。

一九三二年（昭和七年）六十六歳

◉竣工作品――四月九日、大倉精神文化研究所（横浜）。業余設計。内容的には最終作品。四月二十日、日銀本店増築第一期。本年、日銀松山支店。

◉言論――六月、論文「日本銀行第一期増築工事成る」、『建築雑誌』（第四十六巻第五五八号）。

一九三五年（昭和十年）六十九歳

◉竣工作品――五月十日、日銀本店増築第二期。

◉言論――三月、論文「建築士及其職責補遺」、『日本建築士』（第十巻第三号）。四月、論文「真の日本建築は伊勢太廟に在る」、『建築知識』（第一巻第一号）。ギリシャから伊勢への回帰或いは、両者の共立を語る。純粋なヨーロッパ古典主義者としての長野の晩年の思想の転回を示す。

一九三六年（昭和十一年）七十歳

◉竣工作品――本年、日銀広島支店。

◉言論――三月、論文「トロヤ旧趾の発見者シュリィマン博士に就て」、『建築知識』（第二巻第三号）。

一九三七年（昭和十二年）七十一歳

◉十二月十四日、逝去。上越市高田、長遠寺《じょうおん》の長野家墓地に入る。
◉竣工作品――本年、日銀松江支店。

一九三八年（昭和十三年）

◉本年、旧蔵書三一七冊、故人の遺志と内藤多仲、今井兼次の尽力により、早稲田大学に寄贈される。ルネサンス期建築書の原本を含む、稀代の蔵書であった。◉九月、長遠寺墓地に長野博士頌徳碑建立。

◉竣工作品――六月十九日、日銀本店増築第三期（最終）。
◉言論――六月、『日本銀行増築工事竣工記念』刊。図面、写真、記録集。

一九七九年（昭和五十四年）

◉宇平治の男子は早逝し、三女森三枝子の長男森参治を嫡流として現在に至る。

後記

幕末の開国以後、ヨーロッパとの出会いの中で生まれた建築のことを近代建築という。その中身は、幕末から昭和戦前いっぱい作られた西洋館と、西洋館を否定して出現した大正以後のモダンな建築の二つからなる。

開国から敗戦までの九十年の間、縄文時代このかた木造建築しか知らなかった日本人は、石と煉瓦に由来するヨーロッパ建築と格闘し続けてきた。長い日本の建築の歴史の中で見れば、飛鳥時代に大陸の仏教建築を受け容れた時以来の、正確にはそれ以上の、激しい変化の時代であった。

五十年前、日本の近代建築研究に着手した時、先人による研究は、幕末から明治初期にかけての二十年間に集中し、洋式工場、居留地のコロニアル、大工棟梁による擬洋風の三つについて明らかにし、一山越えての谷間の停滞の季節に入っていた。最初の二十年間は記録も作者もあやふやな〝神話の時代〟といえるが、その神話成立の大筋を明らかにしたところでの一休み状態であった。

神話時代を終わらせるべく来日したコンドル先生から始まる七十年間については、まだ歴史として認められておらず、白紙状態にあった。

白紙に初めての歴史を書くにあたり、三つの方法をとることにした。

一、　刊行されたすべての雑誌と本を読む。
二、　残っているすべての建築を見る。
三、　主要な建築家の遺族を訪れる。

研究方法は徹底した実証主義にちがいないが、歴史をどう書くかについてはこの方法に納まらない気持ちを持っていた。はるか昔、歴史と物語は一体化し、神話として語り続けられていたが、自分の書く歴史はそうした遠い記憶につながってほしい、と。

歴史と物語の二つのうち、歴史中心で書いたのは、学位論文をまとめた『明治の東京計画』（岩波書店、一九八二年）と『日本の近代建築』（上、幕末・明治篇／下、大正・昭和篇、岩波書店、一九九三年）である。

一方、物語は、一冊の本の形をとらず、何冊もの本や雑誌への寄稿の形で書いて来た。物語らしく、人物を中心とする傾向も強い。

それらはバラバラに書かれたこともあり、現在は刊行されていないので、齢七十に至ったのを機にまとめることにした。

＊

「明治の都市と建築」

明治の早い時期の都市計画と建築を支えた思想はどんなものだったのか。都市計画を動かしたのは、パリのような帝都を求める欧化主義と、それに対抗したのが自由貿易の都を求める商業主義で、結局、相討ちに終わっている。

建築をリードしたのはまず文明開化の一時期の欧化主義とその後も続く近代化推進の考えがあり、次に現れたのはヨーロッパ流の建築観を日本に根付かせようという動きで、これは鹿鳴館の設計者として知られるコンドル先生と日本最初の建築史家の伊東忠太の二人がリードしている。

「明治の洋風建築」

大学院生時代、恩師の村松貞次郎先生に言われて草稿を書き、それを読んだ先生はそのまま出版社に渡された。奥付に、村松貞次郎編、写真・増田彰久、文・藤森照信、となっているのはこうした事情による。

幕末から明治初期にいたる神話の時代を主な対象に、錯綜きわまりないこの時期の西洋館を分類し、分類された各グループを系統付けた。後に手がける通史『日本の近代建築』（上・下）の萌芽となった成果である。

「ウォートルス、煉瓦街、そして銀座」

研究を始めた当初、神話時代のスサノオノミコトともいうべきウォートルスについては、日本時代のことはおおよそ判明していたものの、どこで生まれなぜ日本に上陸したのか、十年ほど滞在して日本を去った後、どこでどうなったのか、謎のままだった。

それから三十年してアイルランドに生地を訪ね、アメリカはデンバーの市営墓地に花を手向けることができるまでに謎の解明は進んだ。

「コンドル」「絵師暁英と建築家コンドルの間」

村松貞次郎先生は鹿島出版会の依頼で土木と建築分野のお雇外国人について一冊を約束していたが、執筆があまりに長引き、ついに、コンドルの分だけやってくれ、となった。コンドルについては、その日本趣味について関心があってあれこれ資料も集めていたので、書くことにした。コンドルは日本趣味を満たすべく来日したのだった。

「絵師暁英と建築家コンドルの間」もその後の成果を収めている。

「国家のデザイン」

この十巻からなる本（『日本の建築［明治大正昭和］』）は、日本初の近代建築家全集の性格を持ち、私は、企画委員を務めるだけでなく、三省堂に出かけ自分用のデスクに向かって編集の手伝いをした。むろん執筆もし、辰野金吾と長野宇平治の巻を受け持った。当時、辰野金吾も歴史研究の対象とはされておらず、文献を調べ実物の有無を確かめといった研究をしつつ執筆をすすめ、辰野の組織者としての業績とデザインの特質を明らかにすることができた。

長野宇平治については、ロマンチックなデザイナーとしてスタートしながら、やがて古典主義へと回帰してゆく姿を描くことができた。シリーズ第一回として刊行され、日本人建築家についての初の本格評伝となり、また、私の関心が評伝にあることも明らかになった。

＊

こうしてまとめてみると、日本の近代建築を対象としてきた幸を感じる。

日本の近代建築は、時間的には前近代と現代の間に、地理的には東洋と西洋の間に位置し、逆にいうと、日本の近代建築を通して前近代のことも現代のことも、東洋のことも西洋のことも考えることが出来る。

もともと建築という表現は、材料、技術、思想、美学、社会、経済といった諸分野の影響を受けて生まれる。建築とは、あらゆるものをバケツに突っ込んで掻き混ぜて初めて一つの姿をとるような領分なのである。総合的というか雑合的というか二十一世紀には珍しい領分にちがいない。この総合的、雑合的、博物学的な性格が、私には合っていたと思う。

好んで入ったというより青春の蹉跌と短慮の果てに入らざるを得なかった領分にちがいないが、やっていて飽きることはなかったし、やっているうちに好きになった。

前文に書いた、通史を書くための〝読む〟〝見る〟〝訪れる〟の三目標を達成できたのは三十八年前、一緒に始めた堀勇良という相棒がいたおかげだし、そもそも私が歴史研究という閉じられた世界から雑誌やジャーナリズムの世界にズリ出てしまったのは、松田哲夫の誘いに乗ったからだ。

建築史家の本橋仁さん、筑摩書房編集室の喜入冬子さんの若い力を得て、この本をまとめることができた。装丁はいつものように南伸坊に手がけてもらった。

本書に集めた文の原文は、多くは、大学院生時代から一緒に動いてきた建築写真家の増田彰久の写真を伴って発表したものだが、論文集としての性格上、私の写真などに替えている。

村松貞次郎先生はじめ先人研究者と友人と後輩とそして家族に恵まれなければ、建築史家としての私の行程も、ずいぶんヘンになっていたにちがいない。ありがとう。

『大日本人造肥料株式会社創業三十年記念誌』河村九淵著、大日本人造肥料（1917.4） Ⅲ-127
『辰野紀念日本銀行建築譜』長野宇平治・葛西万司編［出版者不明］（1928.12） Ⅲ-70, Ⅲ-78
『東京帝国大学』小川一真編、小川写真製版所（1900） Ⅲ-5
『東京百建築』黒田鵬心編、建築画報社（1915） Ⅲ-97, Ⅲ-173
『長野市中流商店銀行旅館構造写真帖』前田駒吉、信濃図書刊行会（1927） Ⅲ-201
『日本銀行八十年史』日本銀行、日本銀行史料調査室（1962） Ⅲ-80, Ⅲ-164
『日本写真帖』田山宗堯編、ともゑ商会（1912） Ⅲ-103
『日本鉄道紀要』小川一眞編、小川寫眞製版所（1898.11） Ⅲ-184
『母校百年史』旧唐津小学校創立百周年記念事業実行委員会、旧唐津小学校創立百周年記念事業実行委員会（1976） Ⅲ-86
『明治初期の洋風建築』堀越三郎、小瀧文七（1929.12） Ⅱ-47, Ⅱ-48, Ⅱ-50
『明治専門学校写真帖』明治専門学校編、明治専門學校（1920.10） Ⅲ-168
『明治大正建築写真聚覧』建築學會編、建築學會（1936.12） Ⅱ-12, Ⅱ-13, Ⅱ-14, Ⅱ-15, Ⅱ-18, Ⅱ-20, Ⅱ-29, Ⅱ-30, Ⅱ-64, Ⅱ-65, Ⅲ-3, Ⅲ-4, Ⅲ-63, Ⅲ-72, Ⅲ-105, Ⅲ-171, Ⅲ-203, Ⅲ-219,
『明治の異人館』坂本勝比古、朝日新聞社（1965.9） Ⅱ-32, Ⅱ-38, Ⅱ-39,
『郵政百年史資料』郵政省編、吉川弘文館（1968-1972） Ⅲ-67
『横須賀海軍船廠史』［横須賀海軍工廠］横須賀海軍工廠編集（1915） Ⅱ-9
『横浜開港五十年史』肥塚龍、横浜商業会議所（1909.5） Ⅲ-65

【所蔵】
江戸東京博物館 Ⅱ-66
金沢市立図書館 Ⅰ-17
重要文化財旧開智学校校舎（立石清重『營繕記』） Ⅰ-6, Ⅰ-7, Ⅰ-8, Ⅰ-9, Ⅰ-10
関野貞旧 Ⅲ-58, Ⅲ-213
辰野家 Ⅲ-19, Ⅲ-21, Ⅲ-22, Ⅲ-25, Ⅲ-28, Ⅲ-31, Ⅲ-32, Ⅲ-34, Ⅲ-35, Ⅲ-37, Ⅲ-38, Ⅲ-39, Ⅲ-40, Ⅲ-42, Ⅲ-43, Ⅲ-44, Ⅲ-45, Ⅲ-46, Ⅲ-47, Ⅲ-48, Ⅲ-49, Ⅲ-50, Ⅲ-160, Ⅲ-161
東京芸術大学所 Ⅱ-31
東京芸術大学図書館 Ⅲ-15, Ⅲ-16
東京大学建築学教室 Ⅲ-26, Ⅲ-27, Ⅲ-214
東京大学村松研究室 Ⅲ-122
日本銀行 Ⅲ-24
三菱史料館 Ⅱ-7

【提供】
河東義之 Ⅲ-12
清水建設株式会社 Ⅲ-110
長浜市長浜城歴史博物館 Ⅱ-4
博物館 明治村 Ⅱ-2
福井正明 Ⅲ-149
ベルギー国立銀行 Ⅲ-75, Ⅲ-76, Ⅲ-77
森三枝子 Ⅲ-179, Ⅲ-180, Ⅲ-222

図版出典および提供・所蔵一覧

【出典】
＊新聞・雑誌（定期刊行物）
「ガラス」（佐竹鐵也「東京駅」） Ⅲ-88
「関西建築協会雑誌」關西建築協會 Ⅲ-53
「建築画報」建築畫報社 Ⅲ-59, Ⅲ-90, Ⅲ-91
「建築工芸叢誌」建築工芸協会 Ⅲ-144, Ⅲ-174
「建築雑誌」日本建築学会 Ⅲ-51, Ⅲ-54, Ⅲ-56, Ⅲ-57, Ⅲ-60, Ⅲ-61, Ⅲ-62, Ⅲ-73, Ⅲ-74, Ⅲ-85, Ⅲ-87, Ⅲ-89, Ⅲ-95, Ⅲ-100, Ⅲ-101, Ⅲ-102, Ⅲ-117, Ⅲ-120, Ⅲ-124, Ⅲ-128, Ⅲ-129, Ⅲ-130, Ⅲ-132, Ⅲ-134, Ⅲ-135, Ⅲ-136, Ⅲ-137, Ⅲ-138, Ⅲ-141, Ⅲ-145, Ⅲ-146, Ⅲ-147, Ⅲ-158, Ⅲ-159, Ⅲ-165, Ⅲ-166, Ⅲ-167, Ⅲ-172, Ⅲ-175, Ⅲ-181, Ⅲ-182, Ⅲ-183, Ⅲ-188, Ⅲ-193, Ⅲ-206, Ⅲ-208, Ⅲ-215, Ⅲ-217, Ⅲ-218, Ⅲ-221
「建築写真帖」大倉土木株式会社編 Ⅲ-125, Ⅲ-169
「建築写真類聚」洪洋社編 Ⅲ-68, Ⅲ-106, Ⅲ-109, Ⅲ-142, Ⅲ-154, Ⅲ-170, Ⅲ-177, Ⅲ-189, Ⅲ-194
「建築世界」建築世界社 Ⅲ-92, Ⅲ-93, Ⅲ-143, Ⅲ-204, Ⅲ-220
「日本建築士」日本建築士會 Ⅲ-207
「東京日日新聞」（「小学校教授双六」） Ⅰ-12
「The Far East 紙」ジョン・レディー・ブラック氏発行 Ⅱ-61
「清水方建築家屋撮影」清水店 Ⅲ-64

＊それ以外
『岡山県紳士録』三宅園市編、御大典紀念会（1916.3） Ⅲ-139
『海軍歴史』勝海舟、海軍省（1889.11） Ⅱ-6
『家屋建築実例』辰野葛西事務所編、須原屋（1908.9） Ⅲ-96, Ⅲ-98
『金沢案内記』小谷書店編、小谷書店（1921） Ⅲ-123
『近代建築画譜』近代建築画譜刊行会編、近代建築畫譜刊行會（1936.9） Ⅲ-131, Ⅲ-155, Ⅲ-192
『帝国生命保険株式会社五十年史』帝国生命保険株式会社編、帝國生命保險（1939.10） Ⅲ-150
『工学博士辰野金吾伝』白鳥省吾編輯、辰野葛西事務所（1926.12） Ⅲ-20, Ⅲ-23, Ⅲ-30, Ⅲ-33, Ⅲ-36, Ⅲ-41
『工学博士長野宇平治作品集』建築世界社編、建築世界社（1928） Ⅲ-186, Ⅲ-190, Ⅲ-191, Ⅲ-199, Ⅲ-205, Ⅲ-209, Ⅲ-210, Ⅲ-211
『神戸開港五十年誌』神戸青年會臨時編纂、神戸青年會編纂所（1921.12） Ⅲ-114, Ⅲ-115
『神戸新大鑑』片山章太郎編、神戸日報社（1915） Ⅲ-152
『堺名勝案内』浅岡留吉編、河合繁治郎（1919） Ⅲ-156, Ⅲ-176
『重要文化財山形市立病院済生館本館移築修理工事報告書』山形市編、山形市（1969.12） Ⅱ-55
『承業二十五年記念帖』竹中工務店編、竹中工務店（1924） Ⅲ-113, Ⅲ-116, Ⅲ-119, Ⅲ-140, Ⅲ-178, Ⅲ-187
『住友銀行小史』住友銀行史編纂委員編、住友銀行史編纂委員（1955.11） Ⅲ-216
『スレート協会写真帖』東京大学生産技術研究所所蔵 Ⅲ-55
『青淵渋沢先生七十寿祝賀会記念帖』［青淵渋沢先生七十寿祝賀会］青淵渋沢先生七十寿祝賀会編（1910） Ⅲ-52, Ⅲ-66, Ⅲ-69, Ⅲ-81, Ⅲ-83
「世界暗射小図」金子尚政、高美甚左衛門（1876） Ⅰ-13
『創業百年の長崎造船所』三菱造船株式会社編集、三菱造船（1957.10） Ⅱ-5
『創立二十五周年記念事業沿革誌』大阪市立衛生試験所編、大阪市立衛生試驗所（1931.11） Ⅲ-82
『第一相互館建築図集』辰野葛西事務所編、東京大学生産技術研究所所蔵 Ⅲ-84
『大大阪画報』大大阪画報社編、大大阪画報社（1928） Ⅲ-121, Ⅲ-126, Ⅲ-148

初出一覧

明治の都市と建築
『日本近代思想大系　十九巻　都市・建築』（岩波書店）　一九九〇年七月

明治の洋風建築
『近代の美術』第二十号（至文堂）　一九七四年一月

ウォートルス、煉瓦街、そして銀座
『銀座建築探訪』（白揚社）＊増田彰久との共著　二〇一二年五月

コンドル
『お雇い外国人　十五巻　建築・土木』（鹿島出版会）　一九七六年三月

絵師暁英と建築家コンドルの間
『KAWASHIMA』第八号（川島織物）　一九八二年七月

国家のデザイン
『日本の建築［明治大正昭和］　三巻　国家のデザイン』（三省堂）　一九七九年二月

＊本書（『近代日本の洋風建築　開化篇』）は、お雇い外国人や擬洋風の大工の仕事から、辰野式の西洋館が日本各地に建造されるまでを描く。続けて刊行される『近代日本の洋風建築　栄華篇』は、この本の続編となる著作である。

藤森照信（ふじもり・てるのぶ）

一九四六年長野県茅野市生まれ。建築家、建築史家（専門分野は日本近現代建築史）。東北大学建築学科卒業後、東京大学大学院博士課程修了。東京大学生産技術研究所教授、工学院大学教授を経て、現在は、東京大学名誉教授、工学院大学特任教授、江戸東京博物館館長。七四年、堀勇良らと建築探偵団を結成、やがて全国の研究者と共に各地に残る近代洋風建築の調査を行う。その過程で関東大震災後に多く建てられた一見洋風の店舗兼住宅に着目し「看板建築」と命名。八六年、赤瀬川原平らと路上観察学会を結成。同年、『建築探偵の冒険・東京篇』でサントリー学芸賞を受賞。九八年、日本近代の都市・建築史の研究（『明治の東京計画』及び『日本の近代建築』）により日本建築学会賞（論文賞）を受賞。建築史、建築探偵、建築設計関係著書多数。近著に『磯崎新と藤森照信のモダニズム建築談義』、『探険！　東京国立博物館』（藤塚光政との共著）、『日本木造遺産』（山口晃との共著）など。一方、九一年、四五歳より設計を始める。二〇〇一年、熊本県立農業大学校学生寮で日本建築学会賞（作品賞）を受賞。史料館・美術館・住宅・茶室など建築作品多数。近作に、《モザイクタイルミュージアム》（多治見市）、《草屋根》《銅屋根》（近江八幡市）。

近代日本《きんだいにほん》の洋風建築《ようふうけんちく》　開化篇《かいかへん》

二〇一七年二月二〇日　初版第一刷発行

著　者　藤森照信

発行者　山野浩一

発行所　株式会社筑摩書房
東京都台東区蔵前二―五―三
郵便番号一一一―八七五五
振替　〇〇一六〇―八―四一二三

印　刷　株式会社精興社

製　本　牧製本印刷株式会社

乱丁・落丁本の場合は左記宛にご送付ください。送料小社負担でお取り替えいたします。
ご注文、お問い合わせも左記へお願いいたします。
筑摩書房サービスセンター
さいたま市北区櫛引町二―六〇四　〒三三一―八五〇七
電話　〇四八―六五一―〇〇五三

ISBN978-4-480-87389-7 C0052

藤森照信

近代日本の洋風建築　全二冊

筑摩書房

開化篇

お雇い外国人や擬洋風の大工の仕事から、辰野式の西洋館が日本各地に建造されるまで

栄華篇

丸の内、田園調布など洋風建築による街作りが進み、西洋館を否定するモダニズムが台頭